一 个 人 ， 遇 见 一 本 书

TopBook
饕书客

战争特典
013
宋毅 主编

毅品文

条顿骑士团全史

东征的号角再次响起

The horn of the Crusades is ringing again

大剑、圣十字、投石车与弯刀
萨拉丁的铁骑与狮心王的对抗

Big Sword, Holy Cross, Catapult and Machete
The confrontation between Saladin and the Lionheart

十字军东征三大骑士团之一
阿卡城中的黑十字盔甲

One of the three great knights of the Crusades
Black Cross Armor in Aka City

帮助 救治 守卫
Help, rescue, guard

全景式呈现
条顿骑士团兴衰史

赵恺 / 著

陕西新华出版传媒集团
陕西人民出版社

图书在版编目（CIP）数据

条顿骑士团全史 / 赵恺著 . —西安：陕西人民出版社，2018

（战争特典）

ISBN 978-7-224-12880-2

Ⅰ . ①条… Ⅱ . ①赵… Ⅲ . ①骑士（欧洲中世纪）—历史 Ⅳ . ① D59

中国版本图书馆 CIP 数据核字（2018）第 183121 号

出 品 人：惠西平
总 策 划：宋亚萍
出版统筹：韩　琳
策划编辑：王　凌　关　宁
责任编辑：王　倩　张启阳
整体设计：哲　峰　杨亚强

战争特典·条顿骑士团全史

主　　编　宋 毅
作　　者　赵 恺
出版发行　陕西新华出版传媒集团　陕西人民出版社
　　　　　（西安北大街147号　邮编：710003）
印　　刷　陕西金和印务有限公司
开　　本　787mm × 1092mm　16开　23.75印张
字　　数　400千字
版　　次　2019年4月第1版　2020年11月第2次印刷
书　　号　ISBN 978-7-224-12880-2
定　　价　69.80元

目录 CONTENTS

楔子

第一卷　去往何方

第二卷　泥沼建国

第三卷　奔腾年代

第四卷　波罗的海

第五卷　辉煌末路

第六卷　骑士陨落

附录　格伦瓦德战役中的两军军旗

楔子 条顿之名

历史上的条顿部族及其精神传承

事实上今天家喻户晓的“条顿骑士团”(Teutonic Order),其最初的全称为“耶路撒冷的德意志圣玛利医院骑士团” (Order of Brothers of the German House of Saint Mary in Jerusalem)。如果按照字面直译，条顿骑士团的真正名字似乎应该叫作“以耶路撒冷的圣玛利医院为据点的德意志圣战者兄弟会”。如此一来不

16 世纪复刻的克劳狄乌斯 · 托勒密所绘制的欧洲地图

仅佶屈聱牙，而且给人一种非常不正式的感觉。为什么威风凛凛的条顿骑士团的简称和全称之间，会有如此巨大的差别呢？或许我们不得不从“条顿”之名和欧洲中世纪的“骑士”制度讲起。

“条顿”在拉丁语中写作“Teutones”或“Teutoni”，最早见于古希腊和古罗马的史籍之中。用于指代那些生活在中欧北部沿海地区自称“Teutsche”的蛮族。根据古罗马天文学家克劳狄乌斯·托勒密（Claudius Ptolemy）[1]所绘制的欧洲地图，条顿部族的主要活动范围为德意志地区北部日德兰半岛到斯堪的纳维亚半岛之间的波罗的海沿岸地区。

托勒密的这一认知在古罗马时代便遭到了诸多学者的质疑。毕竟条顿人日后与其他日耳曼部落联手南下，一度杀到罗马共和国所控制的亚平宁半岛中部。因此在大多数罗马人的概念里，条顿人的活动范围近在咫尺，似乎不应该居住于那么偏远的北方苦寒之地。托勒密这一引发长久学术争议的论断，直到近代才为德国和丹麦的历史学家所证实。

日德兰半岛在距今3000多年以前的确曾是古日耳曼部族的重要聚居地域。1921年，一位考古学家在丹麦艾特韦镇（Egtved）附近的贵族墓葬中发现一具保存完好的年轻女性遗骸，其死亡年代约为公元前1370年。在此后近一个世纪里，这位被称为“艾特韦女孩”（Egtved Girl）的女性被视为条顿等居住于德意志北部地区的日耳曼贵族阶层的代表。

进入21世纪，随着锶同位素检测等高科技手段在考古领域的运用，“艾特韦女孩”的身世有了全新的解释。

通过对保存的“艾特韦女孩”牙釉质的分析，丹麦国家博物馆的研究者认为“艾特韦女孩”并非出生于日德兰，而是来自于德意志南部的黑森地区。研究者相信她很可能是通过当时日耳曼诸部之间的政治联姻，从自己的家乡远嫁到了日德兰半岛的。

今天的人们已经很难想象“艾特韦女孩”从黑森来到日德兰之际，是怀着怎样的情愫。但毫无疑问的是，当时的日耳曼诸部均饱受着恶劣自然环境的困扰。

---

[1] 古罗马天文学家克劳狄乌斯·托勒密（Claudius Ptolemy），具体生卒年代不详，一般认为活跃于公元1世纪。

人们发现她短暂的 16 岁生命之中，竟有 14 个年头因饥饿导致骨骼发育迟缓，胃里只能找到一些燕麦、榛子，更多的是杂草籽及鸟食水蓼。

尽管古日耳曼人没有留下文字史来记述自身的苦难，但在其口口相传的北欧神话之中，我们仍不难管窥其生活现状：根据日耳曼的创世神话，他们的祖先是天空之神吐伊斯托，他与大地女神伊娃共同孕育了民族神曼努斯。在以日德兰半岛为中心的北欧地区，曼努斯的子孙逐渐占据了整个丹麦和斯堪的纳维亚半岛南部地区。

日耳曼人之所以没有选择向温暖的南方迁徙，很大程度上归咎于当时密布于北德平原之上的高大植被。冰河时代的末期，一望无际的苔原和桦木丛林遍布整个欧洲大陆的中部。仍处于蛮荒状态的日耳曼人无力对抗丛林中的猛兽，只能借助航行于江河中的独木舟，向北进入更为苦寒的大海。他们中的幸存者最终成为"海上霸主"——维京人的祖先。

留在日德兰半岛的日耳曼人面对着大自然的严酷考验：常年的冰封、不时蹿出丛林的猛兽、可怕的海侵和喷发的火山……这些记忆在当地人的脑海中酝酿，共同构成了"诸神黄昏"的末日记忆。

在恶劣的自然环境之下，为了争夺有限的生存资源，日耳曼诸部之间常常会爆发血腥而残酷的恶斗。2015 年 1 月 20 日，丹麦考古学家在东日德兰的一处沼泽中发现了数百具骸骨。从其身上的伤痕和散落在周边的斧头、长矛、棍棒等武器来看，这显然是一处 2000 多年前的战场遗迹，但是研究人员无法确定他们的真实身份。根据对地球气象数据的还原，考古学家认为从公元前 6 世纪左右，日德兰地区连续几个世纪都笼罩在可怕的低温寒潮之中。难以为继的生活状况，令包括条顿人在内的日耳曼诸部最终选择背井离乡，向辽阔的欧洲腹地迁徙。此时来自欧洲中部的凯尔特人已经挥舞着他们的铁质兵器征服了高卢和不列颠群岛，日耳曼诸部无力正面与之交锋，其中一支选择了沿着海岸线向西迁徙——这些被称为"弗里斯兰人"的日耳曼后裔成为荷兰人的始祖，而更多的则沿着奔腾向南的易北河，抵达了富庶的莱茵河和多瑙河流域。

在广阔的新天地里，日耳曼诸部遭遇的第一个对手是凯尔特人的分支——波吉人。扶老携幼的日耳曼移民大军无心与之缠斗，准备继续南下。越过了波吉人的地盘之后，日耳曼诸部大军进入了匈牙利平原。当地几个陷入分裂状态的凯尔特部落无力抵御背负着生存压力的日耳曼大军，只能向盘踞在阿尔卑斯以南的罗马求援。此时的罗马刚刚灭亡了缠斗多年的老对手迦太基，征服了阿尔卑斯山北麓的外高卢，平息了西班牙地区的叛乱，控制了整个希腊，处于“信心爆棚”的状态。于是元老院大笔一挥，派出了由执政官格涅乌斯帕庇里亚斯·卡尔博（Gnaeus Papirius Carbo）所指挥的两个军团北上“靖边”。

公元前112年，帕庇里亚斯·卡尔博所部抵达边境城市阿奎莱亚（Aquileia）[1]，并在这座拉丁同盟城市附近的高地修筑起了坚固的防御工事。按照执政官帕庇里亚斯·卡尔博对所谓“蛮族战术”的理解，他认定急于求战的日耳曼诸部必定会主动来攻，届时罗马军团可以凭借完备的防御工事先挫敌锐气，然后再一举荡平对手。

然而帕庇里亚斯·卡尔博显然低估了他的对手，日耳曼诸部在对罗马军队的防线进行了一系列侦察之后，最终选择了不战而走。担心落个“大军轻出”骂名的帕庇里亚斯·卡尔博率军展开追击，不想却在今属奥地利的施泰尔马克州境内中了日耳曼诸部的埋伏。

猝不及防陷入敌重围之中的罗马军团伤亡惨重，帕庇里亚斯·卡尔博苦战之下自认无力回天，只能带着不足6000的残兵趁雨夜突围。帕庇里亚斯·卡尔博虽然侥幸在战场上保全了性命，却躲不过元老院的弹劾，最终只能选择在流放途中自行了断。

这场发生在公元前112年的罗马与日耳曼民族之间的战争被罗马方面称为“诺瑞亚战役”。尽管卡尔博及他的军团被日耳曼人打得丢盔弃甲，但是日耳曼大军却没有趁势翻越阿尔卑斯山直捣亚平宁半岛的打算，毕竟摆在日耳曼各部面前的不是争霸的雄心，而是现实的生存考量。一部分日耳曼部落选择了向东进入巴尔干半岛，在那里他们遭遇了色雷斯人的抵抗；另一些抱着衣锦还乡梦想的酋长则率部北归，至今在丹麦的博物馆里仍保存着他们的战利品。

更多的日耳曼人选择了西进，他们中的骨干是最为骁勇的三大部落辛布里

[1] 阿奎莱亚（Aquileia）：在今天意大利东北部。

人、条顿人和阿姆布昂人。关于日耳曼诸部为什么要横渡莱茵河杀入高卢，史学界至今仍颇多争论。但是沿着凯尔特的聚居区前进，夺取他们手中的地盘和铁器，显然是最现实和合理的解释。

日耳曼诸部与世仇高卢的火并本应是罗马人乐享其成的好事，何况此时共和国的大批精锐正在新近征服的北非与努米底亚国王朱古达缠斗。但元老院上下都急于找回诺瑞亚战役惨败的场子，于是曾在外高卢和西班牙任职的执政官希拉努斯被从北非召回，统率4个罗马军团北上“长袍高卢”（Gallia Narbonensis）[1]行省，支援与罗马同盟的高卢部落。

罗马共和国显然高估了长袍高卢对自己的忠诚，面对涌入自己领地的日耳曼人，高卢部族虽一度与之兵戎相见，但很快就达成了和平共处的协定，并鼓动和支持其南下对抗罗马人。公元前109年希拉努斯兵败罗讷河上游。罗马共和国在长袍高卢行省的统治随即陷入岌岌可危的境地。

公元前107年，盘踞于今天法国与瑞士边境的提古林尼人（Tigurini）在日耳曼诸部的鼓动之下向罗马共和国发难，伏击了北上支援长袍高卢行省的罗马军队。在今波尔多附近的战斗中，罗马军队一败涂地。4000多名罗马士兵被迫屈辱地走过轭门[2]才保全了性命。

高卢地区的凯尔特人之所以如此积极地配合日耳曼诸部打击罗马军团，自然是想将祸水南引。果然，在公元前106年高卢粮荒的刺激下，日耳曼诸部大举南迁，出现在了阿尔卑斯山北麓的隆河流域。

罗马元老院判断对手有大举入侵的企图，随即委任执政官格涅乌斯·马里乌斯·马克西姆与“山南高卢”（Cisalpine Gaul）[3]行省总督温图斯·赛尔维利乌斯·凯皮欧共同指挥12个罗马军团北上堵截。

由8万罗马正规军和4万辅助部队组成的大军抵达隆河之时，日耳曼诸部却早已返回罗讷河上游。不满重拳挥空的元老院随即指示前线部队展开追击。但

[1] 长袍高卢（Gallia Narbonensis）：也称“纳尔波高卢”，指罗马化的高卢部族，囊括了以普罗旺斯为中心的今法国南部地区。

[2] 轭门：罗马人制作的一种投降仪式，用两支长矛插在地上，顶上再横扎一支长矛，像球门一样。

[3] 山南高卢（Cisalpine Gaul）：也称“近高卢”，指意大利半岛北部到阿尔卑斯山脉南麓，罗马共和国公元前220年从凯尔特人手中征服的土地。

此时罗马军队内部却发生了巨大的分歧：一方面豪门贵胄出身的温图斯·赛尔维利乌斯·凯皮欧对平民当选的执政官格涅乌斯·马里乌斯·马克西姆颇为轻蔑，另一方面山南高卢行省的地方部队也不愿意远离乡土作战。

丹麦博物馆中的日耳曼战利品。日耳曼人向神还愿的方式是将奉献品沉入沼泽或湿地里，他们没有神庙，但家族或氏族拥有自己的圣地。 银釜上面描绘的是凯尔特神话。据推测那是公元前 100 年，返回日德兰的条顿人从多瑙河流域带回故乡的

在这种气氛之下，两位统帅各自驱策部队深入蛮荒，最终在长袍高卢行省中部的阿劳西奥地区与辛布里人、条顿人两大日耳曼部落联军正式交锋。

此时的罗马大军早已远离本土，将帅失和，战线绵延 180 公里。在这样的情况下，日耳曼步兵疯狂冲锋击溃了罗马远征军的先锋。前任执政官斯考卢斯坠马被擒，最终授首于日耳曼酋长的大帐之中。可惜的是前军尽没的消息并没有缓和剩下的两位罗马统帅之间的关系，尽管集中兵力成为共识，但双方却谁也不愿先渡过罗讷河向友军靠拢。

就在连番扯皮之中，罗马军队被日耳曼大军合围于河谷地带，面对来自四面八方的进攻，罗马士兵战死、溺毙者众多，12 个兵团彻底溃灭。

阿劳西奥战役（Battle of Arausio）尽管令元老院失去了近半的成员，却也并非无将可派。公元前 104 年，元老院召回了在北非战功赫赫的名将马略，任命其重整新军，保卫罗马。马略在北非与朱古达缠斗多年，对罗马军团战斗力的直线下滑可谓洞若观火。马略深知昔日共和国军队的战斗力来源于富有的公民阶层，但共和国的贫富差异已经令这一基础不复存在，与其缘木求鱼，不如顺势而为。早在北非战场之时马略便改共和国长期奉行的征兵制为募兵制，通过向罗马贫民提供武装和军饷，打造了一支职业军队。

马略的这次“军事改革”彻底撕碎了共和国只吸纳罗马公民从军的遮羞布，将工兵、骑兵及远程攻击兵种的岗位完全“外包”给罗马的拉丁同盟，如此一来罗马军团不仅战斗力有所提升，兵源也相对宽裕起来。

在马略将自己的成功经验由北非移植到意大利的三年多时间里，日耳曼各部宛如一群蝗虫在整个西欧胡冲乱撞。辛布里人试图翻越比利牛斯山脉进入西班牙，条顿人和阿姆布昂人两大部落则准备在北高卢打出一片天地。但事实证明无法形成合力的日耳曼诸部不是永恒的胜利者，最终四处碰壁的日耳曼大军又回到了罗讷河流域，决定向阿尔卑斯山以南进军。

此时日耳曼三大部族的总人口已逾 60 万，若合力南下则无人有能力阻挡他们迁徙的脚步。罗马共和国虽然经过了一番休养生息，面对辽阔的疆域却不得不分兵把守。其中被认为最有可能被突破的罗讷河谷一线虽然交由马略亲自镇守，但元老院能够提供给他的兵力也不过 6 个军团区区 4 万兵卒而已。

幸运的是，日耳曼人虽然卷土重来，却不过是为了求个温饱，各部族之间更是缺乏协同。三大部族之中，战斗力最强的辛布里人没有选择向罗讷河谷进军，而是取道瑞士的群山，与当地的凯尔特部落——赫尔维提人结盟，准备循汉尼拔昔日的征途翻越阿尔卑斯山脉。条顿人和阿姆布昂人的联军虽然沿着固有道路前进，但行军队列却拉得很开，以至于阿姆布昂人围攻马略的营垒三天之后又用了六天的时间绕路而去，而条顿部落的援兵却始终没有出现。

“是否有什么口信要托我们带给罗马的女人们？她们很快就会投入我们的怀抱！”面对阿姆布昂人的挑衅，马略充分展现了一个名将的用兵之道。罗马军团悄无声息地尾随着阿姆布昂人来到了名为六盘水的河谷，此时阿姆布昂人已然人困马乏，马略的大军突然杀至，极为顺利地将其全部屠戮。

消灭了阿姆布昂的部落之后，马略让部队就地休整。此时西北方向的山谷里传来了宛如数万头野兽齐声痛哭的诡异声音，这便是日后著名的“条顿悲歌”。早已习惯了血战的马略自然不会被这点“鬼哭狼嚎”吓倒，他从容地在六盘水河谷布下伏兵，引诱条顿人前来复仇。而其麾下的军团战士更是不敢懈怠，毕竟一旦战败，日耳曼人必然将其赶尽杀绝。

被复仇的怒火烧昏了头脑的条顿人一头撞入了马略的陷阱。一番苦斗之后，条顿部族的酋长条顿伯德终于从蛮勇中清醒过来，为了保存部落的火种，他甚至向马略表示愿意以部落中已婚的妇女换取罗马军队的网开一面。

和杂乱群婚的凯尔特人以及以风流自诩的罗马人不同，日耳曼人严格地遵循

日耳曼部族疯狂的冲锋令罗马军队难以招架

一夫一妻制，以至于罗马史学家塔西佗如此写道："他们既不受声色的诱惑，也不受饮宴的引逗。无论男女，都不懂得幽会密约。"条顿伯德此时选择献出妇女求和，可见已到了山穷水尽的地步。但是这场交易双方都缺乏诚意，刚烈的条顿妇女要求马略保证她们的贞洁不受侵犯，只将她们作为瑞斯维纳斯神庙的奴仆，而马略则毫不客气地回答说："你跟我开什么玩笑！"

不甘受辱的条顿妇女最终选择了杀死自己家族的老人和孩子，然后集体自尽。目睹此等惨状的马略自然不免有些心疼，毕竟按照罗马的法律，作为战俘的她们本应是罗马军团的财产。不过在战场上"俘获"条顿伯德的功勋和堆积如山的军械物资已经足够征募新兵过上一阵富足的日子了，因此马略并不急于回师罗马，直到得到辛布里人突破布里纳尔隘路，在阿第哥谷地击败了另一位执政官卡图卢斯的军队这一消息之后他才返回本土，接掌整个罗马部队的指挥权。

此时的罗马军队在连番激战之后也有相当的减员，马略会合了卡图卢斯及守备阿尔卑斯山脉东路的老战友苏拉所部之后，其兵力也不过 5.5 万人。而辛布里人则多达 20 万。如果日耳曼民族能够抓住卡图卢斯新败、马略喘息未定之际进军，那么条顿人和阿姆布昂人的血可能不会白流，但是久居苦寒之地的辛布里人一进人温暖的亚平宁半岛便选择了在富庶的波河流域“过冬”，使马略可以从容地积蓄力量等待来年的决战——罗马军队甚至有时间针对日耳曼人喜欢捡起对手投来的标枪反掷的习惯，将己方的标枪换装上只能投掷一次的脆木标杆。

辛布里人在温暖的波河岸边彻底磨灭了斗志，直到第二年的盛夏他们才在与马略的交涉中得知其他日耳曼部族灭亡的消息。辛布里国王波伊奥里克斯试图驱策部族发动最后一战，但是孤立无援的他们面对严阵以待的罗马军阵最终在烈日下耗尽了战力：14 万人被杀，余者全部成了奴隶。

在这场被称为费尔西莱战役（Battle of Vercellae）的决战之中，罗马人堪称全胜，史学家李维在其著作中不无渲染地写道：“自从世界诞生以来，意大利的乌鸦肯定还没有吃到过这么丰盛的人肉宴席……”而马略也凭借击败日耳曼的军功，破天荒地第六次当选为罗马执政官，他的小舅子朱利乌斯·恺撒不无献媚地给自己刚刚出生的儿子取了与马略相同的名字。

出身平民的马略隐约凌驾于元老院之上的趋势令罗马的贵族阶层颇为不安，

日耳曼诸部的南迁之路及与罗马共和国的主要交战

凭借矿山和奴隶贸易富可敌国的克拉苏家族和军功赫赫的庞培家族几乎同时站在了对马略心怀怨恨的苏拉身后。一场彻底颠覆罗马共和国的大内战由此展开。罗马先是与不满公民权限制的拉丁同盟兵戎相见，随后马略和苏拉两大集团又展开了长久的拉锯。纷乱的局势直到公元前 83 年苏拉攻占罗马，彻底清洗马略派后才得以缓和，但此时元老院和共和国的权威均已名存实亡。

跃升罗马首富的马库斯·李锡尼·克拉苏和为苏拉东征西讨的格涅乌斯·庞培都羽翼渐丰，苏拉虽然名为独裁者，但并非说一不二，公元前 79 年，苏拉还政于民，不久后便因病去世。

在苏拉正式离任之前，他做出了一项有趣的决定：任命马略的侄子以及马略派“大佬”秦纳的女婿盖乌斯·朱利乌斯·恺撒前往清剿盘踞地中海东部的奇里乞亚海盗。苏拉此举究竟是借刀杀人，还是有意让恺撒亲手报复昔日被劫持之仇或许永远没有答案，但这次海上“反恐”行动却无意间成为恺撒军旅生涯的起点。在此后的岁月里，恺撒依托克拉苏的财力，与庞培暗通款曲，最终成为与苏拉势力鼎足而立的巨头。

自击败了日耳曼诸部入侵以来，罗马共和国的扩张方向便集中于巴尔干半岛和小亚细亚一线，为了获取来自东方的财富和谷物，罗马远征军与本都、帕提亚

帕提亚骑兵围攻罗马克拉苏远征军

恶斗连连。庞培虽然征服了本都而成为“东方之王”，但克拉苏的大军却在美索不达米亚的荒漠中覆灭于干渴和帕提亚骑兵的箭雨之下。与之相反，恺撒则选择了马略的成功之路——西进。在西班牙土著身上小试牛刀后，公元前 58 年，恺撒于隆河流域击败了南下迁徙的罗马世仇提古林尼人和赫尔维提人。随后这位年轻的统帅又马不停蹄地在莱茵河东岸击败了试图侵入高卢的日耳曼人。

至此，整个南高卢的凯尔特部落都视恺撒为其保护神。罗马的影响力继续向东北方向伸展，公元前56年，恺撒征服了混合了凯尔特和日耳曼文化的比利时人，他的目光开始投向莱茵河西岸。公元前55年6月，在今天波恩附近的莱茵河流域，恺撒动员了大批工兵建造了一座巨大的浮桥。通过这座宏伟的军事设施，罗马人第一次抵达了莱茵河西岸。不过恺撒很快意识到这片被称为日耳曼尼亚的土地与高卢存在着巨大差别。

在恺撒眼中日耳曼人是一个对宗教仪式没有任何兴趣的民族，他们全部的生活就是“狩猎和战争”。他们不事农耕，以乳、酪和兽肉为食，任由自己的领地被广袤的黑森林所覆盖，古老的莱茵河及其众多的支流在森林深处像蛛网一样穿过，形成了连绵不断的沼泽。此外，日耳曼人还粗暴地蹂躏自己的邻居，以至于没有人敢于靠近他们的土地，导致其国境内外均是一片荒芜。因此恺撒在莱茵河西岸仅是象征性地收获了几个部族的臣服便撤军返回了高卢。在此后的 10 年时间里，恺撒及其军团忙于远征不列颠、平息高卢人的起义以及与庞培、元老院争夺霸权，除了不断走进自己军营中的日耳曼佣兵之外，恺撒和罗马都逐渐淡忘了这个桀骜不驯的民族。

公元前 44 年 3 月 15 日，俨然已是无冕之王的恺撒在元老院遭遇异己者的行刺。打着为恺撒复仇的旗帜，其养子屋大维、心腹战将安东尼和雷必达不仅将所谓的共和派杀得片甲不留，更以“后三巨头”的名义瓜分了罗马共和国的版图。如果说恺撒、庞培和克拉苏“前三巨头”还有士族共治的影子的话，那么以屋大维为首的“后三巨头”就是赤裸裸的军阀割据了。

公元前27年，用17年时间削平群雄的屋大维终于如愿以偿地戴上了名为“奥古斯都”的皇冠，罗马由此进入了帝国时代。为了营造四海升平的景象，也为了减轻帝国沉重的军费负担，屋大维用了近 30 年的时间将罗马帝国的常备军削减至 25 个军团 30 万人。尽管绝对数字不小，但是分布在辽阔的边境之上却依旧显得很单薄。而此消彼长之下，日耳曼诸部却逐渐从“条顿悲歌”的阴影中走了出来。公元前 16 年，面对日耳曼部落频繁侵入高卢行省的举动，屋大维率领两个养子“御驾亲征”，深入地处今日匈牙利、罗马尼亚交界的潘诺尼亚平原。

此时的屋大维年事已高，这次远征完全是为自己的两个养子积累政治资本。而屋大维最为看好的还是他的外孙德鲁苏。德鲁苏也不负所望，在公元前 11 年的鲁皮亚河之战中以少胜多，大败日耳曼部落联军。但是在继续挺进的过程中，这位 27 岁的将星不幸坠马而亡。屋大维在伤心之余，只能将希望寄托于自己的第三任妻子利维亚带来的“拖油瓶”提比略身上。

凭借着征服日耳曼地区的军功，提比略成了无可争辩的皇位继承人。不过他和屋大维家族复杂的关系却令其在公元前 6 年选择了隐居罗得岛。无论是有意避嫌还是以退为进，提比略最终达到了他的目的。公元前 1 年开始，整个日耳曼地区爆发了此起彼伏的反罗马起义，屋大维被迫召回了提比略，还狠心地以通奸罪流放了自己唯一的女儿——提比略名义上的妻子——尤利亚。

脱掉“绿帽子”的提比略随即在日耳曼大展拳脚。公元 9 年，提比略自认已功成名就，返回罗马接受凯旋仪式去了。罗马在日耳曼的驻军交由曾在叙利亚担任地方长官的瓦卢斯指挥。瓦卢斯是个刚愎自用的罗马贵族，在他统率之下，罗马远征军不仅纪律废弛，战斗力直线下降，更吸收了大批日耳曼雇佣兵。甚至，被作为人质扣押在军中的日耳曼贵族阿米尼乌斯也成了辅助兵团的骑兵指挥官。

阿米尼乌斯是切鲁西人的酋长，在日耳曼地区拥有一呼百应的号召力。瓦卢斯之所以对其倚重有加，完全是为了在新征服的疆土上推行罗马的租税与法律制度。但日耳曼人却并不买账，阿米尼乌斯更是处心积虑地要一举摧毁罗马在莱茵河以西的统治。机会在公元 9 年的夏秋之间悄然到来：按照惯例罗马军队在冬季到来之前离开今天德国中部城市明登附近的夏营，全军转屯莱茵河支流利珀河流域过冬。阿米尼乌斯洞悉了罗马军团的行进路线，暗中召集了多个日耳曼部族在瓦卢斯的必经之路上设下了埋伏。

此时的日耳曼各部依旧是一盘散沙，因此阿米尼乌斯可以动员的兵力并不

条顿堡森林之战

多。但瓦卢斯毫无戒备，3 个军团的罗马士兵携带着上万名家眷等非战斗人员，以 15—20 公里的纵深长度进入莱茵河西岸的丘陵地带。崎岖难行的道路加上瓢泼大雨，罗马军队寸步难行。阿米尼乌斯抓住这一有利的时机，在瓦卢斯大军后方举起了叛旗。糟糕的天气和地形令罗马军团无法展开其千锤百炼的战阵，在 4 天的时间里被日耳曼部落屠戮殆尽。这片吞没罗马军团的山林在此后的岁月里被称为“条顿堡”（Teutoburg）。

在罗马得知日耳曼驻军覆灭的消息后，垂垂老矣的屋大维顿足捶胸，彻夜高呼：“瓦卢斯，把我的军团还给我！”尽管屋大维矢志复仇，但他的继承人提比略却显然对莱茵河以西的土地缺乏兴趣。他将对付阿米尼乌斯的任务交给了自己的养子德鲁苏斯之后便率军前往东方，对抗帕提亚和新近崛起的宗教领袖——耶稣。德鲁苏斯在与阿米尼乌斯的交锋中占尽上风，甚至被罗马民众爱戴地称为“日耳曼尼库斯”（意为“日耳曼征服者”）。但是功高盖主，最终继承“奥古斯都”的提比略将他提前调往东方。

随着公元 19 年德鲁苏斯的郁郁而终，罗马和日耳曼的战争也暂时画上了一个句号。罗马彻底放弃了征服这些蛮族并建立殖民地的企图，转而寻求沿着莱茵河和多瑙河来建立防线。在这条帝国边境以北，日耳曼各民族在交融与厮杀中逐渐形成了所谓“德意志”的政治共同体。关于这个共同体的具体定位，或许还是诗人席勒的答案最为中肯：“德意志，你在哪里——思想和艺术上的德意志从何处开始，政治上的德意志兰就从何处结束。”在此后漫长的岁月里，德意志与其说是一个政治或地理概念，不如说是一种精神和灵魂的纽带。而作为日耳曼人以武力开拓自身生存圈的先驱和殉道者，条顿之名也由此被德意志人所传颂。

第一卷

I 去往何方

- 骑士崛起
- 白鹰初啼
- 十字军兴
- 北方圣战
- 应运而生

条顿骑士团
全史

一、骑士崛起

中世纪军事封建领主的出现及其演变

19 世纪初，随着中世纪的阴霾被“文艺复兴”和“工业革命”的曙光一扫而空，失去了精神信仰的欧洲封建领主只能一头扎进故纸堆里，去追忆和发掘所谓的“往昔的美好”。其中具备严谨历史学功底的政客雅各布·格林和身为语言民俗学家的弟弟威廉·格林联手炮制出了统称“格林童话”的《儿童和家庭童话集》和《德国传说集》。至此，野蛮、萧条的德意志中世纪史被涂抹上了一层浪漫、温馨的粉红色。借助于这些脍炙人口的童话故事，欧洲历史中长达数个世纪的血腥杀戮完全被骑士、公主们的爱情所掩盖，甚至有些人淡忘了骑士的本职是替封赏他们土地的贵族冲锋陷阵，而不是在宫廷里与佳人贵妇们翩翩起舞。由封建采邑制度衍生出的“骑士”，最早在由日耳曼诸部所谓的蛮族所缔造的一系列西欧小国中产生并非偶然。它不仅是一种政治制度的自然选择，更有着经济上的复杂的考量。

“骑士”，英语中写作“Knights”，而在更早之前，在古典拉丁语中则以“Miles”来指代。不过“Miles”泛指“士兵”和“战士”，虽然有骑兵的意思，但也可用于表示步战人员，既可以是军队中的中下级指挥官，也可以是普通战士。直到 11—12 世纪，“Miles”才被更多用于指代乘马作战的职业士兵。

“Miles”一词的演变自然而然地影响到了同一时期源自于古典拉丁语的法语、德语和英语。法语中的“骑士”一词，写作“Chevalier”，这个单词早在加洛林王朝便已出现，但在当时仅被用于指代拥有马匹使用权和管理权的马夫，直到公元1100年左右才逐渐被赋予骑马作战的含义。值得一提的是，“chevalier”在当时的一些法语战争史诗之中，不仅被用于称呼普通骑兵，也逐渐成为策马冲锋的达官贵人的代名词。

“骑士”一词在德语中写作“Ritter”，或许是因为这个单词出现时间较晚的关系，“Ritter”不仅从一开始便明确指代骑马的战士，更被赋予了身份尊贵、品德高雅的含义。而英语中的“Knights”一词虽然源于盎格鲁—撒克逊语中的“战士”一词，但在“诺曼征服”（Norman conquest of England）[1]之后，也逐渐转化为指代拥有土地的武装领主的词汇，而“Knights”既可以指当时国王口中的“我附庸的附庸”，也可以指代包括伯爵等一方诸侯。

从上述“骑士”一词在古典拉丁语、法语、德语以及英语中内涵的变迁不难看出，“骑士”并非欧洲自古以来便存在的军事制度。尽管在古罗马共和国和帝国时期也有所谓“骑士”阶层的存在，但古罗马的骑士阶层在拉丁语中的完整表述为“equits equo publico”，即“公民骑兵”。

公民骑兵最初指那些骑乘罗马城邦政府所提供的马匹参战的公民。由于在无马鞍时代，骑马参战往往需要强健的体魄和长期的脱产训练，因此，公民骑兵往往由百人团中最为骁勇的士兵出任。久而久之，由于在战场上的突出表现，公民骑兵成为元老院家族成员的专属领域身份。

战争规模的不断扩大以及把持元老院的各大家族日益贵族化使得古罗马共和国从与迦太基全面交锋的“布匿战争”（Punic War）[2]开始便接受普通公民自备马匹参战。而在此后的一系列对外扩张和内战之中，公民骑兵的军事和政治地位与日俱增。到了苏拉、恺撒两位独裁者统治时期，公民骑兵不仅成为罗马职业化军队的核心，更形成了一个仅次于元老院各家族的军功集团。在屋大维建立罗马帝国之后，公民骑兵逐渐成为阶层的标志，普通公民即便从未上过战场，也可以

---

[1] 诺曼征服（Norman conquest of England）：指以诺曼底公爵威廉（Duke William II of Normandy，约1028—1087年）为首的法国封建主于公元1066年对英格兰的武力征服。

[2] 布匿战争（Punic War）：是在古罗马和古迦太基两个古代奴隶制国家之间为争夺地中海西部统治权而进行的一场著名战争，名称来自当时罗马对迦太基的称呼“布匿库斯”（Punici）。

通过个人财产的累积获得公民骑兵头衔的认定。

整个罗马帝国时代，公民骑兵虽然始终垄断着罗马皇帝近卫军指挥官和埃及行省总督的官职，但正如历史学家汤因比所说："稳定的边境往往有利于对峙中相对野蛮的一方。"不事生产的蛮族相对于文明的王国更具扩张的积极性。一个缺乏进攻活力的帝国往往意味着内部的不稳定。

由于屋大维以及养子兼女婿提比略均没有嫡子可以继承其位，在最初的一个世纪之中，永恒之城中频繁上演着"养子登基"的戏码。罗马帝国早期诸多养子的成功继位表面上看完全是君皇们个人家庭观念的产物，事实上这一切是屋大维以来罗马政治生态下的必然——没有一个家族能够独力压制各派贵族的势力，要问鼎大宝便必须通过家族联姻来巩固权力。但是这种强强联手也无法避免家族内部的权力倾轧，而一旦把持皇位的家族出现了问题，各方豪强便群起争雄。公元54年登基的暴君尼禄（Nero）的一生，便是罗马帝国这一继承结构缺陷所酿成的悲剧。

尼禄是曾经深入莱茵河的名将德鲁苏斯的外孙，姓氏中带有"日耳曼尼库斯"（日耳曼征服者）的尊号，他的母亲阿格里庇娜醉心于权谋，经过两度改嫁之后登上了舅舅克劳狄乌斯的龙床。凭借着蛇蝎心肠的母亲和年龄上的优势，尼禄挤掉了克劳狄乌斯嫡子不列塔尼库斯的继承权。由于得位不正和母亲的干政，尼禄在政治上显得格外的多疑和残暴。尽管在内政和外交领域，尼禄都不能算是无能之辈，但由于其残忍好杀的性格和种种自毁长城的错误决策，尼禄还是于公元68年被元老院和近卫军所抛弃，被逼自杀，罗马帝国进入了屋大维时代以来的第一次内乱时期。由于同时有四位军阀加冕为帝，公元69年又被罗马人称为"四帝之年"。

经历了尼禄的暴政和四帝并立的内战之后，罗马共和国的幽灵成功地完成了"借尸还魂"。昔日元老院的贵族涅尔瓦（Galba）以尼禄的宠臣身份发家，凭借着朝秦暮楚的投机上位。他笼络了一批元老院的旧贵族，最终被这些人共推为帝，而他当选的理由之一就是年事已高且膝下无子。此后罗马帝国虽然进入了所谓"五贤帝"执政的辉煌时期，但在对外扩张方面却难掩颓势。这其中固然受制于气候、地形、瘟疫等诸多因素，但更为重要的是，此时的罗马帝国已经失去了危机意识，耗费国力的军事远征在普通民众看来不过是政治寡头们积累个人声望的一场场武装游行而已。

罗马帝国在安逸的氛围下日益奢靡堕落。而此时，长期窥伺着罗马帝国北部边境的日耳曼诸部却在霍霍磨刀。公元 162 年，居住于莱茵河流域的沙提（Chatti）、乔西（Chauci）两部率先南下，攻入罗马帝国的日耳曼尼亚（Germania Superior）和雷蒂安（Raetia）行省，由此揭开了长达 4 个世纪的所谓"蛮族入侵"的序幕。

面对不断涌入北部边境的日耳曼部族，罗马帝国用尽了军事镇压、政治怀柔等多种手段，但均收效甚微。而罗马帝国内部的权力纷争更在公元 192 年第十七代皇帝康茂德（Commodus）遇刺之后，达到了一次高潮。

康茂德早年跟随父皇奥勒留在多瑙河流域抵抗日耳曼人的入侵，公元 180 年，59 岁的奥勒留病死于维也纳。厌倦了和敌人无尽厮杀的康茂德草草地与日耳曼人签署了和约，以多瑙河以北的帝国领土交换"和平"。应该说康茂德的决策虽然懦弱但却颇见成效，在罗马帝国割让的土地之上，日耳曼民族完成了由传统氏族公社向部落国家的演变，在这个痛苦的进化过程中，多瑙河畔的帝国边界获得

日耳曼部族围攻罗马帝国边境要塞

了近一个世纪的平静。

不过向来高傲的罗马人对皇帝康茂德的“理性止损”并不买账，“父传子，家天下”的继承更令习惯了“五贤帝”模式的元老院深感不爽。在罗马孤立无援的康茂德只能依靠寝宫侍从和近卫军将领来对抗政敌的暗杀，用大规模的角斗表演来取悦民众。为了树立个人威望，康茂德不得不自称“海格力斯之子”亲自下角斗场挥洒汗水。可惜的是能否手搏猛兽从来不是君主合格与否的硬指标，公元 192 年在康茂德从竞技场回宫洗浴时，被自己情妇和近卫军长官所雇佣的摔跤手勒死。

康茂德装扮为“海格力斯之子”造型的塑像

横死的康茂德并不知道，他的死不仅再度开启了“四帝之年”的内战，更宣告了罗马帝国衰亡的开始。后世对这个努力想要扮演好一个君王角色的青年更缺乏宽容，一味地攻击他的好色和荒淫，甚至在千年之后，好莱坞还拍摄了《罗马帝国沦亡录》和《角斗士》两部电影来追究他的历史责任，而真正造就这一系列悲剧的奥勒留却因为留下了“心灵鸡汤”般的著作《沉思录》而深受敬仰。

为了夺取罗马和康茂德留下的帝位，罗马帝国各行省总督疯狂扩军，大批日耳曼人由此进入罗马帝国军营。自屋大维以来罗马帝国文明、有序的政治面纱自此被彻底剥离，剩下的只有“天子当兵强马壮者为之”的赤裸和野蛮。在罗马帝国陷入“近卫军不断拥立新帝，新帝赏赐如不慷慨，皇帝就会被杀”的死循环的同时，日耳曼民族以居住于多瑙河流域的哥特人为先锋，大举入侵罗马帝国相对空虚的巴尔干半岛、高卢行省、西班牙甚至遥远的小亚细亚。

在罗马各路军阀忙于争夺帝位之时，日耳曼各部族或以雇佣军的身份发动叛乱，或以部族的形式展开了入侵。罗马军队虽然一度展开反攻，重新将战线推进到易北河一线，但很快便由于内部的纷争、东方波斯帝国的威胁而放弃了对日耳曼的压制。这一颇为尴尬的局面直到公元284年戴克里先接掌帝位才有所缓解。戴克里先之所以能够终结被西方史学界称为“3世纪危机”的动荡，不仅得益于他通过一系列的军事改革重组了罗马帝国的军事力量，暂时压制了日耳曼人和波斯帝国的入侵，更要归功于他所提倡的“四帝共治”[1]的理念。

所谓“四帝共治”指的是戴克里先针对罗马帝国幅员辽阔，内部各种势力不满帝位世袭的一种妥协之道。他将治下的领土分成东、西两大部分，各指派一位“奥古斯都”进行统治，两位奥古斯都各有一位被称为“恺撒”的副王辅佐。换而言之，帝国全境共有四位领导人分治东、西罗马，而奥古斯都的任期是有期限的，届满后得自动退位由统帅继之。如此可避免有人在位久了出现腐败、贪婪及皇帝难以驾驭的各种恶行。

戴克里先认定这一制度颇为可行，但公元305年他刚刚宣布退休，为私欲所鼓动的各路诸侯便为了争夺奥古斯都之位而重启内战。失去了权势的戴克里先无可奈何，反而被元老院宣判为叛国贼，在痛心疾首中死去。戴克里先不仅首开东、西罗马分立的格局，其军事改革更以大量吸收日耳曼雇佣军为代价。公元312年10月28日，君士坦丁一世在罗马近郊的米尔维安大桥之战（Battle of the Milvian Bridge）中，击败了与其竞争帝位的马克森提乌斯，至此登上了罗马最高统治者的王座，正是这位君皇开了帝国境内天主教合法化的先河。后世的史书宣称，米尔维安大桥之战前夜，君士坦丁一世看到了天空上闪耀着火舌的十字架。

天主教的公开布道堪称是罗马帝国饮下的一剂后患无穷的毒药。君士坦丁一世曾寄希望于天主教会能够重新统一帝国治下各阶层的信仰，但结果却是凭空增加了一个不劳而获的教会阶层，而天主教所谓“博爱”“服从”的信条更无形中消磨了罗马人血脉中仅存的民族意识和奋进精神。君士坦丁一世的继承人们虽然很快便意识到了这一问题，但却已经无力根除这个毒瘤。更为可怕的是基督徒狂热地在帝国各地迫害他们眼中的“异教徒”，加剧了罗马帝国内部的分裂。

在天主教于罗马帝国境内大行其道的同时，日耳曼民族和罗马之间的战争也在同时进行。在东线，君士坦丁一世及其继承者与哥特族鏖战连连，但在哥特人

---

[1] 指罗马帝国在公元293年开始实行的四个皇帝共同治理帝国的政体。与前文所提到的“四帝之年”不是同一个事情。

中世纪充斥着天主教色彩的米尔维安大桥之战

与罗马盟友萨尔马提亚族的最终决战中，君士坦丁一世还是选择了站在哥特人一边，君士坦丁一世的这一做法虽然表面上不合情理，但实际上却深谋远虑。果然，在哥特人的压力之下，大批萨尔马提亚人被迫内迁至罗马帝国的境内，成为罗马帝国取之不尽、用之不竭的后备骑兵。这一局面一直延续到了西罗马帝国崩溃之后的拜占庭时代。

与东部战线罗马坚守多瑙河边境的稳定相比，在双方同样反复拉锯的西线，情况显得更趋微妙。面对不断强渡莱茵河试图侵入高卢行省的日耳曼人，罗马帝国进行了一系列的分化瓦解政策。他们招揽一些相对温驯的部族居住在莱茵河西岸。这一政策最终催生出了日后对法国历史影响深远的勃艮第人。

就在罗马帝国将注意力集中于狭窄的莱茵河之际，另一支日耳曼人却通过海路出现在不列颠群岛的南部，这些本定居于波罗的海沿岸的日耳曼人被称为撒克逊人，在未来的几个世纪里伴随着罗马帝国衰亡，他们将逐渐成为不列颠群岛的主宰。

整体来说，虽然日耳曼各民族艳羡罗马的富饶，不断地发动西进和南下的入侵，但其规模却早已不复往昔。地中海文明的辐射正逐渐令其褪去蛮荒的毛皮，进化成社会架构、宗教信仰乃至武器战法都与罗马趋同的奴隶制王国，而东达伏尔加河流域、西至莱茵河的辽阔疆域也足够日耳曼各民族繁衍生息、安居乐业。如果不是公元 4 世纪末“匈人”（Huns）的到来，罗马与日耳曼或许能相安无事地和平共存很长时间。

将“Huns”翻译成“匈人”实际上是东方史学界的提法，因为有一种观点认为这支自东而西席卷欧亚大陆的游牧民族是被汉帝国两代名将窦固、窦宪驱逐出蒙古高原的北匈奴后裔。但北匈奴离开汉帝国打击范围的时间是公元160年左右，两个世纪之后才出现在西方人的视野之中，因此有些史学家认为，将匈人在欧洲的肆虐归功于汉武帝以来汉帝国的强盛有“大吹法螺”之嫌。

后世的西方学者在描画匈人时，也有意无意地参照了东方游牧民族的造型

公元350年左右，这支被称为“匈人”的强大游牧部族突然大举涌入顿河流域，向曾在中国古籍中被称为“奄蔡”和“阖苏”的阿兰王国发起了进攻。阿兰王国由西亚游牧民族斯基泰人建立，早在公元1世纪便与当时的汉帝国有过交集。司马迁在其著作《史记》中称：“奄蔡，在康居西北可二千里，行国，与康居大同俗，控弦者十余万，临大泽无涯，盖乃北海云。”这一说法俨然将阿兰王国描述为一个颇为强盛的大国，但是在来势汹汹的北匈奴面前，阿兰王国却无力抵抗，近一个世纪之后，统一中国北方的鲜卑拓跋族政权才得到消息：“匈奴杀其王而有

其国，已三世矣。”

如此轻易地灭亡了阿兰王国，究竟是北匈奴百年生聚之后的厚积薄发还是另有隐情，史料之中并没有给出明确的答案。但值得一提的是，公元 350 年前后，中原大地之上长期遭受压迫的汉族以“乞活军”首领冉闵为领袖，发动了大规模的民族起义。面对来势汹汹的“杀胡令”，大批匈奴、羯族被迫向中亚迁徙，此事是否对北匈奴的西进有所影响，同样是未知之数。不过北匈奴没有止步于顿河流域却是不争的事实，公元 374 年，他们继续西进踏入了东哥特王国的领地。

东哥特王国是后世史学家对其的称谓。这个崛起于第聂伯河流域的国家此时已经囊括了今日的乌克兰、白俄罗斯、立陶宛，横跨波罗的海和黑海，是以哥特族为核心的庞大政治联合体。但是面对匈奴人不断沿途裹挟游牧民族所形成的“大雪球”，东哥特王国同样不堪一击。公元 375 年东哥特王国土崩瓦解，幸存者带着无限的恐惧逃向了其同宗兄弟——西哥特人的领地。

平心而论，阿兰和东哥特王国的覆灭都有其自身的原因。长期汲取罗马文明养分的西哥特人未必不能抵挡匈人的入侵。但在仓皇而逃的士兵口中，敌人永远拥有着无法战胜的神力，在恐惧的驱策之下，数以百万计的哥特人向多瑙河南岸迁徙。此时主政罗马东部的瓦伦斯（Valens）并非无能之辈，出身将门的他曾连续击败过哥特人和波斯的萨珊王国。在罗马帝国后期的主政者中算是深谙战阵的。但恰恰是战场所积累的自信令瓦伦斯面对复杂的局面时失去了应有的冷静。他草率地认为只要收缴武器并扣押所有尚未达到兵役年龄的男孩当作人质，便可以轻松控制哥特人为罗马卖命。但事态很快便失去了控制。

公元 377 年，进入巴尔干半岛的哥特人无法忍受罗马地方官员的剥削和虐待，最终揭竿而起。此时的罗马帝国虽然日渐衰落，但是东、西罗马的君王终究沾亲带故，互相照应，瓦伦斯如果有足够的耐心，等待掌握帝国西部的两个侄子出兵支援的话，仍有可能一举将哥特人赶过多瑙河去。但瓦伦斯显然对过往的战绩太过自信了。在调集了 3 支精锐部队将哥特人封锁于巴尔干要冲阿德里安堡（Adrianople）附近之后，这位君王御驾亲征，试图一举围歼拖家带口的哥特移民大军。公元 378 年 8 月 9 日，由瓦伦斯亲率的 6 万大军抵达战场。此时哥特人已经退守距离阿德里安堡 13—19 公里的海湾地区。面对由上千辆大车组成的营地，瓦伦斯不顾部队在仲夏烈日下长途跋涉的疲乏，执意发动全面进攻，急切地希望能够毕其功于一役。

老于军旅的瓦伦斯显然太过轻视自己的对手了，驻守营地的哥特人虽然多为老幼妇孺，但是在营地之外，大批精壮正在外搜集粮秣。而在与匈人的交锋之中，哥特人也逐渐磨炼出成熟的骑兵战术。因此当营地遭遇围攻时，大批哥特精锐迅速策马赶到，随即打了罗马军队一个措手不及。

就在罗马骑兵的右翼抵达哥特兵营时，哥特骑兵以雷霆万钧之势发动袭击。哥特骑兵的冲锋是如此之凶猛，以致整个罗马军队乱成了一团。哥特骑兵转身进攻罗马军队的左翼骑兵，罗马骑兵即告全面崩溃。哥特军队接着又进攻并席卷了罗马军队的左翼步兵，把他们压向罗马军队的中央。如果罗马帝国的步兵还能保持早期的团结和战斗意志的话，战局本不至于迅速恶化，但是此时面对哥特骑兵的挤压，瓦伦斯雄厚的步兵战线却乱成一团，只得任凭手持长矛和剑的哥特骑兵从侧翼和背后肆意杀戮。这时哥特营区里的步兵也冲向罗马军队的正面。整个战场变成了单方面的屠杀。

随着身负重伤的瓦伦斯在藏身的茅屋里被哥特人烧成灰烬，一日之间丧师 4 万的阿德里安堡成为继坎尼和条顿堡森林之后，罗马帝国的又一个伤心地。尽管在此后的两年里，罗马最后一位雄才伟略的政治家——狄奥多西一世(Theodosius I) 击退了哥特人对希腊半岛的入侵，但为了争夺帝位，更为了换取短暂的和平，最终狄奥多西一世于公元 382 年选择与哥特人议和。罗马帝国不仅允许哥特等日耳曼民族在自己境内定居，更不得不向其提供粮食以换取忠诚。而为了巩固自身的权力，狄奥多西一世还进一步强化了天主教在罗马帝国内部的政治地位，正式确立其为国教。

借助着教会和所谓蛮族的力量，狄奥多西一世成为罗马帝国最后一任“一统寰宇”的皇帝。在其死后，罗马帝国分别由其两个年幼的儿子继承。罗马帝国东西分治早已不是新闻，但由两个未满 20 岁的孩子登基坐殿却尚属首次。这其中固然有狄奥多西一世本人威权的因素，却也映射出整个帝国已经失去了应有的政治活力。正是在这种幼主羸弱的情况之下，罗马帝国最后的“将星”——斯提里科 (Flavius Stilicho) 开始冉冉升起。作为狄奥多西一世的“托孤重臣”，

狄奥多西一世与天主教教皇

斯提里科既是军功赫赫的战将，同时又是“先帝”的侄女婿，一时可谓风头无两，而被恶劣的内外局势所困的罗马贵族们自然识相地忽略了其身上的日耳曼血统——斯提里科的父亲是一个汪达尔人。

斯提里科虽然在西罗马帝国身居高位，但却从未忘记过自己来自于莱茵河西岸，他掌权伊始便率军北上，与法兰克、萨克森和汪达尔等日耳曼部族订立盟约，暂时解除了西罗马帝国的边境危机。随后他又挥师东进，讨伐在东罗马境内揭竿而起的哥特人。

此时哥特叛军的领袖是号称“所有人统治者”的阿拉里克一世（Alaric I）。按照罗马史书的说法，斯提里科两度将阿拉里克一世逼入绝境，只是由于东罗马帝国皇帝狄奥多西二世（Theodosius II）及其宠臣的短视才令罗马军队功败垂成。这种颇具演义色彩的粉饰手法对于熟读“三国”等评书故事的人来说并不新鲜。无论如何，在东、西罗马日益离心离德的背景之下，阿拉里克一世及其哥特王国不仅在夹缝中生存了下来，还日益发展壮大。

公元 396 年，趁着斯提里科在北非平定摩尔人叛乱之际，阿拉里克一世率哥特大军洗劫了大半个希腊，并迫使东罗马割让比邻意大利的伊利里亚地区，至此哥特人的兵锋直抵罗马帝国的龙兴之地。从公元 401 年开始，阿拉里克一世和斯提里科在意大利恶斗连连。按照罗马人的说法，斯提里科及罗马军队每每都能战而胜之，但却无法改变西罗马帝国最终不得不向哥特人割地赔款，甚至诛杀斯提里科以换取和平的事实。

公元 408 年，斯提里科被以“图谋不轨”“卖国求荣”“玩寇自重”等十大罪状斩于罗马。据说消息传到哥特王国，阿拉里克兴奋得一跃而起，高呼“进军”。而在下属询问他前进路线时，这位蛮族国王说出了今日仍脍炙人口的名言：“条条大路通罗马。”两年之后，三度对罗马围而不攻，以敲诈巨额赎金为目的的哥特大军最终攻入了这座“永恒之城”。

此时的罗马早已不是帝国首都，早在公元 404 年，懦弱的西罗马帝国皇帝便将政治中心搬迁到了意大利东北海岸——沼泽环绕的海军要塞拉韦纳。面对早已被饥饿和瘟疫折磨到无力抵抗的罗马人，阿拉里克纵兵掠夺。但其所获应该并不惊人，否则这位哥特国王不会随后又准备远征西西里和北非。不过向来贪婪的西方人不愿意相信罗马早已被掏空。于是在此后漫长的岁月里，不时有人在寻找据说与阿拉里克尸体一同埋葬的“罗马宝藏”。

下令处决斯提里科的西罗马帝国皇帝霍诺留是否后悔过自己的决定世人不得而知，但后世西方史学家和民众却孜孜不倦地进行着“斯提里科倘若不死又将如何如何”的假设。这种心态笔者姑且称之为“稻草效应”：落水者总是幻想着用一根稻草来救命，被压垮的骆驼也往往埋怨最后一根落下的稻草，殊不知一个国家的兴起和衰弱都不是个人乃至一个小团体所能决定的。岳飞、袁崇焕如是，斯提里科亦如是。

公元 410 年哥特人攻占罗马

正所谓“百足之虫，死而不僵”，雄踞欧亚大陆的罗马帝国犹如一颗闪烁的恒星一般，以其文明的光热照耀了整个西方世界。尽管其最终不免归于泯灭，但其余烬及沦为“黑洞”的东罗马残余最终仍吞噬了东哥特王国和汪达尔人在北非建立的政权。

在西哥特王国偏安一隅的情况下，法兰克人的时代终于到来了。

法兰克人是日耳曼民族大迁徙中形成的一个多部落联盟的统称。由于混杂着多种语言和文化，法兰克人最初在西罗马帝国崩溃后的群雄逐鹿中并不占据优势。由继承权所引发的分裂和内战极大地消耗了法兰克人本不雄厚的家底。直到公元 486 年，法兰克联盟领袖克洛维一世（Clovis I）才在勃艮第人的帮助之下，击败了盘踞在高卢北部的罗马帝国军余部，算是摆脱了强横附庸的身份，终于有了自己的立足之地。也正是从此时开始，法兰克人意外地找到了两把打开帝国之门的钥匙——天主教信仰和采邑制度。

事实上，长期与罗马帝国比邻而居的日耳曼诸部，在潜移默化中很早就接受了基督教的相关教义，但由于原始崇拜和部落集体所有制的影响，日耳曼人更倾向于为罗马贫民阶层所信奉的“阿里乌斯派”信仰。

所谓“阿里乌斯派”，顾名思义是由北非神学家阿里乌斯所创立的基督教派。这一派别与罗马天主教最大的区别在于，他们并不认为耶稣基督是唯一且最高的神，这一提法显然更符合信奉原始多神教的罗马帝国奴隶和移民阶层对世界的理解。当然，阿里乌斯派最大的卖点并不在于降低耶稣基督的“神格”，而是其反对教会占有财产，尤其是占有大批土地的主张，使得日耳曼各路人马可以肆无忌惮地打着阿里乌斯派的旗号将罗马帝国境内的教会悉数“打成土豪”。

阿里乌斯派固然有其积极进步的一面，但是却无形中削弱了“君权神授”的权威性，更令基督教有由可以左右欧洲局势的政治势力退化成虚无标签的风险。

身为法兰克乃至整个日耳曼民族的精英分子，克洛维一世在自己妻子的指引之下于公元 499 年正式接受洗礼，皈依天主教。

克洛维一世此举表面看是法兰克国王的信仰自由，实质上却是欧洲历史上君王和教宗的首度联手。尽管法兰克王国内许多部族领袖对克洛维一世此举颇不理解，但在教会势力的支持之下，法兰克王国还是迎来了第一个对外扩张的高潮期。克洛维一世仅用了六年的时间便将强大的邻国——勃艮第人降伏为自己的附庸，灭亡了长期盘踞在阿尔卑斯山西段的阿勒曼尼王国。

公元 507 年，法兰克人于高卢中部的武耶之战（Battle of Vouill é）重创西哥特王国主力军团。事后天主教会竭力宣扬：克洛维一世之所以能够以少胜多，并阵斩西哥特国王阿拉里克二世，完全是上帝庇佑之功。被赶出高卢的西哥特人痛改前非，最终于公元 581 年宣布放弃阿里乌斯派，改信天主教。显然阿拉里克二世的继任者们并没有真正了解他们战败的原因——令法兰克人在战场上士气

克洛维一世接受洗礼

如虹的并非是虔诚的信仰，而是物质的鼓励。克洛维一世所推行的采邑制度令法兰克人在每一次胜利中都能赢取丰厚的回报。

传统日耳曼民族的扩张方式是大规模的武装迁徙、沿途劫掠、勒索，即便占据了大片疆土往往也不事生产，只满足于奴役被征服的原住民。而由于法兰克人多部族的特性，克洛维一世往往不得不选择将自己的土地赠送给其他的贵族以笼络人心，久而久之他干脆将土地以租赁的形式交给自己麾下的将帅们打理。可以说正是这种未来骑士制度雏形的封建军事领主团队，保证了法兰克人旺盛的扩张欲望，而天主教的信仰则令这个王国即便在克洛维一世死后陷入分裂时，仍能保持着精神上的纽带。

二、白鹰初啼

西斯拉夫人在东欧的扩张和波兰王国的崛起

在日耳曼诸部在所谓的蛮族入侵之中大举进入西欧，并通过与当地部族融合，汲取罗马帝国和天主教文化，建立起法兰克等封建王国的同时，另一支今天被称为斯拉夫人（Slavs）的民族共同体也紧随着日耳曼人的脚步，在辽阔的东欧平原上生根发芽。

今天广为人知的“斯拉夫人”的概念，更多的是伴随着近代沙俄帝国推动的“泛斯拉夫主义”才为大众广泛关注和接受的。而所谓“斯拉夫人”一词源自于罗马帝国，被用于指代“奴隶”云云，更与真实历史有着极大的出入。

不用考据词根，单纯从地理位置便不难看出，罗马帝国从未征服过今天被广泛纳入斯拉夫人范畴的欧洲东部地区，自然不可能出现大量斯拉夫人被罗马帝国卖为奴隶的景象。事实上从相关史料中来看，反倒是高卢、日耳曼和巴尔干半岛的色雷斯人在罗马帝国的奴隶市场上比较常见。但就此认定“斯拉夫人”这一概念与罗马帝国无关，却也并非事实。罗马帝国的地理学家很早便已注意到了盘踞在中欧的日耳曼人与东欧地区原住民在人种和文化上的巨大差异，并以维瓦斯河（Vistula rivers）为界对其进行了区分。从莱茵河到维瓦斯河以西地区被称为“日耳曼尼亚”（Germania），而维瓦斯河以东，东到伏尔加河、北到希柏里尔、南到黑海和里海的区域则被称为“萨尔马提亚”（Sarmatian）。

正如“日耳曼尼亚”意为日耳曼人的土地一样，居住于“萨尔马提亚”地区的各大民族也被罗马人统称为萨尔马提亚人（Sarmatians）。由于距离太过遥远，即便是古希腊和古罗马的饱学之士对萨尔马提亚人也知之甚少。仅凭口口相传的一鳞半爪，在公元前 5 世纪由古希腊历史学家希罗多德（Herodotus）在其所撰写的《历史》一书中，对萨尔马提亚人的起源和生存现状进行了充满着希腊神话风格的想象。

希罗多德认为萨尔马提亚人是游牧于伏尔加河流域，曾频繁对巴比伦、亚述、波斯等西亚帝国造成威胁的斯基泰人（Scythians）[1] 与居住于黑海之滨、由女性战士组成的亚马逊（Amazon）人所生的后裔。希罗多德之所以有这样的设想，或许是缘于其得知“萨尔马提亚的妇人和男人们一起骑马打猎；在战争时作为农妇耕作；穿着和男人们相差无几的衣服”，从而认为其“继承了祖先亚马逊人的传统”。从这个角度来看，近代不断有人调侃斯拉夫人为“战斗民族”似乎也不算太过离谱。

尽管希罗多德的观点带有浓郁的主观臆断色彩，但在今天的历史学家看来，他的说法却可谓是“虽不中，亦不远矣”。通过在乌克兰和俄罗斯南部的考古挖掘基本可以断定，萨尔马提亚人兼容并蓄地吸收了伏尔加河流域的游牧部族和黑海沿岸的农耕文明，并在不断向西迁徙的过程中形成了自身独特的部族文化。

活跃于公元 1 世纪的罗马帝国史学家“老普林尼”（Pliny the Elder）[2]，由于曾在日耳曼尼亚行省的骑兵部队中服役，并曾广泛地走访过当地的日耳曼诸部族，因此在其所撰写的《自然史》一书中，对萨尔马提亚人的描述也显得更为专业和详细。根据“老普林尼”的说法，“萨尔马提亚”一词是拉丁语中“武器”和“种马”的组合，因此萨尔马提亚人天生就是骁勇善战的骑兵。

“老普林尼”之所以对萨尔马提亚人有如此直观的认知，很大程度上还缘于这一时期该部族已经越过东欧平原，深入多瑙河流域，与罗马帝国的边防部队之间爆发了直接冲突。但此时的萨尔马提亚人显然还不具备与正处于国力巅峰状态

---

[1] 斯基泰人（Scythians）：又译西古提人、西徐亚人或赛西亚人；古代波斯人称其为萨卡人（Saka），中国《史记》《汉书》中称之为“塞”或“塞种”、尖帽塞人或萨迦人。

[2] 老普林尼（Pliny the Elder）：全名为盖乌斯·普林尼·塞孔都斯（Gaius Plinius Secundus），为了区别与之同名的养子，故而将其分别称为“老普林尼”和“小普林尼”。

的罗马帝国抗衡的能力。在一连串的挫败之后，萨尔马提亚人被迫主动向罗马帝国投诚，并将大批精锐骑兵充作罗马帝国的辅助部队。甚至有史学家认为日后名动英格兰的亚瑟王（Arthur Pendragon），便是在罗马军队中服役的萨尔马提亚骑兵。

萨尔马提亚人的西迁，自然引来当地日耳曼部族普遍的敌视。从公元 1 世纪开始，双方便在东欧平原展开了空前惨烈的角逐和厮杀。这一局面直到公元 4 世纪中叶匈人袭来才画上了一个并不完美的句号。由于同为游牧部族，萨尔马提亚人与匈人之间很快便形成了战略同盟，并在匈人帝国崩溃之后，成为这一辽阔疆域的主宰。

在这一历史进程之中，萨尔马提亚人在不断消灭和同化残留于当地的日耳曼部族过程中，逐渐转变了其生活方式。其中生活于德意志易北河、奥得河和维斯瓦河流域的萨尔马提亚人率先放弃了逐水草而居的游牧生活，步入了男耕女织的农耕文明。西方史学家称之为“维涅德人”（Vistula Veneti），而日耳曼人则以蔑称称其为“文德人”（Wends，有奴隶之意）。本文为了叙述上的统一，采用今天约定俗成的“西斯拉夫人”这一称谓。

日耳曼人虽然在精神上对这些外来者充满了敌意，但是在查理大帝建立统一的加洛林王朝之前，一盘散沙的日耳曼诸部仍无力将其驱逐。随着时间的推移，日耳曼人与西斯拉夫人之间力量对比的天平很快便出现了倾斜。到公元 10 世纪时，西斯拉夫人在北德意志地区的大多数定居点沦为日耳曼人所建立的神圣罗马帝国的附庸。之所以出现这样的局面，固然是因为西斯拉夫人远离古希腊、古罗马所建立起的环地中海文明圈，无法如日耳曼人那般通过蛮族入侵的方式，直接汲取古希腊、古罗马的文明成果，但更为主要的是，占据了东欧辽阔土地的西斯拉夫人在由游牧时代转入农耕社会之时，走上了名为“农村公社”的特殊发展道路。

农村公社在波兰被称为“奥波莱”（opole），在捷克则被称为“奥布奇嫩”（obciny），在罗斯地区则以“米尔”（mir）或“维尔弗”（wierw）的形式出现。尽管名称不同，但其基本组织形式却大同小异。在农村公社中，自耕农以家庭为单位享有房屋、农具和牲畜，而耕地、牧场、森林、水源则为集体所有，定期分配给各个家庭使用。

由于公社内部的分配不均等原因，农村公社中出现了村社长老和部族领袖日益富有，普通社员日益贫困最终不得不依附于富有者的情况。但这种封建化的进程相对于日耳曼部族在征战杀伐之间迅速形成的骑士—领主—国王三级封建采邑制仍可谓相对缓慢。而依托于农村公社的经济基础所形成的“自然信仰”“先祖信仰”，也阻碍了天主教在西斯拉夫人中的传播。

经过漫长的发展，西斯拉夫人的农村公社逐渐发展成设有城墙等防御设施的大型城邦，这些城邦在相互攻伐或合纵连横中逐渐形成了国家的概念。在公元9世纪一位名叫巴伐利亚的日耳曼学者的笔记中，记述了德意志西北的西里西亚（Silesia）[1]和波美拉尼亚（Pomerania）[2]两地西斯拉夫人王国林立的景象。而在日耳曼人无法企及的所谓“小波兰”（Lesser Poland）和“大波兰”（Greater Poland）地区，这一时期已然呈现出王权争霸的景象。所谓“小波兰”指的是今天以克拉科夫为中心的波兰东南部地区。根据英格兰传教士所撰写的《日耳曼尼亚志》，公元9世纪中期一个名为维斯瓦王国（Vistulans）的政权在小波兰地区崛起，并逐渐吞并了周边的桑多梅日（Sandomierz）等城邦成为地区霸主。可惜这个新兴的政权很快便迎头撞上了名为摩拉维亚帝国（Great Moravia）的庞然大物。

今天复原的西斯拉夫人的早期城镇

摩拉维亚是一个由迁徙至今天捷克东部的西斯拉夫人所建立的封建王国，由于与拜占庭帝国接壤，摩拉维亚通过来自君士坦丁堡的东正教传教士接受了大量

[1] 西里西亚（Silesia）：中欧的一个历史地域的名称。大致在奥得河中上游流域，即今波兰西南部、捷克北部俄斯特拉发一带和德国东部。当前，该地域的绝大部分地区属于波兰，小部分则属于捷克和德国。

[2] 波美拉尼亚（Pomerania）：也译作波莫瑞，是在波兰北部与德国东北，位于波罗的海南岸的地理及历史区域。

先进的科技和文化成果，并转化为对外扩张的强劲动力。在公元 846 年到公元 894 年的罗斯蒂斯拉夫（Rastislav）和斯瓦托普卢克（Svatopluk）两任君主统治时期，摩拉维亚先后征服波希米亚、西里西亚、斯洛伐克西部等地，国力达到巅峰。在这样的巨兽面前，刚刚崭露头角的维斯瓦王国自然毫无悬念地遭到了碾压。

可惜摩拉维亚帝国的命运也随即急转直下，在斯瓦托普卢克之子莫吉米尔二世（Mojmir II）短暂统治时期，这个曾经强盛一时的西斯拉夫王国在内忧外患中迅速崩塌。尽管从统治者个人的角度来看，年轻的莫吉米尔二世的确有性格过于软弱、赏罚不明等缺陷，但导致摩拉维亚乃至日后诸多西斯拉夫政权迅速落幕的真正原因，源自于其外部环境和自身政治体制上存在的巨大缺陷。

从国际环境来看，西斯拉夫人位于西欧的日耳曼诸国以及东方的游牧部族之间，极易遭到来自上述两个方向的牵制和夹击；而在政权内部，建立在农村公社之上的封建王国，又注定了其整合和动员能力远远落后于周边的强敌，来自东正教和天主教的信仰渗透，更往往令其教会系统左右摇摆甚至陷入分裂和内讧之中。摩拉维亚帝国崩溃导致整个西斯拉夫世界陷入分裂，被迫纷纷向神圣罗马帝国和拜占庭投诚。在西斯拉夫国家到处寻求保护的同时，一个新生政权正逐渐走向成熟。

位于今天斯洛伐克境内的斯瓦托普卢克雕像，成了昔日摩拉维亚帝国辉煌的一抹残光

按照后世的传说，公元 8 世纪末期，一位带有半神话色彩的英雄人物——皮亚斯特（Piast）在神谕的指引下来到沃野千里、农业发达的瓦尔塔河流域，建立了“波兰”王国。波兰（Poland）之名源自于当地语言中的“田地”（Pole）一词。皮亚斯特的子孙在当地繁衍生息，最终在其第五代子孙梅什科一世（Mieszko I）手中得以发扬光大。由此“皮亚斯特王朝”也成为波兰王国最初的正统。

按照波兰早期史料的说法，梅什科一

世在公元 960 年继位后不久便征服了以瓦尔塔河为中心的大波兰地区，随后又相继吞并了邻近的谢拉兹—文奇察（Sieradz-Leczyca）、库雅维（Kuyavia）和马佐夫舍（Mazovia）地区。如此高效的开疆拓土显然与常理不合。因此有学者认为波兰对上述地区的控制，可能早在梅什科一世的父辈甚至祖辈便已然完成，梅什科一世仅是在其正式继位前后，重新获取了当地统治者的效忠而已。

真正可以归入梅什科一世本人名下的对外扩张是波兰在公元 963 年对波美拉尼亚地区的用兵。为了征服奥得河下游到易北河之间的西斯拉夫诸王国，这一年梅什科一世还主动向神圣罗马帝国皇帝奥托一世（Otto I）称臣，希望奥托一世能够暂缓东进。

事情的发展最初的确与梅什科一世所设想的一样：忙于对抗国内各派诸侯和马扎尔人入侵的奥托一世无心卷入西斯拉夫人之间的内战，大方地接受了梅什科一世的效忠，并默许了其对波美拉尼亚地区的进攻。可惜此时波兰的军事实力远没有梅什科一世想象的那么强大，波兰军队攻入奥得河下游后便一败涂地。战场上的失利令梅什科一世不得不改弦易辙，重新审视波兰王国的外交和

反映梅什科一世在波兰推动天主教信仰的油画

内政。

公元 964 年，梅什科一世迎娶了波希米亚公爵波列斯拉夫一世（Boleslaus I the Cruel）之女多布拉瓦（Doubravka of Bohemia）。波列斯拉夫一世因为弑兄夺位而被称为“残忍之人”，在注重血亲关系的西斯拉夫世界中名声扫地，但此人却是奥托一世的重要战略伙伴，被称为“抵抗马扎尔人的长城”。通过与之联姻，梅什科一世达成了波兰与波希米亚之间的战略同盟。同时借助宗教仪式，梅什科一世自己皈依天主教之余，还将天主教定为波兰的国教。波兰至此算是正式加入天主教的大家庭。

梅什科一世整顿国内事务励精图治的同时，也没有停止其对外扩张的脚步。波兰公国逐渐控制了波美拉尼亚东部地区，而腾出手来的奥托一世也继续对德意志北部地区的西斯拉夫王国展开侵蚀。随着双方控制地区逐渐接近，甚至最终交错，德意志诸侯与波兰公国之间不可避免地爆发了正面冲突。

公元 972 年 6 月 24 日，梅什科一世在采迪尼亚（Cedynia）[1] 地区率部击败了德意志诸侯军队。波兰史学界对此战极为重视，宣称采迪尼亚之战（Battle of Cedynia）是中世纪波兰摆脱神圣罗马帝国统治并实际领有波美拉尼亚全境的直接证据。1972 年史学家们还特意在当地举行了采迪尼亚之战一千周年的纪念活动，并竖立起了 15 米高的纪念碑。但仔细分析史料却不难发现，梅什科一世在采迪尼亚所击败的并非神圣罗马帝国皇帝奥托一世的军队，而是仅相当于伯爵的萨克森以东边区领主（Saxon Eastern March）奥多一世（Odo I）所部人马。

所谓“萨克森以东边区”指的是奥多一世的父亲吉罗（Gero）所征服的易北河流域土地。吉罗以一个萨克森公国小贵族的身份，凭借武力从西斯拉夫人手中夺取了不下于一个公国的土地，自然在德意志诸侯本部颇具声望，被称为“领导萨克森东进的伟大吉罗”。但由于两位合法继承人先后早夭，吉罗死后却不得不将领土一分为五，分别交给了奥多等五个庶子打理。不仅领地较其父在世时大打折扣，从后世的一些记载来看，奥多的才干也难望其父之项背。在与波兰王国

[1] 采迪尼亚（Cedynia）：今为波兰西部的城市，紧邻德国，属西波美拉尼亚省。从 8 世纪开始，这里有斯拉夫人居住。城市首次出现在史料记载中便是在公元 972 年。

现代波兰画家还原的采迪尼亚之战

方面发生领土纠纷之后，奥多不仅没有第一时间向神圣罗马帝国中枢请求仲裁，更为梅什科一世谦卑的外交姿态所迷惑，草率地率军前往采迪尼亚，与波兰军队展开对抗。而就在战前展开的最后谈判环节中，奥多还在关心梅什科一世有没有穿大衣进入自己的营帐、自己站着的时候对方是否坐着这些繁文缛节。最终在战场上一败涂地也就在情理之中了。

采迪尼亚之战尽管规模不大，还是引起了神圣罗马帝国中枢的注意。奥托一世亲自介入仲裁，而在波兰史学家口中颇具英雄豪气的梅什科一世，此后不仅被迫归还了夺占的土地，还将自己的长子鲍莱斯瓦夫（Boleslaw）送到神圣罗马帝国的宫廷为质。如果不是奥托一世于次年 5 月 7 日突然病逝，其子奥托二世忙于与德意志诸侯、法国、意大利、拜占庭和阿拉伯之间的战争，波兰公国在采迪尼亚之战中所取得的胜利很可能会被迅速抹杀。

对于奥托二世统治下的神圣罗马帝国，梅什科一世始终保持着敬而远之的态度。有一些史料认为梅什科一世曾与其小舅子波希米亚公爵“虔诚者”波列斯拉夫二世（Boleslaus II the Pious）暗中支持巴伐利亚公爵亨利二世反对奥托二世的叛乱，但这些宫廷密谋并未留下足够的证据。此外波兰史学家还宣称梅什科一世曾于公元 979 年在战场击败了奥托二世的入侵，但从神圣罗马帝国的记载来看，奥托二世于当年曾试图发动一场对德意志北部西斯拉夫人的扫荡，后由于天气原因没有成功。

相较于这些可能并不存在的阴谋和战争，在奥托二世统治时期，真正改变波兰王国外交走向的其实是一场颇有争议的政治联姻。公元 979 年梅什科一世的发妻多布拉瓦病逝。次年梅什科一世突袭了位于萨克森境内的卡尔贝修道院，将年仅 20 岁的修女奥达（Oda）绑架为自己的新娘。

梅什科一世的这一举动看似一个好色鳏夫丧心病狂的行为，实则却蕴含着深远的政治动机。长期以来，波希米亚公国均对梅什科一世攻略小波兰地区横加阻挠，双方争斗不断。来自波希米亚宫廷的多布拉瓦死后，更使波兰公国与波希米亚之间的同盟关系形同虚设。而为了稳定新征服的波美拉尼亚地区，梅什科一世也需要与邻近的德意志诸侯修补关系，居住于卡尔贝修道院的奥达，恰恰是此前在采迪尼亚之战中被梅什科一世击败的奥多一世的侄女，其父是领有萨克森以东边区北部的诺德马克伯爵迪特里克。

表面上看，梅什科一世的求婚有几分强抢民女的意味，但从事后卡尔贝修道院的记载来看，天主教会似乎并未对波兰军队悍然攻入修道院掠走修女一事有太多的愤慨，反而赞扬修女奥达用小我的牺牲，强化了天主教在波兰的影响力，并使许多被波兰掠走的德意志人重获自由。而对于梅什科一世而言，这次行动不仅为自己抢回了一个年轻貌美的妻子，还通过老丈人迪特里克的关系，与萨克森以东边区的诸侯交好，在梅什科一世看来这桩婚事可谓是有百利而无一害。他唯独没有想到的是自己和前妻还有一个名叫鲍莱斯瓦夫的儿子正在神圣罗马帝国的宫廷当人质。

自己的女儿一夜之间从修女成了波兰的公爵夫人，诺德马克伯爵迪特里克的内心起初是拒绝的，但在自己的女儿与梅什科一世先后诞下了三名子嗣之后，迪特里克的态度也逐渐有些松动。而就在萨克森以东边区与波兰王国之间血脉互通，逐渐连成一气之际，公元 981 年，居住于易北河流域的西斯拉夫人发动了大规模反天主教起义，史称“斯拉夫大起义”（Great Slav Rising）。

斯拉夫大起义的直接导火索是深受西斯拉夫人信赖的马格德堡（Magdeburg）[1]大主教阿德尔伯特（Adalbert of Magdeburg）去世，其继任者吉斯莱特不仅全盘推翻了阿德尔伯特逐步推进天主教的相关决策，还大肆扩张教区，强征教产，引发了本就对天主教怀有不满的西斯拉夫人的抵制。

公元 982 年 7 月 14 日，奥托二世兵败意大利南部。消息传来，易北河流域的西斯拉夫各部族认定时机成熟，随即各自起兵，开始围攻德意志诸侯的城堡及当地的天主教修道院。由于神圣罗马帝国的精锐部队多在意大利前线，局势很快便全面失控。到公元 983 年，神圣罗马帝国在易北河流域仅有汉堡一个据点还在勉强支撑。

正所谓“屋漏偏逢连夜雨”，面对西斯拉夫人的起义，公元 983 年 12 月 7 日，远征意大利南部的奥托二世突然病逝于回师途中。一时间群龙无首的神圣罗马帝国内部又出现了拥立奥托二世的幼子奥托三世和由巴伐利亚公爵亨利二世主持大局的两派。就在这一关键时刻，波兰国王梅什科一世突然以外藩的身份宣布支持奥托三世。

梅什科一世之所以如此站队，一方面固然是因为斯拉夫大起义冲击了波兰在波美拉尼亚地区的统治，但更为深层次的原因是巴伐利亚公爵亨利二世与梅什科一世前小舅子波希米亚公爵波列斯拉夫二世所组建的同盟，已经成为波兰公国吞并小波兰的主要障碍。

梅什科一世对奥托三世的支持以及神圣罗马帝国内部的政治力量对比，最终令巴伐利亚公爵亨利二世被迫放弃了对皇帝之位的角逐，公元 983 年，奥托三世正式加冕。由于其年仅 3 岁，由其皇祖母阿德莱德（Adelaide of Italy）代为摄政。

在见证了奥托三世的加冕典礼之后，梅什科一世随即启动了吞并小波兰地区的军事行动。不过此时的波希米亚商业发达，国力昌盛，梅什科一世手中却仅有 3000 人规模的亲兵队可供驱策。因此战争爆发之后，波兰方面便屡战屡败，不仅未能成功吞并小波兰，反倒连在西里西亚等地的统治也摇摇欲坠。战场上的

---

[1] 马格德堡（Magdeburg）：位于易北河畔的德国城市，约于公元 805 年建城。神圣罗马帝国皇帝奥托一世在其大部分统治时间里都居住在这里，死后也葬于此地的大教堂。

不利处境令梅什科一世不得不强化其与神圣罗马帝国之间的同盟关系。公元 992 年，梅什科一世在参加了一次针对勃兰登堡地区的西斯拉夫起义军的远征之后病逝于归途。由于梅什科一世生前并未订立明确遗嘱，空悬的波兰公爵之位很快便引发了其长子鲍莱斯瓦夫与其兄弟之间的争夺。

作为梅什科一世的第二任夫人，此时把持波兰公国权力中枢的奥达当然希望自己的三个儿子可以继承丈夫的爵位和领地。但这个基于母爱的设想显然抵不过周边大国的强权意志。神圣罗马帝国方面力推在宫廷中长大的鲍莱斯瓦夫回国继位；波希米亚公爵“虔诚者”波列斯拉夫二世也支持自己的外甥入主波兰，有一些史料认为，早在梅什科一世离世之前，波希米亚公爵便已经将自己控制下的小波兰交给鲍莱斯瓦夫打理，并充作其问鼎波兰的前哨基地。

经过长达数年的准备，公元 995 年，鲍莱斯瓦夫用不到数周的时间便驱逐了自己的继母及兄弟。奥达此后回到自己的故乡，归隐于奎德琳堡的修道院内，关于她几个儿子的最终命运，波兰史学界至今也没有一个统一的说法。

鲍莱斯瓦夫正式接任波兰公爵之后，便投身到神圣罗马帝国对西斯拉夫起义军的围剿之中。两年之后鲍莱斯瓦夫又用黄金赎回了罗马教会派往普鲁士而被杀的圣徒“布拉格的亚德伯”（Adalbert of Prague）的尸体。这番表现令刚刚亲政的奥托三世和罗马教廷对鲍莱斯瓦夫青睐有加。公元 1000 年，奥托三世与罗马教廷的特使抵达当时的波兰公国首都格涅兹诺（Gniezno）[1]，给予鲍莱斯瓦夫王侯的封赏，并特许其在波兰境内新设格涅兹诺、克拉科夫、弗洛兹瓦夫、科沃布热克四个主教区。

可惜这份殊荣并未维持太久，公元 1002 年 1 月 24 日，奥托三世在南征意大利途中病逝。觊觎皇位已久的巴伐利亚公爵亨利二世终于成功加冕。次年，波希米亚国内便发生兄弟争位的惨剧。“虔诚者”波列斯拉夫二世的次子亚罗米尔（Jaromir）发动宫廷政变，废黜并阉割了自己的兄长波列斯拉夫三世（Boleslaus III）。

对于自己娘家波希米亚发生的人伦惨剧，鲍莱斯瓦夫自然责无旁贷，当然其挺身而出主持公道的背后，也有对波兰公国政治利益的考虑。在出兵帮助波列斯

[1] 格涅兹诺（Gniezno）：波兰西部古城，属波兹南省。位于大波兰平原的中部，距离波兹南市东北 50 公里。公元 8 世纪时兴起，为波兰历史上最早的首都。

拉夫三世复夺波希米亚公爵宝座之后，鲍莱斯瓦夫很快便以疯狂迫害政敌为借口将这位公爵囚禁，自己主持了波希米亚公国的日常工作。

鲍莱斯瓦夫这种鸠占鹊巢的行径自然引发了各方的不满。神圣罗马帝国皇帝亨利二世以支持亚罗米尔为波希米亚公国正统的名义，出兵将鲍莱斯瓦夫赶出波希米亚，并攻入波兰境内。此后双方打打停停一直从公元1004年拉锯到公元1018年，才最终在无法将对方置于死地的情况下草草言和。波兰史学家宣称鲍莱斯瓦夫面对强敌，英勇地捍卫了波兰的主权和领土完整，但却有意无意地忽视其试图吞并波希米亚从而导致兵连祸结的事实。就在波兰与神圣罗马帝国之间的战争刚刚结束之时，鲍莱斯瓦夫又“马不停蹄”地被卷入了东部邻国基辅罗斯的内部纷争之中。

所谓“基辅罗斯”，是居住在黑海沿海及顿河流域的东斯拉夫人吸收泛海而来的维京人而形成的民族复合体，由于东斯拉夫人称维京人为罗斯人或瓦良格人，因此其以基辅为中心建立的政权，被称为“基辅罗斯”。根据12世纪基辅修士涅斯托尔所撰写的编年体史书《往年纪事》的记载，第一个入主基辅的维京贵族为来自北方诺夫哥罗德的奥列格（Oleg of Novgorod）。在完全控制黑海北岸之后，奥列格及其后继者又造船南下，劫掠拜占庭帝国沿海地区。

尽管在海战中拜占庭帝国海军利用传统优势武器“希腊火”不断给予基辅大公国舰队以重创，但随着基辅罗斯由陆路攻入保加利亚境内，并以越挫越勇的姿态不断叩击君士坦丁堡的城防，拜占庭帝国最终对基辅罗斯采取了怀柔的政策。公元988年，拜占庭公主安娜下嫁给了皈依东正教的基辅罗斯首领弗拉基米尔一世（Vladimir），由此正式开启了基辅罗斯与拜占庭帝国之间的短暂蜜月期。

根据后世俄罗斯和乌克兰的史料记载，弗拉基米尔一世可谓是东征西讨，战功赫赫。但是在家庭事务中，这位君王却似乎处理不好诸多妻子之间的关系，在传说之中，弗拉基米尔一世拥有由800名妻妾组成的庞大后宫。这个说法自然不乏夸张的成分。但弗拉基米尔一世在迎娶拜占庭公主之前，已经分别在北方诺夫哥罗德、基辅、保加利亚和希腊等地与多名贵妇成婚。这些得到基辅罗斯习惯法认可的婚姻，加上其他一夜风流的产物，令弗拉基米尔一世后裔众多。

在弗拉基米尔一世看来，自己统治下的基辅罗斯幅员辽阔，人口众多，与不同文化背景的女性产下的子嗣，不仅可以镇守一方，更是展开对外联姻的雄厚资本。公元 988 年，在拒绝了波兰公爵鲍莱斯瓦夫迎娶自己女儿的同时，弗拉基米尔一世同意让自己掌管图罗夫（Turov）[1] 地区的儿子斯维亚托波尔克与鲍莱斯瓦夫的女儿成婚。

由于日后声名狼藉，因此后世对斯维亚托波尔克出身 [2] 的描述也极为不堪。不过即便撇开这些坊间传闻，斯维亚托波尔克也可能很早便被自己的父亲排除在了正统继承人的选择范畴之外。政治前景的暗淡和文化认同上的隔阂令斯维亚托波尔克对自己家族逐渐产生了敌意，转而通过自己的妻子与岳父鲍莱斯瓦夫结成了战略同盟。斯维亚托波尔克的不臣之心很快便为弗拉基米尔一世所洞见。他剥夺了斯维亚托波尔克的领地并将夫妻二人投入了基辅的死牢。不过弗拉基米尔一世对自己的这个儿子似乎还有几分香火之情，因此并未将斯维亚托波尔克直接处决。此举直接导致公元 1015 年弗拉基米尔一世病逝之后，斯维亚托波尔克趁乱逃出监狱，并迅速组织力量暗杀了赶来基辅的三个兄弟。

“恶棍”斯维亚托波尔克的油画像

斯维亚托波尔克的倒行逆施为其招来了“恶棍”的骂名，同时也成了弗拉基米尔一世坐镇北方诺夫

[1] 图罗夫（Turov）：今属白俄罗斯，位于距离格罗德诺以西 226 公里的普里皮亚季河右岸，距离首都明斯克 206 公里。

[2] 斯维亚托波尔克出身：一般认为斯维亚托波尔克的母亲是一位希腊修女（名字可能叫尤丽娅），斯维亚托波尔克的祖父斯维亚托斯拉夫·伊戈列维奇大公在保加利亚将她俘获，后来让她嫁给其儿子和继承人亚罗波尔克·斯维亚托斯拉维奇大公（即亚罗波尔克一世）。公元 978 年弗拉基米尔一世刺杀了他的兄长，夺取了基辅大公的公位，并且强奸了亚罗波尔克一世的遗孀。这件事发生后，尤丽娅很快就生下了斯维亚托波尔克。因此，斯维亚托波尔克有可能是弗拉基米尔一世的长子或亚罗波尔克一世的遗腹子。

哥罗德的儿子雅罗斯拉夫（Yaroslav I）以拨乱反正的名义进军基辅的借口。有趣的是，在后世的传说之中，雅罗斯拉夫常常被描述成深受弗拉基米尔一世宠信的幼子，但事实上雅罗斯拉夫很可能是弗拉基米尔一世的长子，并由于政治利益的冲突，更早与自己的父亲陷入决裂。

雅罗斯拉夫之所以敢于和占据基辅的父亲和弟弟叫板，缘于其得到了大批生活在诺夫哥罗德的维京移民氏族的效忠。公元1017年，雅罗斯拉夫统率一支由瓦良格人（维京移民）和诺夫哥罗德当地居民组成的混合军团南下，并成功借助寒潮突破了斯维亚托波尔克视为天堑的第聂伯河。无力据守基辅的斯维亚托波尔克被迫逃亡波兰。虽然有自己岳父鲍莱斯瓦夫的支持——鲍莱斯瓦夫曾在公元1018年率波兰军队为自己的爱婿重夺基辅——但斯维亚托波尔克在基辅罗斯境内已经失尽了人心，随着波兰军队的撤退，他很快便再度败给了雅罗斯拉夫，并在辗转途中病逝于波兰。

鲍莱斯瓦夫对基辅罗斯王位继承权的武装干涉可以被视为未来波兰频繁染指俄罗斯的滥觞，而其最终的失败事实上也预示着东、西斯拉夫人在利益诉求和

雅罗斯拉夫夺取基辅之后，很快便厚待自己的继母——拜占庭公主安娜，使其得到了当地民众的广泛支持

宗教信仰上的分道扬镳。基辅罗斯与波兰之间经济上缺乏互补性，而接受了拜占庭东正教信仰的当地居民也与信仰天主教的西斯拉夫人存在着严重的隔阂。这些深层次的矛盾，注定了波兰东进的道路坎坷难行。

在介入波希米亚和基辅罗斯的努力均以失败告终之后，鲍莱斯瓦夫不得不将主要的精力投入波兰国内。公元 1025 年，鲍莱斯瓦夫在罗马教廷的默许之下，自行加冕为波兰国王。可惜这位被后世称为“勇敢者”（The Brave）的国王不久便因病去世。波兰的王位继承权同样引发了一场血腥的兄弟相残。

鲍莱斯瓦夫生前最看好的继承人是次子梅什科二世（Mieszko II），为此他特意将其长子贝斯普里姆（Bezprym）送去意大利拉文纳（Ravenna）的圣罗穆亚尔德修道院（Saint Romuald'hermitages）出家，但鲍莱斯瓦夫在晚年却推翻了自己的决定。在其决定加冕梅什科二世为波兰国王前后，贝斯普里姆被召回并将波兰王国西部的维斯普雷姆（Veszprem）[1] 等地作为其封地。可惜梅什科二世并不能理解自己父亲的这一安排，他继位之后很快又剥夺了自己几个兄弟的封地。恼羞成怒的贝斯普里姆随即投靠了始终对波兰虎视眈眈的神圣罗马帝国。

此时的神圣罗马帝国正因亨利二世死后绝嗣而陷入纷乱之中。雄心勃勃的梅什科二世攻入了德意志东部的萨克森公国境内并一度自封萨克森公爵之位。可惜随着奥托一世的玄外孙康拉德二世（Conrad II）击败各路竞争者成功加冕为神圣罗马帝国皇帝，战神的天平逐渐倒向了对波兰不利的那一边，而基辅罗斯的统治者雅罗斯拉夫也从东线攻入波兰境内。面对两线作战的不利态势，梅什科二世于公元 1032 年被迫仓皇逃往波希米亚避难，却被昔日与其父有过节的波希米亚公爵亚罗米尔囚禁并阉割。好在此时被神圣罗马帝国扶植的波兰公爵贝斯普里姆因残暴统治而死于宫廷暗杀。为了尽快稳定波兰的局势，康拉德二世命人将梅什科二世接回波兰。

梅什科二世虽然夺回了属于自己的王位，却为了保全性命不得不向反对自己的各方势力割地求和。波兰王国被迫将波美拉尼亚和西里西亚割让给神圣罗马帝国，将契尔文地区割让给基辅罗斯并恢复了自己几个弟弟的封地。如此一来梅什

[1] 维斯普雷姆（Veszprem）：位于今匈牙利中西部，南距匈牙利著名旅游胜地、欧洲最大的淡水湖巴拉顿湖 15 公里，东北距首都布达佩斯 110 公里。

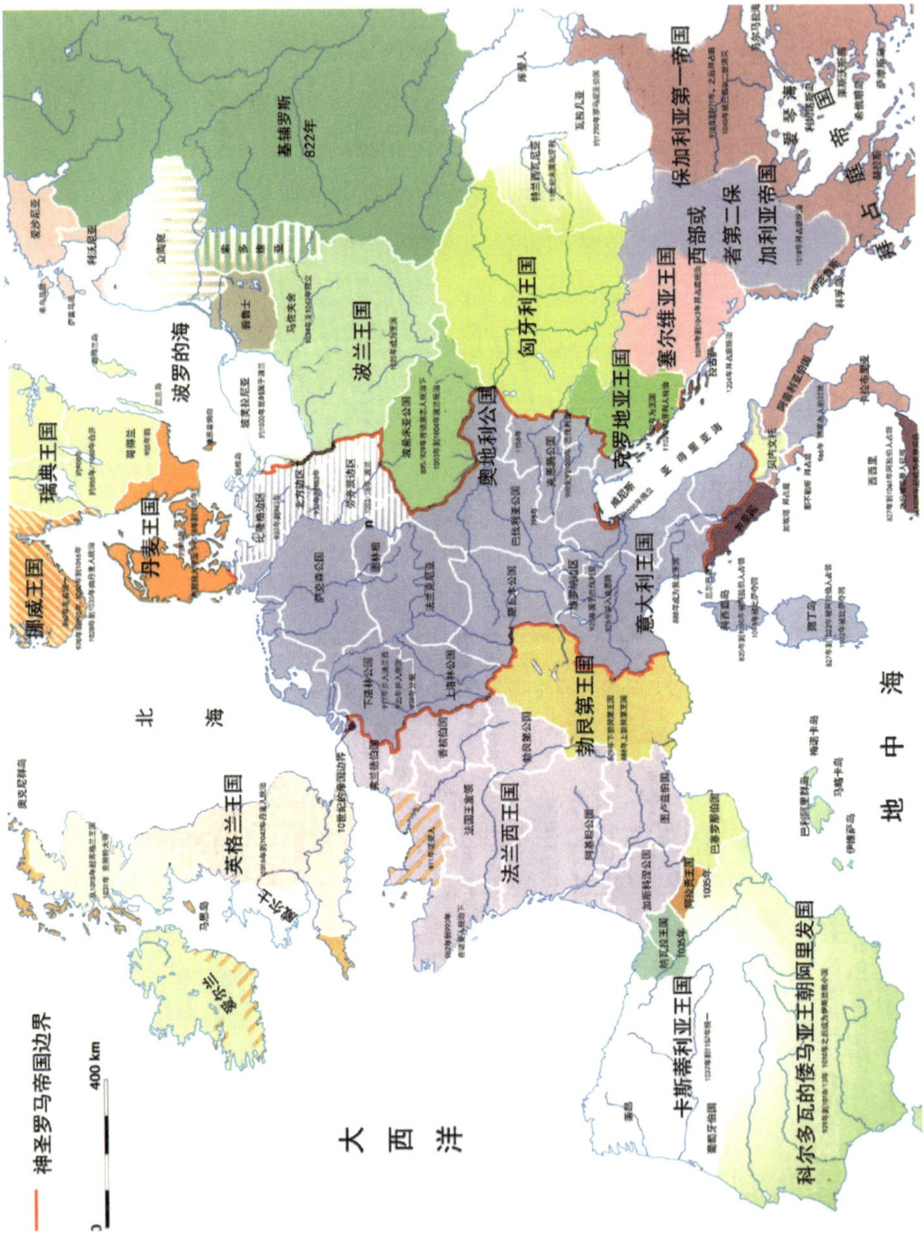

“十字军东征”前夕的欧洲政治版图

科二世事实上仅拥有大波兰地区的统治权。但就是这有限的领地，也无法实现长治久安。公元 1034 年 3 月 10 日的晚上，这位命运多舛的波兰国王在自己的寝宫中暴毙。有证据显示其很可能死于一场政治暗杀。而就在波兰的贵族争权夺利之际，一场空前规模的农民起义席卷而来，波兰各地的修道院和封建领主遭到民众围攻。为了巩固天主教在波兰的统治地位，公元 1039 年，刚刚继承神圣罗马帝国皇帝之位的康拉德二世之子亨利三世（Henry III）派兵护送梅什科二世长期滞留在德意志地区的独子——卡齐米日（Casimir I）回国继位，才勉强稳定了大波兰地区的局势。

卡齐米日用尽毕生的精力，在神圣罗马帝国和基辅罗斯之间转圜，与波兰各地的割据势力斗智斗勇，的确取得了一些成绩，被后世的波兰史学家誉为“中兴之主”（Restorer）。但在其任内，波兰终究没有恢复到其祖父鲍莱斯瓦夫统治时期的巅峰状态。而在其死后，波兰随即再度陷入长达一个多世纪的分裂和纷争之中。与此同时，其邻国基辅罗斯内部亦是群雄并起，而神圣罗马帝国的诸侯们则忙于参与到被称为“十字军东征”的战斗狂潮之中了。

三、十字军兴

席卷西欧的十字军热潮和先行者们

罗马帝国的崩溃令历史悠久的地中海贸易网络因为战乱和割据而急剧萎缩，连食用香料都依赖进口的欧洲，到了这个时期土地成为其唯一的财富来源，因此当时封地既是上位者笼络人心的最好馈赠也是有效管理辽阔疆土的必然选择。而为了迎战驾大船的维京人和来去如风的马扎尔人，法兰克人必须令自己的武装力量处于机动状态，因此可以动员多少骑兵很快便成为衡量一个贵族乃至国王实力的标尺。而在面对可以迅速大量补充有生力量的游牧民族和穆斯林军团时，法兰克骑兵往往都处于数量上的劣势，在脆弱的经济无法供应更多军队的情况下，提升个体骑兵的装备便成为法兰克人谋取胜利的唯一选择。

为了保存更多的有生力量，欧洲骑士装备了越来越厚重的铠甲。而为了保障战马能在战斗中长期负重并在关键时刻高速冲击，几乎每一个采邑的马厩都在努力改善着马种。但即便是最强壮的战马也无法应对长时间的作战，何况骑士们还需要再有一匹马来帮他驮运越来越多的辎重，需要一名替他管理甲胄的随从，一名轻装的骑兵担负搜索与侦察的任务，两到三名步兵负责宿营时护卫。因此骑士在战场上并非只代表重装骑兵，而是一个合成作战单位。

仅仅是身着重铠在高大的战马上挥舞各种兵器便已经需要长时间的专门训练，而组建一个骑士战斗组更是耗资不菲，因此采邑便成为每一位骑士的主要经济来源。为了保护自己的土地和家庭，骑士们修筑了高大的城堡。这些城堡通常都坐落在道路附近，其中有一座主楼供家属居住，侧楼供随从居住，周围有高高的围墙，有城垛防止侵犯者架梯，城堡四周有护城河。可以说城堡就是欧洲中世纪社会稳定的支柱和楔子。

在强大的外敌仍徘徊在基督教世界边缘之时，天主教会是明确反对欧洲领主乃至国王之间发动战争的。当然倘若争斗真的爆发，教皇往往也不过是为此深表痛惜，然后双手一摊表示无力制止而已。但无论如何，通行的游戏规则却是交战双方都必须遵守的，骑士与骑士之间的私斗被要求尽可能避免使社会遭受损害——骑士可以杀死他的仇敌，但不能烧掉或剥夺仇敌家族的财产。如果是国家与国家之间的战争，则战胜者可从俘虏身上勒索赎金；战败者的财产是合法的战利品；可以按当地农民的人数来征收贡物。不过原则上，不仅教士及其财产，甚至土地耕种者也可豁免缴纳田租，其所有权不受战争结果的影响。

正是在这些战争规则的作用之下，中世纪欧洲的战争呈现出一种所谓“文明”的趋势，在战场上骑士总是避免将对手赶尽杀绝，因为每一个俘虏都代表着巨额的赎金。而一旦战败者投入教会的领地，追兵也只能在修道院外驻足叫骂，毕竟一旦得罪了天主教会，“快意恩仇”的结果往往是身败名裂。另一方面，城堡高大坚固的城墙也往往是交战双方的终点，因为无论是围困还是强攻，夺取一座设防城堡的代价都足以令战争演变成入不敷出的“双输”局面。

固化的阶层、稳定的边界加上天主教对文化教育的垄断，共同构成了一个相对稳定的中世纪欧洲，此时的欧洲大规模的民族迁徙逐渐趋于停止，被战争毁灭的城市逐渐恢复了活力。而新的问题也随之产生——大批来自骑士阶层的后代迫切需要土地和财富。在基督教世界的内战几乎没有油水可捞的情况下，这些愣头青们纷纷前往文明对峙的前沿闯荡世界。

最初他们聚集于诺曼人的旗下，跟随着“征服者威廉”远征不列颠和西西里岛。其后他们又出现在西班牙的战场之上，参与驱逐穆斯林势力的“收复失地运动”。但是这些小打小闹显然无法转移欧洲巨大的人口压力，于是同样迫切渴望权势、荣耀、金钱和土地的罗马教廷决定发动一场全欧洲参与的“圣战”——十字军东征。

公元1071年，拜占庭帝国军在今天土耳其东部的曼齐刻尔特之战（Battle of

Manzikert）中一败涂地，连皇帝罗曼努斯四世（Romanos IV Diogenes）都成了俘虏。曾经与波斯、阿拉伯帝国恶斗连连不落下风的东罗马后裔这次栽在了突厥分支塞尔柱人的手上。罗曼努斯四世为了苟全性命，不得不割让了小亚细亚的大片土地，但这位忍辱偷生的君王返回首都君士坦丁堡时，却发现皇帝的宝座早已被自己的养子所窃取，等待他的是被刺瞎双眼流放荒岛的命运。

曼齐刻尔特之战后被俘的罗曼努斯四世

罗曼努斯四世被废黜并未给拜占庭国内严峻的通货膨胀和此起彼伏的叛乱画上句号，更大的危机接踵而至：公元 1081 年，盘踞在西西里岛的诺曼贵族罗伯特·吉斯卡尔德（Robert Guiscard）纠集了一支不足 2 万人的远征军冲入拜占庭帝国的后院巴尔干半岛。所谓“诺曼人”其实是北欧维京海盗定居于法国北部的分支，在保留了维京人海上霸权意识的同时，诺曼人又兼收并蓄地吸收了法兰克帝国的骑兵战术，成为 11 世纪纵横欧洲的强横之一。

与在诺曼底裂土封侯的“征服者威廉”不同，罗伯特·吉斯卡尔德及其麾下的诺曼骑士本是拜占庭帝国的雇佣兵，只是因为劳资纠纷才最终霸占了本应从属于君士坦丁堡的西西里岛，顺手又席卷了整个意大利南部。眼见昔日的雇主麻烦缠身，罗伯特本着“趁火打劫”的原则，不顾自己66岁的高龄准备一举鲸吞整个拜占庭。

面对诺曼人的入侵，急需一场胜利重塑自信的拜占庭帝国一边从盟友塞尔维亚人和曾经的敌人塞尔柱那里大量招募雇佣军，同时集合能够收集到的全部东方残兵准备与吉斯卡尔德一决雌雄。公元1081年10月18日，在以出卖大量商业利益换取威尼斯海军突袭诺曼舰队的同时，拜占庭帝国以倾国之兵迎战吉斯卡尔德于底拉西乌姆城下。

“诺曼佣兵之王”罗伯特·吉斯卡尔德晚年明显经过美化的画像

此时拜占庭的大军可谓精锐云集，既有由南下的北欧步兵组成的瓦兰吉卫队，也有由贵族子弟组成的阿贡托普莱子弟骑兵。塞尔维亚和突厥雇佣兵组成两翼掩护着由重甲骑兵保护的中军。但战斗打响之后，拜占庭人很快便发现由箭射刀砍为主要手段的东方战法在西欧骑士的重铠长枪面前毫无用武之处，仅仅依靠着1300名夹枪冲锋的诺曼骑士，罗伯特便击溃了拜占庭人的整个军阵。尽管在底拉西乌姆战役（Battle of Dyrrhachium）后不久，罗伯特便为罗马教皇格里高利七世（Gregorius VII）所召唤，返回意大利去对抗与教廷决裂的神圣罗马帝国皇帝亨利四世，此战还是令拜占庭对西欧的军事优势有了深刻的印象。

公元1095年，面对塞尔柱人新一轮的攻势，拜占庭皇帝阿历克塞一世（Alexios I Komnenos）遣使向罗马教皇乌尔班二世（Pope Urban II）求援。

客观地说，以“圣战”为名拉起一支忠诚于教会的武装是历代教皇的心愿，何况如果能让长期信奉东正教的拜占庭帝国改宗天主教，也将极大地增强罗马教廷的权威。因此罗马教皇乌尔班二世爽快地答应了拜占庭的求援，随后前往自己的故乡法兰西招募远征军。

教皇乌尔班二世宛如巡回演出般的战争演讲，在法兰西中部城市克莱芒达到了顶峰。教皇站在高台之上，向与会的善男信女大谈拜占庭帝国所遭受的屈辱和威胁，言及塞尔柱人占领“圣地”耶路撒冷之后的行径更是声泪俱下——尽管他本人从未到过那座城市。最后教皇宣布突破异教徒的封锁，前往东方“武装朝圣”不是一场战争，而是一件可在天堂受到嘉奖、洗清罪恶的丰功伟业。

煽动十字军东征的罗马教皇乌尔班二世

乌尔班二世的演讲虽然精彩，但真正为其言辞所鼓动的无非是一些村民。想要真正打造一支百战精锐，乌尔班二世还必须请出罗马教廷的老朋友——诺曼雇佣兵。不过此时罗伯特·吉斯卡尔德已经病死，盘踞于意大利南部的诺曼骑士以罗伯特之子博希蒙德（Bohemund）马首是瞻。博希蒙德曾跟随其父转战巴尔干半岛，听说有机会重返富庶的东方，随即表示乐于从行。从这个角度来看，尽管诺曼雇佣兵的“思想觉悟”不高，但从听命于教廷、积极投身收复耶路撒冷“圣战”的态度来看，却堪称是未来诸多“圣骑士团”的滥觞。

博希蒙德麾下的诺曼雇佣兵集团借助圣战前往东方夺取财富和封地的设想，很快便感染了同样对自身政治地位和领地产出颇为不满的欧洲大小贵族，其中还包括了投机而起的法国南部城市勒皮昂韦莱（Le Puy-en-Velay）主教阿德马·德·蒙特尔（Adhemar de Monteil）。

阿德马本是法国南部多菲内公国（Dauphiné）[1]境内贵族蒙特尔的长男，但理应继承家业的他，却被家族先后送进了军队和教会。这份失落感令阿德马在教会任职期间因“买卖圣职”和“站队失误”两度被开除。在政治生命连遭重创的

[1] 多菲内公国（Dauphiné）：位于今天法国东南部地区伊泽尔省、上阿尔卑斯省和德龙省交界处。首府格勒诺布尔。

情况之下，阿德马一度消失在公众的视线中。但在销声匿迹了一段时间后，阿德马很快便重整旗鼓，并宣称自己所谓的“失踪”其实是用了一年的时间完成了前往耶路撒冷的“朝圣”之旅。

阿德马究竟是否如他所宣称的那样独自去过耶路撒冷至今仍在史学界存在争议，但对于急于推动圣战的教皇乌尔班二世而言，阿德马这样的教会高层人士以身犯险、敢为天下先的精神还是要提倡的。为了彰显前往耶路撒冷朝圣所能获得的“天助神佑”，在公元 1095 年 11 月举行的克莱芒会议上，乌尔班二世宣布不仅阿德马此前在教会内的“不良记录”一笔勾销，他还将代表教皇作为罗马教会的特使指挥远征耶路撒冷的圣战大军。应该说，罗马教会之中如阿德马般贵族出身、长于弓马者不在少数，但教会高层直接参与军事，阿德马·德·蒙特尔可谓第一人。阿德马·德·蒙特尔通过参与圣战完成了人生逆袭，这很快便

图卢兹伯爵雷蒙德四世（图中穿白袍者）和主教阿德马·德·蒙特尔（图中央左侧穿红袍者）

引发了群体效应。法国南部贵族图卢兹伯爵雷蒙德四世（Raymond IV, Count of Toulouse）由于家族继承权问题和两次失败的婚姻，在欧洲贵族圈声名狼藉，故而最先响应罗马教廷远征耶路撒冷的号召。

除了阿德马·德·蒙特尔和雷蒙德四世，参与第一次十字军东征的主要将领还有来自德意志地区神圣罗马帝国的“下洛林公爵”布永的戈弗雷（Godfrey of Bouillon）及其弟“凡尔登伯爵”鲍德温（Baudowin），法国国王腓力一世的兄弟韦尔芒杜瓦伯爵休一世（Hugh, Count of Vermandois）、英王威廉二世的兄弟诺曼底公爵罗贝尔二世（Robert II）。

这些看似位高权重的王室贵胄之所以积极参与圣战远征，主要是缘于其或多或少都介入了家族内部的权力争夺且属于失败的一方，因此一方面需要向当权者展现自己“诚心悔过”以及“远离纷争”的政治姿态，一方面也希望借助教会的势力保住自己的领地，通过圣战掠夺更多的财富和地盘。

由贵族和骑士组成的远征军还未动身，一个自称“隐士彼得”（Peter the Hermit）的“神棍”就纠集了大批乌合之众冲向东方。讽刺的是，这样一支“平民十字军”(People’s Crusade)竟在没有任何后勤补给的情况下来到了小亚细亚，并最终与他们眼中“邪恶的异教徒”塞尔柱军队展开了正面交锋。

可惜这些看似辉煌的成就不过是一场以数万人生命为代价的闹剧。公元1096年4月12日，来自今天法国和德国地区的平民十字军在科隆集结，其总兵力据称近10万人，但其中真正接受过系统军事训练的却寥寥无几。因此一个名为沃尔特·桑萨瓦尔（Walter Sans Avoir）的法国破落骑士便成为这支军队的实际领导者。

沃尔特·桑萨瓦尔的早年经历不详，从后续的一系列表现来看，此人虽然经济状况不佳，但在军事、政治、外交等领域却颇有几分天赋。他一眼便看出平民十字军组织臃肿、人员混杂，因此率先在其中选拔了数千精壮之士，由自己为前锋，为大军开路搭桥。可惜这一记载并不为后世的历史学家所认可，至今仍有一些史料宣称沃尔特·桑萨瓦尔个性急躁，不愿意等待平民十字军完成集结，便独自踏上了东征之路。

在离开德意志地区之后，沃尔特·桑萨瓦尔率先率领平民十字军前锋进入了

沃尔特·桑萨瓦尔（图中央者）拜访匈牙利宫廷

匈牙利王国境内。面对满腹狐疑的匈牙利君臣，沃尔特·桑萨瓦尔亲自充当外交使节，最终保证了平民十字军相对平安地通过了匈牙利境内，正式进入当时仍处于拜占庭帝国统治之下的巴尔干地区。

在拜占庭边境要塞城市泽蒙（Zemun），平民十字军与拜占庭边防军发生冲突，导致数千人丧生。面对拜占庭民众的敌意，沃尔特·桑萨瓦尔随即以洗劫巴尔干重镇贝尔格莱德（Belgrade）和围困南部城市尼什（NiS）作为报复。尽管由于缺乏攻坚手段，平民十字军对尼什的围攻以失败而告终，但平民十字军在巴尔干地区的军事行动还是令拜占庭皇帝阿历克塞一世不得不改变对其漠视的政治态度，为其提供补给和船只，将其送往小亚细亚地区。

可惜抵达了小亚细亚的平民十字军很快便陷入了分裂状态。来自德意志地区的6000余名“圣战士”单独行动，最终在小亚细亚西北部名城尼西亚（Nicaea）附近被塞尔柱军队包围，弹尽粮绝之下被迫投降，由沃尔特·桑萨瓦尔和“隐士彼得”率领的平民十字军主力则在前往解围的过程中被塞尔柱骑兵击溃。沃尔特·桑萨瓦尔力战而死，“隐士彼得”则带着数千残部，狼狈地逃回了君士坦丁堡。

单纯从军事角度来考虑，平民十字军可谓是一败涂地。但其一路东进的过程却无形中给整个欧洲做出了表率——前往东方的道路并不坎坷，只要拥有一颗虔诚的心，谁都可以是圣战骑士，而沃尔特·桑萨瓦尔也从一个一文不名的破落骑士，一举成为指挥千军万马的名将，名动匈牙利、拜占庭等诸国王庭，最终光荣战死于收复耶路撒冷的圣战之中，几乎成为无数欧洲骑士心目中的楷模。

反映十字军东征前迫害犹太人的教堂壁画

就在平民十字军土崩瓦解之际，公元1096年8月，来自意大利、德意志、法兰西和英格兰等地的封建贵族们纷纷起兵向君士坦丁堡前进。他们之所以姗姗来迟，是因为与几乎没有成本和负担的平民十字军相比，欧洲各路诸侯不得不为军费发愁。

为了筹措粮饷，诺曼底的罗贝尔二世把自己的爵位抵押给了他的兄弟英国国王威廉二世，而来自德国的戈弗雷也将自己的财产或出售或抵押给了教会。除了典当家产之外，十字军骑士们还找到了另一条“生财之道”——拿犹太人开刀。就在远征军开拔前夜，法兰西和神圣罗马帝国境内的许多犹太社区遭到了洗劫和屠戮。

圣战者疯狂施暴的理由竟然是犹太人和穆斯林同为异教徒，不能在没有消灭

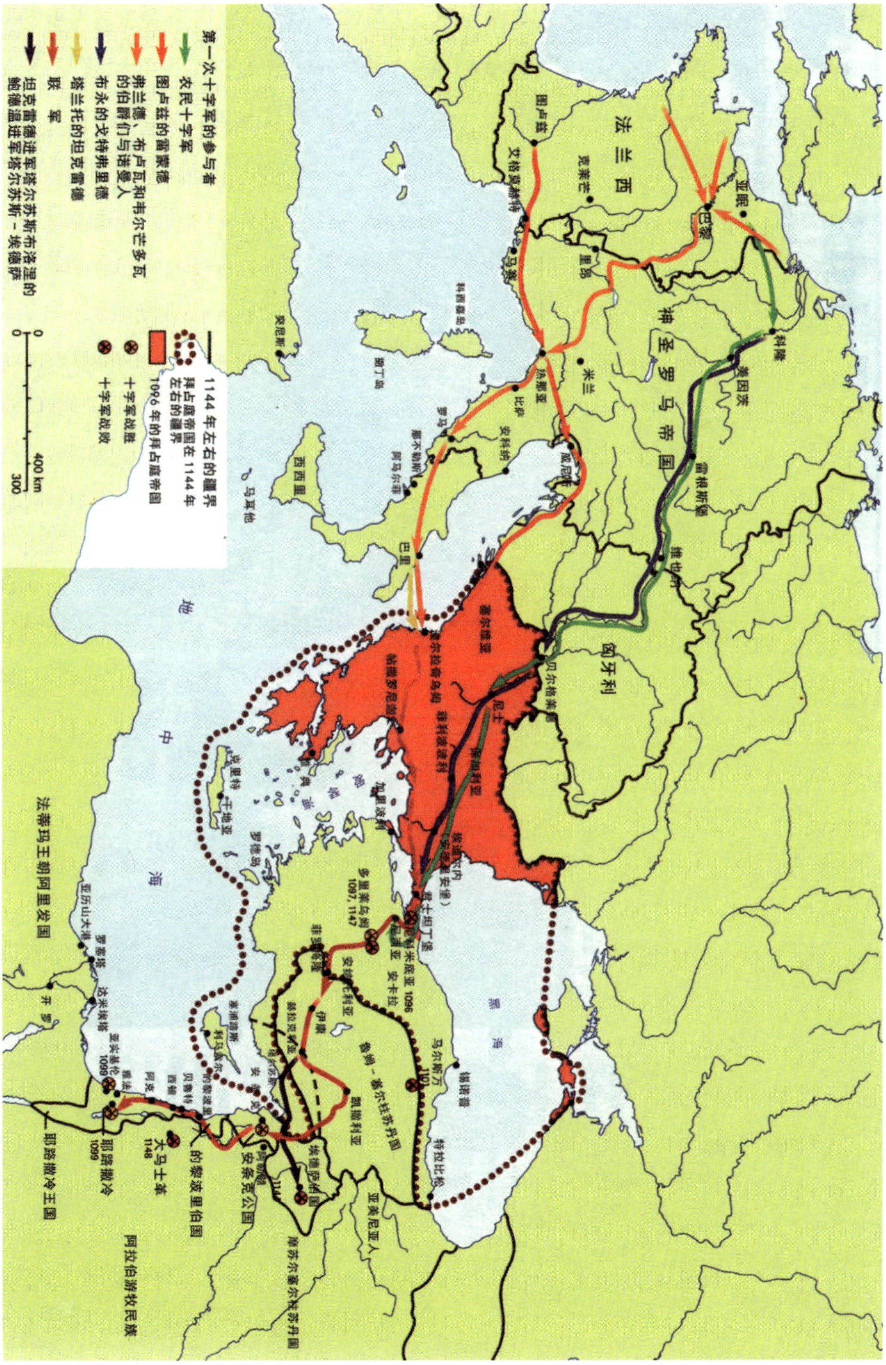

第一次十字军东征路线图

犹太人之前劳师远征。当然天主教会并不认可这一说法，以科隆大主教为首的一干教会首脑出面调停，最终以犹太人出钱资助圣战的形式了结了这段官司。而此后这种发动对外战争之前先找犹太人晦气的行动在德意志逐渐成了习惯。

四、北方圣战

路易七世和康拉德三世尴尬的东征和文德十字军

公元 1097 年初，在拜占庭和威尼斯海军的运送下，集结于君士坦丁堡的十字军主力顺利地越过博斯布鲁斯海峡，出现在了小亚细亚的土地之上。与平民十字军相比，汇聚了大批欧洲骑士阶层精英的十字军主力显然要强大得多。

仅在登陆后不久，十字军便攻占了塞尔柱人的都城——尼西亚。为大军提供后勤补给的拜占庭皇帝阿历克塞一世大喜过望，十字军中的各路诸侯也深信夺取耶路撒冷指日可待。就在十字军将帅们弹冠相庆的同时，塞尔柱人正在其前进的道路上张网以待。6 月末，十字军主力离开尼西亚向东南方向挺进。由于部队成分复杂，将帅之间冲突不断。最终诸侯们商定，按照部族分为诺曼和法兰克两军。诺曼十字军以来自意大利的博希蒙德为主帅，法兰克十字军则以下洛林公爵布永的戈弗雷指挥，双方约定部队以约 10 公里的间隔行进。博希蒙德自恃是沙场老将，多少有些自负，很快诺曼十字军的行进速度便超越了友军，一头撞进了塞尔柱人的陷阱之中。在穿越古城多里莱乌姆（Dorylaeum）附近一片起伏不平的沙丘地带时，大批塞尔柱军队突然从四面八方涌将出来，逼近十字军的侧翼，乱箭雨点般的射向密集的十字军重骑兵，军队却保持距离，不与欧洲重骑兵做正面交锋。尽管塞尔柱人的弓箭无法伤及身着锁子甲的十字军骑士，但杀死了许多马匹。诺曼人只能结阵自守，等待援兵。

连续好几个小时一直遭遇密集的箭雨袭击，对任何一支军队都是极端危险的。在这千钧一发的紧要关头，位于右侧戈弗雷率领的法兰克骑兵赶到战场，尽其全力向紧紧包围着博希蒙德十字军部队的塞尔柱军队的侧翼和后背发起猛烈冲锋。这一出其不意的袭击产生了决定性的效果。整个塞尔柱军队被打得落花流水，仓皇逃跑，十字军骑士们则穷追不舍。尽管此战之中诺曼骑士伤亡者不多，但是马匹损失巨大。在此后的漫长岁月里，法兰克贵族逐渐取得了远征的主导权。

鲍德温率领十字军抵达埃德萨

公元1097年10月20日，十字军开始围攻通往耶路撒冷的重镇——安条克（Antioch）。或许是漫长的围城战太过无聊，也可能是出于急公好义的心理，在十字军主力屯兵于安条克城的同时，来自神圣罗马帝国的鲍德温独自统率自己的部队前往两河流域，去救援另一座正被塞尔柱人围攻的基督教圣城——埃德萨（Edessa）。当地的亚美尼亚贵族显然没有洞悉这帮欧洲骑士骨子里的阴谋和贪欲，不仅慷慨地接纳了十字军，在了解到鲍德温随军出征的妻子病死之后，更主动将公主许配给了他。鲍德温并没有沉浸在“升官发财得老婆”的快乐中而忘记自己的理想，一年之后他通过煽动一场暴乱窃取了埃德萨城的领导权，建立了东方的第一个十字军政权——埃德萨伯国（County of Edessa）。

鲍德温在埃德萨称孤道寡自然好不惬意，但安条克城下的十字军主力却是度日如年。先是被塞尔柱的增援部队打得溃不成军，好不容易重整旗鼓将安条克团团围住，一场突如其来的瘟疫又夺走了包括教廷“特派员”阿德马·德·蒙特尔在内的许多圣战者的性命。因此费尽九牛二虎之力攻破安条克城后，各路诸侯不仅为如何分赃吵闹不断，诺曼十字军领袖博希蒙德更自称安条克亲王，摆出一副赖着不走的架势。

经过一番喋喋不休的争吵，十字军主力终于再度出征。公元1099年6月7日，他们终于抵达了耶路撒冷城下。不过此时这座圣城的主人已经由塞尔柱牧民换成了来自埃及的伊斯兰政权——法蒂玛王朝（Fatimid Caliphate）。不过在十字军眼中异教徒都是敌人，稍事休整之后，夺回圣城的战斗正式打响。起初来自西欧的各路诸侯缺乏协同，攻坚战进行得很不顺利。但在城内财富的感召之下，十字军骑士们最终同仇敌忾，于7月15日攻入城中。

在大肆屠戮穆斯林和犹太人之后，关于耶路撒冷统治权的问题终于浮出了水面。起初来自法兰西的雷蒙德四世兵力最强，成为众望所归。但过于自信的雷蒙德四世大玩三让三辞的把戏，最终厌倦了这种虚伪把戏的骑士们转而公推来自德意志的戈弗雷。

戈弗雷虽然在自己的尊号上颇为扭捏，不敢公然称王，代之以"圣墓守护者"的封号，但对部下们却并不含糊，他按照传统的西欧封建制度制定了《耶路撒冷条例》，对从征的十字军骑士论功行赏，而原耶路撒冷的当地居民，无论是信仰伊斯兰教的阿拉伯人、突厥人，还是信仰基督教的叙利亚人和希腊人，都沦为十字军骑士们的私家农奴和依附民。面对这样慷慨的领导，骑士们自然一片拥戴之声。

另一方面，白忙一场的雷蒙德四世负气而走，率军围攻港口城市的黎波里

十字军攻占耶路撒冷

十字军国家（海外国家）
安纳托利亚
鲁姆－塞尔柱苏丹国
凯撒利亚
菲罗梅隆
伊康
赫拉克利亚
小亚美尼亚
塔尔索斯
塞琉科西亚
埃德萨伯国
埃德萨 1144
安条克
阿勒颇
安条克公国
萨永
塞浦路斯王国
凯里尼亚
加斯特利亚
塞浦路斯
法马古斯塔
利马索尔
科洛西
哈马
迈斯亚夫
托尔托萨
霍姆斯
克拉克骑士堡 1142
的黎波里
的黎波里伯国
贝鲁特
贝尔福特
西顿
大马士革 1148
提尔
海法 1187
阿克
海法
凯撒利亚
阿尔苏夫 1191
贝尔沃
巴士特拉
地中海
雅法
阿拉伯游牧民族
安曼
亚实基伦 1099
耶路撒冷
加沙
卡拉克（摩押的卡拉克）
罗塞塔
达米埃塔
亚历山大港
耶路撒冷王国
法蒂玛阿里发国 1171
蒙特利尔城堡
开罗
Nil
Euphr
法老岛
埃依拉
1144 年左右边界
拜占庭帝国 1144 年左右
拜占庭帝国 1204
伊斯兰国家 1204
十字军的胜仗
十字军的败仗
骑士团的城堡
其他的十字军城堡或者要塞城市
穆斯林的城堡或者要塞城市
阿萨辛派城堡
海外的十字军国家
安条克公国 1098—1268
埃德萨伯国 1098—1144
的黎波里伯国 1109—1289
耶路撒冷王国 1099—1187
1229 年之后的耶路撒冷王国
小亚美尼亚王国 1198—1375
十字军国家在 1204 年左右的边界
0
400 km
0
300

四大十字军政权

（Tripoli）。耶路撒冷城破的血腥屠戮显然极大地刺激了当地居民，以至于雷蒙德四世所部围攻10年才将其占领。此时雷蒙德四世早已病死在自己修筑的前沿城堡之中，十字军继埃德萨伯国、安条克公国和耶路撒冷王国之后建立的第四个政权——的黎波里伯国（County of Tripoli），事实上是雷蒙德四世的私生子波特兰德（Bertrand of Tripoli）建立的国家。

四大十字军政权之中，持牛耳的无疑是耶路撒冷王国。之所以出现这样的局面，不仅是由于耶路撒冷王国控制着“圣城”和“圣墓”，更因为戈弗雷统治耶路撒冷仅一年便病故，统治埃德萨伯国的鲍德温根据兄终弟及的原则入主圣城，在四大十字军政权中拥有过半股份的鲍德温一世自然有资格发号施令。而在大批十字军满载着战利品返回故乡的同时，留在东方的欧洲骑士们也逐渐打破了国别、种族的藩篱，逐渐形成了军政合一的武装组织——骑士团。

最早出现在耶路撒冷的骑士团是公元1099年成立于圣约翰教堂军医院的医院骑士团（Knights Hospitaller）[1]。但在成立后的前21年里，医院骑士团都只是一个慈善组织。真正开武装骑士团先河的是以阿克萨清真寺为据点的圣殿骑士团（Knights Templar）[2]。十字军攻占圣地耶路撒冷之后，众多欧洲基督徒长途跋涉前来朝圣，但朝圣的路途却充满凶险，朝圣者经常遭到各种强盗团体的洗劫和屠戮。因此公元1119年，两位法国骑士雨果·德·帕英（Hugues de Payens）和格弗雷·德·圣欧莫（Godfrey de Saint-Omer）提议组建“耶稣基督和所罗门圣殿贫苦战士共济会”。他们最初只有九名成员，仅仅依靠捐助维持，但很快其规模便不断扩大，成为耶路撒冷最具战斗力的武装组织。

圣殿骑士团的扩张和医院骑士团的武装化，都不得不归功于伊斯兰世界的反击。特别是公元1144年，穆斯林军团仅用了一个月的时间便攻陷了四大十字军政权之一的埃德萨伯国。圣地北藩失守的消息传到欧洲，教皇尤金三世大惊失色，随即委任口才卓越的修道士“圣克莱尔沃的贝尔纳”（Bernard

[1] 医院骑士团（Knights Hospitaller）：其全称为“耶路撒冷圣约翰医院圣战骑士团”（Order of Knights of the Hospital of Saint John of Jerusalem）。后根据其核心据点的变迁，被称为罗德岛、马耳他骑士团。

[2] 圣殿骑士团（Knights Templar）：其全称为“耶稣基督和所罗门圣殿穷苦战士共济会”（Poor Fellow-Soldiers of Christ and of the Temple of Solomon）。

of Clairvaux）四处游说，鼓动欧洲各国君主发动第二次十字军东征（Second Crusade），以解除异教徒对耶路撒冷的威胁。

此时对于欧洲大陆的诸国而言，第一次十字军东征的胜利已经证明了借圣战之名向东扩张的可行性，因此这一次面对罗马教廷的号召，西欧各大小贵族纷纷响应。只是此时英格兰正处于诺曼底王朝（House of Normandy）统治的末期，“征服者威廉”的直系子孙绝嗣之后，各路分支旁系为争夺英格兰王位而大打出手，无暇东顾，因此第二次十字军东征的牛耳便落在了法兰西国王路易七世（Louis VII）和德意志地区霸主康拉德三世（Conrad III）的手中。表面上来看，路易七世和康拉德三世身为法、德两国的王者，不辞辛劳，亲自领军东征，似乎是出于自身对天主教的虔诚信仰，但仔细分析不难发现，这两位君王此刻各自面对着国内外复杂的政治局势，积极参与第二次十字军东征，更多是出于自身利益的考量。

天主教壁画中的“圣克莱尔沃的贝尔纳”

路易七世出身于法兰西卡佩王朝（Capetian dynasty），其家族自始祖休·卡佩（Hugh Capet）篡夺西法兰克王国以来，表面上虽名曰是法兰西共主，实际上政令却出自塞纳河和罗亚尔河中游、以巴黎和奥尔良为中心的法兰西岛。各地诸侯拥兵自重、割据一方，这一局面尽管在路易六世（Louis VI）[1]执政时期，通过王权与教会的结合，深入发动市民阶层的力量而有所改善，但当路易七世以王太子身份管理朝政之时，法兰西境内依旧豪强林立。

[1]路易六世（Louis VI）：法国卡佩王朝的第五任统治者，因为其体型臃肿，又被称为“胖子路易”（Louis the Fat）。

出于各自的政治需要，路易七世于公元 1137 年迎娶阿基坦公国（Duchy of Aquitaine）的新任掌门人——女公爵埃莉诺（Eleanor of Aquitaine）。阿基坦公国雄踞法兰西南部的卢瓦尔河领域，其领地面积几乎占法兰西的三分之一，因此路易七世与埃莉诺的政治联姻一度被视为卡佩王朝兵不血刃一统法兰西的象征。但这种出于封建男权的想当然，很快便被接踵而来的麻烦所打破。

公元 1142 年，路易七世的表兄、王室总管维尔曼多伯爵拉尔夫（Ralph I of Vermandois）抛弃了自己的结发妻子，拜倒在王后埃莉诺的妹妹彼得罗尼拉（Petronilla of Aquitaine）的裙下。这桩婚事看似只是拉尔夫个人的移情别恋，背后却牵扯着复杂的政治利益。拉尔夫的前妻埃莱奥诺雷（Eleonore）也并非等闲之辈，而是“香槟伯爵”西奥博尔德二世（Theobald II, Count of Champagne）的姐姐。遭遇奇耻大辱的“香槟伯爵”怒而起兵，与法兰西王室军队恶斗了两年之久。

国力上的优势令路易七世始终掌握着战场的主动权，甚至一度攻占对手全境。但法兰西国内的各派政治势力却并不接受卡佩王朝就此鲸吞香槟伯国。而罗马教会更对法兰西王室军队在战争中悍然攻击多处教会设施——特别是路易七世本人率军在进攻维特里勒弗朗索瓦（Vitry-le-Francois）时，焚毁当地修道院，导致在其中避难的上千民众死伤一事——表示强烈不满。在来自各方的压力之下，路易七世被迫从香槟伯国全面撤军，并让表弟拉尔夫和小姨子彼得罗尼拉这对惹祸的夫妇暂时离开法国宫廷。为了平息教会的愤怒，路易七世还不得不于公元 1146 年拨款修筑了著名的弗莱泽修道院。

在这样的政治环境之下，路易七世为了消除香槟战争所带来的恶劣影响，自然必须全力响应罗马教会第二次十字军东征。但令这位年轻的君王没有想到的是，这次远征不仅未能为卡佩王朝带来任何实际上的利益，反而令自己和埃莉诺的婚姻走到了尽头。

关于路易七世和埃莉诺感情破裂的原因，坊间传闻说路易七世曾有一副漂亮的胡子令埃莉诺非常喜欢，但路易七世自第二次十字军远征后就剃掉了胡子，并且不愿再留。王后认为没有胡子的国王不如以前漂亮了，夫妻关系逐渐冷淡。这则传闻将日后的英法百年战争也归咎于此，将其称为“胡子引发的战争”。这则脍炙人口的故事虽然不乏趣味，但与历史真相却有着极大的出入。事实上，在埃莉诺婚后，阿基坦公国名义上效忠于统治法国的卡佩王朝，但在政治、经济、军事等领域均高度独立。埃莉诺的父亲威廉十世更曾在临终前留下遗言，要求自己的女儿绝不能使阿基坦被卡佩王朝所并吞。但是继承爵位之时，年仅15岁的埃莉诺面对周边强敌环伺的局面，唯一能做的只有嫁给路易七世，而随着自己年龄的增长和政治地位的稳固，埃莉诺自然要谋求阿基坦公国的独立自主。尽管后世对于路易七世和埃莉诺的夫妻生活有着诸多恶意的猜测，但总体来说，在婚后的头十年里两人感情并没有出现太大的问题。在第二次十字军东征中，埃莉诺甚至还陪伴丈夫一同踏上了前往耶路撒冷的漫漫长路。虽然许多八卦史料之中都宣称埃莉诺在十字军抵达安条克公国后，一度与公爵雷蒙德（Raymond of Poitiers）出双入对、关系亲密，但作为一个公众人物，埃莉诺似乎没有必要在自己丈夫和诸多十字军骑士面前公然偷情。

今天的弗莱泽修道院

埃莉诺和雷蒙德公爵之间的互动更多的还是出于政治利益的考虑。自嫁入法国王室以来，埃莉诺便始终希望能摆脱卡佩王朝的阴影，突出阿基坦公国的存在，正因如此埃莉诺才刻意在法兰西十字军中独立组建阿基坦骑士团，而抵达安条克公国之后，面对上上代阿基坦公爵威廉九世之子、自己的亲叔叔雷蒙德，埃莉诺热情洋溢的表现之中既有亲人相见的欢喜，又有为了彰显阿基坦公国在十字军运动中的贡献而展现的欣慰表态。可惜法兰西军队的抵达并没有改变安条克公国所面临的恶劣局面。在路易七世围攻大马士革不克率军撤回欧洲后不久，安条克公国东部国土宣告沦陷，雷蒙德公爵亦战死沙场。此事显然极大地影响了路易七世与埃莉诺的夫妻感情，以至于罗马教皇都不得不出面频繁规劝两人要相敬如宾。

但硬要说埃莉诺是在怨恨自己的丈夫用兵无方，却也有失片面。路易七世与埃莉诺之间的主要问题是，多年以来他们虽然生育了两个女儿却尚未有可以开枝散叶的男性继承人。基于王朝传承的考虑，公元 1152 年路易七世单方面向教廷申请离婚。而短短六周之后，埃莉诺又成了英格兰国王亨利二世（Henry II）的新娘。

埃莉诺与亨利二世年龄悬殊，此前也几乎没有生活上的交集，单纯从感情上来讲，这对恋人的“闪婚”似乎有些草率。但政治地位上的门当户对和相互扶植却可谓是这对夫妻之间最好的黏合剂。对于埃莉诺来说，亨利·安茹手握英格兰、诺曼底、安茹三地，麾下数万雄兵足以保障阿基坦的安全。而在亨利二世看来，埃莉诺的丰厚嫁妆足以令自己在欧洲大陆与路易七世分庭抗礼。

后世常常以为是第二次十字军东征的漫漫长途，令路易七世和自己妻子的感情陷入了危机，但事实上卡佩王朝和阿基坦公国的结合本身只是权宜之计，一旦时机成熟，自然便会分道扬镳。路易七世是否领军出征并非是其决定因素。而对于另一位第二次十字军东征的领袖康拉德三世而言，他的行动同样是受国内政治局势的左右。

十字军远征中的埃莉诺和路易七世

从家族传承上来看，出身霍亨斯陶芬家族（Hohenstaufen family）的康拉德三世是神圣罗马帝国前任皇帝亨利五世（Henry V）的外甥，在亨利五世因罗马教皇帕斯卡尔二世（Pope Paschal II）拒绝为其加冕而挥师南下之际，康拉德三世一度和兄长腓特烈受命监国，可谓是位高权重。可惜自查理大帝所建立的加洛林王朝绝嗣以来，所谓神圣罗马帝国皇帝不过是萨克森、法兰克尼亚、巴伐利亚及士瓦本四大公国名义上的共主，帝位的传承完全取决于政治力量的对比。因此公元 1125 年亨利五世病逝之后，各方诸侯借口其所代表的法兰克尼亚王朝绝嗣，公推曾常年领导德意志诸侯对抗亨利五世的萨克森公爵洛泰尔二世（Lothair II）为帝。

眼看本应属于自己的王位落入他人之手，康拉德三世自然不肯善罢甘休。一时间为了争夺帝位，德意志地区内战连年，直到公元1135年筋疲力尽的双方才暂时同意罢兵休战。可惜好景不长，两年之后洛泰尔二世在远征西西里的归途中病逝。由于洛泰尔二世膝下没有男丁，康拉德三世自然认定应按照“皇帝轮流做，今年到我家”的游戏规则由自己加冕为帝。不料在诸侯公推的现场，洛泰尔二世的女婿“傲慢的亨利”却带头拒绝宣誓效忠。康拉德三世随即以德意志国王的名义，宣布剥夺“傲慢的亨利”的所有封地。

19世纪画家笔下的埃莉诺

“傲慢的亨利”出身自强大的韦尔夫家族（House of Welf），在巴伐利亚和萨克森等地颇有影响力，康拉德三世的一纸文书根本不足以消除其政治影响力。公元1138年开始，“傲慢的亨利”便在萨克森和巴伐利亚等地攻城略地，正式与康拉德三世对抗。而就在康拉德三世对其束手无策之际，公元1139年“傲慢的亨利”却突然病逝于奎德琳堡修道院内（Quedlinburg），一场内战这才在大规模爆发之前悄然平息。

“傲慢的亨利”死后，其遗孀格特鲁德（Gertrude）不得不独力支撑起家业。考虑到格特鲁德毕竟是先帝洛泰尔二世的掌上明珠，不愿留下欺负孤儿寡母骂名的康拉德三世随即于公元1142年宣布恢复其萨克森公爵的封地，但条件是格特鲁德必须改嫁给康拉德三世同母异父的兄弟——奥地利边境伯爵亨利二世。按照康拉德三世的如意算盘，格特鲁德和亨利二世成婚之后，不仅洛泰尔二世在萨克森的领土将作为嫁妆，连韦尔夫家族在萨克森和巴伐利亚的领土也将落入自己家族的手中。但天有不测风云，格特鲁德再婚后不久便死于难产。如此一来，不仅康拉德三世计划收入囊中的领地打了水漂，“傲慢的亨利”和格特鲁德所生的嫡子“狮子亨利”（Henry the Lion）也随即成为韦尔夫家族的掌门人。

康拉德三世虽然深知“狮子亨利”背负父仇母耻，将来必成霍亨斯陶芬家族的心腹大患，但苦于自己即位不久，且正四处用兵，自然不便公然对一个孩子下手。何况韦尔夫家族树大根深，“狮子亨利”的双亲虽然过世，但身边还有表叔“熊公爵”阿尔布雷希特一世（Albert the Bear）这样的强力诸侯扶持，康拉德三世投鼠忌器，也只能暂时承认“狮子亨利”继承父母的爵位。恰在此时罗马教会发出了第二次十字军东征的倡议。康拉德三世随即决定全力响应，以借此来笼络德意志地区的民心。

公元 1147 年 3 月 13 日，康拉德三世在法兰克福召开“帝国议会”，在会场上公示了被后世称为“3 月 13 日神谕”（Divina Dispensatione）的教皇诏书。康拉德三世本以为这封诏书一出，各方诸侯自然只能俯首帖耳，听凭调遣。不料“熊公爵”阿尔布雷希特一世此时却带头表示反对东征。阿尔布雷希特一世之所以敢如此公然挑战康拉德三世和罗马教廷的权威，不仅在于其勇武过人、颇具声望，更因为阿尔布雷希特一世认定东征耶路撒冷并不符合以自己为首的北德意志地区诸侯的切身利益。因此他抓住了“3 月 13 日神谕”中“发动对异教徒圣战”这一含糊其词的表达，提出东征耶路撒冷是讨伐异端，长期盘踞于德意志北部波罗的海沿岸地区的西斯拉夫人同样不信奉天主，且频频侵犯边境，既然同样是圣战，那么何必舍近求远呢？

面对“熊公爵”的公然顶撞，康拉德三世虽然颇为不爽，却也不得不承认对方的逻辑毫无破绽，且代表着不愿出征的诸多北德意志诸侯的切身利益。在无法正面反驳的情况下，康拉德三世只能宣布阿尔布雷希特一世的发言非常有见地，但既然教皇诏书已经传到了德意志，各方诸侯应该尽快归国整军，以备投身圣战。

就在德意志北部诸侯在为应该参与康拉德三世领导的十字军东征，还是应该按

韦尔夫家族的精神图腾——不伦瑞克的狮子

照“熊公爵”的说法讨伐邻近的文德人而犹豫不决之际，公元1147年6月，盘踞在梅克伦堡地区的西斯拉夫部族领袖尼克拉（Niklot）突然出兵袭击了荷尔斯坦茵伯爵阿道夫二世（Adolf II of Holstein）领地内佛拉芒人（Flemish）和弗里斯兰人（Frisians）的移民定居点。

尽管易北河流域的西斯拉夫人和日耳曼人之间这种小规模的冲突早已持续了千年之久，但此时的入侵，还是很快在德意志北部地区引起了连锁反应，一场被称为文德十字军（Wendish Crusade）的“北方圣战”由此拉开了序幕。德意志北方诸侯早已对神圣罗马帝国皇帝连年南征意大利倍感厌倦，易北河流域的西斯拉夫人在斯拉夫大起义之后便脱离天主教大家庭的行径，更令当地的教会扩张无门，德意志北部哈弗尔贝格教区（Bishopric of Havelberg）主教安塞尔姆（Anselm of Havelberg）率先高举圣战大旗投身文德十字军。

安塞尔姆主教之所以如此热心，是因为其虽然号称是哈弗尔贝格教区主教，但其主管教区早已在斯拉夫大起义中为异教徒所占领，连他本人都不得不长期寄居于萨克森东部的耶里肖夫修道院内。此刻终于可以收复自己名下的教产，自然

来自尼德兰地区的佛拉芒人曾广泛地迁徙到德意志地区西北部定居

要身先士卒。

除了安塞尔姆主教之外，文德十字军中还云集了大批来自德意志和丹麦的封建领主，包括卢萨蒂亚边境地区(Margraviate of Lusatia)[1]总督康拉德(Conrad)、"熊公爵"阿尔布雷希特一世、萨克森公爵"狮子亨利"、丹麦国王卡努特五世(Canute V of Denmark) 等人。

在梅克伦堡地区陷入苦战的文德十字军

文德十字军虽然来势汹汹，但在沼泽、湖泊密布的梅克伦堡地区却宛如莽牛入海，在一时讨不到便宜的情况之下，文德十字军只能通过荷尔斯坦茵伯爵阿道夫二世与尼克拉签署停战协议。随后大军继续扫荡德意志东北部的滨湖罗宾（Dobin am See)和代明(Demmin)地区，其中主攻滨湖罗宾的为丹麦王国和"狮子亨利"的部队，而"熊公爵"阿尔布雷希特一世和以安塞尔姆为首的德意志各地教会武装围攻代明。可惜在恶劣的自然环境之下，文德十字军在上述地区仰攻不利，只通过武力威慑迫使当地的西斯拉夫人重新接受了天主教信仰便草草收兵了。

从结果来看，文德十字军似乎并未取得什么像样的战果。但相比参与第二次十字军东征而在小亚细亚一败涂地的康拉德三世所部，却至少损失不大。更为重要的是，通过这次军事行动，萨克森公国成功开辟了一条向德意志东北部开拓疆土的全新模式。

[1] 卢萨蒂亚边境地区（Margraviate of Lusatia）：泛指在易北河和奥得河之间的德国东部及波兰西南部地区。

五、应运而生

腓特烈一世的东征和条顿骑士团的草创

第二次十字军东征的失败令颜面扫地的康拉德三世不得不面对神圣罗马帝国内部各方面的挑战。在苦苦支撑了五年之后，始终没有机会前往罗马加冕为神圣罗马帝国皇帝的康拉德三世最终带着遗憾撒手人寰。由于其膝下无子，霍亨斯陶芬家族决定由康拉德三世的侄子腓特烈出面主持大局。公元 1152 年 3 月 4 日，腓特烈在法兰克福被诸侯公推为德意志国王，并于五天之后在亚琛完成了加冕典礼，史称“腓特烈一世”（Frederick I）。

腓特烈的继位过程看似顺利，实则不过是接手了一个他叔叔留下的烂摊子。从外部环境来看，自康拉德二世以来，神圣罗马帝国失去对意大利绝对控制已有近百年之久，没有了来自亚平宁半岛富庶的采邑和罗马教会的输血，整个德意志地区在经济上日益困顿。而在帝国内部，以“狮子亨利”为首的一干地区诸侯，通过文德十字军以来对易北河、奥得河流域西斯拉夫人领地的蚕食，实力与日俱增。这些问题无一例外都在威胁着腓特烈的统治。

为了破解危局，腓特烈从公元 1154 年到公元 1186 年间先后六次远征意大利。这些军事行动虽然为腓特烈赢得了一顶神圣罗马帝国皇帝的头衔，但却也加剧了罗马教会和意大利各城邦对神圣罗马帝国的敌意，而在围攻米兰等地的军事行动中，一头红发残忍嗜杀的腓特烈更被冠以“巴巴罗萨”的诨号。

除了频繁用兵于意大利之外，腓特烈还屡次介入邻国丹麦和波兰的内部纷争。公元 1157 年腓特烈利用波兰境内一盘散沙的局面，率部迅速突破奥得河流域的沼泽地带，包围了当时波兰的政治中心波兹南（Poznan）[1]，迫使当时波兰地区名义上的最高统治者波兰大公鲍莱斯瓦夫四世（Boles aw IV）割地求和。

腓特烈对波兰的入侵为神圣罗马帝国在奥得河流域夺得了大片土地。当年"熊公爵"阿尔布雷希特一世受封为勃兰登堡藩侯（Margraves of Brandenburg），自此正式开启了德意志对勃兰登堡地区的长期据有和统治。或许正是缘于这一事件的历史意义，数百年后一位名叫希特勒的奥地利人，以"巴巴罗萨"命名了他人生中最大的一次军事冒险。

中世纪讽刺画上的腓特烈一世

腓特烈的赫赫武功，一度强化了其作为神圣罗马帝国皇帝的政治威望，并帮助其在帝国境内推行采邑法令。但即便如此，在公元 1174 年腓特烈对意大利所发动的第五次远征之中，羽翼丰满的萨克森公爵"狮子亨利"仍拒绝出兵，此举间接导致了腓特烈在米兰城下一败涂地。恼羞成怒的腓特烈随即在公元 1180 年发动了对萨克森公国的围攻，并最终将这个囊括了巴伐利亚、萨克森以及德国东北部大片领土的政治体彻底肢解，而"狮子亨利"本人则两度被流放，如果不是席卷德意志地区的第三次十字军东征狂潮，"狮子亨利"可能会和他的妻子玛蒂尔达一样老死于境外。

第二次十字军东征之后，耶路撒冷王国与伊斯兰世界又维持了数十年的和平期。不过伊斯兰世界之所以没有急于发起进攻，并非缘于耶路撒冷王国的强大，而是因为此时出生于库尔德族的一代雄主萨拉丁正推动着一场伊斯兰世界的内部整合。

公元 1187 年，在一统埃及、叙利亚、两河流域以及阿拉伯半岛之后，萨拉丁终于对耶路撒冷王国发动了全面进攻。面对萨拉丁麾下大军长达三个月的围

[1] 波兹南（Poznan）：波兰中西部城市，临瓦尔塔河，居大波兰平原的中心，初建于公元 9 世纪，后曾为波兰首都。

攻，耶路撒冷的守军最终选择了开城投降。至此昙花一现的耶路撒冷王国也伴随着圣城的易手而灭亡。

由于距离遥远，又恰逢教皇乌尔班三世（Pope Urban III）和格里高利八世（Pope Gregory VIII）先后病逝，罗马教廷在耶路撒冷王国沦陷的过程中几乎没有能够给予任何实质性的援助。但“圣地”失陷的消息传到欧洲，还是引发了全体基督徒的悲恸和愤慨。

在当时的西欧，有一位不知名的吟游诗人这样写道：“人人都满怀愤怒和忧虑地发出哀号。唉，为什么我们注定此生要经受为民众所爱戴的上帝和神圣之地的毁灭？那里本是圣地人民安身立命的场所。而今我们头顶的帽子被掀翻在地，欢声笑语化作了默默哀伤，圣徒备受侮辱，上帝的圣殿也被异教徒亵渎。我们朝思暮想渴望夺回的耶稣十字架也落入了不信教者的手中。让我们每个人都怀揣利剑同我们的兄弟们一起受难和捐躯吧，就像他们为我们付出生命一样！新郎新娘们纷纷跨出家门，歌声和琴弦也开始呜咽——满眼皆是忧伤和愤怒，世上的勇士们成群结队、激昂慷慨地奔向耶路撒冷。”

眼见民心可用，罗马教廷和欧洲诸国的封建领主们也暂时停止了争权夺利。向来市侩的法国国王菲利普二世率先以筹措军费为名，向国民征收所谓的“萨拉丁什一税”。而希望在神圣罗马帝国内部进一步强化中央集权的腓特烈，则于公元1188年春在美因茨召开帝国议会。据说在这位皇帝宣布即将发动东征的消息时，与会的4000余名大小贵族和骑士无不踊跃响应。

按照萨克森公国方面的相关记载，在美因茨帝国议会召开之前，腓特烈曾单独会见了“狮子亨利”，以“你必须为其他人做出榜样，使分裂的帝国通过你而得到愈合”力邀其参与远征。但事实上“狮子亨利”是在腓特烈起兵东征之后才回到萨克森的，并一度纠集了一支忠于自己的军队试图东山再起。但不久之后便被腓特烈的儿子亨利六世所击败。

公元1189年5月，腓特烈统率的圣战大军从累根斯堡出发。关于这支部队的具体人数存在着多个不同的版本。后世常见的说法是腓特烈麾下集结了德意志诸侯包括2万名骑士在内的10万大军。但也有一些学者认为这支军队可能仅有15000人，约有3000名骑士随征。但无论真相究竟如何，在浩浩荡荡开赴东方

的这支大军之中，绝大多数人都相信，通过他们的浴血奋战，终将收复耶路撒冷。可惜等待他们的却注定是一条命运多舛的坎坷之路。

给腓特烈麾下大军造成麻烦的首先是依旧控制着巴尔干半岛的拜占庭帝国。经历了前两次十字军以路过之名的屠戮和劫掠，拜占庭人早已看穿了十字军的“强盗”本质，因此非但没有箪食壶浆地迎送，相反暗中还与萨拉丁缔结了秘密联盟。

在拜占庭帝国拒绝合作的情况之下，腓特烈好不容易才率部抵达了小亚细亚地区，并成功地洗劫了塞尔柱人的首都以哥。但他本人却在得意忘形之余，溺毙在了仅有齐髋深的萨列法河之中。关于这场意外，有人说是腓特烈身上的重甲令其无法迅速从河水中站起，也有人认为是意外坠马诱发了其原本就患有的心脏病。但可以肯定的是，早在腓特烈死前，德意志诸侯的大军已经失去了对圣战的信心。而随着皇帝这根车轴的断裂，整辆帝国战车也随即瓦解。

急于赶回国内参与皇帝大选的德意志诸邦大军一时星散回国，只有不足5000名圣战者跟随腓特烈的幼子弗雷德里克六世（Frederick VI，1167—1191年）继续南下。弗雷德里克六世所以选择继续进军，未必是出于对收复耶路撒冷仍抱有希望，而是此刻他已经没有了退路。与其冒着被塞尔柱人和拜占庭帝国截杀的风险，还不如尽快与耶路撒冷王国的残部会合以图自保。而除了弗雷德里克六世麾下这支仍勉强保存建制的十字军之外，其他各路德意志诸侯在撤军途中，也有诸多士兵和随军平民因各种原因掉队被迫长期滞留在近东地区。这些失去了衣食来源和奋斗目标的芸芸众生，要想生活下去便只能抱团取暖。正是在这样的大背景之下，条顿骑士团的初代大团长希伯兰德（Master Sibrand）脱颖而出。

在今天的史料之中，有关希伯兰德的生平已无从考证。甚至关于他如何从德意志地区来到近东，后世也存在多个不同的版本。有一派观点认为，其早在公元1188年便离开故土漂泊异乡。而另一些史料则宣称，希伯兰德是“索恩堡及荷尔斯泰因伯爵”阿道夫三世（Adolf III, Count of Schauenburg and Holstein）的随从，是跟随着腓特烈的麾下圣战大军来到近东的。当然还有一种和稀泥的说法是，希伯兰德早年旅居近东，后来作为向导为阿道夫三世所雇佣。但无论采信哪一种说法，希伯兰德显然从来都不是一个接受过系统军事训练的骑士。因此他创立的组织，最初也并非以战斗为己任。根据现存的文件，大约在公元1190年的秋天，希伯兰德获得了流亡中的耶路撒冷国王“吕西尼昂的居伊”（Guy of Lusignan）的特许，在今天位于以色列北部的海港城市阿卡（Acre）城外的圣尼古拉斯墓附近设立一家德意志圣玛利医院。那么为什么会是在阿卡的城外，而一家医院又为什么会被视为条顿骑士团的发轫呢？这一切或许要从耶路撒冷王国长期以来的政治倾轧和中世纪盛行于近东的医院制度说起。

公元1100年10月2日，“埃德萨伯爵”鲍德温一世统率一支近千人的武装力量，从自己的领地出发前往耶路撒冷，去继承自己兄长“布永的戈弗雷”所创立的基业。之所以如此戒备森严，除了沿途可能遭到穆斯林武装的袭击之外，更重要的是鲍德温一世此行要途经同为十字军所建立，但却对鲍德温颇为敌对的安条克公国。好在此时安条克国主、诺曼佣兵领袖博希蒙德在进攻邻近的穆斯林统治区阿勒颇时被俘，其侄子坦克蒙德执掌安条克公国时间尚短，因此不敢轻易向鲍德温一世发难。但即便如此，鲍德温一世在安条克公国依旧盘桓了长达四天之久，并险些在雅法（Jaffa）[1]遭到坦克蒙德所部的拦截。

11月9日，历经艰辛的鲍德温一世终于抵达了耶路撒冷，并在当年的圣诞节加冕为耶路撒冷国王。但鲍德温一世深知一顶王冠并不能带来真正的政治权威，因此即位之后，他首先选择了在外交领域打开突破口，为耶路撒冷王国争取最为广泛的战略同盟。

公元1101年4月，鲍德温一世首先授予了来访的热那亚船队以贸易特权。从此耶路撒冷王国通过与威尼斯、热那亚两大海权城邦建立贸易往来，逐渐树立起了其东地中海贸易中心的地位。欧洲的封建领主和普通民众更不断通过海路，以“朝圣”之名来到耶路撒冷，充实了这个王国的税赋和兵源。而对于虎视眈眈的邻国安条克，鲍德温一世也摆出了以德报怨的姿态，于公元1103年自己掏钱将博希蒙德从穆斯林手中赎回。此举果然奏效，博希蒙德回国之后不仅赶走了始终与鲍德温一世龃龉不断的坦克蒙德，更与鲍德温一世结成了军事同盟，成为耶路撒冷北部的屏障。

---

[1] 雅法（Jaffa）：今天以色列西部港口城市，与以色列首都特拉维夫比邻，1950年，特拉维夫将雅法老城兼并，取名为“特拉维夫－雅法”。

正是在外交舞台上的长袖善舞，令鲍德温一世可以集中兵力对抗最具威胁的敌人——盘踞在埃及的法蒂玛王朝。借助着源源不断以朝圣之名从欧洲前来寻求发展的十字军骑士以及热那亚舰队的帮助，鲍德温一世先后于公元 1103 年攻占阿卡、公元 1107 年夺取贝鲁特、公元 1108 年占领西顿，公元 1115 年于死海附件修筑卡拉克骑士堡，充当耶路撒冷王国南部的屏障。但就在公元 1118 年鲍德温一世率军攻入埃及，准备给虚弱的法蒂玛王朝（Fatimid Caliphate）致命一击时，他本人却在途中病逝。由于鲍德温一世没有子嗣，耶路撒冷王国推举其堂弟“伯克的鲍德温”（Baldwin of Bourcq）为“鲍德温二世”。

鲍德温二世的文韬武略不在其兄之下，在其统治之下，耶路撒冷王国成功兼并了几乎全部巴勒斯坦地区，领土直达今天的黎巴嫩中部。同为十字军政权的安条克和的黎波里也相继承认了其宗主权。但鲍德温二世也和其堂兄一样面对着相似的尴尬：他膝下只有四个女儿。因此耶路撒冷国王的继承人只能在其女婿中挑选。

鲍德温一世之死

客观地说，除了遁入耶路撒冷圣安妮修道院的小女儿伊奥维塔之外，鲍德温二世其他三个女儿嫁得都不错：长女梅丽桑德嫁给了法国安茹伯爵富尔克五世，次女爱丽丝嫁给了安条克公爵博希蒙德二世，三女霍迪娜嫁给了的黎波里伯爵雷蒙德二世。但在鲍德温二世看来，如果自己选择了安条克公爵或的黎波里伯爵为自己的继承人，势必导致耶路撒冷王国为上述两个邻邦所吞并，因此权衡再三，他最终决定将耶路撒冷的王位传给长女梅丽桑德的长子鲍德温三世。而在鲍德温三世成年之前，则由梅丽桑德及其丈夫富尔克五世担任摄政。

鲍德温二世的这一决定不仅导致在其死后安条克和的黎波里两国与耶路撒冷王国的决裂，更在耶路撒冷王国内部埋下了不和的种子。为了独揽大权，富尔克五世不仅软禁了自己的妻子，还大肆打压鲍德温二世的旧臣。尽管这些十字军政权之间和耶路撒冷王国内部的矛盾表面上随着富尔克五世坠马暴毙而有所缓解，但在富尔克五世把持权柄的公元 1131 年到公元 1143 年间，近东地区的十字军政权却已经由于内耗而错过了法蒂玛王朝全面衰弱的战略机遇期。随着公元 1144 年埃德萨伯国的沦陷，耶路撒冷、安条克和的黎波里均陷入了被动挨打的不利境地。

富尔克五世死后，他与梅丽桑德的两个儿子鲍德温三世和阿马尔里克先后登上了耶路撒冷国王的宝座。但这两位在相关记载中颇具明君气象的国王均英年早逝，公元 1174 年，耶路撒冷的王冠击鼓传花般传到了阿马尔里克的长子鲍德温四世（Baldwin IV）手中。而此时的鲍德温四世年仅 11 岁，且已经被确诊患有无药可治的麻风病，由此耶路撒冷王国内部各派势力无不蠢蠢欲动。

由于鲍德温四世尚未成长到亲政的年龄，因此在其继位之初，由的黎波里伯爵雷蒙德三世暂时担任摄政。耶路撒冷王国高层之所以做出这样的安排，一方面是因为雷蒙德三世的母亲是先王鲍德温二世的三女霍迪娜，从血缘上来说，雷蒙德三世是鲍德温四世的表叔，虽说“一表三千里”，但是在人丁单薄的耶路撒冷王室中却已经算是至亲了。当然更为重要的是，此时盘踞于叙利亚的塞尔柱赞吉王朝已经打垮安条克公国，并将势力渗透到了埃及境内，形成了对耶路撒冷王国的夹击之势。为了抵抗来自南、北两个方向的压力，耶路撒冷王国必须全面强化与的黎波里伯国的同盟关系。

雷蒙德三世在耶路撒冷的施政得到了包括医院骑士团在内的老牌十字军的拥护，但却不可避免地引发了跟随富尔克五世前来的一干法国新贵的敌视。而由于创始人和主要成员均来自于法国，圣殿骑士团也长期站在了雷蒙德三世的对立面上。鉴于鲍德温四世的健康状况日益恶化，双方的争夺焦点很快便集中在了鲍德温四世的姐姐西比拉（Sibylla）的婚配问题上。毕竟一旦鲍德温四世驾崩，西比拉诞下的子嗣便是耶路撒冷国王的第一顺位继承人。

雷蒙德三世及其支持者力主将西比拉嫁给一位本地的老牌十字军贵族，而其反对者则希望这位公主能与一位法国骑士组建家庭。在这场复杂的政治博弈之中，西比拉于公元1176年嫁给了拥有雅法和阿斯卡隆（Ascalon）[1]的“蒙费拉的威廉”（William of Montferrat）。可惜一年之后，“蒙费拉的威廉”便暴病而亡。带着亡夫的遗腹子，西比拉忍受了三年的寡居生活，最终投入了法国骑士“吕西尼昂的居伊”的怀抱。

“吕西尼昂的居伊”长期以来被视为耶路撒冷王国覆灭的罪魁祸首

对于自己表侄女的选择，雷蒙德三世颇为不满，他以居伊公开对鲍德温四世不敬为由，剥夺其通过与西比拉的婚姻而获得的封地。但随着公元1185年鲍德温四世病逝，西比拉和“蒙费拉的威廉”之子以鲍德温五世的名号被推上了王位，居伊还是以国王继父的名义重回了权力中枢，与担任摄政的雷蒙德三世分庭抗礼。

公元1186年8月，年仅9岁的鲍德温五世病逝于阿卡。踏着他幼小的尸骨，居伊与妻子西比拉一同加冕为国王和女王，名正言顺地将雷蒙德三世拉下了耶路撒冷王国摄政的宝座。恼羞成怒的雷蒙德三世退回自己的的黎波里封地，并积极联络散居于欧洲各地的鲍德温家族后裔，准备一举推翻居伊。而恰在此时，萨拉丁的大军开始了对耶路撒冷王国的全面进攻。

事实上，从公元1177年开始，篡夺了法蒂玛王朝的萨拉丁便不断出兵袭扰耶路撒冷王国的边境地区。不过萨拉丁麾下的埃及军队仍是一盘散沙，面对耶路撒冷王国披坚执锐的圣殿骑士团等精锐武装，萨拉丁往往讨不到什么便宜。在公元1177年11月25日的蒙吉萨之战（Battle of Montgisard）中，鲍德温四世亲率375—500名骑士以及不足3000名步兵，成功突袭了萨拉丁的大本营。

蒙吉萨之战中萨拉丁虽然拥有26000人以上的庞大兵力，但这些埃及士兵进入耶路撒冷王国境内之后便四散劫掠去了，因此面对鲍德温四世的突袭，萨拉丁麾下的人马被打了个措手不及。按照西方史学家的说法，萨拉丁所部全军覆没，

[1] 阿斯卡隆（Ascalon）：今称阿什凯隆（Ashkelon），为以色列西部港口城市。

其本人仅以身免。但事实上蒙吉萨之战中的损失，对于掌握着埃及充沛人力资源的萨拉丁而言谈不上伤筋动骨，反倒是耶路撒冷王国在此战中付出的1100人战死、750人负伤的代价，却是很难在短时间内恢复的。

蒙吉萨之战的胜利对于当时的耶路撒冷王国乃至后世的西方史学家而言都可谓是一针强力的“安慰剂”，以至于由于身体原因，只是名义上担任统帅的鲍德温四世被描述为英明神武的军事天才，甚至亲自策马扬鞭、带头冲锋。但事实上蒙吉萨之战的胜利更多缘于萨拉丁政权内部的不稳定。随着萨拉丁整顿人马、卷土重来，耶路撒冷王国在各条战线上连战连败、颓势尽显。

面对日益不利的局势，耶路撒冷王国曾在公元1180年与萨拉丁签署和约，为自己争取喘息之机。但盘踞外约旦的“安条克亲王”雷纳尔德（Raynald）此时却自作主张，组织了远征军乘坐战船劫掠了红海北部沿岸。萨拉丁随即以十字军攻击穆斯林朝圣者和威胁到伊斯兰的圣地麦加和麦地那的安全为由，重新发起了攻势。

雷纳尔德之所以在局势已经趋于稳定之际悍然挑起战火，一方面因为其早年曾在与穆斯林的战斗中被俘，在阿勒颇被关押了15年之久，积怨甚深；另一方面则是因为其自身经济状况长期不佳，不得不通过对外劫掠来弥补超额的军费开支。尽管在耶路撒冷王国军队的支援之下，雷纳尔德堪堪守住了自己的领地。但随着鲍德温四世的去世，

早期关于蒙吉萨之战的油画中，鲍德温四世是乘坐软床指挥作战的

后世的一些画作之中出现了鲍德温四世亲自策马带头冲锋，甚至与萨拉丁正面交手的场面

政治上四分五裂的耶路撒冷王国再难与萨拉丁正面抗衡。

公元1187年初，在雷纳尔德再度在外约旦袭击了穆斯林的朝圣者之后，萨拉丁从自己所控制的叙利亚向耶路撒冷王国展开了进攻。从大马士革出发的穆斯林军队率先在阿卡附近击败了以圣殿骑士团为主力的一支耶路撒冷王国军队。随后合围了雷蒙德三世所领有的耶路撒冷北部重镇提比利亚（Tiberias），面对共同的敌人，雷蒙德三世不得不向居伊俯首称臣。

为了收获的黎波里的效忠，也为了击败萨拉丁的进攻，居伊从耶路撒冷率领倾国之兵北上，并在阿卡与雷蒙德三世会师。此时耶路撒冷王国军队的总兵力据说超过2万人，其中不仅集结了包括圣殿骑士团和医院骑士团所部精锐的1200名骑士，还有掺杂了来自欧洲各地雇佣军的上万步兵。但此时内部意见的分歧也正在撕裂这支看似强大的军队。包括雷纳尔德在内的一干耶路撒冷贵族不愿继续北上，权衡再三之后，居伊决定挥师前进，被萨拉丁引诱入干旱缺水的哈丁平原，最终在对手的箭雨和骑兵冲击下全军覆没。

混战之中，雷蒙德三世仓皇突围。而居伊及一干耶路撒冷的亲贵则沦为萨拉丁的俘虏。好在此时心情愉悦的萨拉丁并没有赶尽杀绝的意思，他仅仅处决了两

穆斯林视角下的哈丁之战

次袭击穆斯林朝圣者的雷纳尔德，将余者关押在了大马士革，然后一路攻城略地，夺取了阿卡、雅法等地，直奔耶路撒冷而去。尽管通过来自欧洲的十字军骑士的多年经营，耶路撒冷修筑了大量的防御工事，使这座城市在极度缺乏武装力量的情况下仍能抵御穆斯林大军的围攻，但内部的争斗和哈丁之战的巨大伤亡早已令整个王国沦为空壳。最终在“伊贝林的贝里昂”（Balian of Ibelin）等残存贵族的主持之下，公元1187年10月2日，耶路撒冷向萨拉丁敞开了城门。

基督教视角下的哈丁之战

圣城的唾手而得令萨拉丁的政治地位跃上了巅峰，这份志得意满令他再度赦免了居伊等人，任由大部分耶路撒冷城内的基督徒在缴纳了赎金之后自由离去。萨拉丁的这一行为在此后的千百年里仍被视为人类最高尚的情怀之一，但却也为近东地区再度埋下了纷争的种子。

公元1188年春天从大马士革的监狱走出来后，居伊与一干被赶出耶路撒冷的亲贵会合，前往仍在基督教武装控制之下的提尔（Tyre）[1]。可惜此时控制提尔的是西比拉第一任丈夫“蒙费拉的威廉”的弟弟“蒙费拉的康拉德”（Conrad of Montferrat）。可以想见，早已对居伊夫妇全无香火之情的康拉德，自然不会开城接纳这对耶路撒冷王国的流亡夫妇。而恰在此时，一支由西西里国王威廉二世（William II of Sicily）、比萨大主教联合出资组建的十字军也抵达提尔，同样被康拉德拒之门外。居伊趁势收编了这支由200名骑士组成的十字军，掉头向南，试图从穆斯林军队的手中夺回沿海重镇阿卡暂做容身之地。

此时萨拉丁在阿卡城内已经部署了数千守军，兵微将寡且缺乏重型攻城器械的居伊等人面对坚固的城防，只能采取长期围困的战略。不过阿卡背靠大海，而萨拉丁的军队可以不断送来援兵和补给，因此这个时期的十字军与其说是合围了

[1] 提尔（Tyre）：位于贝鲁特以南约80公里，今属黎巴嫩。

阿卡，不如说是赖在城下不走。

但就是这样一块立锥之地，萨拉丁也并不希望被十字军长期占据。公元1189年10月4日，萨拉丁从埃及、叙利亚等地调集的大军出现在了阿卡城外，面对着再无退路的困境，圣殿骑士团、医院骑士团和来自欧洲的其他十字军士兵拼死血战才最终将对手击退。但十字军方面为此付出的代价也颇为高昂，包括圣殿骑士团大团长杰拉德·德·热拉尔在内的数千人血洒当场，而萨拉丁的部队虽然被击败，但并未撤走，而是行军至阿卡附近展开对十字军的围困。

公元1190年之后，在小亚细亚地区被打散的德意志十字军和其他来自欧洲的圣战者陆续抵达阿卡城外，加入居伊的围城战。但长期在恶劣的自然环境下露宿，令军营中疾病横行。公元1190年夏天，居伊的夫人西比拉和两个女儿先后病逝于阿卡城下。在这样的情况之下，居伊除了不断向部下鼓吹来自欧洲的十字军主力即将抵达之外，只能靠来自德意志地区的希伯兰德等人设立的医院来救死扶伤了。

尽管“医院”的概念在古罗马时代便已有之，但在医学极不发达的中世纪，所谓的“医院”大多数时候更像一个带有浓郁宗教色彩的慈善机构和收容机构。虽然一般来说，入住医院并不需要花费巨额的医药费，但也往往得不到任何有帮助的医疗服务，更多的时候患者无非是在一个相对安静、卫生的环境里，依靠自身的免疫功能自行康复而已。可即便如此，条件相对简陋的医院在当时也往往是伤患们的救命稻草，在其间侥幸康复后的战士也往往愿意接受医院管理者的政治和宗教理念，为其奔走效劳。因此正是在十字军进退维谷的阿卡之围中，未来的条顿骑士团网罗了第一批拥趸。

第二卷

II 泥沼建国

- 落地生根
- 破土而出
- 拉丁帝国
- 『黄金诏书』
- 普鲁士人

条顿骑士团
全史

六、落地生根

第三次十字军东征的瓦解和条顿骑士团的武装化

公元 1191 年 1 月 6 日，经过漫长的围攻，十字军终于攻塌了阿卡外围的城墙，胜利似乎就在眼前。但 2 月 13 日萨拉丁组织的援军还是成功突破了十字军的防线进入了阿卡城内，令这场漫长而乏味的攻防战不得不继续胶着下去。公元 1191 年 4 月 20 日，法兰西国王菲利普二世（Philip II）麾下的大军抵达了战场。两个月之后，声名远播的英格兰国王理查一世的军旗也终于高高地飘扬在了十字军的营垒上空。

通过海路抵达近东的英、法十字军之所以姗姗来迟，主要是因为中途卷入了西西里岛的王位纷争以及在塞浦路斯岛上的一场政治风波。由于理查一世的妹妹琼纳此前恰好嫁给了西西里国王威廉二世，因此在公元 1190 年 7 月，英、法两国的十字军在马赛港会合。他们在乘坐着从热那亚等意大利城邦租用的船只，在开启穿越地中海波涛的征途之时，便已将西西里视为停船歇马的中转站。

但理查一世抵达西西里时才得知，他的妹夫威廉二世早已于公元 1189 年 11 月病逝，此时的西西里岛掌握在一个名为谭科蒙德（Tancred）的军阀手中。理查一世本无心过问西西里的内政，但得知自己的妹妹竟然被坦克蒙德监禁于牢房之中，且对方无意向十字军提供补给之后，还是愤然挥师攻破了西西里的首府墨西拿。

英、法十字军在西西里岛度过了一个舒适的冬天。直到公元 1191 年 3 月，理查一世才在坦克蒙德屈膝求和下决定继续扬帆东进。但就在英、法十字军准备开拔之际，理查一世的母亲埃莉诺却突然出现在了西西里岛上。埃莉诺此时赶赴前线，表面上看似乎是为了探望并安慰自己刚刚获释的女儿，实则却是为了向理查一世推荐自己亲自挑选的儿媳妇——来自纳瓦拉王国的公主贝林格丽娅（Berengaria of Navarre）。

后世复原的贝林格丽娅的画像

埃莉诺的出现随即引发菲利普二世强烈的不快。一方面是因为埃莉诺曾是其父亲路易七世的前任王后，另一方面理查一世与菲利普二世的妹妹艾莉丝早有婚约。此时埃莉诺公然要求理查一世尽快迎娶贝林格丽娅，自然要毁弃其与法国王室的婚姻。而更令菲利普二世感到坐立不安的，是理查一世这桩婚事背后的政治算计。纳瓦拉王国位于法国南部，与埃莉诺所掌管的阿基坦公国接壤。理查一世与该国公主成婚之后，这位英格兰国王将解除南部的后顾之忧，形成对巴黎的合围。但此时英格兰十字军兵强马壮，菲利普二世也不敢公然表示不满，只能接受了理查一世支付的象征性的退婚赔偿金，负气率军离开了西西里岛。

又在西西里盘桓了一段时间之后，理查一世才将自己的母亲送上了归途，带着未婚妻子重新朝着耶路撒冷的方向进发。英格兰十字军原本拟定下一个停靠的补给点是爱琴海中部的克里特岛，但由于途中遭遇风暴，有大约 25 艘战舰偏离了航线，漂到了塞浦路斯附近的海域。

按照英格兰史学家的说法，当时统治塞浦路斯的拜占庭总督伊萨克·科穆宁（Isaac Komnenos）是一个凶恶贪婪的暴君，他不仅在岛上奸淫掳掠，无恶不作，还暗中与萨拉丁等异教徒领袖沆瀣一气。这一次更悍然将魔爪伸向了在塞浦路斯沿海搁浅的英格兰十字军。而由于自己的未婚妻贝林格丽娅所乘坐的战船也险些被塞浦路斯人俘获，冲冠一怒为红颜的理查一世随即命令全军对塞浦路斯展开进攻。

从后续发展来看，关于伊萨克·科穆宁的种种罪行，很可能只是理查一世为侵占塞浦路斯所编造的借口。事实上对于抵达塞浦路斯的英格兰十字军，伊萨克·科穆宁首先想到的是满怀善意与理查一世会盟，结果当场便被对方扣为人质。伊萨克·科穆宁曾以拜占庭皇室成员不能为铁链锁住的习惯法表示抗议，但换来的不过是一条银质的枷锁而已。在劫持了伊萨克·科穆宁之后，英格兰十字军迅速控制了全岛，并将其作为下一步远征近东地区的前进基地。

公元 1191 年 6 月 8 日，统率着在塞浦路斯养精蓄锐的英格兰十字军，理查一世终于抵达了阿卡前线。而此时经过了 15 个月的漫长围困。阿卡城内的穆斯林守军早已在饥荒和疾病的折磨下无力再战了。萨拉丁不得不寻求通过和平的手段结束战斗。7 月 12 日，在经过同时发生在谈判桌上和城墙内外的拉锯后，阿卡守军最终选择了向十字军投降。被投石机砸得坑坑洼洼的城头之上同时飘扬起了英格兰、法兰西、耶路撒冷王国的旗帜以及代表德意志十字军统帅“奥地利公爵”利奥波特五世（Leopold V, Duke of Austria）的红白两色军旗。

由于要处理与匈牙利之间的领土纠纷，奥地利公爵利奥波特五世抵达阿卡的时间不早于公元 1191 年的春天。但正所谓“来得早不如来得巧”，他抵达前线之时，恰逢腓特烈五世病逝，利奥波特五世由此顺利接管了德意志十字军的指挥权。据说利奥波特五世在围攻阿卡的战斗中身先士卒，有一次全身战袍皆被鲜血染红，只有在解下腰带的地方才露出一道白色，从此为了彰显自己的英勇，利奥波特五世将“两红一白”的图案作为自己的军旗，并成为日后奥地利国旗的图案。

但令利奥波特五世没有想到的是，自己的军旗刚刚在阿卡的城头升起，就被傲慢的理查一世命人扯下了。利奥波特五世当即上前与理查一世理论，但在军事实力远逊于对手的情况之下，他所能做的唯有负气而走。不久之后，无法容忍理查一世跋扈做派的菲利普二世也启程回国。理查一世从而顺理成章地成为集结于阿卡的十字军唯一的统帅。

军权在握的理查一世自然不会满足偏安于阿卡一隅，公元 1192 年 8 月 20 日，他借口萨拉丁迟迟没有交付赎金而处决了依旧在押的 2700 名穆斯林战俘。在萨拉丁以同样的手段回敬之后，8 月 22 日，理查一世下达了向耶路撒冷进军的命令。

在后世对理查一世的固有印象之中，这位被称为“狮心王”的君主大多被塑造成一个英武有余而智谋不足的武夫形象。但从第三次十字军东征过程中的一系列表现来看，理查一世不仅在政治和外交上颇有心计，在军事行动上，更深谙谋定后动、扬长避短之道。理查一世深知披坚执锐的十字军不利于在酷热的沙漠地带长途奔袭，因此选择了沿着地中海沿岸向港口城市雅法挺进，并严格规定了部队每天行军的时间、距离以及所保持的阵形。

理查一世要求十字军在每天相对凉爽的早晨开始行军，在抵达最近的一个水源地后便转入休整。途中十字军始终保持着由圣殿骑士团保护辎重先行，精锐骑兵编组为 12 个“百人队”随后徐进，重装步兵和弩兵保护队列侧翼，医院骑士团殿后的阵形。每隔一段时间，在外侧执行警戒任务的步兵分队便将替换到相对安全的海边休整。如此一来理查一世可以保证整个十字军始终保持着充沛的体力和士气。

面对兵强马壮的理查一世，萨拉丁始终渴望着重现哈丁之战的辉煌，因此在十字军离开阿卡之后，他便不断派出长于骑射的轻骑兵袭扰对手的侧翼，试图将对手引入荒芜的内陆地区加以歼灭。但每一次萨拉丁的骑兵呼啸而来，十字军便迅速以重步兵在最外围组成防线，以强弓硬弩展开还击。身披重甲、手持坚盾的十字军步兵即使被射成刺猬也可能并受到致命伤，而他们手中的弩箭却能轻易射翻萨拉丁麾下的轻骑兵。

眼见骑射袭扰无法拉扯开十字军的阵线，萨拉丁不得不下令焚毁十字军前进道路上的农田和村庄，试图用这种“焦土战略”来削弱对手。但理查一世的部队在沿海可以不断获得己方舰队的后勤支撑，因此萨拉丁依旧只能远远看着十字军保持着整齐的队列，有条不紊地前进。但萨拉丁并未放弃原定的计划，因为熟悉近东地形的他，知道在理查一世前进的道路上，还有诸多会造成对方阵形散乱的隘口、沼泽和森林。

8 月 25 日，萨拉丁一度抓住十字军通行于隘口的有利战机，猛扑与主力脱节的医院骑士团。但医院骑士团的拼死抵抗和理查一世的迅速回援，最终令萨拉丁不得不主动撤离了战场。然而这一次不成功的投石问路还是让萨拉丁看到了希望。8 月 26 日到 29 日间，萨拉丁指挥大军抄近路抵达了阿苏夫地区（Arsuf）

张网以待。

作为近东地区为数不多的森林地带，阿苏夫地形复杂，既有沿海生长绵延12英里的森林，更遍布河流和沼泽，对萨拉丁而言可谓是天然的猎场，他计划等待十字军进入该地区后，同时对其首尾展开牵制性进攻，一旦对手阵形脱节，随即亲率主力从侧翼杀出，给对手以致命一击。

萨拉丁耐心地等待了一周的时间，直到9月6日十字军主力才进入阿苏夫地区。当天晚上理查一世率部在一片易守难攻的沼泽地带宿营。而就在9月7日黎明，理查一世下令开拔后不久，萨拉丁的部队便突然从各个方向对其展开了全面的围攻。

客观地说，萨拉丁在阿苏夫地区部署的伏击从战略层面可谓完美，但在具体战术上穆斯林军队则杂乱无章。骑步混杂的第一波攻势白白断送了满手的好牌。在号角声的鼓舞下，面对不断冲出丛林的贝都因族步兵和塞尔柱弓骑兵，理查一世有效地控制着自己的中军组成防御阵营，并用强弓硬弩展开还击。

就在这样的关键时刻，向来以冷静著称的萨拉丁也冲向了战场。全军主帅贸然脱离了自己的岗位，导致整个战局更趋混乱。萨拉丁的右翼自作主张地开始围攻以医院骑士团为主的十字军后队，左翼则开始攻击以圣殿骑士团为主的十字军前锋。如此一来，穆斯林军队有限的数量优势迅速被延伸的战线所稀释，而十字军却逐渐从最初的混乱中恢复了过来，自哈丁之战后长期忍受着战败屈辱的医院骑士团首先高呼“为了‘圣乔治’！”展开了反冲锋。

理查一世起初对医院骑士团的擅自行动表示愤慨，但很快便发现阵形散乱的对手根本抵挡不住自己麾下圣战骑士们士气如虹的冲锋，于是理查一世随即命令处于防御姿态的步兵让开道路，以便自己手中所掌握的12个骑兵“百人队”投入战场。而与此同时，萨拉丁及其指挥机关已经完全被己方溃乱的士兵冲散，根本无力组织起抵抗。

可以说阿苏夫战役之中的萨拉丁事实上已是一败涂地，如果十字军在此刻展开全线追击，那么整个近东地区的局势可能由此逆转。但理查一世的谨慎挽救了萨拉丁和他的军队。在击退了对手的进攻之后，理查一世禁止所有骑兵部队投入追击。甚至在萨拉丁的侄子又组织了两次小规模的进攻被打散之后，理查一世也

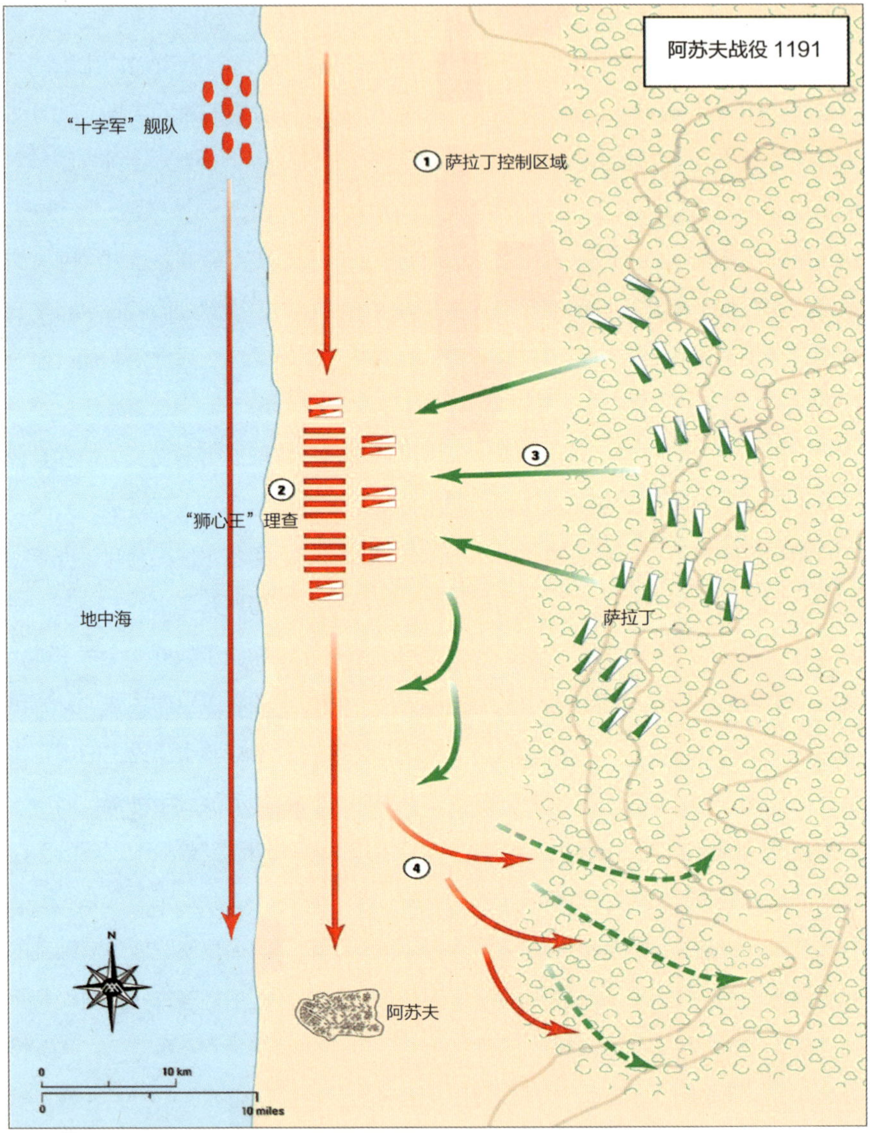

①萨拉丁的斥候侦察到"十字军"拔营前进。

②"十字军"在向前推进的过程中，"狮心王"理查将精锐部队布署于外侧，辎重则沿着海岸线前进，并让舰队始终保持与地面部队平行，以便随时支援。

③借着森林的掩护，萨拉丁的部队向"十字军"发动了、突袭，但并未能突破其外围防线，更无法延缓其向阿苏夫前进的脚步。

④在挡住了萨拉丁部队的连续骚扰之后，稳住了阵脚的"十字军"随即投入反攻，并将对手逐出了战场。

阿苏夫之战简易图

坚持认为萨拉丁还有后招，依旧命令部队原地驻守。在这样的谨小慎微之下，十字军虽然在战场上清点出 7000 余具穆斯林的尸体，但却依然没有给萨拉丁政权造成致命打击。

阿苏夫战役之后，萨拉丁虽然依旧保有着强大的军事力量，但却不敢再贸然在地中海沿岸地区与理查一世决战。为此他不得不放弃另一座重要的海港城市——雅法。但对于理查一世而言，攻占雅法以及萨拉丁在该地区唯一驻守的城堡达鲁姆（Darum），他的攻势能量也达到了极限，不得不开始通过外交手段来寻求停战的可能。

后世常常以理查一世结束第三次十字军东征后的遭遇，来证明其之所以草草收兵，是因为对其怀恨在心的法兰西国王菲利普二世回国之后的蝇营狗苟的妨碍，以及理查一世的幼弟“失地王”约翰图谋篡夺王位的阴谋。但事实上在理查一世决定返回欧洲之前，其母亲埃莉诺依旧有效掌控着其家族横跨英吉利海峡的庞大疆域。真正导致理查一世的军事行动无以为继的，是十字军沉重的军费负担以及内部政治上的倾轧与对立。

尽管有着罗马教廷道义上的支持和整个欧洲基督徒的圣战热情，但十字军东征的主要经济来源依旧是投身其中的各级封建领主们的封地和贸易收入。理查一世为筹措东征的军费，曾不得不卖官鬻爵，出售自己名下的城堡和庄园，甚至表示不惜将伦敦也卖掉。但通过这些方式筹集起来的巨款，随着战争机器的不停运转很快便消耗殆尽。因此一路之上，理查一世才不得不先后在葡萄牙、西西里和塞浦路斯等地登陆，寻找各种各样的借口挑起战事，通过劫掠的方式以战养战。

控制塞浦路斯和阿卡之后，通过当地的贸易收入和向萨拉丁勒索巨额的战俘赎金，理查一世暂时摆脱了捉襟见肘的局面，令其有足够的物资保障十字军缓慢而安全地向雅法推进。但萨拉丁沿途的“焦土政策”和不间断的袭扰，最终还是令理查一世举步维艰，攻占雅法之后已无力再向耶路撒冷前进了。

除了经济上的困境之外，本就不擅长处理复杂政治局面的理查一世，还发现自己此时处在一个完全违背自己初衷的政治地位之上。无论是神圣罗马帝国的腓特烈一世、法兰西国王菲利普二世还是理查一世本人，他们投身第三次十字军东征的最初设想，除了希望通过加入圣战来凝聚人心、巩固政治地位之外，无不打着趁势将耶路撒冷王国纳入自身统治范围的如意算盘。但理查一世抵达阿卡前线才发现，这个计划并不是那么容易实现的。

一方面耶路撒冷王国的政治传承并未中断，甚至因为内部的分裂，而比过去更难操控。理查一世必须同时面对“吕西尼昂的居伊”和“蒙费拉的康拉德”两位耶路撒冷国王，居伊拥有着耶路撒冷王国残余贵族的效忠，康拉德则掌握着一支强大的舰队。这些无可替代的资源，令理查一世不仅不能直接将其吞并，更要在其中艰难地保持仲裁者的身份。

另一方面，耶路撒冷易手之后，虽然第一次十字军东征以来基督徒依托圣战所建立起来的各种政治集团失去了根据地，但同时也打破了其束缚。为了保障集团的存续，医院骑士团、圣殿骑士团等组织在整个近东地区肆意发展、野蛮生长。而在这些政治势力眼中，理查一世不过是一个自愿投身圣战的外国君主，根本不值得效忠。

无法有效地掌控近东地区的政治走向，令理查一世急于从中抽身，因此才不得不放下身段，主动与萨拉丁握手言和，甚至不惜开出了将自己的妹妹嫁给这位异教徒的条件。萨拉丁对欧洲的公主没什么兴趣，但为了尽快从战争中抽身去稳定埃及、叙利亚等地纷乱的政局，最终也不得不于公元 1192 年 8 月与理查一世签订了为期三年的《雅法和约》，以承认十字军在阿卡、雅法等沿海地区的控制权，换取自己在耶路撒冷的统治权。

公元 1192 年 9 月，理查一世从阿卡启程回国。在此之前他通过一系列复杂的政治运作，保证了自身政治势力在近东地区的延续：理查一世首先在仲裁耶路撒冷王位归属权的问题上，摆出支持康拉德的姿态，而对于居伊则给予自己此前夺下的塞浦路斯作为补偿。但就在各方势力都认为尘埃落定之际，康拉德突然在家中遇刺，八天之后其遗孀伊莎贝拉宣布正式嫁给理查一世的外甥——“香槟伯爵”亨利二世（Henry II, Count of Champagne）。

经济上的困顿令理查一世不得不遣散自己的卫队，假扮商人潜行归国，结果在维也纳附近被识破，成为利奥波德五世的俘虏，囚禁在杜伦施坦的城堡之中。据说其母亲埃莉诺为了营救自己的儿子，缴纳了相当于英格兰两年收入的巨额赎金。很难想象在当时并不发达的金融环境下，这笔钱是如何运抵奥地利的，或许英格兰的贵族和国民慷慨解囊以救助自己国王的钱本就被用来弥补他所造成的巨额军费亏空了。

理查一世显然没有从这场牢狱之灾中吸取任何教训，回国之后，一方面他原谅了自己居心叵测的弟弟约翰，另一方面则全力投入对菲利普二世的复仇之战。为防御法军对诺曼底的进攻，从公元 1196 年开始，理查一世不惜斥巨资在塞纳河上修建雄伟险峻的盖亚尔城堡。但巨大的营造费用却激起了伦敦人民的抗税暴动。公元 1199 年，在自己的岳父纳瓦拉国王桑乔六世等亲戚的帮助之下，理查一世几乎将菲利普二世逼入绝境。但巨大的军费压力却再度令其后续无力，只能选择与菲利普二世艰难地达成了一个为期五年的停战协议。此后理查一世在出兵攻打自己一个附庸的城堡过程中中箭身亡。而萨拉丁则于公元 1193 年死于黄热病。由于他的子嗣们因继承权不和而陷入分裂，穆斯林相对统一的状态再度被打破。通过第三次十字军东征，萨拉丁和理查一世在欧洲历史上享有盛誉，甚至一度成为骑士精神的代名词。但事实上这两位君王的一生虽然颇多辉煌，但以一个执政者的标准来衡量，却恐怕只能获得一个不及格的成绩。

第三次十字军东征没有能够收复耶路撒冷，但却振奋了自哈丁之战后整个基督教世界长期萎靡的士气，令所有仍滞留在近东的基督徒相信上帝并未抛弃他们。而医院骑士团等圣战组织在阿苏夫战场上的团结一致、勇猛决绝，更吸引了无数崇敬的目光，不仅令圣殿骑士团和医院骑士团战后得以迅速地重建和扩张，更令被腓特烈一世带往近东的诸多德意志骑士见贤思齐。终于在公元 1198 年，通过罗马教廷的认证，正式将希伯兰德等人创立的德意志圣玛利医院改组为德意志圣战者兄弟会，未来的条顿骑士团终于开始具备了军事职能。

七、破土而出

阿卡城内三大骑士团的鼎足而立

自公元1190年希伯兰德等人创立德意志圣玛利医院以来，在条顿骑士团草创的最初几年里，其负责人几易其主。对于那些早期主持德意志圣玛利医院日常运作而被日后追认为条顿骑士团大团长的杰勒德、海因里希、乌尔里克等人，通过现存的史料已经很难再拼凑出完整的人生经历，仅能从其姓名和条顿骑士团长期以来的政治传统，推断其可能来自德意志地区。这一局面直到公元1196年一位名叫海因里希·瓦普特·冯·巴塞赫姆（Heinrich I Walpot von Bassenheim）的骑士接手德意志圣玛利医院，才有所改善。

由于年代久远，海因里希·瓦普特·冯·巴塞赫姆的个人简历同样模糊不清。仅能从其姓氏推测，其可能来自于一个莱茵兰地区的骑士家庭。由于其是条顿骑士团历史上真正意义上的首位名为海因里希的大团长，因此后世往往称之为“海因里希一世”。

海因里希一世在阿卡改组圣玛利医院为圣战兄弟会之时，恰逢第三次十字军东征草草收场后的低潮期。公元1192年理查一世离去之后，残余的十字军龟缩在以阿卡和雅法为中心的地中海沿岸地区，“香槟伯爵”亨利二世虽然接手了不幸遇刺的“耶路撒冷国王”康拉德的遗孀和其地盘，但无论是军事实力还是政治威望都无法真正地掌控自己名下的这一隅之地，因此终其一生都不曾真正地完成“耶路撒冷国王”的加冕典礼。但这并不妨碍一些西方史学家将其所统治的区域自称为“第二耶路撒冷王国”。

在第二耶路撒冷王国内部真正听命于亨利二世的不过是一些跟随其走过第三次十字军东征漫漫长路的老部下，以圣殿骑士团、医院骑士团为首的一干老牌圣战者则乐见亨利二世的有职无权，正因如此，他们才能以国之栋梁的身份跑马圈地、构筑城堡。在这样的示范效应之下，各种类似的组织如雨后春笋般不断涌现。

除了条顿骑士团之外，还有以英格兰人为主的圣托马斯骑士团（Knights of Saint Thomas）和由原耶路撒冷城外一所麻风病院的医护人员和病患组成的圣拉撒路骑士团（Order of Saint Lazarus），相较于已经拥有了完整政治、军事制度的圣殿骑士团和医院骑士团而言，以条顿骑士团为首的诸多后进要迎头赶上，甚至脱颖而出并非易事。

从现存的史料之中，世人无法了解到海因里希一世在阿卡努力将一干来自德意志的圣战者组织起来的含辛茹苦，但毫无疑问他的努力很快便上达天听，公元1197年末，罗马教皇西斯廷三世（Pope Celestine III）正式颁布训令，承认条顿骑士团为“圣战骑士团”。教皇亲自出面为条顿骑士团的正规化出谋划策。表面上看是罗马教廷关怀阿卡前线德意志圣战骑士的表现，但仔细分析却不难看出，西斯廷三世此举背后蕴含着深远的政治算计。

首先，罗马教廷虽然是十字军东征的发起者，但是对于近东地区的十字军政权却始终未能形成有效的政治影响力。这一点突出表现在耶路撒冷王位的传承问题上。罗马教廷不仅在雄才伟略的鲍德温一世等君王的登基过程中无从置喙，甚至在身染麻风病的鲍德温四世加冕之时，罗马教廷曾以“患有神罚之症的人不宜统治圣地”表示反对，但却被耶路撒冷教区大主教以“国王已经是涂圣油之王，请不要质疑主的世间权威和决定”而顶了回去。

耶路撒冷易手之后，这种局面也并未得到改善。公元1194年“香槟伯爵”亨利二世以耶路撒冷当地教会未经自己首肯便选出大主教并向罗马教廷报备为由逮捕了所有教会成员。对于亨利二世如此赤裸裸地干涉宗教事务，罗马教廷除了口诛笔伐表示谴责和拒绝为其加冕之外，几乎拿对方毫无办法。究其原因，除了鞭长莫及之外，罗马教廷在十字军内部始终没有一支可以信赖的武装力量，是导致其在这场由自己所发动的圣战之中始终受制于人的重要原因。

罗马教廷不是没有尝试过拉拢组建于耶路撒冷的医院骑士团和圣殿骑士团。事实上自上述两支圣战军团出现以来，罗马教皇便不断通过诏书的形式给予其种种政治和经济上的特权。如公元 1135 年罗马教廷曾规定任何主教不得褫夺医院骑士团成员的教权或将其逐出教会，变相给予了医院骑士团以独立的宗教司法权。公元 1137 年，罗马教廷又准许医院骑士团可以建立自己的封建采邑，并可以从中获得“捐赠”。

罗马教廷本以为通过这些“恩宠”可以将医院骑士团和圣殿骑士团变为一支独立于任何主教区之外，唯教皇马首是瞻的教会武装，孰料这些宗教理论上的小恩小惠，在现实的利益面前根本一文不值。在耶路撒冷王国的历任统治者所给予的城堡和土地面前，医院骑士团和圣殿骑士团都先后沦为当地世俗王侯的私人佣兵。而在耶路撒冷易手之后，这两支圣战军团更俨然成为独霸一方的军阀势力。

医院骑士团和圣殿骑士团的尾大不掉令罗马教廷不得不考虑在近东另起炉灶，重新培育一支可操控的军事力量。在这样的大背景之下，条顿骑士团的出现自然令西斯廷三世眼前一亮。因为在罗马教廷看来，条顿骑士团成员来源单一——主要由来自德意志地区的中下级骑士组成，除了具有强大的凝聚力和战斗力之外，条顿骑士团的政治立场相对于医院骑士团和圣殿骑士团更为保守，因此恰好能够满足罗马教廷的需要。

除了罗马教廷之外，神圣罗马帝国也很快注意到了条顿骑士团的存在。在腓特烈一世溺亡于东征途中不久，其第五子亨利六世（Henry VI）便继位为德意志国王。据说亨利六世身材瘦弱、面容忧郁，完全没有腓特烈一世的赫赫威风。但在登基之后，亨利六世却基本延续了其父对内压制以萨克森公爵“狮子亨利”为首的一干诸侯，对外南下控制意大利的基本国策。

公元 1191 年春，亨利六世在逼迫“狮子亨利”将两个嫡子作为人质送入自己的军营之后，亲自统率大军翻越阿尔卑斯山脉南征意大利。应该说经过其父腓特烈一世的多年征伐，意大利北部诸城邦早已对神圣罗马帝国俯首帖耳。因此亨利六世兵不血刃便进入罗马，并于 4 月 15 日加冕为神圣帝国皇帝。但亨利六世并未就此满足，在完成了加冕仪式之后，亨利六世以自己的皇后康斯坦斯（Constance）出身西西里王室为由，继续挥师南下。

不断延伸的补给线和意大利南部温暖潮湿的气候，令神圣罗马帝国远征军抵达那不勒斯附近便因大面积爆发的疟疾而无力前进，甚至亨利六世本人也不幸病倒。利用军中人心浮动的机会，“狮子亨利”的长子“长者亨利”趁乱从海路经马赛返回国内，并到处散布亨利六世已然病逝军中的谣言，煽动早已对霍亨斯陶芬王朝心怀不满的各地诸侯拥戴自己的父亲“狮子亨利”登基。

国内政治动荡的消息令病情刚刚有所好转的亨利六世不得不急匆匆拔营回国。但为了标榜神圣罗马帝国在当地的统治权，亨利六世的妻子康斯坦丝留在了意大利南部城市萨莱诺（Salerno），可惜的是当地的意大利贵族对这位自称西西里女王的神圣罗马帝国皇后并不买账，不久之后她便被西西里国王坦克蒙德劫持为人质。

尽管回国之后，亨利六世很快便击败了试图东山再起的萨克森公爵“狮子亨利”的有生力量，但此时国内外复杂的政治环境，令亨利六世无力应对以“狮子亨利”为代表的一干反对派官员，只能草草与对方签署停战协议以便全力营救自己的妻子。在罗马教廷的居中调停之下，公元 1192 年 6 月，亨利六世的妻子康斯坦丝才最终安全获释。

第一次南征的失败令亨利六世颜面扫地。好在不久之后奥地利公爵利奥波特五世扣押英格兰国王理查一世的行动，令神圣罗马帝国再度成为欧洲各方势力的利益焦点。围绕理查一世的自由，法兰西、英格兰、罗马教廷的使者频繁出没于亨利六世的宫廷之中，亨利六世也由此强化了其自身在神圣罗马帝国乃至整个欧洲的政治地位。

公元 1194 年 2 月，西西里国王坦克蒙德去世，其年仅 8 岁的幼子威廉三世继位。刚刚从英格兰王国敲诈了一笔巨额赎金的亨利六世再度挥师南下，并很快在西西里岛上登陆。此时亨利六世向威廉三世承诺，只要其开城投降，便将保留其父坦克蒙德在莱切（Lecce）的领地。坦克蒙德身后的孤儿寡母此时完全失去了主见，对亨利六世的承诺信以为真。但亨利六世入主西西里王国后不久便指控威廉三世与多名贵族密谋造反。威廉三世百口莫辩，母亲和几个姐妹被押往德意志境内居住，而其本人则被阉割之后在公元 1198 年死于囚牢中。

尽管在宣布自己的妻子康斯坦丝为西西里女王后不久亨利六世便启程回国，

但对意大利南部的征服还是带给了这位年轻的君王以无限的遐想。在亨利六世看来，以西西里为中心的意大利南部不仅将成为德意志战车新的经济引擎，更将成为未来神圣罗马帝国向东地中海扩张的桥头堡。

为了实现自己远征东方的梦想，亨利六世也急需在近东培养一支听命于神圣罗马帝国的政治力量。条顿骑士团既然由来自德意志的子弟兵组成，自然便成了亨利六世拉拢和扶植的首选。公元 1197 年 5 月 20 日和同年 7 月 18 日，亨利六世先后将意大利贝雷塔地区的一座医院和西西里的一座教堂同赠予条顿骑士团。这些捐赠虽然不足以称为丰厚，但对于漂泊于近东的条顿骑士团而言却是雪中送炭。毕竟有了这些修道院及其附属采邑的财政支持，条顿骑士团才有足够的底气在阿卡招兵买马，扩充自身的实力。但并非所有人都如条顿骑士团那般支持一场新的十字军东征。就在亨利六世于西西里岛秣马厉兵之际，各种反对的声音也不断在他的军队之中出现，显然对于大多数德意志人而言，南征西西里已经是他们可以忍受的兵役极限，遥远的耶路撒冷并不是他们的目标，最终连亨利六世的妻子——西西里女王康斯坦丝也站到了自己丈夫的对立面，在众叛亲离的情况之下，公元 1197 年 9 月 28 日亨利六世病逝于墨西拿的一座城堡之内，尽管神圣罗马帝国官方宣称皇帝是死于疟疾，但人们似乎更愿意相信他是被毒死的。

尽管亨利六世长期以来都希望自己的独子腓特烈二世（Frederick II）继承神圣罗马帝国的皇位，但是这种“父传子、家天下”的做派不仅与德意志帝国长期以来的政治传统相驳，更无法得到被触动了切身利益的教会和各地诸侯的支持。

公元 1198 年，亨利六世尸骨未寒，德意志境内已经形成了其弟“士瓦本的菲利普”（Philip of Swabia）与萨克森公爵“狮子亨利”三子奥托四世（Otto IV）分庭抗礼的局面。这一年 9 月 27 日，亨利六世的遗孀西西里女王康斯坦丝因病去世，只留下年仅 4 岁的腓特烈二世独自坐在西西里国王的宝座之上。此时没有人会想到这个可怜的孤儿日后还有重临神圣罗马帝国权力巅峰的那一天。

正所谓“福兮祸所伏，祸兮福所倚”，腓特烈二世在短时间之内痛失双亲，虽然是他个人家庭的悲剧，但却也在政治上为其打上了免罪符。当此之时，德意志诸侯正忙着在“士瓦本的菲利普”与奥托四世之间选边站队，自然无暇顾及远在西西里的腓特烈二世。而在意大利南部的贵族眼中，也实在找不到一个比腓特

罗马城内的塞普蒂米乌兹神殿（Septizodium）遗址，是当时罗马教廷选举教皇的主会场

烈二世更为正统也更好利用的傀儡。当然更为重要的是，此时罗马教廷也早已将腓特烈二世视为其间接统治西西里的绝佳跳板。

公元1198年1月8日，92岁高龄的罗马教皇西斯廷三世病逝。作为一名为教会服务了大半个世纪的老人，西斯廷三世在临终之前曾力图将与自己有着亲戚关系的心腹爱将“圣保罗的乔凡尼”（Giovanni di San Paolo）指定为自己的继任者。殊不知罗马教廷上下早已对西斯廷三世的老迈昏庸深恶痛绝，因此教廷枢密委员会当面拒绝了这一“遗命”。在西斯廷三世病逝后，身处罗马的21位红衣主教通过闭门选举的方式，公推意大利南部城市塞尼的年仅37岁的洛泰里奥（Lotario）为新任教皇的举动，也被后世认定为是民主的胜利。

但仔细查阅洛泰里奥的身世背景和公元1198年教皇选举的相关资料却不难发现，年轻的洛泰里奥来自于一个显赫的意大利贵族家庭，且是前任教皇西斯廷三世的侄子。而在选举的过程中，“圣保罗的乔凡尼”一度获得了大多数主教的支持，但他本人却始终坚辞不受。最终一干深受西斯廷三世恩惠的教廷高层才转而支持洛泰里奥。因此公元1198年的这场教皇选举不仅同样充斥着私相授受，而且可能“圣保罗的乔凡尼”一开始便不是西斯廷三世所中意的继承人。

公元1198年2月22日，洛泰里奥正式加冕为教皇英诺森三世（Pope Innocent III）。作为一位年富力强的教皇，英诺森三世不仅继承了前任教皇西斯廷三世与德意志地区豪强结成战略同盟、大力倡导圣战的既定方针，更以长袖善舞的外交手腕，在亨利六世死后陷入分裂的神圣罗马帝国多边下注，使自己立于不败之地。

来自韦尔夫家族的奥托四世起初得到了英格兰国王理查一世的鼎力支持。英诺森三世也乐见其成地授意科隆大主教为其进行德意志国王的加冕。但随着公元1199年理查一世在战场上伤重而亡，其弟“失地王”约翰在法兰西的入侵和治下诸侯的反叛中连战连败，英诺森三世转而支持“士瓦本的菲利普”。但在局势并不明朗之前，英诺森三世拒绝为任何一方进行神圣罗马帝国皇帝的加冕。

在坐视“德意志王位纷争”（German throne dispute）愈演愈烈的同时，英诺森三世也在悄然进行着自己的布局。公元1198年秋天，英诺森三世便以接受了西西里女王康斯坦丝临终托孤为由，将亨利六世的合法继承人腓特烈二世置于自己的监护之下。这样做的短期利益是罗马教廷可以通过这个少年傀儡进而操纵西西里王国的政局，而从长远来看未来罗马教廷也可以将腓特烈二世推出，作为角逐神圣罗马帝国皇帝的备选。

尽管后世的一些记述中总是会不遗余力地渲染腓特烈二世童年的凄惨境遇，称其为“带着王冠的囚徒”，甚至宣称他时常在街头流浪，食不果腹，但这笔账倒不能算在英诺森三世头上，因为从公元1200年开始，“士瓦本的菲利普”便派遣了一支军队南下西西里，并与热那亚组成政治联盟，全面收割自己兄长在意大利南部的政治遗产。腓特烈二世也因此被自己的伯父囚禁在自己的宫廷之中。而“士瓦本的菲利普”之所以能够从英诺森三世手中夺回对西西里王国的控制，很大程度上缘于这位年轻的教皇此刻正沉浸于发动新的圣战以夺回耶路撒冷的远景规划之中。

年轻的英诺森三世格外渴望用军事行动来树立自身的权威

英诺森三世之所以如此积极地投身于圣战事业，除了第三次十字军东征未能实现罗马教廷收复耶路撒冷的宏图伟愿之外，更为重要的是这位年轻的教皇迫切地渴望通过组织这样一场圣战来确定自身的政治权威。而为了最大限度地动员天主教各国的参与热情，英诺森三世一方面在各地组织了各种宗教活动，以煽动信徒们“光复圣地”的热情，另一方面则要求各修道院、教会和神职人员都要献出其年收入的四十分之一以充实军费，违者将会受到教皇法庭的严厉审判。为了充分展现自己以身作则的带头作用，英诺森三世自己也表示将捐出私人财产的十分之一。

可惜对于英诺森三世的感召，欧洲各国普遍缺乏热情。德意志地区正陷于王位纷争的混战之中，自然无暇东顾，而彼此仇视的英格兰和法兰西则将对方视为比盘踞在耶路撒冷的异教徒更应尽快打倒的敌人。最终唯有以“香槟伯爵”西奥博尔德三世（Theobald III）为首的一干法兰西小贵族响应了英诺森三世的倡议，在法国北部城镇阿斯费尔德（Asfeld）纠集了一支由2200名骑士组成的十字军。

西奥博尔德三世之所以如此积极，除了他的领地此时恰好处于英格兰和法兰西对峙的前沿，出兵参与十字军东征有利于摆脱必须选边站队的尴尬之外，更为重要的是西奥博尔德三世的兄长威廉二世此前一度名义上掌控以阿卡为中心的第二耶路撒冷王国。西奥博尔德三世认为自己此番引兵前往，即便不能收复耶路撒冷，也可以名正言顺地将阿卡等地收入囊中。

西奥博尔德三世所组织的这支十字军在规模上自然无法满足英诺森三世的需要。为了充实投入圣战的兵力，这位年轻的教皇自然而然地将目光投向了此时在阿卡方兴未艾的条顿骑士团。公元1199年9月19日，罗马教廷发布训令，规定条顿骑士团成员必须身披与圣殿骑士团成员相同的白色披风，使用黑色十字架徽章作为标记。同时颁布了与医院骑士团相近的团规。此举除了需要条顿骑士团在近东充当罗马教廷的政治打手之外，还有未来将条顿骑士团作为罗马教廷打入德意志地区的一颗棋子的规划。

虽然亨利六世慷慨的给予和罗马教廷的政治认可背后都有着复杂的政治算计，但对于条顿骑士团而言却是难得的发展机遇。正是借助从西西里王国获得的一系列教产的支持，条顿骑士团在阿卡周边地区招兵买马，修筑城堡，同时根据罗马教廷的相关训令，可以顺理成章地抄袭圣殿骑士团和医院骑士团的成功范例，朝着正规化的圣战武装目标大步迈进。

八、拉丁帝国

第四次十字军东征和条顿骑士团的低潮期

条顿骑士团虽然在阿卡一线做好了迎接第四次十字军东征的准备，但是欧洲方面的组织工作却是状况不断。“香槟伯爵”西奥博尔德三世到处呼朋唤友，结果也仅仅召集了好友布鲁瓦伯爵路易、佛兰德斯伯爵鲍德温等寥寥数人。客观地说，香槟、布鲁瓦、佛兰德斯等伯国在当时的欧洲并非穷弱之邦，但仅凭这几家的财力要支撑一场跋涉几千公里的远征却依旧力有不逮。因此准备参加第四次十字军东征的各路人马完成集结之后便不得不长期屯驻于法兰西北部，以等待来自罗马教廷的财政支持。

英诺森三世向各地教会下达了征收捐款的训令，但却收效甚微。一年多的时间过去了，这位年轻的教皇还在不断地写信责备着各地神职人员的懈怠。平心而论，在收钱这件事情上各地教会还是非常积极的，只是天主教会的信徒们早已对一次次劳而无功的十字军东征缺乏了热忱，更不知道罗马教会究竟从各地征收了多少钱，其中又有多少被用于东征。无奈之下，英诺森三世只能于公元 1201 年 6 月派遣特使前往英、法两国，希望“失地王”约翰和菲利普二世可以同意罗马教廷从这两位国王及其封臣们的领地上征收相当于年收入四十分之一的捐款。

对于罗马教廷的要求，英、法两国均表示支持，但也开出了自行征收、自行分配的条件。英诺森三世显然还是太过于年轻了，满心欢喜地首肯了英、法两国的要求，结果发现“失地王”约翰和菲利普二世虽然大张旗鼓地向封臣们发送文书评估其领地产出，并以之为标准进行了征收，但是征集到的钱、物却几乎全数被两国的王室所私吞，完全没有投入到十字军东征中去。

就在第四次十字军东征眼看就要胎死腹中之际，一个名为弗鲁克（Fulk of Neuilly）的传教士却令事态出现了“柳暗花明又一村”的转机。弗鲁克接受过系统的中世纪神学教育，但在教会系统中却长期在中下层徘徊。长期的郁郁不得志令弗鲁克喜好于到处以布道之名针砭时弊，揭露教会高层的腐败和堕落，尤其好谈各地主教包养情妇的劣迹。这种宛如八卦新闻一般的布道在巴黎附近的市民之中颇有市场。久而久之，弗鲁克不仅颇具社会影响力，更成了圣徒的代名词，他所到之处往往都聚集了无数的悔过者，一些关于他能够给盲人以光明、给耳聋之人以听觉的“神迹”更是广为传播。

“失地王”约翰虽然在军事领域表现一般，但在敛财方面却颇有手腕

大约从公元1198年冬开始，弗鲁克突然投身到了为第四次十字军东征奔走呼号的行列之中。这一转变按照其信徒的说法，是因为圣母玛利亚在其面前显圣，并对其委以重任。但根据罗马教廷的相关记录，公元1198年11月间，教皇英诺森三世曾授权弗鲁克招募一支平民十字军。弗鲁克为此离开巴黎在各地巡回布道，并不断鼓动贫苦百姓投身到收复圣地的光荣使命中去。在公元1202年病逝之前，弗鲁克将自己生命中最后的光阴全部投入到了第四次十字军东征的宣传中去。尽管一些史料宣称他为罗马教廷动员了20万普通民众，但这些人中真正抛家舍业的不足十分之一。但无论如何，弗鲁克的布道依旧重新点燃了欧洲普通民众对于十字军东征的热情。

公元1200年初，云集于法兰西北部的十字军已达万余人。各方诸侯随即于苏瓦松召开会议以确定东征的时间和路线问题。按照西奥博尔德三世的设想，自己麾下的军队完全可以遵循第三次十字军东征中英法联军的行动路线，由法国南部沿海登船，越过地中海的波涛后在埃及登陆，然后再与阿卡方面南北夹击，收复耶路撒冷。但此时参与东征的一干贵族之中，仅有佛兰德斯伯爵鲍德温拥有一支小规模的舰队，十字军方面不得不派出六位特使，前往当时意大利最主要的三个贸易城邦——热那亚、比萨和威尼斯寻求帮助。

按照一些官方史料的说法，热那亚人为了继续维系其在近东的贸易网络而拒绝配合东征，比萨则因无法迅速组织一支庞大的舰队而对十字军爱莫能助。唯有威尼斯人在高瞻远瞩的总督恩里科·丹多罗（Enrico Dandolo）的领导之下，最终与十字军特使签署了相关协议。这个颇为常见的说法背后隐藏着复杂的政治博弈。事实上当时的热那亚和比萨在地中海地区均拥有不弱于威尼斯的庞大舰队，两个城邦之所以不愿意接受十字军的委托，很大程度上缘于两邦当时正在东地中海展开激烈的海上竞争，才最终令威尼斯人坐收了渔翁之利。

根据威尼斯与十字军方面签署的协议，其将向十字军方面提供足以运送4500 名骑士、9000 名扈从、20000 名步兵以及 4500 匹马的庞大舰队。而十字军方面除了以每名士兵 2 马克、每匹战马 4 马克的价格向威尼斯支付总计 85000 马克的运输费之外，还要将东征过程中所获得的战利品与威尼斯人平分。

客观地说，由威尼斯人所拟定的这份协议价格方面还算公道。如果十字军

蒙费拉侯爵博尼费斯就任十字军统帅

方面能够按照预定计划从威尼斯登船远征埃及的话，双方的合作仍可算是“互利共赢”。但偏偏就在这份协议签署后不久，公元1201年5月24日，“香槟伯爵”西奥博尔德三世病逝，十字军不得不另觅统帅，一场新的政治博弈由此拉开了序幕。

按照一些官方史料的说法，十字军方面本欲推举“香槟伯爵”西奥博尔德三世的两位堂兄勃艮第公爵或巴勒杜伯爵为新任领袖，但却先后遭到了拒绝。无奈之下众人才将目光投向来自意大利北部城邦的蒙费拉侯爵博尼费斯（Boniface I, Marquess of Montferrat）。但也有一些史学家认为，西奥博尔德三世的两位堂兄当时就在十字军中，真正导致他们推辞让贤的理由是博尼费斯得到了法兰西国王菲利普二世以及其效忠的德意志国王“士瓦本的菲利普”的支持。此外教皇英诺森三世对博尼费斯也颇为信任，并于公元1199年委任其为美因兹主教，居中调停“士瓦本的菲利普”与奥托四世之间的王位纷争。

临阵换将之所以会成为兵家大忌，主要是因为随着统帅的更换，指挥系统、军队组成乃至战略方向都将不可避免地随之发生改变。尽管博尼费斯得到了诸多上层人士的普遍认同，在正式接受十字军的指挥权之前，博尼费斯不得不先用几个月的时间，在巴黎、勃艮第等地拜会法兰西的国王和主要贵族，以获取他们的支持。此后他又不得不动身前往今天位于法德边境的小城阿格纳（Haguenau），在“士瓦本的菲利普”的宫廷中，与其他霍亨斯陶芬家族的封臣们一起为德意志国王庆祝圣诞节。

博尼费斯试图从“士瓦本的菲利普”那里获得更多的支持，但此时正处于内战旋涡之中的德意志诸侯显然对圣战缺乏足够的兴趣。不过在阿格纳的宫廷宴会上，博尼费斯结识了一位来自拜占庭的流亡政客——皇子阿历克塞四世安格洛斯（Alexios IV Angelos）。作为拜占庭帝国前任国君伊萨克二世（Isaac II Angelos）之子，阿历克塞四世安格洛斯此时哀求自己的姐夫出兵帮助自己重夺君士坦丁堡，驱逐自己发动政变上台的伯父阿历克塞三世（Alexios III Angelos）。

博尼费斯当时是否就意识到阿历克塞四世安格洛斯将会成为自己未来东征中的重要伙伴，后世的史料说法不一。但不能否认的是，他在阿格纳又浪费了整整一个冬天的时间，直到公元 1202 年 3 月才动身前往罗马，在觐见了教皇英诺森三世之后，他又在意大利北部盘桓了一段时间，试图通过调停热那亚和比萨两大城邦的关系来获取更多的支持。在诸多努力都劳而无功之后，博尼费斯才于公元 1202 年 4 月末动身返回自己的领地做出征的准备。而此时十字军与威尼斯人约定的出发时间已经近在眼前了。按照此前的约定，十字军应该在公元 1202 年的复活节（4 月 4 日）从各地出发，于圣灵降临节（复活节后的第 50 天）在威尼斯完成集结。但直到 6 月 1 日第一批十字军才抵达威尼斯，为了等待后续部队已经暂停了所有商业活动的威尼斯人不得不将舰队停泊在港区内长达两个月之久。

8 月 15 日，姗姗来迟的博尼费斯终于抵达了威尼斯。但此时集结在当地的十字军也仅有 12000 人，只有约定数目的三分之一。蒙受了巨大商业损失的威尼斯人感觉受到了愚弄，要求十字军方面按此前约定的人数支付全部费用，否则“你们将无法离开这里，也没有人给你们提供任何食物”。自知理亏的十字军方面虽然愿意花钱消灾，无奈囊中羞涩，在最大限度地多方面筹款之后，十字军方面仍拖欠威尼斯人 34000 马克。眼见十字军没有可能拿出更多的钱来，又不愿意自己的城邦沦为战场，威尼斯总督恩里科·丹多罗最终提议十字军方面先行帮助威尼斯收复亚得里亚海对岸的殖民地萨拉（Zara）来冲抵债务。

客观地说，作为严格按照协议办事的一方，恩里科·丹多罗的提议非但不能算是过分，更是帮助十字军化解眼前困局的唯一出路，毕竟此时即便威尼斯人愿意将十字军送往原定的目的地埃及，由于错过了最佳的航海季节，十字军也可能在冬天的地中海上因为航行和补给困难而损失惨重。而驻留在威尼斯对于本就组织松散的十字军来说也并非长久之计，大多数人不可能会忍受着饥馑，在拥挤的军营里等到来年的春天。

老谋深算的威尼斯总督
恩里科·丹多罗

鉴于威尼斯人同意按照此前的协议平分

攻占萨拉所获得的战利品，大多数十字军对于改变远征目的地并没有什么异议。尽管教皇英诺森三世反对十字军将矛头对准一座基督教信徒居住的城市并以开除教籍相威胁，但除了博尼费斯在内的少数贵族选择留在威尼斯之外，其他人马都欣然跟随身穿红袍的恩里科·丹多罗登上前往萨拉的战船。

此时正处于匈牙利王国统治之下的萨拉是一座由克罗地亚人居主导地位的贸易城邦。面对泛海而来的十字军，萨拉的居民一度在城墙上竖起巨大的十字架以表明自己同样是上帝的子民。但这一举措对于已经沦为威尼斯雇佣军的圣战者们而言毫无意义。威尼斯的战舰冲破了萨拉人用于封锁港区的铁链，大批来自西欧的骑士和步兵从船上冲下，展开了原本准备用于收复耶路撒冷的攻城器械。

经过两周的惨烈攻防，萨拉守军最终无奈地选择开城投降。十字军虽然没有屠城，却也将整座城市洗劫一空。但由于十字军所获得的战利品并不足以抵消其所拖欠威尼斯的债务，双方在一番扯皮之后险些兵戎相见。博尼费斯迅速从威尼斯赶来稳定了局面，但迷茫和困顿依旧如阴云般笼罩在整个十字军上空。

十字军和威尼斯联军围攻萨拉

就在这种压抑的气氛之中，来自罗马教廷和德意志王国的使者先后抵达。前者带来了教皇严厉的谴责但特赦全体十字军的好消息，而后者则以“士瓦本的菲利普”的名义转达了拜占庭皇子阿历克塞四世安格洛斯向十字军求援的信息。阿历克塞四世竟然向十字军表示“你们出于正义而为上帝征战，为那些被不正当剥夺财产的人恢复他的正当利益是你们的职责”，他还提出只要帮他夺回本应属于他的皇位，那么他不仅将从拜占庭的国库中支付相当于 200000 马克的银币，还将派遣 10000 名拜占庭士兵加入十字军，并派遣 500 名精锐骑士驻守位于安条克的圣墓。

对于是否应该为了帮助阿历克塞四世而将东征的矛头转向君士坦丁堡，十字军内部产生了巨大的分歧，甚至有些十字军认为此举完全是亵渎圣战而选择了离开。但是毋庸置疑的是，阿历克塞四世所开出的条件早已打动了以博尼费斯为首的十字军高层以及威尼斯总督恩里科・丹多罗。经过一番准备之后，威尼斯舰队载着十字军主力于公元1203年4月动身前往位于爱奥尼亚海中部的科孚岛休整。而博尼费斯与恩里科・丹多罗则留在萨拉等待阿历克塞四世从德意志赶来。

公元 1203 年 5 月 24 日，在阿历克塞四世抵达前线后不久，威尼斯舰队正式从科孚岛起航。由于此时的拜占庭帝国早已在连番内讧中耗尽了气血，因此威尼斯舰队一路东进如入无人之境，甚至不断有官吏和民众打着同情阿历克塞四世皇子遭遇的名义，向十字军方面提供补给。因此到 6 月 24 日十字军于君士坦丁堡附近登陆之时，不仅所有的战舰都满载着拜占庭人进献的小麦，甚至还在附近的几座岛屿上建立了粮站。

面对大举来犯的十字军，坐镇君士坦丁堡的阿历克塞三世依旧天真地认为对方只是试图借道远征耶路撒冷，因此派出使节表示愿意提供帮助。不料十字军方面却当面直指其为篡位者，要求其立即归政于侄子阿历克塞四世。为了彰显自己行动的正义性，博尼费斯和恩里科・丹多罗邀请皇子阿历克塞四世与自己同乘一艘战舰，抵近君士坦丁堡的城墙向城内喊话，结果自然是招来了一阵箭雨。

7 月 5 日，准备充分的十字军兵分七路展开登陆，在不断击溃拜占庭人反攻的同时，逐步肃清了君士坦丁堡海峡一侧城墙外围的零星据点，构筑了己方围城工事。7 月 17 日，威尼斯人成功将战舰抵近君士坦丁堡的城墙并在船上架设云梯开始登城。向来迷信城高池深的拜占庭军队对于这种战术显得很不适应，连续有 25 座塔楼被十字军攻占。

即便如此，力量对比仍然是拜占庭人有利。随着阿历克塞三世命令拜占庭帝国军主动开城迎击，十字军不得不从已经攻占的塔楼上后撤，全力固守水际滩头的登陆场。尽管拜占庭人最终也未能将十字军赶下海，但显然按照这样对攻的模式进行下去，十字军距离最终攻占君士坦丁堡的目标仍有很长的一段路要走。但就在7月17日的晚上，局面却发生了戏剧性的转变。意志崩溃的阿历克塞三世在自己女儿和部分亲随的保护下逃离了君士坦丁堡，群龙无首的拜占庭官员只能从监狱中请出前任国君伊萨克二世来主持大局，早已被自己的哥哥刺瞎了双眼的伊萨克二世随即派出使者迎接十字军入城。

十字军从威尼斯的战船之上仰攻君士坦丁堡

阿历克塞四世成功救出了自己的父亲并以“共治者”的名义成为君士坦丁堡的合法统治者。十字军虽然没有一次性从拜占庭帝国获得200000马克的酬劳，但阿历克塞四世分期支付的部分已经足以为他们清偿所欠威尼斯人的债务，并足够他们继续朝着耶路撒冷的方向前进。而威尼斯人的战船之上也塞满了属于他们的战利品。事情发展到这一步本可以算是大团圆结局，但偏偏此时阿历克塞四世做出了一个错误的决定，为了巩固自己的统治，他要求十字军在君士坦丁堡继续逗留，并为他继续追捕自己的伯父阿历克塞三世。此举不仅令十字军中醉心于圣战的虔诚者们难以接受，更引发了君士坦丁堡各阶层的广泛不满。

在长期盘踞拜占庭帝国中枢的豪门贵族眼中，伊萨克二世所创立的安格洛斯王朝本就是一系列宫廷政变的产物，毫无正统可言。此时更开门揖盗，已彻底沦为必须打倒的独夫民贼。而对于拜占庭占据意识形态主流地位的东正教会而言，十字军控制了帝国宫廷，意味着天主教随时可能入主君士坦丁堡，如不先发制人，自将反受其害。而伊萨克二世父子复辟以来，带给居住于这座城市的芸芸众生更为直观的感受，是为了筹措支付给十字军和威尼斯人的酬金所不断加重的赋税以及来自意大利的拉丁商贾对市场的垄断。

阿历克塞四世感受到了这些危险的情绪，为了尽快化解贵族和民众的不满，他尝试着与十字军进行协商，但这种自断臂膀的行为只能加速安格洛斯王朝的毁灭。公元 1204 年 1 月，在十字军与阿历克塞四世的同盟关系全面破裂之后，拜占庭的贵族和民众云集于索菲亚大教堂另立新君。眼见局势失控的阿历克塞四世本想再向十字军求援，但却被幕后操纵着局势的阿历克塞三世的女婿阿历克塞·祖卡斯·莫扎普卢斯（Alexios V Doukas Mourtzouphlos）所拘捕，身陷囹圄之中。阿历克塞·祖卡斯·莫扎普卢斯随即宣布自己加冕为拜占庭皇帝阿历克塞五世，并勒令十字军在七天之内撤离自己的城市。

阿历克塞五世显然高估了自己的军事实力，经历了连番内耗之后，拜占庭军队已经无力将十字军赶出君士坦丁堡了，在一场小规模的冲突中，被拜占庭人视为圣物的圣母玛利亚塑像被夺走。而为了巩固自己岌岌可危的政治地位，阿历克塞五世向民众隐瞒了这一事实。但这一谎言很快便随着威尼斯人将塑像摆放在自己战舰的船头而破产。气急败坏的阿历克塞五世随即于 2 月 8 日处死了十字军的政治盟友阿历克塞四世。

事实证明阿历克塞四世的死并不能令十字军选择撤退，相反，由于担心自己此前进攻君士坦丁堡的合法性遭到质疑以及所许诺的酬金可能会泡汤，十字军方面决定排除一切困难，再度对这座城市展开强攻。公元 1204 年 4 月 9 日清晨，威尼斯舰队再度冲到君士坦丁堡的城下架起云梯强行攻城。阿历克塞五世虽然一度组织军民上城死守，但很快便和自己的岳父一样选择了弃城而逃。

在尝试扶植一个拜占庭贵族出任傀儡的努力失败之后，十字军彻底除去了圣战者的假面具，下层士兵在城内烧杀掠夺的同时，威尼斯总督恩里科·丹多罗主导了各方势力对拜占庭帝国的瓜分。经过一番折冲樽俎的政治博弈，最终威尼斯人和来自法兰西北部的佛兰德斯伯爵鲍德温共同掌管了君士坦丁堡。鲍德温除了

威尼斯人展示从阿历克塞五世手中夺走的圣母玛利亚塑像，令这位篡位者的政治地位更趋动摇

分得君士坦丁堡八分之五的区域之外，还获得了色雷斯地区南部以及连接博斯普鲁斯海峡和达达尼尔海峡的小亚细亚西北部地区和爱琴海上一些大岛的控制权，并加冕为拜占庭帝国皇帝。

威尼斯人虽然仅分得了君士坦丁堡的八分之三，但其所控制的区域包含着这座城市主要的商业区和著名的圣索菲亚大教堂。除此之外拜占庭帝国的诸多贸易口岸，包括从巴尔干半岛西岸的都拉索到亚得里亚海上的科孚岛以及爱奥尼亚海、爱琴海至小亚细亚、叙利亚西海岸的几乎所有原属拜占庭的天然良港和岛屿均为威尼斯人所接手。至此威尼斯有效地控制了自亚得里亚海到叙利亚与阿拉伯、红海及波斯湾、北非海岸的重要海上通道，实际上继承了其原来宗主国拜占庭在东地中海的贸易地位。而作为第四次十字军东征名义上的统帅的蒙费拉侯爵博尼费斯则由于在一些关键性的决策中表现得首鼠两端而仅分得小亚细亚部分地区、塞萨利和马其顿地区的所有权。不甘被排挤出拜占庭核心领土的他，随后以塞萨洛尼为首府建立了塞萨洛尼基王国（the Thessalonica Kingdom），不断出兵攻掠希腊本土，并于公元1204年冬季在希腊建立起了雅典和底比斯公国和以伯罗奔尼撒半岛为中心的亚该亚侯国交给自己的封臣掌管。远在罗马的教皇英诺森三世对十字军在君士坦丁堡的一系列行动都抱着乐见其成的态度，但忙于分赃的各路诸侯和威尼斯人竟然没有想到从丰厚的战利品中给教会预留一份，令他颇为不满。为此他给十字军发去一封措辞强硬、态度愤怒的信件，谴责他们违背上帝的意志，竟敢攻打基督教兄弟，宣布开除全体威尼斯人和十字军将士的教籍。可随着头戴

加冕为拜占庭皇帝的佛兰德斯伯爵鲍德温

第四次十字军东征
法兰西
神圣罗马帝国
匈牙利
塞尔维亚
黑 海
格鲁吉亚
亚美尼亚
地 中 海
西西里王国
拉丁帝国
尼西亚王国
特拉比松帝国
鲁姆-塞尔柱苏丹国
帖撒罗尼迦王国
塞浦路斯王国
安条克公国
的黎波里伯国
耶路撒冷王国
阿尤布酋长国
摩苏尔塞尔柱
苏丹国
阿拉伯游牧民族
埃德萨伯国
小亚美尼亚王国
伊庇鲁斯专制国
爱琴海
艾格莫赫特
马赛
热那亚
比萨
安科纳
威尼斯
扎拉
罗马
那不勒斯
阿马尔菲
巴里
科西嘉岛
撒丁岛
西西里
突尼斯
马耳他
迪尔拉奇乌姆
帖撒罗尼迦
贝尔格莱德
多瑙河
埃迪尔内（安德里安堡）
君士坦丁堡 1203, 1204
加里波利
雅典
尼西亚
安卡拉
锡诺普
特拉布宗
安纳托利亚
凯撒利亚
埃德萨
阿勒颇
安条克
罗德岛
克里特岛
坎迪亚
塞浦路斯岛
利马索尔
的黎波里
贝鲁特
西顿
阿克
大马士革
雅法
亚实基伦
加沙
耶路撒冷
罗塞塔
达米埃塔
亚历山大
开罗
尼罗河
1144年左右的疆界
拜占庭帝国在1144年左右的疆界
拜占庭帝国疆域 1204年
伊斯兰教国家 1204年
威尼斯占领地区 1204年
十字军国家 1204年
十字军国家在1204年左右的边界
十字军主力路线 1202-1204年
奥坦的瓦尔特
西蒙·德·孟福尔
内勒的约翰
十字军的胜仗
0 400 km
0 300

第四次十字军东征路线

拜占庭帝国皇冠的鲍德温以谦卑的口吻自称是教皇的臣属后，英诺森三世一改过去的态度，对十字军的行为大加赞扬，称赞他们攻陷君士坦丁堡是“上帝的奇迹”，是东正教背叛罗马教廷应得的惩罚，并向所有教士、世俗君主和基督徒呼吁支持鲍德温的事业，保卫在拜占庭帝国的废墟上草创的拉丁帝国（Latin Empire）。

从版图上来看，拉丁帝国占据着昔日拜占庭帝国最为富庶的核心领土，但实际上包括君士坦丁堡在内的诸多城市此时已在战争中化为了废墟。而较之无情的兵燹，第四次十字军东征在政治和经济结构上对整个拜占庭帝国统治地区的影响更为致命。在第四次十字军东征之前，拜占庭是一个中央集权、垄断着东地中海贸易的地区强国，但随着大批西欧封建领主的涌入，西欧分封制在其政治版图上大行其道，而诸多贸易港口和关键性海岛为威尼斯所窃取，也令其经济地位一落千丈，从此积贫积弱、每况愈下。

对于依旧盘踞于阿卡的条顿骑士团而言，第四次十字军东征虽然未能践行教皇英诺森三世所赋予的收复耶路撒冷的使命，却也拉近了其所效命的第二耶路撒冷王国与欧洲天主教世界的联系。随着拉丁帝国的建立，昔日沦为拜占庭帝国附庸的安条克公国成功复兴，圣殿骑士团和医院骑士团迅速在当地扩张自身的势力范围，修筑城堡，积草囤粮。条顿骑士团虽然由于成立时间较晚而未能从中分得一杯羹，但在圣殿骑士团与医院骑士团因争权夺利而日益对立的情况之下，条顿骑士团作为一支新生力量还是得到了两方面的拉拢。从文化和种族上来说，以德意志圣战者组成的条顿骑士团更愿意与主要成员都来自法兰西的圣殿骑士团亲近，但此时第二耶路撒冷王国内部云诡波谲的政治气候，却令条顿骑士团与圣殿骑士团之间的矛盾日益加深，最终形成了条顿骑士团与医院骑士团结盟，共同对抗圣殿骑士团的局面。

长期以来第二耶路撒冷王国都面临着两个难解的困局，一是如何与周边的伊斯兰政权相处，谋求自身的生存和发展。二是如何理顺自鲍德温四世以来王统不继的难题。这两个问题看似内外有别，实则犹如硬币的两面密不可分。如果第二耶路撒冷王国始终处于强敌环伺的情况之下，自然无人愿意接手这个烫手的山芋，而入主阿卡的新任国王又很大程度上决定了第二耶路撒冷王国的对外政策。

第三次十字军东征结束之时，第二耶路撒冷王国龟缩于阿卡一隅，宛如风

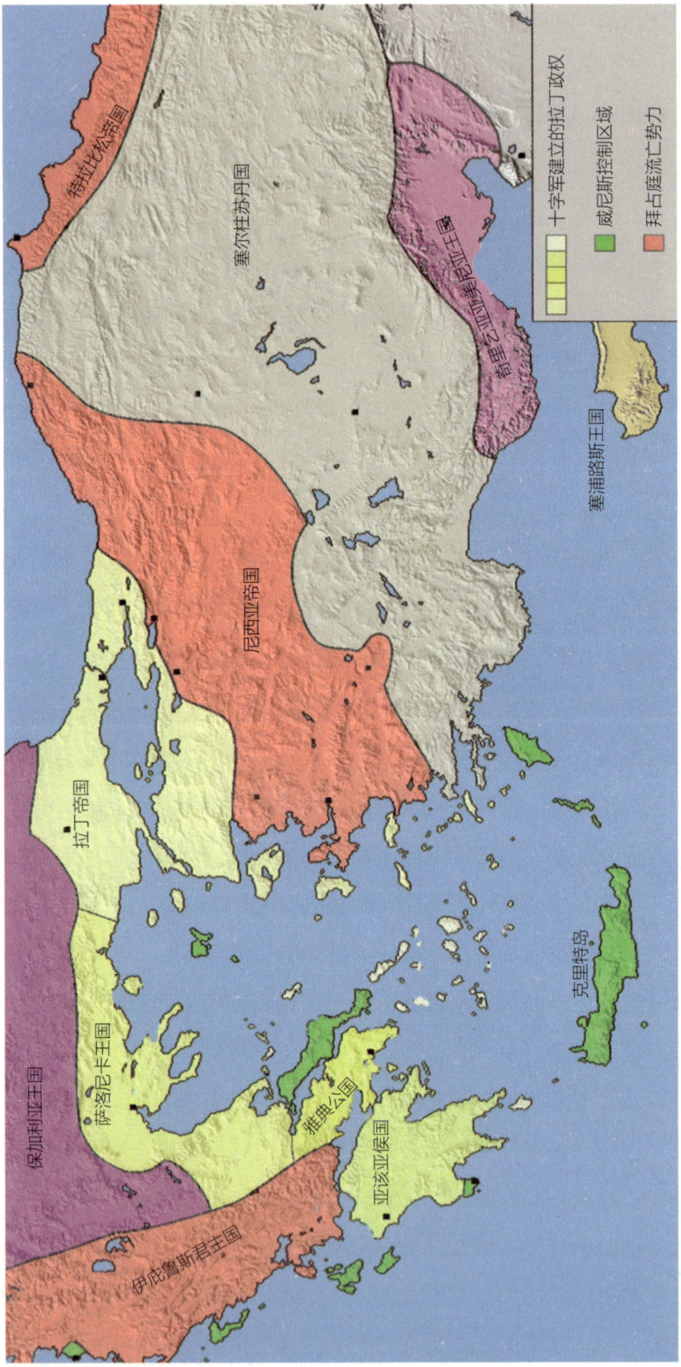
十字军建立的拉丁政权
威尼斯控制区域
拜占庭流亡势力
特拉比松帝国
塞尔柱苏丹国
奇里乞亚亚美尼亚王国
塞浦路斯王国
尼西亚帝国
拉丁帝国
保加利亚王国
萨洛尼卡王国
雅典公国
亚该亚侯国
伊庇鲁斯君主国
克里特岛

拉丁帝国的政治版图

前烛火，朝不保夕，因此欧洲各国王室对其避之犹恐不及，“香槟伯爵”亨利二世作为英格兰国王理查一世的封臣坐镇阿卡，很大程度上也不过是领命行事。在其于公元1197年失足摔死之后，其遗孀伊莎贝拉一世（Isabella I）自封耶路撒冷女王并第四次改嫁，嫁给了被理查一世赶往塞浦路斯的耶路撒冷前国王“吕西尼昂的居伊”的弟弟——埃莫里（Aimery of Cyprus）。此时的埃莫里已经继承了其兄居伊的王位，他与伊莎贝拉一世的结合不仅代表着塞浦路斯与第二耶路撒冷王国结成战略同盟，更预示着法兰西政治势力在近东的回潮。在这样的大背景之下，曾在耶路撒冷支持过居伊的圣殿骑士团自然也全力拥护埃莫里在阿卡的统治。当然出于对法兰西政治势力独霸第二耶路撒冷王国的不满，神圣罗马帝国皇帝亨利六世在夺取西西里王国之后，一度对埃莫里发出了“天主、异教势不两立”，“应该尽快向耶路撒冷进军”的指令，并派遣远征军在阿卡登陆。

德意志远征军抵达之后，埃莫里一度在贝鲁特等地发动进攻，并迫使萨拉丁之弟阿迪勒一世（Al-Adil I）从当地后撤。但是亨利六世死后，埃莫里随即改弦易辙，与阿迪勒一世展开和谈。埃莫里此举从外交手段上来说无可厚非，但却被不远万里赶来圣战的德意志骑士视为背叛。公元1198年3月，埃莫里在提尔遭到了四名德意志圣战骑士的袭击，虽然在家臣的保护下保全了性命，但对于四名肇事者的审判却引发了德意志圣战骑士与拥护埃莫里的圣殿骑士团之间的长期对抗。好在此时第二耶路撒冷王国依旧兵微将寡，谁也不敢贸然在阿卡挑起内战。借助着对袭击自己的德意志圣战骑士的特赦，埃莫里勉强统一了各方的意见，于公元1198年7月1日与阿迪勒一世签署了为期五年零八个月的停战协议。其间尽管阿卡等地的各路圣战者们仍不时会从海上或陆地袭击邻近的穆斯林商队，但总体来说第二耶路撒冷王国在埃莫里的治下，获得了一个难得的喘息之机。

公元1205年4月1日，埃莫里病逝于阿卡。死因据说是因为暴饮暴食，吃了太多美味的遮目鱼。四天之后，埃莫里的妻子、耶路撒冷女王伊莎贝拉一世也因病去世。剔除一些真假难辨的阴谋论，这对夫妻的死恰逢第四次十字军东征成功肢解了拜占庭帝国的惊天剧变之际，为第二耶路撒冷王国的政治走向增加了新的变数。

由于埃莫里的独子休米年仅6岁，其同母异父的姐姐玛丽亚（Maria of

Jerusalem）加冕为耶路撒冷女王。但这位年仅13岁的小姑娘显然也无法担负起领导王国的重任。伊莎贝拉一世同父异母的弟弟“伊贝林的约翰”（John of Ibelin）由此以摄政之名接管了王国的日常政治事务。事实上“布里昂的约翰”很早便活跃于第二耶路撒冷王国的宫廷之中并官居要职，但在一次针对埃莫里的失败的暗杀行动中，“布里昂的约翰”被指控为幕后主使而一度遭到了流放。

重返阿卡的“布里昂的约翰”虽然身为“摄政”，但其所面对的政治局面却远较埃莫里执政时期要恶劣得多。一方面第二耶路撒冷王国与执掌埃及阿尤布王朝的阿迪勒一世之间的停战协议即将到期，围绕着是战是和的问题，第二耶路撒冷王国境内的三大骑士团形成了严重的对立——医院骑士团和条顿骑士团主张继续维持相对和平的外部环境以便进一步休养生息，而圣殿骑士团则力主重启战端。另一方面，教皇英诺森三世也对第四次十字军东征未能实现既定目标心怀不满，不断向“布里昂的约翰”施压，要求其率领圣战者尽快收复耶路撒冷。

在巨大的内外部压力之下，“布里昂的约翰”被迫中止了与阿迪勒一世之间的和平谈判。战火迅速在第二耶路撒冷王国的周边蔓延开来。为了就近指挥军事行动，也为了躲避阿卡城内埃莫里帐下旧臣的算计，“布里昂的约翰”一度长期驻跸于贝鲁特。

17世纪绘制的赫尔曼·冯·萨尔察画像

连绵不绝的边境冲突以及由此带来的物资短缺和社会动荡，令公元1206年到1209年间的条顿骑士团连续失去了两位大团长：奥托·冯·克尔彭（Otto von Kerpen）、海因里希二世·冯·滕纳（Heinrich II von Tunna）。而关于这两位条顿骑士团掌门人究竟是死于战阵还是内部权力争斗，抑或是自然死亡，至今也没有一个权威说法。但毫无疑问的是，经过大浪淘沙一般的自然选择，条顿骑士团在公元1210年选出来了一位具有跨时代意义的新任大团长——赫尔曼·冯·萨尔察（Hermann von Salza）。

九、『黄金诏书』

第五次十字军东征与条顿骑士团外交网络

赫尔曼·冯·萨尔察来自于德意志中部图林根地区的一个骑士家族，其领地在今天的巴特朗根萨尔察（Bad Langensalza）附近。从后世的记载来看，他可能早在公元 1189 年的第三次十字军东征时便跟随图林根伯爵威廉三世来到了近东。此后他是长期滞留在当地并加入了条顿骑士团，还是一度回国直到公元 1197 年才与受命于亨利六世的诸多德意志圣战者一道再度从西西里重返阿卡，史料中没有一个统一的结论。但无论如何，对于草创时期的条顿骑士团而言，同样年轻的赫尔曼·冯·萨尔察已经是一位老资格的圣战骑士。

或许正是因为彼此之间存在着巨大的落差，赫尔曼·冯·萨尔察一度与条顿骑士团之间保持着若即若离的关系。更多的时候，赫尔曼·冯·萨尔察更愿意扮演德意志诸侯与第二耶路撒冷王国之间外交使节的角色。这一点甚至在公元 1210 年他被选为条顿骑士团大团长之后也并未有所改变。

很多条顿骑士团的成员对于他们的大团长不愿意好好地待在阿卡城内的总部，而是热衷于穿梭在地中海的波涛之间颇有微词。但事实很快便证明了长袖善舞的赫尔曼·冯·萨尔察在外交领域的天赋和价值。毕竟条顿骑士团虽然名义上是一个圣战组织，本质上却同时扮演着德意志在近东的海外殖民机构和以宗教为纽带的地方社会的双重身份，如果得不到本土贵族的支持，一切做大做强的远景规划都不过是镜花水月。而赫尔曼·冯·萨尔察接手条顿骑士团之际，也正值德意志乃至欧洲风云变幻的关键时期。

公元 1208 年 1 月 14 日，教皇英诺森三世的特使皮埃尔·德·加斯戴诺在法国南部图卢兹伯国境内被一名骑士杀死。由于这位特使当时正奉命与图卢兹伯爵雷蒙德六世商讨如何清除当地长期被罗马教廷视为异端分子的阿尔比派最终不欢而散，因此英诺森三世将这一事件视为阿尔比派对罗马教廷的公然挑衅，而雷蒙德六世便是谋杀教廷特使的幕后黑手。他随即向法兰西国王菲利普二世及其封臣发出号召，要求其拿起剑去净化那些被阿尔比派污染的城市，并不惜开出了“凡参加十字军者，将暂时中止彼此之间的债务，降低贷款利率，由各地教会组织为参加十字军者提供资金上的支持，服役满 40 天便将赦免所有的罪行”等条件。

阿尔比派究竟犯下了怎样的罪行，令罗马教廷非要除之而后快呢？这个问题不得不从这个宗教派别的政治主张及法国南部在当时西欧的经济地位说起。阿尔比派虽然因法国南部城市阿尔比（Albi）而得名，但实则却是一个发轫于小亚细亚经巴尔干半岛最终传入西欧的“二元论”神学体系的变种。主张世界有意识和物质两个独立本原组成的“二元论”观点，事实上早在古希腊时代便已出现，但本应属于哲学范畴的命题很快便被宗教所利用。先于基督教产生的诺斯替派（Gnosis，又称“灵智派”）便提出了所谓“善恶二元论”，并进一步吸收和篡改了基督教的诸多教义，宣称恶魔撒旦和耶稣同为上帝之子，分别代表善、恶之源。这一观点在糅合了来自中亚的摩尼教等其他宗教元素之后，最终于公元 5 世纪在拜占庭帝国境内形成了主张恢复原始基督教会的朴素和平等精神，指责教会腐朽、堕落的保罗派（Paulicians）。

保罗派的宗教主张在拜占庭境内获得了穷苦大众的支持，但却遭到了贵族阶层和东正教会的联手镇压。公元 872 年，保罗派的最后军事据点被拜占庭军队攻陷，被迫退入保加利亚境内并与当地的同样不为东正教主流所容的鲍格米勒派（Bogomili）合流。而与保罗派相比，鲍格米勒派的主张更为激进，按照“善恶二元论”的观点，他们将掌握着物质世界主导权的贵族、教会统统归为撒旦的造物，而除了精神之外一无所有的穷苦大众才是善之本原耶稣的宠儿，并鼓吹耶稣必将废黜撒旦并拯救人类。可惜世界的发展并未如鲍格米勒派所设想的那般，公

罗马教廷画师笔下天主教圣徒与阿尔比派辩论的景象

元1018年拜占庭吞并保加利亚，令这个教派被迫向西转移，进入德意志和法兰西境内发展。政治和经济上都长期保持着独立性的法国南部地区，更为其落地生根提供了绝佳的温床。

法国南部丘陵河谷纵横的自然条件，令罗马帝国崩溃以来历代入主巴黎的法兰西王国均对其鞭长莫及，长期形成了政令难过卢瓦尔河的局面。而当地发达的农业、畜牧业以及比邻地中海的区域优势，又令其在11世纪初成为欧洲的商业中心。经济上的崛起促成了法国南部贵族的特立独行，而政治上的独立又推动了当地教会与罗马教廷之间的割裂。这些外部条件促成了被天主教和东正教都视为异端的“二元论”神学在当地的发展，并得到了当地不满教会和贵族特权的城市居民的拥护和支持。

教皇英诺森三世起初对阿尔比派指责教会腐朽、堕落的观点表示认同，甚至在一些公开场合发表了与之类似的言论。但当阿尔比派将对个别天主教人士的指责扩大为将整个罗马教廷都比喻为撒旦创造的“巴比伦荡妇”,就让他无法接受了。此外法国南部大小封建领主也利用阿尔比派反对天主教的热情，频繁侵占教会财产，更令英诺森三世认定不能再如过去历任教皇那样“姑息养奸”，必须彻底清除阿尔比派的威胁。

教皇英诺森三世起初的设想是由法国南部的封建领主自己动手“清理门户”。但切身利益的纠葛，令罗马教廷的要求不过是徒负呼呼，毫无实效。此后英诺森三世选择向法兰西国王菲利普二世施加压力，希望其能够出兵镇压异端。但此时菲利普二世正忙于与英格兰争夺诺曼底，菲利普二世反而向罗马教廷提出由教皇调停英法战争，并允许法兰西王室向境内的教士阶层征税以充实军费。

在被菲利普二世反将一军之后，恼羞成怒的英诺森三世宣布开除长期包庇阿尔比派的图卢兹伯爵雷蒙德六世的教籍。雷蒙德六世虽然同意以非武力的方式镇压阿尔比派，但要以恢复教籍为条件。正是在谈判进行的过程之中，英诺森三世的特使被杀。罗马教廷随即正式以讨伐阿尔比派为名，发动了针对法国南部诸多自治城市的阿尔比十字军（Albigensian Crusade）。

面对罗马教廷的号召，早已觊觎南部富饶之地的法兰西贵族纷纷踊跃投效。但十字军南下过程中良莠不分的屠杀和劫掠，却激起了南方贵族和民众的奋起抵抗。出于牵制法兰西的战略考虑，英格兰和西班牙当地的封建领主也纷纷暗中给予图卢兹伯国以援助。战事很快便呈现出长期化的态势。阿尔比十字军最初的势如破竹令英诺森三世欣喜若狂，甚至通过自己的特使为滥杀无辜背书称："全部杀掉，上帝会分辨自己的子民。"但随着战事日益恶化，顾忌政治影响的罗马教廷也不得不出面谴责十字军的暴行，以谋求政治解决的途径。

如果说公元 1208 年教皇特使皮埃尔·德·加斯戴诺的遇刺给了英诺森三世干预法兰西内部政治事务，发动阿尔比十字军的政治契机的话，那么同年 6 月 21 日德意志国王"士瓦本的菲利普"遇刺，却标志着罗马教廷长期对德意志分而治之政策的破产。

公元 1208 年间，"士瓦本的菲利普"在与其竞争对手奥托四世的缠斗中占据了优势。为了获得更多贵族的支持，他将自己的侄女勃艮第女伯爵比阿特丽丝二世（Beatrice II, Countess of Burgundy）许配给了梅瑞尼亚公爵奥托一世（Otto I, Duke of Merania）。可惜的是这桩表面上门当户对、风光无限的婚事背后却是暗藏杀机。就在"士瓦本的菲利普"将自己的侄女交托给奥托一世的当晚，他在自己的卧室中惨遭刺杀。

关于究竟是新郎奥托一世本人还是其兄弟刺杀了"士瓦本的菲利普"以及其行凶的动机为何，史学家至今仍没有一个权威的解答。但可以肯定的是，奥托四世是这场政治谋杀最大的获益者，除了梅瑞尼亚公爵奥托一世事后第一时间向其输诚以寻求庇护之外，由于"士瓦本的菲利普"膝下无子，奥托四世更成为当时德意志地区无可争辩的最高统治者。

公元 1208 年 11 月 11 日，奥托四世在法兰克福正式加冕为德意志国王，经过近一年的准备之后，公元 1209 年 10 月 4 日奥托四世率军抵达罗马，从教皇英诺森三世的手中接过了神圣罗马帝国的皇冠。但此时的奥托四世错误地判断了自己的实力和面对的局势，其在意大利北部的盲目扩张，触碰到了罗马教廷的底线。英诺森三世开始全力扶植霍亨斯陶芬家族"根正苗红"的继承人——西西里国王腓特烈二世。

奥托四世加冕之时，腓特烈二世年仅 15 岁，显然仍无法与奥托四世抗衡。为了壮大其政治影响力，英诺森三世暗中牵线，安排腓特烈二世迎娶了阿拉贡公主康丝坦斯（Constance of Aragon）。表面上一个来自西班牙北部小国的公主，似乎对腓特烈二世夺回德意志王权的帮助非常有限，但实际的情况却是，康丝坦斯此前曾嫁给匈牙利国王伊姆雷（Emeric，King of Hungary），并在丈夫死后一度以自己儿子拉斯洛三世（Ladislaus III）监护人的身份执掌匈牙利。随后其母子虽被伊姆雷的弟弟安德烈二世（Andrew II）所驱逐，但康丝坦斯在匈牙利和奥地利等地区仍有着一定的政治影响力。

尚未成年的腓特烈二世在面对一个比自己年长15岁的妻子时，内心充斥着怎样的波动世人不得而知，但无可争辩的是，在结婚两年之后，腓特烈二世的长子亨利出世，此举不仅向整个欧洲宣告了霍亨斯陶芬家族后继有人，更预示着腓特烈二世本人从一个懵懂少年向成熟君王的转变。教皇英诺森三世趁势要求腓特烈二世将自己襁褓中的儿子册立为西西里国王，而自己则去角逐德意志的王冠。

公元1213年7月12日，腓特烈二世在罗马许下了西西里王国从神圣罗马帝国版图上独立，德意志王国不再干涉意大利政治的“黄金训令”之后，英诺森三世心满意足地着手将其推上帝位。而恰在此时奥托四世与英格兰“失地王”约翰组成反法同盟，并在公元1214年的布汶战役中大败于法兰西国王菲利普二世，罗马教廷利用其内外交困的有利时机，宣布废黜奥托四世的皇帝之位。尽管此时奥托四世已经控制了以萨克森为中心的家族领地，但德意志地区的主导权已经悄然回到了霍亨斯陶芬家族手中。

在法、德的封建领主们都深陷阿尔比十字军僵局以及德意志王位纷争的岁月里，条顿骑士团新任团长赫尔曼·冯·萨尔察究竟扮演着什么样的角色，史料中并没有留下明确的记载，但从此后这个圣战骑士团的发展上，却不难看出这一系列事件对条顿骑士团前途命运的深远影响。阿尔比十字军的兴起，再度向欧洲的封建骑士们证明圣战的方向并不局限于近东和耶路撒冷，只要得到罗马教廷的认可，任何所谓“异端”控制下的土地都可以名正言顺地夺为己有。而对于曾经得到过亨利六世馈赠的条顿骑士团而言，霍亨斯陶芬家族的重新崛起，也无疑是一个利好消息。因此条顿骑士团很早便与腓特烈二世建立起了政治上的互动。

布汶战役中的菲利普二世

公元 1215 年 11 月 15 日，在阿尔比十字军于法国南部陷入僵局之际，教皇英诺森三世在罗马的拉特朗宫召集了罗马教廷的各方人士参与的第四次拉特朗会议。会上罗马教廷试图通过承认雷蒙德六世之子——雷蒙德七世领有普罗旺斯地区来为阿尔比十字军画上一个句号，以便集中兵力于发动新的十字军东征。

按照英诺森三世的计划，第五次十字军东征将完成此前被威尼斯人所打乱的预定部署，来自欧洲各国的圣战者于法国南部和意大利完成集结，然后越过地中海，会合第二耶路撒冷王国的三大圣战骑士团之后，直捣埃及阿尤布王朝的核心，随后完成收复圣城耶路撒冷的宏愿。

英诺森三世的计划得到了罗马教廷上下的一致拥护，但西欧各国的封建领主却并不热心。毕竟此时法兰西与英格兰仍处于缠斗的态势——法国南部宗教战争的烽火一旦点燃，也并不是任何人可以轻易熄灭的——腓特烈二世主导下的德意志也依旧潜伏着王权纷争的危机。因此最终对英诺森三世的号召做出积极响应的是匈牙利国王安德烈二世和奥地利公爵利奥波特六世（Leopold VI，Duke of Austria）。这两位来自中欧的王侯之所以甘愿为罗马教廷负弩前驱，一方面固然是因为其身上都背负着夺兄基业，得位不正的原罪，希望通过参与圣战来进行洗刷；另一方面则是因为第四次十字军东征以来，匈牙利和奥地利所邻近的巴尔干半岛地区已经沦为十字军所建立的拉丁帝国与拜占庭流亡政府反复拉锯的修罗场。

公元 1205 年 4 月 14 日，率部北上扫荡拜占庭帝国残余势力的拉丁帝国皇帝鲍德温，在哥特人曾经击败罗马帝国的阿德里安堡城下遭到了保加利亚军队的伏击。5 万人马全军覆没，鲍德温本人也在被刺瞎双眼后不久死去。阿德里安堡战役（Battle of Adrianople）之后，鲍德温的弟弟亨利以摄政的身份艰难地支撑起拉丁帝国，直到公元 1216 年 6 月 11 日被其来自保加利亚的妻子鸩杀。由于亨利没有子嗣，因此与之血缘最近的顺位继承人竟然是其妹夫——法国王室成员彼得。作为一名曾经积极参与阿尔比十字军和布汶战役的小贵族，彼得对于这顶从天而降的皇冠很是珍惜，第一时间赶去罗马寻求教廷的支持。可惜此时乾纲独断的教皇英诺森三世突然病逝，经过一番政治博弈之后，罗马贵族出身的主教琴乔·萨维利（Cencio Savelli）被推举为教皇，是为霍诺留斯三世（Pope Honorius III）。霍诺留斯三世虽然继承了英诺森三世所开创的政治格局，也依旧高举着“奉天主，讨异端”的圣战大旗，但已经 68 岁的他显然不具备英诺森三世那般的杀伐决断和外交手腕。在其领导之下，罗马教廷很快便失去了诸多战场的主导权。公元 1216 年，在西班牙阿拉贡王国的支持下，图卢兹伯爵雷蒙德

陷入僵局的阿尔比十字军

六世在法国南部掀起了大规模的反攻。师老兵疲且缺乏民众支持的阿尔比十字军在各条战线上一败再败，至公元 1225 年间战线几乎回到了起点。

渴望得到罗马教廷支持的拉丁帝国新君彼得，盘桓到公元 1217 年 4 月 9 日才接过了霍诺留斯三世加冕的皇冠，但他所获得的支持也仅限于此。这位皇帝不得不自行雇船前往君士坦丁堡，结果中途为盘踞在色雷斯地区的军阀所绑架，在两年后病逝于狱中。拉丁帝国不得不推举其妻尤兰达为摄政。眼见拉丁帝国群龙无首，匈牙利国王安德烈二世于公元 1217 年 8 月 23 日打着十字军东征的旗号，率部登上了威尼斯人的战船，经塞浦路斯抵达了阿卡。

按照安德烈二世最初的计划，他可能原本仅打算将塞浦路斯和阿卡作为其北上夺取君士坦丁堡的一个前进基地，但此时早已不堪忍受阿尤布王朝袭扰的第二耶路撒冷王国向这位远道而来的中欧君王编造了一个耶路撒冷城防空虚，如若进军唾手可得的神话。不明就里的安德烈二世挥师攻入约旦河流域，才发现当地密布着穆斯林修筑的城堡工事，对当地炎热气候极不适应的匈牙利军队又缺乏用于攻坚的重型装备，最终在各条战线上举步维艰。心灰意冷的安德烈二世不得不于公元 1218 年初托词“龙体抱恙”撤军回国了。

安德烈二世及其麾下匈牙利十字军的撤退，事实上已经宣告了第五次十字军东征的失败。但恰在此时，一支来自德意志西部地区和荷兰伯国的十字军从海路抵达了阿卡。此时集结在第二耶路撒冷王国境内的十字军已经不足以反攻耶路撒冷，但为了安抚新近抵达的圣战者的情绪，“布里昂的约翰”还是为其指定了一个“小目标”——夺取位于尼罗河入海口的埃及港口城市达米埃塔（Damietta）。

在“布里昂的约翰”看来，达米埃塔是埃及最为主要的对外海港城市，攻略这样的目标将会得到热那亚等贸易城邦的鼎力支持。而一旦成功将其攻占，更将彻底切断阿尤布王朝的海外贸易，逼迫对手回到谈判桌前来。但他显然忽视了从海上对一座城市发起围攻所要承受的巨大后勤压力。

公元 1218 年 7 月，囊括了第二耶路撒冷王国三大圣战骑士团在内的 35000 名十字军，在热那亚及一些临时雇佣的海盗舰队的支援下，对达米埃塔展开了海、陆围攻。此时阿尤布王朝的苏丹阿迪勒一世健康状况不佳，国内各派势力均不愿在与十字军的交战中过早消耗自身的军事资本，因此达米埃塔周边地区虽然集结着穆斯林7万大军，但却始终没有与十字军围城部队展开正面冲突。反倒是尼罗河口恶劣的自然环境和十字军内部的钩心斗角，令参与围城的兵力日益减少。

公元1218年8月，阿迪勒一世病逝，阿尤布王朝群龙无首，其子阿尔－卡米勒（Al-Kamil）为了尽快继承苏丹之位，不得不从前线返回开罗，十字军方面趁势扫荡了阿尤布王朝在城外的诸多据点。内外交困的阿尔－卡米勒被迫遣使求和，表示愿意割让耶路撒冷以换取十字军撤离埃及。但此时十字军内部产生了严重的分歧，来自罗马教廷的特派员红衣主教佩拉吉乌斯（Pelagius）坚持拒绝与异教徒展开任何形式的和谈。

十字军对达米埃塔的海、陆围攻

此后阿尤布王朝虽然组织了多次针对达米埃塔的解围行动，但均被十字军击退。时间快速流转，到公元1219年8月底，眼见达米埃塔城内已然弹尽粮绝的阿尔－卡米勒只能再度向十字军方面求和，这一次阿尤布王朝不仅将耶路撒冷双手奉上，更表示可以出钱资助十字军修复圣地的城墙。而比起这些现实利益来，更令十字军上下为之动容的，是阿尤布王朝愿意归还在哈丁之战缴获的基督教圣物——真十字架。然而红衣主教佩拉吉乌斯仍鼓动十字军严词拒绝。

公元1219年11月4日晚上，十字军终于登上了已无人守备的达米埃塔城墙。而在次日大举入城之后，十字军才发现在经历了长达一年多的围困之后，城内原有的8万多居民，已经仅存不足3000人。但就是这样一座空城依旧引发了十字军方面旷日持久的内讧。“布里昂的约翰”坚持达米埃塔应该归入第二耶路撒冷王国的版图，而红衣主教佩拉吉乌斯则认定这座城市理应归所有圣战者，双方互不相让之下，来自各国的十字军兵戎相见，意大利人赶跑了法国人，而圣战骑士团又赶跑了意大利人。这场闹剧一直延续到了公元 1220 年 2 月，才以“布里昂的约翰”负气出走而暂时告一段落。

长期以来，后世对于红衣主教佩拉吉乌斯的固执和偏激都颇有微词，认为正是此人无限膨胀的权力欲，导致了第五次十字军东征功败垂成。但结合当时罗马教廷内部的政治局势来看，佩拉吉乌斯很可能仅仅是在执行教皇霍诺留斯三世的指令而已。而在老迈昏庸的霍诺留斯三世看来，真正能在十字军东征中代表罗马教廷利益的是此时已然入主德意志的腓特烈二世。

老迈昏庸的霍诺留斯三世

从仅存的史料之中，我们很难知道政治上日益成熟的腓特烈二世究竟向这位教皇灌了什么样的“迷魂汤”或者许下什么样的政治承诺，但可以肯定的是，在霍诺留斯三世任内，这位年轻的君主获得了他所梦寐以求的所有政治特权，公元 1220 年腓特烈二世被推举为德意志国王，同年加冕为神圣罗马帝国皇帝。而其从公元 1217 年开始便一再表示将投入十字军东征的部队却始终引而不发。直到公元 1221 年 5 月，一支规模不大的德意志十字军才在巴伐利亚公爵路易的带领下来到了达米埃塔。

路易抵达前线之后，随即从红衣主教佩拉吉乌斯手中接管了军事指挥权，并命令十字军向南进击。此时“布里昂的约翰”从阿卡赶来，认为此时阿尤布王朝已经恢复了元气，十字军不宜冒进。但他的警告被认为是怯懦的表现。7 月 17 日，集结了 5000 名骑士和 4 万余步兵的十字军浩浩荡荡地朝着开罗的方向前进，很快便被阿尤布王朝的轻骑兵诱入死地。而不懂地理的巴伐利亚公爵路易和红衣主教佩拉吉乌斯，直到 8 月 26 日阿尤布王朝舰队利用尼罗河的汛期，将军队通过运河引到十字军侧后，才发现己方已经深陷重围。

混乱之中十字军高层下令分头突围，条顿骑士团焚烧辎重的烽火成为阿尤布王朝总攻的信号，也令后世的史学家将这场惨败归咎到了时任条顿骑士团大团长的赫尔曼·冯·萨尔察身上。但平心而论，撤退时焚毁多余的物资以防资敌是当时战争条件下通行的做法。而在大军撤退的过程中，条顿骑士团始终和圣殿骑士团并肩作战，担负起了殿后的重任，以至于赫尔曼·冯·萨尔察和圣殿骑士团大团长皮埃尔·德·孟太古（Peire de Montagut）双双被俘。

条顿骑士团和圣殿骑士团的奋勇断后并没有改变十字军兵败如山倒的局面。8 月 28 日，侥幸逃出重围的红衣主教佩拉吉乌斯为了拯救深陷重围的十字军被迫主动向阿尔 - 卡米勒求和。阿尔 - 卡米勒也担心被围的十字军困兽犹斗，愿意在十字军退出埃及后高抬贵手释放所有战俘。但此前许诺的交割耶路撒冷等优厚条件却早已成了明日黄花。带着满腔的愤懑和悔恨以及所谓“真十字架碎片”的几块烂木头，赫尔曼·冯·萨尔察等人于 9 月 8 日乘船离开埃及，第五次十字军东征由此画上了一个句号。

细数第五次十字军东征的过程，不难发现由于罗马教廷、欧洲诸国封建领主以及第二耶路撒冷王国之间复杂的政治博弈，导致在整个军事行动之中充斥着各种荒诞和可笑的决定。但对于条顿骑士团而言，由于其大团长赫尔曼·冯·萨尔察在外交领域的长袖善舞，仍从中获得了不少现实的政治利益。在此期间条顿骑士团在军事行动中独当一面，正式与圣殿骑士团、医院骑士团分庭抗礼，其标示性事件便是公元 1220 年，条顿骑士团从老牌十字军贵族手中买下了阿卡以北易守难攻的蒙特福特堡（Montfort Castle）作为其总部所在地。

将总部迁离阿卡，除了代表着条顿骑士团自立门户之外，更表达了条顿骑士团无心过多卷入第二耶路撒冷王国内部纷争的政治姿态。几乎在同一时期，赫尔曼·冯·萨尔察利用条顿骑士团在德意志地区的影响力，与东欧各国展开接触，谋求在当地的发展。

首先与条顿骑士团达成合作意向的是匈牙利国王安德烈二世。早在公元 1211 年，匈牙利国王安德烈二世为了对抗来自顿河流域的亚洲游牧民族——钦察人（Kipchaks）的袭扰，也为了安抚迁入匈牙利东南部居住的德意志移民，邀请条顿骑士团前往驻守。在双方的交涉过程中，匈牙利王国同意将布尔岑兰（Burzenland）作为条顿骑士团的封地交由其管理。

值得一提的是，有些后世的史学家站在东欧诸国的政治立场之上指责安德烈二世此举为引狼入室，直接导致了此后条顿骑士团在东欧大地落地生根，成为威胁周边国家的“天主教强盗”。但客观地说，这一提法多少有失公允。安德烈二世之所以选择与条顿骑士团进行合作，一方面缘于对当时普遍缺乏常备军的封建王国而言，如条顿骑士团这般的职业武装集团拥有“招之即来，来之能战”的显著优势，能够有效地对抗来去如风的钦察骑兵。而另一方面，之所以在诸多圣战骑士团之中选择与条顿骑士团合作，更是基于安抚当时匈牙利南部涌入的大量德意志移民的政治需要。而最为关键的是，安德烈二世从来没有将条顿骑士团视为与之平起平坐的合作伙伴，而仅仅是将其作为一个封建附庸看待。

今天的蒙特福特堡遗址

正是基于这种政治理念上的不同，安德烈二世曾试图通过与赫尔曼·冯·萨尔察结为儿女亲家的方式来笼络条顿骑士团。而在得知条顿骑士团将布尔岑兰地区归入罗马教廷的领地而非向自己效忠后，愤而中止了与赫尔曼·冯·萨尔察的合作。公元 1225 年，匈牙利收回了条顿骑士团在布尔岑兰地区的封地。但这并未影响到赫尔曼·冯·萨尔察在条顿骑士团中的政治地位，因为此时这位大团长已经与神圣罗马帝国皇帝腓特烈二世达成了合作意向。

在教皇霍诺留斯三世的任期之内，腓特烈二世与罗马教廷始终保持着密切的合作关系。腓特烈二世深知罗马教廷最大的政治夙愿便是收复圣地耶路撒冷，因此他始终高举着十字军领袖的大旗。但东征之路漫长而危险，腓特烈二世的祖父腓特烈一世和父亲亨利六世都是倒在这条坎坷艰辛的道路之上的，因此腓特烈二世并不愿意以身犯险。恰恰就在此时，赫尔曼·冯·萨尔察向这位多情的皇帝提出了一个公私两利的建议：迎娶第二耶路撒冷王国的女王伊莎贝拉二世（Isabella II）。当时大多数欧洲封建领主都认为"布里昂的约翰"便是第二耶路撒冷王国的合法君主，但身为条顿骑士团的大团长，赫尔曼·冯·萨尔察却深知"布里昂的约翰"的政治地位根本经不起推敲。在第二耶路撒冷王国女王伊莎贝拉一世执政时期，"布里昂的约翰"的身份仅仅是摄政，公元1210年9月，在迎娶了伊莎贝拉一世的女儿玛丽亚之后，"布里昂的约翰"虽然一度加冕为王，但不久之后玛丽亚便死于产褥热，"布里昂的约翰"被迫将王位传给自己与玛丽亚的独女伊莎贝拉二世，而自己依旧以摄政之名执掌朝纲。

根据上述的逻辑，赫尔曼·冯·萨尔察向腓特烈二世指出，只要他迎娶了伊莎贝拉二世，便可以名正言顺地入主第二耶路撒冷王国。此时腓特烈二世的第一任妻子康丝坦斯已经于公元1222年死于疟疾，而教皇霍诺留斯三世对于腓特烈二世加冕为第二耶路撒冷国王则报以乐见其成的态度。在这样的情况之下，腓特烈二世迅速草拟了婚约向伊莎贝拉二世求婚。

此时的伊莎贝拉二世不过是一个11岁的小姑娘，婚姻大事自然掌握在其父"布里昂的约翰"手中。公元1223年，在教皇霍诺留斯三世的邀请之下，"布里昂的约翰"在意大利中部城市费伦蒂诺（Ferentino）与未来女婿腓特烈二世正式会面。"布里昂的约翰"虽然深知腓特烈二世看重的并非自己的女儿而是第二耶路撒冷王国的王冠，但此时面对霍诺留斯三世这个媒人却也只能点头同意。但"布里昂的约翰"也提出：要迎娶伊莎贝拉二世，腓特烈二世必须亲自统率十字军收复耶路撒冷，这一要求也得到了教皇霍诺留斯三世的首肯。

对于自己岳父的刁难，腓特烈二世采取了"先把生米煮成熟饭"的策略。公元1225年8月，腓特烈二世率部抵达阿卡，在以强大的武力为后盾的情况下，腓特烈二世与伊莎贝拉二世结为夫妻。但随后腓特烈二世却带着自己的新娘返回了意大利，在当年 11 月 9 日自行宣布加冕为第二耶路撒冷王国的国王。“布里昂的约翰”对腓特烈二世这种言而无信的行为颇为愤懑，但此时他已经被剥夺了第二耶路撒冷王国摄政的头衔，只能眼睁睁地看着腓特烈二世将自己的女儿和王国揽入怀中。

腓特烈二世对于这场兵不血刃便开疆拓土的婚礼自然非常满意，对策划了这一切的赫尔曼·冯·萨尔察更是感恩戴德。恰在此时，控制波兰东北部的马佐夫舍公爵康拉德一世（Konrad I of Masovia）向腓特烈二世求援，希望神圣罗马帝国可以协助其对抗冥顽不灵的普鲁士人。腓特烈二世随即趁势而为，以“黄金诏书”的形式明确了条顿骑士团有权领有并管理康拉德一世赠予以及从普鲁士人手中获得的土地，而任何对骑士团领地的侵犯都将遭到神圣罗马帝国的严厉惩罚。可以说正是从这一纸诏书开始，未来的条顿骑士团公国才在普鲁士打下了一根木桩。

十、普鲁士人

普鲁士问题的由来和条顿骑士团对当地的征服

据说“普鲁士”一词在古波罗的语中意为“黑色、沼泽”。而从地理上看，这片比邻第聂伯河源头平斯克湿地的土地也的确星罗棋布地点缀着诸多湖泊、小溪与泥沼。这些冰河时代的遗迹与茂密的黑森林一道，保护了当地的原住民古普鲁士人（Old Prussians）千年之久，直到条顿骑士团的铁蹄踏足这片土地。

古普鲁士人并非日耳曼人的分支，其种群更接近于立陶宛人等操波罗的语的印欧移民。而随着后世普鲁士政治地位的变迁，关于古普鲁士人的来历也形成了多个不同的版本。德国学者大多宣称其为日后被传得神乎其神的雅利安人的后裔。虽然雅利安人被 20 世纪初的一干无聊学者描绘成最为优秀的民族，但事实上雅利安人在人类漫长的历史上的表现却实在乏善可陈。无论是在印度、伊朗还是中亚，其所建立的所谓“文明”最终均为其他民族所吞没。而苏联、波兰等地的民族学家更愿意相信，古普鲁士人是西斯拉夫的分支。这种说法之所以能够大行其道，显然也不过是为了证明普鲁士自古以来便是斯拉夫人不可分割的一部分。但无论后世如何争执，漫长岁月的变迁都令古普鲁士人扎根于这片遍布沼泽和森林的土地，并在日耳曼、斯拉夫两大民族的包夹之下，依旧故我地维持了其以部族制为中心的政治体系和多神教信仰。

古普鲁士人之所以能够长期在日耳曼和斯拉夫两大文明圈的夹缝中生存，除了占据地利，很大程度还得益于其地处两大文明辐射的边缘。这种山高皇帝远的独特优势，使得古普鲁士人敢冒天下之大不韪，诛杀名满欧洲的波希米亚传教士圣阿德尔伯特（Adalbert of Prague）。这种拒绝开化的态度随即引来了基督教世界一波又一波的讨伐，但古普鲁士人却犹如遍布其家乡的泥沼一般顽强地盘踞着脚下的土地。

为了彻底拔除波罗的海沿岸这些异教信仰的“钉子户”，从公元1195年开始，罗马教皇塞莱斯廷三世（Pope Celestine III）授意发动了一系列针对包括古普鲁士人在内的当地原住民的圣战。这些军事行动与稍早的公元1147年德意志诸侯对易北河流域西斯拉夫人发动的文德十字军、瑞典和丹麦从公元1150年开始对芬兰地区的征讨、基督教和东正教世界围绕利沃尼亚等波罗的海东岸展开的争夺被统称为北方十字军。

相较于以收复圣城耶路撒冷为目标的十字军东征，北方十字军由于规模和收益较小，始终得不到罗马教廷和欧洲封建领主们的重视，而各方资源的投入不足，直接导致北方十字军在面对为生存而战的古普鲁士人等土著部族时往往力不从心、胜少负多。文德十字军最终草草收场，瑞典和丹麦对芬兰地区的远征也一再受挫。来自丹麦和德意志的移民虽然早在公元1184年间便在波罗的海东岸的利沃尼亚地区[1]建立起了殖民据点并对当地的土著部族传播天主教，但却在当地原始多神教和邻近信奉东正教的东斯拉夫诸王国的围攻之下举步维艰。

被后世无限美化的传教士圣阿德尔伯特

这一局面直到雄心勃勃的教皇英诺森三世执政时期才有所改善。向来喜欢以武力维护天主教权威的英诺森三世于公元1199年宣布在利沃尼亚地区展开圣战，并委任来自下萨克森的阿尔伯特（Albert of Livonia）为利沃尼亚主教。

[1] 利沃尼亚（Livonia）：又译立窝尼亚、利夫兰，是中世纪后期对波罗的海东岸地区，即今爱沙尼亚以及拉脱维亚的大部分领土的旧称。

公元1200年初，阿尔伯特纠集了一支由23艘战舰及1500名士兵组成的利沃尼亚十字军，在波罗的海沿岸第一大河道加瓦河的入海口建立起了名为里加（Riga）的前进据点，并用了三年的时间将其打造成天主教在利沃尼亚地区的核心要塞。

阿尔伯特的成功看似颇为传奇，更被罗马教廷吹嘘为天主的庇佑、上帝的恩赐，但事实上利沃尼亚十字军的胜利离不开来自德意志的封建领主和商业资本的共同推动。作为德意志的贵族后裔，阿尔伯特的家族曾长期效忠于萨克森公爵“狮子亨利”，更与德意志各大诸侯及罗马教廷之间均有着千丝万缕的联系。

利沃尼亚十字军出征之时，阿尔伯特得到了自己叔叔布莱梅及汉堡大主教哈特维希的鼎力支持。除此之外，霍亨斯陶芬家族当时的掌门人“士瓦本的菲利普”也给予其一定的资助。正是借助着这两方的力量，阿尔伯特纠集起了一支在中世纪欧洲已经可算是颇为强大的武装力量。但真正帮助其在利沃尼亚不断开疆拓土的却是来自德意志的商业资本。随着德意志移民在波罗的海东岸的落地生根，德意志商人的贸易网络也逐步向东延伸。而随着利沃尼亚十字军在里加的登陆，德意志商人也紧随其后，源源不断地向阿尔伯特及其部属提供物资保障。

利沃尼亚十字军的成功无疑推高了阿尔伯特本人在罗马教廷内部的政治声望，并为他在当地的各项举措提供了保障。公元1204年，经教皇英诺森三世批准，以利沃尼亚十字军中的骨干成员为基础，阿尔伯特创立了利沃尼亚宝剑兄弟会（Livonian Brothers of the Sword），这支以红色的十字架和宝剑为标志的圣战武装，被后世称为宝剑骑士团或利沃尼亚骑士团。

借助宝剑骑士团这支核心武装，阿尔伯特不断扩张着里加教区的影响范围。公元1208年，他成功将萨拉斯皮尔斯（Salaspils）、科克内塞（Koknese）等多座利沃尼亚城邦纳入天主教的势力范围。公元1209年，阿尔伯特率部攻占利沃尼亚当地最大的封建王国季希卡公国（principality of Jersika）的首府，逼迫其统治者成为自己的封臣。至此阿尔伯特基本控制了囊括今天拉脱维亚共和国大部分领土的辽阔疆土并进一步向北部扩张，但在今天属于爱沙尼亚共和国的领土之上，宝剑骑士团却遭到了当地居民的顽强抵抗。

阿尔伯特之所以迟迟无法在爱沙尼亚打开局面，除了战线的延伸限制了宝剑骑士团的兵力投送之外，很大程度上还缘于与之比邻的诺夫哥罗德共和国（Novgorod Republic）不断给予爱沙尼亚人以援助。但在这场漫长的拉锯战中，时间最终站在了阿尔伯特这一边。公元 1217 年 9 月 21 日，宝剑骑士团第二任团长沃克温·冯·农伯格（Volkwin von Naumburg）统率着一支由德意志十字军和拉脱维亚地区民兵组成的联军深入爱沙尼亚境内。在接近爱沙尼亚南部城市维尔扬迪（Viljandi）附近时，宝剑骑士团遭遇了当地部族领袖勒姆比图（Lembitu）的迎击。

勒姆比图曾多次袭击利沃尼亚地区的天主教据点，并于公元 1215 年在攻击为宝剑骑士团所夺取的爱沙尼亚城镇苏雷亚阿尼（Suure-Jaani）时被俘，直到公元 1217 年才获释。但这段楚囚的生活并未改变勒姆比图抗争的决心，这一次他纠集了来自不同部族的 6000 余名爱沙尼亚战士准备与宝剑骑士团决一死战。

从兵力上来看，宝剑骑士团方面的兵力仅为爱沙尼亚人的半数，且其中绝大多数为刚刚接受天主教信仰的拉脱维亚民兵，似乎完全处于劣势。但战斗正式打响之后，局面却很快便呈现了一边倒的态势。披坚持锐的宝剑骑士团成员，在来自西欧的雇佣弩兵掩护之下，策马冲垮了对手的阵营，拉脱维亚民兵则在自己领主身先士卒的表率之下，与爱沙尼亚人展开了白刃相接的殊死搏斗。

在损失了包括领袖勒姆比图在内的上千精壮之后，爱沙尼亚人溃散而去。宝剑骑士团方面虽然仅战死了百余人，但其中却包括了长期以来都与其共进退的多位封建领主。后世对于这些与宝剑骑士团并肩作战的拉脱维亚贵族褒贬不一，反对者斥之为一群出卖国家利益的奸贼和懦夫，而支持者则认定他们是那个时代的先驱，将荒芜混沌的拉脱维亚带入了天主教的大家庭。但无论如何，在宝剑骑士团眼中，这场奠定其在爱沙尼亚统治地位的胜利来自于上帝的恩赐，因为这一天正是耶稣最为得力的弟子马太的“圣徒日”，因此这场战役被命名为圣马太之战（The Battle of Matthew's Day）。

宝剑骑士团虽然在圣马太之战中大获全胜，但要趁势鲸吞整个爱沙尼亚却依旧力有不逮。在德意志地区仍处于王权纷争的情况下，阿尔伯特只能选择向邻国丹麦求援。公元 1218 年，同样渴望在波罗的海东岸扩张的丹麦国王瓦尔德玛二世（Valdemar II）率部东征，加入了爱沙尼亚的战团。但值得一提的是，阿尔

塔林之战中丹麦军队宣称在空中看到了红底白十字军旗，从而转败为胜

伯特并未与丹麦方面达成任何领土和教区分割上的协议，因此瓦尔德玛二世此次的军事行动实则与昔日维京海盗的东进劫掠并没有什么本质上的不同。

公元 1219 年 6 月 15 日，丹麦远征军在今天塔林附近遭到了数千爱沙尼亚军队的围攻。混战之中，阿尔伯特派驻丹麦军队的主教狄奥多里克被杀，形势一度岌岌可危。但缺乏协同性的爱沙尼亚人在关键时刻未能给予对手致命一击，最终给了瓦尔德玛二世重整旗鼓展开反击的机会。而在击败对手之后，瓦尔德玛二世宣称是一面出现在天空的红底白十字军旗鼓舞了丹麦军队的士气，从此之后红底白十字便成为丹麦国旗的样式。

塔林之战后，丹麦军队一度控制了爱沙尼亚北部地区。但国力的限制和内部无休止的争斗决定了丹麦军队无法长期在当地维持一支数量庞大的驻军，公元 1220 年开始，瑞典王国的势力逐渐在爱沙尼亚北部接替了丹麦人势力。但此时瑞典王国的主要军力仍集中于芬兰地区，随着其在爱沙尼亚北部的多个据点被当地土著部族攻破、守军惨遭屠戮，瑞典在当地的殖民活动也从公元 1223 年开始趋于低潮。

丹麦和瑞典虽然最终均未能够征服爱沙尼亚北部地区，但其军事行动还是帮助宝剑骑士团牵制了当地桀骜不驯的部族。公元 1224 年，腓特烈二世宣布利沃尼亚地区为神圣罗马帝国的固有领土，宝剑骑士团也由此获准在维尔扬迪、采西斯（Cesis）、锡古尔达（Sigulda）、艾兹克劳克莱（Aizkraukle）等地修筑城堡。

阿尔伯特和宝剑骑士团在利沃尼亚地区开疆拓土的功绩，最终得到了罗马教廷和神圣罗马帝国皇帝腓特烈二世的肯定。公元 1225 年罗马教廷利沃尼亚教区脱离不莱梅主教区的管辖，阿尔伯特终于如愿以偿地戴上了大主教的冠冕。但此时的利沃尼亚依旧是一个孤悬于波罗的海东岸的桥头堡，要打通其与天主教世界之间的陆地联系，仍需要拔除普鲁士和立陶宛地区的原始多神教信仰。

事实上天主教世界对普鲁士的攻略早在 12 世纪末叶便已悄然展开，但此时的神圣罗马帝国正处于德意志王权纷争的旋涡之中，而波兰方面则长期处于诸侯割据的分裂状态，因此对当地所谓“异教徒”的讨伐长期停留在小规模的边境袭扰阶段。这一局面直到公元 1205 年马佐夫舍公爵康拉德一世完成了其对波兰东北部的控制才有所改观。

客观地说，康拉德一世在中世纪的波兰境内算得上是有为之君了。公元 1194 年其父卡齐米日二世（Casimir II）死后，康拉德一世便由其母海伦娜独自抚养长大。尽管自幼便失去了父亲的关爱，但由于出身于波希米亚王室的海伦娜公主本身也是一位传奇人物，因此康拉德一世成年之后通过在波兰各方割据势力之间的合纵连横，依旧打出了一片属于自己的天地。

康拉德一世的素描肖像

康拉德一世虽然在自己家族的内部争斗中胜出，但此时仍没有足够的实力和威望问鼎波兰大公（High Duke of Poland）的宝座。为了给自己谋取一顶王冠，康拉德一世在稳定了马佐夫舍地区之后，便积极响应罗马教廷的号召，开始向普鲁士和立陶宛地区用兵。

鉴于阿尔伯特在利沃尼亚地区的成功，罗马教廷认定凭借着波兰、丹麦等地封建王侯的武力支持，对普鲁士地区的"开化"也将顺利完成。公元1206年来自波美拉尼亚公国的传教士克里斯琴·奥利瓦（Christian of Oliva）受命组织和领导这场名为普鲁士十字军（Prussian Crusade）的圣战。但是克里斯琴·奥利瓦出身卑微，无法与可以获得德意志强大教区和王权的阿尔伯特比肩，而从丹麦和波兰等地出征的十字军也没有在普鲁士长期驻屯的热情，因此在最初十余年间，克里斯琴·奥利瓦基本重复着借助十字军的武力在普鲁士地区建立教堂，十字军撤离之后教堂即被古普鲁士围攻最终焚毁的循环。

鉴于普鲁士地区糟糕的情况，公元1219年教皇霍诺留斯三世要求：德意志东部和波兰地区的十字军于马佐夫舍地区集结，在普鲁士地区发动大规模圣战。对于罗马教廷的这一训令，早已觊觎普鲁士地区的康拉德一世自然举双手赞成。但各地诸侯却并不愿意以其马首是瞻，寻求各种理由拖延出兵，在此情况之下，康拉德一世在普鲁士面对当地民众群情汹涌的抵抗，不仅举步维艰，甚至还一度被古普鲁士人反攻到了自己的领地之内，可谓灰头土脸，颜面扫地。眼见德意志和波兰诸侯的武装力量靠不住，从公元1225年开始，克里斯琴·奥利瓦用了三年的时间，效仿阿尔伯特组建宝剑骑士团的模式，在波兰境内打造了一支自己的圣战武装——多布林骑士团（Order of Dobrin）。

多布林骑士团的人员构成和组织机构几乎完全照搬自宝剑骑士团，甚至连徽章都与宝剑骑士团如出一辙，仅仅是将宝剑骑士团的十字军换成了六芒星。但政治影响和号召力上的巨大差异，还是令多布林骑士团自成立之后始终处于兵微将寡的状态。在成立之初，多布林骑士团仅有15名来自下萨克森和梅克伦堡的德意志骑士参与，其后虽有所增长，但其规模始终徘徊在30—40名骑士。

尽管每一个骑士都会带有数名扈从，但这样一支区区百余人的圣战武装，显然无力抵挡古普鲁士人汹涌的进攻。公元1228年，多布林骑士团的根据地维斯瓦河畔的多布林城堡被古普鲁士人攻克，大部分成员被杀，仅有少数幸存者逃往邻近的东波美拉尼亚公国避难。

多布林骑士团遭遇重创的消息传来，令罗马教廷深感失望。为了尽快在普鲁士地区打开局面，新任教皇格里高利九世（Pope Gregory IX）、神圣罗马帝国皇帝腓特烈二世和马佐夫舍公爵康拉德一世之间不断磋商，最终确定了将普鲁士地区划为条顿骑士团的领地，以便引入这支在近东地区有着丰富经验的圣战武装尽快投入战场。

公元 1230 年 6 月 16 日，根据腓特烈二世签署的“黄金诏书”，条顿骑士团成了普鲁士地区的合法领主。但此时条顿骑士团的主力仍在近东地区，大团长赫尔曼·冯·萨尔察仅委任了一位名叫康拉德·冯·兰兹伯格（Conrad von Landsberg）的骑士，统率着一支由 7 名骑士和 100 名扈从及步兵组成的先遣队抵达马佐夫舍。

多布林骑士团和宝剑骑士团的徽章

尽管条顿骑士团的这支部队规模不大，但事实证明这些经过长期与所谓的异教徒拉锯百战之余的士兵，拥有着丰富的战斗经验。康拉德·冯·兰兹伯格抵达战场之后，并不急于进攻，而是于公元 1239 年的春天在维斯瓦河畔建立起一座名为福格尔桑（Vogelsang）的城堡，此举不仅为条顿骑士团在波兰地区提供了一个至关重要的前进基地，更在日后发展出了一座名为托伦（Toruń）的城市。

以福格尔桑城堡为中心，条顿骑士团缓慢地积聚着其在波兰地区的力量。到公元 1230 年，条顿骑士团在当地已经集结了 20 名骑士和一支大约 200 人的武装力量，并开始逐渐向外扩张其控制区域。由于在此前历次普鲁士十字军行动中，德意志和波兰移民已经在普鲁士地区建立了诸多定居点，因此条顿骑士团很快便以通过向这些定居点提供保护而获取其效忠的模式拥有了一片完整的封建采邑区域，从而解决了在当地开展进一步军事行动的物资供给问题。

在兵马齐备、粮秣充足之后，条顿骑士团首先对邻近的古普鲁士部族波梅扎尼亚（Pomesanians）展开侵攻。客观地说，条顿骑士团此刻虽然得到了驻守涅沙瓦地区的马佐夫舍公爵所部的支援，但其兵力仍不足鲸吞波梅扎尼亚。但长期以来频繁袭扰普鲁士的十字军和德意志、波兰移民所带来的先进生产方式已经令古普鲁士人内部产生动摇和分裂。波梅扎尼亚部族内的军事首领们面对条顿骑士团的进攻，最终选择了绑上自己的酋长倒戈投降。公元 1232 年，条顿骑士团基本控制了波梅扎尼亚地区，并在当地修筑了名为海乌诺姆（Chelmno）的新据点。条顿骑士团的旗开得胜令罗马教廷颇为欣喜。教皇格里高利九世随即要求德意志诸侯在马格德堡（Magdeburg）集结一支 5000 人规模的十字军，归属条顿骑士团指挥。

在罗马教廷的大力支持之下，公元 1233 年夏季，条顿骑士团在普鲁士的军事力量已经扩充至上万人，并进一步于波梅扎尼亚东部地区修筑了名为克维曾（Kwidzyn）的新城堡，以支撑其向邻近的古普鲁士部族波盖扎尼亚（Pogesanians）所发动的进攻。

波盖扎尼亚部族在普鲁士境内体量较大，其人口推测在 1.6 万到 2 万人之间，而且常年与波梅扎尼亚结成对抗十字军的同盟。公元 1231 年间，波盖扎尼亚、波梅扎尼亚两部曾组成联军围攻条顿骑士团所修筑的福格尔桑堡。但此时随着波梅扎尼亚部族的崩溃，波盖扎尼亚也陷入孤掌难鸣的境地。公元 1233 年冬季，波盖扎尼亚部族集中部族精壮男丁与条顿骑士团展开主力决战，最终一败涂地。尽管此后很长一段时间里，遭受重创的波盖扎尼亚人仍拒绝投降，但这个强硬的部族已经无力将条顿骑士团赶出自己的领地了。

就在条顿骑士团在普鲁士地区的军事行动进展颇为顺利之际，围绕着占领区归属的争论呈现日益激化的趋势。作为罗马教廷所选派的普鲁士大主教，克里斯琴·奥利瓦虽然长期以来都无所作为，但还是于公元 1234 年公然提出，按照罗马教廷此前的规划，普鲁士境内所夺占的土地三分之二应该属于普鲁士主教区所有，条顿骑士团仅能占有三分之一。

克里斯琴·奥利瓦之所以敢于公然与条顿骑士团叫板，背后自然少不了罗马教廷的支持。早在 1227 年，作为昔日乾纲独断的教皇英诺森三世的侄子，刚刚登上教皇宝座的格里高利九世，对于前任教皇霍诺留斯三世一味纵容腓特烈二世扩张皇权的局面颇为不满。因此其上台后不久，便勒令已经加冕为第二耶路撒冷国王的腓特烈二世遵从此前与罗马教廷的约定，于公元 1227 年 8 月 15 日前发动新的十字军东征，夺回圣城。腓特烈二世虽然在意大利南部的阿普利亚境内装模作样地集结了军队，但出发后不久便宣布身染重病必须回国治疗。认定腓特烈二世是在愚弄自己的教皇，随即做出了革除腓特烈二世教籍的惩罚。

纵观神圣罗马帝国皇帝与罗马教皇之间的纷争，革除教籍本是司空见惯的政治博弈，只要腓特烈二世摆出向教皇悔过的姿态，这场政治风波很快便将化于无形。但出乎格里高利九世意料的是，腓特烈二世不仅没有寻求教廷的宽恕，相反却大张旗鼓地于公元 1228 年 6 月再度率领十字军东征去了。恼羞成怒的格里高利九世只能向天主教世界重申已经革除腓特烈二世教籍的决议。

对于罗马教廷的绝罚，腓特烈二世可以一笑了之，但其麾下的十字军却难免军心动摇，以至于其抵达阿卡之时，军中已有不少人悄然离去了。在此之前，公元 1228 年 4 月，腓特烈二世的妻子、第二耶路撒冷王国的女王伊莎贝拉二世死

美化腓特烈二世入主耶路撒冷的 19 世纪油画

于产褥热，令腓特烈二世对第二耶路撒冷王国的统治也失去了其合法性，圣殿骑士团和医院骑士团均拒绝为其服务，唯有条顿骑士团还勉强向其效忠。好在此时萨拉丁所建立的阿尤布王朝内部也是纷争不断，盘踞在开罗的苏丹阿尔－卡米勒与其控制大马士革的侄子之间彼此敌视、相互攻伐。在双方均自顾不暇的情况下，公元 1229 年 2 月，腓特烈二世与阿尔－卡米勒达成协议，以签署为期十年的停战协议为筹码换取了圣城耶路撒冷以及通过雅法直到阿卡的走廊地带的控制权。

站在腓特烈二世和阿尔－卡米勒的角度来看，这一纸协议无疑是让自己从所谓圣战中抽身的最好办法。但其身后的宗教势力却并不这么看。罗马教廷以腓特烈二世已被革除教籍还依旧恬不知耻地统率十字军为由，攻讦其收复圣城的举动实为亵渎。而阿尔－卡米勒身边的阿訇们也公开指责他出卖了无数穆斯林用鲜血收复的圣地。

在几乎没有教会高层人士参与的情况下，腓特烈二世完成了其在耶路撒冷城内的加冕。随后却又不得不匆匆赶回欧洲，以防备罗马教廷对其统治下的西西里王国的偷袭。面对声望达到巅峰的腓特烈二世，罗马教廷表面上选择了与之重修旧好，但不满自身权威遭到藐视的教皇格里高利九世仍处心积虑着如何能够给予腓特烈二世新的打击。而长期以来与霍亨斯陶芬家族共进退的条顿骑士团自然首当其冲。

条顿骑士团和多布林骑士团的成员

面对克里斯琴·奥利瓦的无理要求，条顿骑士团只能向罗马教廷做出申述。教皇格里高利九世则派出自己的特使“摩德纳的威廉”（William of Modena）居中调停。在一番同为天主却锱铢必较的谈判之后，双方最终确认条顿骑士团以罗马教廷的名义领有普鲁士全境，克里斯琴·奥利瓦为首的普鲁士教会可享受各种特权。而作为交换条件之一，克里斯琴·奥利瓦麾下的多布林骑士团将接受条顿骑士团的领导。

条顿骑士团正式与克里斯琴·奥利瓦达成协议的消息，随即引发了马佐夫舍公爵康拉德一世的不满。因为在他看来，条顿骑士团此前已依据腓特烈二世“黄金诏书”的名义领有普鲁士，其所攻占的土地事实上仍属于世俗政权，未来仍有可能纳入自己的版图。但随着条顿骑士团向罗马教廷输诚，其名下的疆域便将成为无法分割的教产。如意算盘落空的失落，令康拉德一世不仅悍然宣布停止与条顿骑士团的合作，还表示要收回此前划拨给多布林骑士团的多布林地区。条顿骑士团自然不愿意吐出已经转入自己名下的多布林地区，但罗马教廷却不愿意节外生枝。公元 1235 年，罗马教廷宣布多布林骑士团并入条顿骑士团，算是正式取消了这支圣战武装的番号。

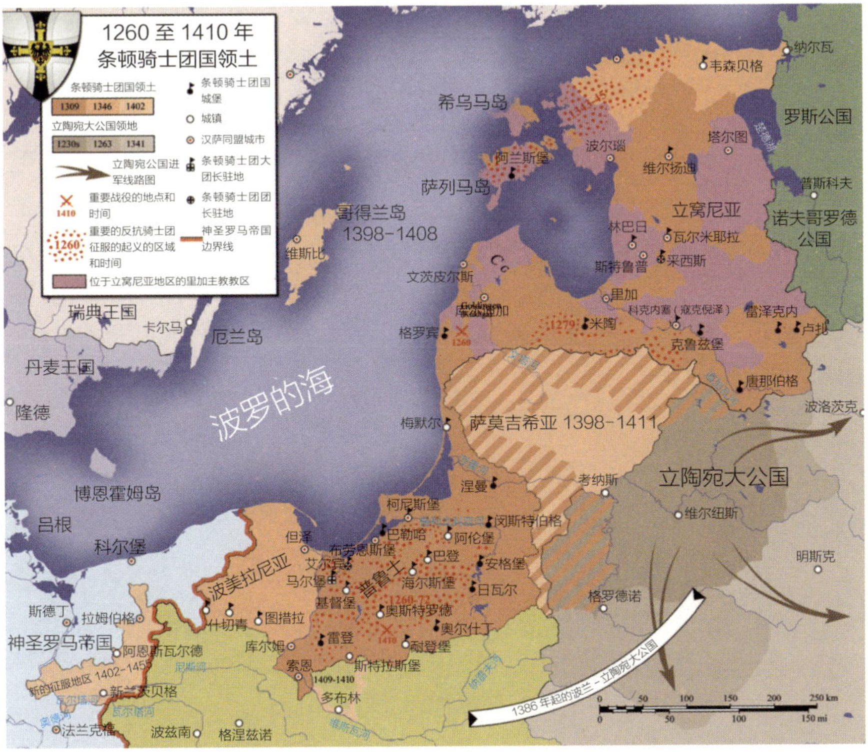

公元 1260 至 1410 年条顿骑士团国的领土扩张

暂时化解了围绕普鲁士归属权的争议之后，公元1236年，条顿骑士团与迈森边区侯爵亨利三世（Henry III, Margrave of Meissen）合作，再度向波盖扎尼亚部族发动进攻。借助这位年轻的边区侯爵的内河舰队，条顿骑士团沿着维斯瓦河两岸向北挺进。沿途的古普鲁士部族无力抵挡，只能望风而降。而随着条顿骑士团进军的步伐，来自德意志西部吕贝克等地的大批移民也在普鲁士地区建立起了埃尔布隆格（Elblag）、杰日贡（Dzierzgon）等新的定居点。

第三卷

III

奔腾年代

- 宝剑在握
- 草原帝国
- 铁骑西进
- 上帝之鞭
- 血战冰湖

条顿骑士团
全史

十一、宝剑在握

条顿骑士团与宝剑骑士团的合并

就在条顿骑士团于普鲁士地区的扩张进入快车道的同时，与之比邻的利沃尼亚地区却传来了宝剑骑士团折戟沉沙的消息。公元 1229 年，亲手开辟了里加主教区的大主教阿尔伯特病逝。尽管罗马教廷很快便指定了继任者，但鉴于阿尔伯特家族在利沃尼亚地区的影响力，领导宝剑骑士团继续圣战的大旗随即由其兄长赫尔曼扛起。

赫尔曼早年的经历几乎完全被其弟阿尔伯特的光芒所掩盖。从现存的史料来看，仅能获知其在公元 1220 年 4 月 20 日曾被任命为爱沙尼亚地区新组建的利胡拉（Lihula）城堡主教。但仅仅四个月之后，利胡拉便被爱沙尼亚当地的反天主教武装所攻破。因此赫尔曼是否真正到任，还是跟随着驻守当地的瑞典军队一道突围而出均无从考证。

顶着有名无实的利胡拉主教的头衔，赫尔曼继续在爱沙尼亚的圣战前线埋头苦干。直到公元 1225 年 11 月 6 日，他的努力才最终得到了神圣罗马帝国皇帝腓特烈二世的注意。腓特烈二世以自己儿子亨利七世的名义，将爱沙尼亚东南部地区划出一个以多帕特为中心的主教区交给赫尔曼掌管。感恩戴德的赫尔曼此后自然唯腓特烈二世马首是瞻。

阿尔伯特死后，出任多帕特大主教的赫尔曼出于对自身教区利益的考虑，调动宝剑骑士团参与了瑞典对芬兰地区的北方十字军，并与俄罗斯东部诺夫哥罗德共和国兵戎相见。赫尔曼的这一决策显然背离了罗马教廷尽快攻占普鲁士，打通利沃尼亚与天主教世界联系的初衷。为此教皇格里高利九世甚至不惜在公元1232年11月24日亲自写信给宝剑骑士团大团长沃克温·冯·温特斯坦滕，除了表面上询问其芬兰地区的战况之外，自然也不乏通过此举暗示“我始终关心着你们，宝剑骑士团要始终紧跟罗马教廷的脚步”之类的用意。

教皇的来信令沃克温·冯·温特斯坦滕备受鼓舞。在此后一段时间里，宝剑骑士团逐渐脱离了腓特烈二世在利沃尼亚代理人赫尔曼的掌控。公元1236年2月19日，根据罗马教廷发出的南征立陶宛与条顿骑士团会师于普鲁士的相关要求，沃克温·冯·温特斯坦滕动员了一支囊括宝剑骑士团所部主力和利沃尼亚当地民兵的3000余人的军队，浩浩荡荡地大举进入立陶宛西部的萨莫吉希亚地区。

早期的立陶宛骑兵

沃克温·冯·温特斯坦滕老于军旅，按照他的计划，宝剑骑士团将沿着道加瓦河前进。如此一来，沿途可以通过水路不断得到来自后方的补给。但是他显然低估了自己的对手，立陶宛人虽然与拉脱维亚人、爱沙尼亚人同处波罗的海东岸，但相较于森林和丘陵密布的邻国，立陶宛地形平坦、沃野千里，这一点不仅促成了当地农耕和畜牧业的高度发达，还抚育出体格强健的民众，这些因素令立陶宛相较部族林立的拉脱维亚和爱沙尼亚，更早步入了封建时代。

早在利沃尼亚十字军抵达里加之前，立陶宛贵族时常利用秋高马肥之际，北上拉脱维亚和爱沙尼亚劫掠人口。这一局面直到公元 1205 年冬季，阿尔伯特指挥里加当地的德意志移民和拉脱维亚民兵伏击了一支来自立陶宛的骑兵部队，射杀了立陶宛公爵日韦尔加伊蒂斯（Svelgates）才逐渐有所改观。

面对盘踞在拉脱维亚的利沃尼亚十字军，立陶宛人曾一度试图与俄罗斯东部的诺夫哥罗德共和国组成联盟夹击对手。但公元 1213 年前往诺夫哥罗德会商盟约事宜的立陶宛公爵道基鲁蒂斯（Daugirutis）在归国途中被利沃尼亚十字军所俘获，在牢房之中愤懑自戕。一年之后另一位立陶宛公爵斯特克希斯（Stakys）在袭击利沃尼亚的军事行动中战死。这两位公爵的先后惨死，令立陶宛贵族北上的热情大减，专心于内部整合。

公元 1219 年，20 位立陶宛公爵和 1 位公爵遗孀签署了一份条约，确立了 5 位上等公爵的合议领导制度。而这 5 位上等公爵之中，除了最为年长的日温布达斯（Zivinbudas）之外，其余 4 人来自于两个显赫的家族，他们是道约塔斯、韦利盖拉两兄弟，以及道斯普伦加斯和他年仅 16 岁的弟弟明道加斯（Mindaugas，1203—1263 年），在最高权力中枢之中存在着如此高度集中的血缘关系，显示着一个统一的立陶宛已然初具雏形。由于语言和文化的阻隔，更缘于傲慢和偏见，天主教世界普遍对立陶宛国内的政治走向缺乏直观的认识。在心高气傲的罗马教皇格里高利九世眼中，立陶宛与普鲁士、拉脱维亚、爱沙尼亚并没有本质上的不同，只要宝剑骑士团勇敢前进，任何异端都将被顺利地荡涤一空。正是缘于这样的自大，罗马教廷在条顿骑士团以及德意志诸侯都没有做好准备的情况下，便草率地催促宝剑骑士团踏上了自取灭亡的道路。

宝剑骑士团在公元 1236 年 9 月间进入立陶宛北部边境，在一番劫掠之后。沃克温・冯・温特斯坦滕得到了罗马教廷试图在荷尔斯坦因组织十字军失败的消息。担心孤军深入的宝剑骑士团决定先行撤回利沃尼亚。但此时其军中的大小车辆和马匹之上已经满载着各种战利品，因此行进异常缓慢。

9 月 21 日夜间，正当宝剑骑士团于名为苏勒（Saule）的沼泽地带宿营之际，萨莫吉希亚公爵维金塔斯（Vykintas）指挥着一支 5000 人左右的轻装部队赶到战场，于次日早晨的薄雾之中杀入宝剑骑士团的营地。宝剑骑士团麾下的利沃尼亚民兵迅速溃散，顶着密如飞蝗的投枪和箭雨，大团长沃克温・冯・温特斯坦滕带领着少数来自德意志的骑士和扈从展开了最后的抵抗。

在战场上快速奔驰的立陶宛轻骑兵不断用手中的投枪“收割”着宝剑骑士团成员的生命，而以长枪大斧为武器的立陶宛步兵则不断缩小着包围圈，直到将最后一个对手连人带马砍翻在地。没有人知道沃克温·冯·温特斯坦滕最终的结局以及他在生命的最后时刻是否曾后悔听从教皇格里高利九世的命令展开这次草率的军事行动，在损失了包括沃克温在内的60个骑士战斗小队之后，宝剑骑士团被彻底打断了脊梁。

对于同为圣战组织的宝剑骑士团的遭遇，条顿骑士团大团长赫尔曼·冯·萨尔察表示同情之余，继续小心翼翼地周旋于罗马教廷和神圣罗马帝国皇帝腓特烈二世之间。但一手将宝剑骑士团推向毁灭深渊的罗马教皇格里高利九世却似乎没有丝毫的反省之意，相反还有意利用这一机会，将条顿骑士团树立为罗马教廷在德意志乃至整个天主教世界的圣战骑士团的标杆。

就在宝剑骑士团遭遇重创的公元1236年，罗马教廷以训令的方式，要求由旅居阿卡的英格兰十字军组建的圣托马斯骑士团采用与条顿骑士团同样的团规，并接受条顿骑士团的领导。此举表面上来看是抬升了条顿骑士团的影响力，但实质上却是有意将条顿骑士团在第二耶路撒冷王国境内有限的据点出卖给圣托马斯骑士团，以换取后者向罗马教廷的效忠。

对于教皇格里高利九世的如意算盘，条顿骑士团大团长赫尔曼·冯·萨尔察虽然洞若观火，但也无可奈何，毕竟条顿骑士团的主力已经悉数投入到对普鲁士的征服中去了，对第二耶路撒冷王国境内的城堡和分部的运营早已有心无力。同时随着腓特烈二世领导下的第六次十字军东征通过外交手段收复圣城耶路撒冷以来，德意志诸侯乃至整个天主教世界对于东征的热情也大不如前了。基于上述对局势的分析，赫尔曼·冯·萨尔察代表条顿骑士团接受了罗马教廷的安排。

在构建完圣托马斯骑士团与条顿骑士团之间的从属关系后，公元1237年，罗马教廷又要求条顿骑士团接手元气大伤的宝剑骑士团。此举在后世普遍认为是条顿骑士团对宝剑骑士团的吞并。但事实上由于立陶宛和东普鲁士的阻隔，条顿骑士团的影响力在很长时间内都无法企及利沃尼亚地区。宝剑骑士团在公元1237年仅仅是名义上接受条顿骑士团的领导，而自身依旧保持着在利沃尼亚地区的独立性。

接手宝剑骑士团对于条顿骑士团大团长赫尔曼·冯·萨尔察可谓其人生的巅峰。从上任之初条顿骑士团蜗居于阿卡城内一角到此刻坐拥遍布第二耶路撒冷王国、西西里王国、普鲁士和利沃尼亚的诸多修道院和城堡，赫尔曼·冯·萨尔察用了近 30 年的时间，凭借着其长袖善舞的外交手腕，为条顿骑士团打开了一个全新的局面。但这位大团长的光芒却也不可避免地随着时间的推移而逐渐暗淡。

赫尔曼·冯·萨尔察的成功，很大程度上缘于罗马教廷与占据德意志封建王权主导地位的霍亨斯陶芬家族之间的合作。但随着教皇格里高利九世与腓特烈二世之间的对立日益激化，条顿骑士团也不得不在有限的空间之内斡旋，以求兼顾教会和皇帝的利益。这种左右为难的局面不仅令赫尔曼·冯·萨尔察在自己最为擅长的外交领域颇为尴尬，更令其在条顿骑士团内部的威信每况愈下。

公元 1238 年，身心疲惫的赫尔曼·冯·萨尔察主动宣布从条顿骑士团大团长的位子上卸任。但退休之后的他并未返回其在图林根的故乡，而是选择了意大利南部城市萨莱诺（Salerno）作为自己的归宿。赫尔曼·冯·萨尔察之所以做出这样的决定，可能是因为温暖的意大利南方海岸比湿冷的德意志中部山林更适合颐养天年。但从政治角度来看，赫尔曼·冯·萨尔察此举似乎仍是努力在寻求着罗马教廷与霍亨斯陶芬家族之间的平衡，毕竟萨莱诺距离罗马和霍亨斯陶芬家族所控制的西西里王国的距离几乎是对等的。

可惜赫尔曼·冯·萨尔察在精心挑选的养老之地并未享受太久的悠闲，短短一年之后便撒手人寰。由于官方史料之中并未明确死因，因此后世不乏好事者认为其是死于暗杀，而凶手则同样有来自于罗马教廷、霍亨斯陶芬家族甚至条顿骑士团内部等多个版本。

赫尔曼·冯·萨尔察宣布退休之时，条顿骑士团并未第一时间启动对新任大团长的推选工作。直到其去世之后，罗马教廷才指定了图林根伯爵的幼子康拉德（Conrad of Thuringia）为条顿骑士团新任大团长。

与包括赫尔曼·冯·萨尔察在内的历任条顿骑士团大团长相比，“图林根的康拉德”出身贵胄，更通过图林根伯国在德意志诸侯之间的联姻关系，在巴伐利亚、黑森等地颇有影响力。康拉德的母亲是巴伐利亚公爵奥托一世的妹妹，而哥哥路易四世则迎娶了匈牙利公主伊丽莎白（Saint Elizabeth of Hungary）。

公元1227年9月11日，继承父业出任图林根伯爵的路易四世在参与第六次十字军东征的途中病逝。在与路易四世的兄弟争夺丈夫的遗产失败之后，其妻伊丽莎白愤然离开了图林根，在邻国黑森的马尔堡地区用自己的嫁妆建立了一座修道院，并从此毅然决然地拒绝了家族为其安排的再婚对象，过起了避世隐居的修女生活。直到公元1231年因病去世之时，这位据说风华绝代的公主，也不过年仅24岁。

匈牙利公主伊丽莎白在宗教壁画中的形象

伊丽莎白的贞烈与当时欧洲贵族放荡不羁的生活形成了强烈的反差。因此在其死后不久，罗马教廷便将其封为圣女。讽刺的是，她的丈夫虽然死于十字军东征途中，但因为效命的是已经被革除了教籍的腓特烈二世，反而没有得到罗马教廷的首肯。更为讽刺的是，曾与自己的兄长亨利·拉斯佩（Henry Raspe）联手驱逐了自己嫂子的康拉德，此时却以其亲属的名义，接管了伊丽莎白一手创立的修道院，并不惜为此与邻近的美因兹大主教齐格菲里德三世（Siegfried III，Archbishop of Mainz）兵戎相见。

公元1232年，“图林根的康拉德”率部攻入美因兹大主教齐格菲里德三世控制下的城市弗里茨拉尔（Fritzlar），并在当地犯下了屠杀民众和焚毁教堂等罪行。康拉德此举看似离经叛道，触及了罗马教廷的底线，实则恰好迎合了教皇格里高利九世的政治布局。因为长期以来美因兹大主教齐格菲里德三世都是腓特烈二世的支持者，并深受霍亨斯陶芬家族的信任。腓特烈二世长期驻跸于意大利期间，齐格菲里德三世甚至长期以摄政的身份辅佐腓特烈二世的长子——德意志国王康拉德四世（Conrad IV of Germany）。

“图林根的康拉德”与美因兹大主教之间围绕马尔堡修道院的争执，最终被提交给罗马教廷仲裁。教皇格里高利九世随即于公元 1232 年 8 月 22 日做出了对康拉德有利的判决。在接管了自己嫂子的政治遗产两年之后，“图林根的康拉德”突然前往罗马，宣布要将马尔堡修道院捐赠给条顿骑士团。尽管康拉德此举的前因后果并不为世人所了解，但可以想见，这位世家子弟之所以如此慷慨，自然是谋求在条顿骑士团中能有自己的一席之地。果然，随着条顿骑士团将马尔堡修道院收入囊中，“图林根的康拉德”也正式成为条顿骑士团的一员。

今天马尔堡的圣伊丽莎白修道院

康拉德为何摒弃其贵族的身份而选择加入条顿骑士团？是缘于其自感继承图林根公国无望还是为了躲避美因兹大主教齐格菲里德三世可能展开的报复，抑或是接受了教皇格里高利九世的密令，接替首鼠两端的赫尔曼·冯·萨尔察掌管条顿骑士团这一当时欧洲大陆最大的圣战武装？带着后世史学家的种种推测，公元 1240 年的夏天，志得意满的康拉德突然病逝于前往罗马觐见教皇的途中。

条顿骑士团两任大团长在不到一年时间里相继去世，或许只是欧洲中世纪恶劣医疗条件下的巧合。但在康拉德事后，神圣罗马帝国皇帝腓特烈二世和教皇格里高利九世围绕着条顿骑士团大团长的人选随即展开了激烈的争夺。有趣的是，由于“图林根的康拉德”死时恰逢蒙古第二次西征的高潮期，因此长期以来，曾有一些国内史学家望文生义地以为其是战死于著名的里格尼茨会战之中。

十二、草原帝国

蒙古西征与扑朔迷离的里格尼茨战役（上）

13 世纪驰骋于亚欧大陆的蒙古人来自于何方，东、西方的历史学界素来有着不同的看法。而纵观整个人类发展史，辽阔的亚洲内陆便如同科幻小说中培育怪兽的试验舱，每隔一段时间便会孕育出一两头具有巨大破坏力、名为“草原帝国”的怪物。自唐帝国贞观年间连续灭亡东、西突厥以来，蒙古草原之上原有的庞大中央集权便归于覆灭。不仅突厥集团的主体部落或被迫内附，或西迁，即便是原本臣服于突厥的铁勒、回鹘诸部也在争夺其政治遗产的过程中逐渐归于消亡。

在北宋文学家、史学家欧阳修所编撰的《新五代史》中，蒙古诸部被划入“契丹之别类也”的范畴，广泛分布于“东至黑水（黑龙江），西至突厥，南接契丹，北至于海（贝加尔湖）”的蒙古高原之上。而后世所常用的“蒙古”之名也主要脱胎于契丹人口中所称的“萌古子”“蒙国斯”之名。有趣的是，虽然同为游牧部族，契丹人却对蒙古诸部敬而远之。按照曾长期滞留契丹国内的汉族士大夫胡峤的说法，是因为蒙古诸部“其人髦首，披布为衣，不鞍而骑，大弓长箭，尤善射，遇人辄杀而生食其肉”，因此“契丹诸国皆畏之”，甚至出现“契丹五骑遇一袜劫子，则皆散走”的情况。

根据民国历史学家王国维先生的考证，契丹人口中的“袜劫子”便是生活于鄂尔浑河和色楞格河流域的蔑儿乞惕部。而正是 12 世纪蔑儿乞惕部与邻近的乞颜部之间所爆发的两起抢亲事件，犹如一只小小蝴蝶扇动翅膀，却最终在欧亚大陆间掀起了一场滔天的风暴。

按照《蒙古秘史》中的记载，乞颜部贵族也速该在一次于斡难河畔放鹰捕猎的过程中偶然遇到了蔑儿乞惕部的少年也客・赤列及其未婚妻诃额仑经过。也速该随即叫来了自己的两个兄弟赶走了新郎，将新娘抢回了自己的帐房。数年之后，也速该与诃额伦的长子降生，颇为欣喜的也速该随即以自己阵斩的塔塔尔部勇士之名呼之为“孛儿只斤・铁木真”。

也速该所处的时代正值蒙古草原之上各部族合纵连横、相互攻伐的高峰期，甚至他的抢亲之举也并非简单的见色起意。因为也客・赤列并非普通的牧民，而是蔑儿乞惕部首领脱黑脱阿的弟弟。而诃额仑的身份虽然没有定论，但出身于弘吉剌部的分支斡勒忽讷兀惕氏部却是可以肯定的。如果说克鲁伦河下游的弘吉剌部是乞颜部与塔塔尔部之间重要的缓冲带的话，那么活跃于额尔古纳河流域的斡勒忽讷兀惕氏部则是连接蔑儿乞惕部与塔塔尔部的重要桥梁。因此也速该的这出“抢亲大戏”无论是有意还是无意都破坏了蔑儿乞惕部与斡勒忽讷兀惕氏部之间的联姻，进而断绝了蔑儿乞惕部与塔塔尔部结成同盟的可能。

而在此后的草原纷争之中，也速该更展现出了蒙古贵族少有的战略眼光。他帮助克烈部酋长之子脱斡邻勒夺回了汗位，并以“定亲”为名将自己年仅10岁的长子铁木真送入弘吉剌部以巩固乞颜部与弘吉剌部世代交好的联盟。可惜也速该在离开弘吉剌部之后又参加了一场塔塔尔人的宴会，并在三天之后突然病逝于归途。

对于此事大多数记述都依照《蒙古秘史》的说法，认为也速该死于塔塔尔部的毒酒。但以乞颜部与塔塔尔部常年交恶的情况来看，也速该不可能在毫无准备的情况下因为“口渴”就参加对方的宴会。或许求亲于弘吉剌、会宴于塔塔尔本就在也速该的日程表中。而以草原部族交锋的游戏规则来看，塔塔尔人如果要谋害也速该似乎也没有下毒的必要，毕竟他们曾明火执仗地绑架过乞颜部的首领俺巴孩，直接在宴会下杀了也速该也并非难事，何必采用一种三天之后才能置人于死地的慢性毒药呢？

也速该死后，乞颜部随即陷入了分裂。铁木真及其家人虽然一度陷入无所依靠的困境，但却依旧继承了其父乞颜部贵族的身份及其政治影响力。经过一段时间的生聚，铁木真通过与同被乞颜部边缘化的扎达兰部酋长扎木合结为攻守同盟逐渐重振了父亲的部族并再次向弘吉剌部求婚，迎娶和自己早有婚约的弘吉剌部贵族特薛禅之女孛儿贴。随后铁木真又以妻子陪嫁的黑貂裘为礼物，拜会曾接受过自己父亲援助的克烈部酋长脱斡邻勒，与之结为异姓父子。脱斡邻勒倒未必是稀罕一件黑貂裘，而是看重身为弘吉剌部之婿、乞颜部新贵的铁木真身后所代表的政治力量。但这一切同样被乞颜部的世仇蔑儿乞惕部看在眼里。

公元1178年铁木真新婚后不久，蔑儿乞惕部的首领脱黑脱阿率300骑兵来袭。猝不及防的铁木真家族四散奔逃，混乱之中孛儿贴被蔑儿乞惕人掳走。从事态后续的发展来看，依旧处于一盘散沙状态的蔑儿乞惕部将此事简单地理解为 “当年也速该抢了我的弟妹，今天我抢他的儿媳，也算是报了仇了”，因此事后并没有做好应对“苦主”反击的准备。而反观铁木真，在孛儿贴被掳之后，他并未第一时间动员家族成员投入追击，而是积极地奔走于克烈部、札达兰部之间，最终纠集了一支数万兵力的联军，将一场草原上常见的“抢亲纠纷”升级为了部族决战。

公元1179年夏，乞颜—克烈—札达兰三部联军强渡勤勒豁河，突袭不兀剌草原上的蔑儿乞惕部营地。脱黑脱阿虽带着少数精锐突围，但蔑儿乞惕部经此一役之后元气大伤。此时铁木真的妻子孛儿贴已然身怀六甲，在回师途中，铁木真血统存疑的长子突然降临。由于军中没有初生婴儿用的襁褓，孛儿贴只能用器皿装着自己的骨肉将他带在马上。初为人父的铁木真显然觉得这小子挺麻烦的，于是抱怨说：“此不速之客也。”随即为这个“来路不明”的男孩起名为蒙古语中意为“客人”的“术赤”。

关于术赤的血统史学界向来争论不一。其中有个有趣的现象，蒙古及西方的史料之中似乎都比较偏向于他是孛儿贴被掳后和蔑儿乞惕人所生的孩子。而由于特殊的文化背景，中国的史料之中则喜欢渲染孛儿贴在被劫持之前便已经身怀有孕，甚至不惜将与之婚配的蔑儿乞惕贵族美化成蒙古版的“柳下惠”。而在《蒙古秘史》之中则记载了这样一段故事：铁木真曾向与孛儿贴一起被掠走的女仆豁阿黑臣询问自己妻子被掳后的经历。虽然身份卑微，但是站在女性的角度上豁阿黑臣还是慷慨直言地回答道：“糊涂的男人，连自己都不知道，我怎么会知道。”这句话与其说是在为孛儿贴开脱，不如说是在向铁木真控诉，既然你无力保护自己的妻子，那又有什么资格去质疑对方的贞洁？

铁木真虽然最终包容了术赤，但与自幼一起长大，三次结盟，宣誓互为“安答”（蒙古语中“兄弟”之意）的札木合的关系却日益疏远。在击败蔑儿乞惕部之后的相当长的一段时间里，铁木真和札木合部曾合营放牧。有一次兄弟两人同游忽勒答合儿崖。扎木合随口说了一句：“我们依山居住，牧马的人可得帐房住；靠水居住，放羊的人可得饮食。”这句话看似平淡无奇，但是铁木真的妻子孛儿贴却提醒自己的丈夫：“扎木合是一个喜新厌旧的人，这是在讨厌我们了。”在这股枕头风的吹拂之下，铁木真连夜率领部众离开了扎木合的牧场，向西返回了自己昔日的牧场。这对异姓兄弟的决裂由此开始。

对于扎木合这段话所代表的含义，后世的历史学家给出了多种解释。其中最为离谱的或许是苏联历史学者符拉基米尔佐夫。他说这段话代表了札木合同情普通牧民，而代表蒙古贵族势力的铁木真及其妻子对这种思潮很反感，因此下定了和扎木合闹分裂的决心。而比较主流的观点还是认为札木合是在向铁木真表达“咱俩各有各自的情况，应该分开来各奔前程”的意愿。但在笔者看来，札木合这段话之所以引起铁木真和孛儿贴的警觉，主要还在于札木合说这番话时，已经俨然将自己凌驾于铁木真之上。继续合营放牧，铁木真及其部族将失去其独立性。

铁木真离开札木合的营地之后，大批乞颜部的贵族及附庸随即重回铁木真的麾下，甚至与札木合同族的扎达兰贵族豁儿赤也前来投效。之所以背弃自己的兄弟投靠铁木真，豁儿赤的理由是“神人托梦”。豁儿赤的这个梦说起来不仅荒诞而且无聊，主要是关于一头草黄色的母牛撞了扎木合的房车，随后又拉着车子跟铁木真跑了。不过豁儿赤却说这是“天地相商，神牛载国”。尽管这种虚无缥缈的说法本来也经不起推敲，不过铁木真当时羽翼未丰，的确需要利用豁儿赤这样的人来向草原昭示自己的慷慨，于是不仅接纳了他，还许诺将来自己成为大汗，将册封豁儿赤为万户那颜。不过豁儿赤还不满足，要求铁木真允许他娶多位蒙古美女，使他成为拥有 30 个妻子的人，铁木真同意了。正是这种广纳贤才、善结盟友的政治手腕，最终令铁木真在草原上赢得了“以己衣衣人，以己马乘人”的美名。将昔日的草原霸主扎木合、脱斡邻勒等人一一埋葬。

公元 1206 年夏，蒙古诸部于斡难河源头举行忽里勒台大会，公推铁木真为全蒙古大汗，上尊号为“成吉思皇帝”。铁木真随即大封功臣亲贵，俨然已经完成了一个游牧帝国的草创工作。但蒙古草原之上长期积淀的原始政治生态依旧与铁木真所要建立的封建帝国格格不入。在内部压制合撒儿、铁木格斡赤斤等兄弟争权，剪除以蒙力克之子阔阔出为首的萨摩神棍对政权干涉的同时，铁木真不得不面对蒙古草原北方西伯利亚地区林中百姓的起义。

林中百姓起义表面上是由于铁木真派往管理他们的万户那颜豁儿赤的贪婪好色所引起的——为了报答豁儿赤昔日的拥戴之功，铁木真将贝加尔湖周遍的林中百姓各部落交由其掌管。豁儿赤治下到底有多少人口，虽然没有确切的答案，但是要挑选 30 个美女应该还是不难的。但豁儿赤偏偏要对由寡妇塔儿浑夫人所领导的秃麻部下手，还想直接将塔儿浑夫人也纳为自己的妻妾。一般来说身居高位的女性都难免会产生女权主义倾向，因此塔儿浑夫人直接逮捕了豁儿赤，随后联合其他部族揭竿而起。

铁木真起初轻视林中百姓的战斗力，草率地派出麾下“四骏”之一的博尔忽前往镇压。但在贝加尔湖附近的丛林之中，骁勇善战的蒙古骑兵无法施展骑术。博尔忽所部遭遇吉利吉思诸部的伏击，不仅部下损失惨重，博尔忽本人也中箭身亡。豁儿赤被俘，自己母亲的养子、心腹爱将博尔忽战死，令铁木真本想亲自出马，但在木华黎等部下的劝阻之下，铁木真最终委任自己的长子术赤率部北上。

以骑射为主要攻击手段的蒙古骑兵

许多史料和小说之中都竭力渲染铁木真和术赤之间那极端恶劣的父子关系，并将原因归咎于铁木真对他血统的怀疑。不过事实上铁木真对术赤的教育和培养还是颇为尽心的。这一点从术赤很早便参与自己父亲所发动的对外战争中便可以看出一二。也许是因为自己本身便是草原仇杀所造成的不幸产物，术赤虽然性格刚烈、骁勇善战，却并不嗜杀。他第一次走上战场，跟随自己的父亲讨伐家族世仇塔塔儿部时便令“俘获者多蒙全宥”，宽恕和保全了许多生命。他的这一做法对蒙古帝国的扩张颇有好处，在其指挥的蒙古帝国军对林中百姓的征服中，术赤以军事手段配合外交攻势，轻松地征服了贝加尔湖东西各部落，铁木真大喜之下随即将当地交给术赤管理，而此举也奠定了术赤一系日后建立横跨亚欧大陆的钦察汗国的基础。

公元 1218 年春季，在连续击败西夏王国和金帝国野战部队之后，铁木真选择将中原战场交给亲信部将木华黎统一指挥，转而命爱将哲别率领的 2 万大军通过高昌回鹘的领土向西辽进军。之所以如此突然地改变进攻路线，一方面固然是金帝国“龟缩”河南之后，华北大地已形成了群雄并起的局面，作为“外来户”的蒙古帝国需要一段时间梳理其经略中原的具体战略。而另一方面，自公元 1211 年乃蛮王子屈出律篡夺西辽王位以来，蒙古帝国的西部边境便始终处于动荡不安的状态，为了根除西线的隐患，公元 1217 年铁木真首先派出速不台及术赤扫荡东进的乃蛮残部，随即启动了对西辽王国的总攻。

面对蒙古帝国的大军压境，屈出律第一时间放弃了耶律大石子孙三代四任君王苦心经营的西辽故都——虎思斡耳朵（今吉尔吉斯斯坦托克马克），向西逃往自己新近征服的可失哈耳。这无疑是在自寻死路，可失哈耳的居民不仅无心替屈出律作战，甚至倒戈一击，纷纷杀死了居住在自己家中的西辽王国士兵。无力镇压的屈出律只能继续向西逃窜，最终在帕米尔高原的群山之间被当地的猎户拘捕，移交给哲别后被在军前处死。

屈出律和西辽王国败亡的同时，他昔日的盟友花剌子模王国的苏丹摩诃末正在忙于扩张自己的领土。花剌子模虽然是一个文明古国，但是在中亚的历史之中却始终处于各方势力垫脚石的地位——周边强盛的帝国崛起之时都会去踩上一脚。

进入公元 13 世纪之后，花剌子模的国运似乎出现了好转。利用突厥分支土库曼人所建立的塞尔柱帝国日益衰弱的有利时机，花剌子模首先借助西辽的力量驱逐了前者的势力，又抓住西辽王国内部的动荡悍然宣布独立，随后又利用屈出律的篡夺，吞并了撒麻耳干地区的西辽属国喀喇汗王国。

此时，摩诃末自认为是伊斯兰世界最强大的统治者。当蒙古帝国的势力逐渐扩展到中亚地区之时，摩诃末正带着自己的军队进行着一次横越波斯的武装游行，除了接受沿途世袭的突厥总督们向他本人的效忠之外，他还打算前往巴格达要求阿拉伯世界的精神领袖哈里发加封他为苏丹。在这一要求被拒绝之后，他又借口哈里发有和西辽王国夹攻他的阴谋，在自封苏丹之余准备武力夺取巴格达另立哈里发。当然对于东方的事务摩诃末也不是漠不关心。公元 1215 年他派遣了一个使团前往蒙古了解铁木真与金帝国的战争情况，据说是准备在统一了中亚地区之后挥戈东进。

诸多史学家都将花剌子模触怒铁木真引发蒙古帝国第一次西征的原因归咎于所谓的“讹答剌事件”。这一严重的外交事件的原委大体如下：公元 1215 年花剌子模的使团抵达蒙古帝国的首都和林之时，铁木真曾表示愿与花剌子模友好通商，并遣使回访，同时组织了一支 400 多人的商队于公元 1218 年前往花剌子模贸易。但商队抵达花剌子模边城讹答剌（今哈萨克斯坦锡尔河中游东之齐穆耳）时，该城长官哈只儿只兰秃贪图商队所携带的财物，竟诬其为间谍，将他们尽数杀害。

一名幸免于难的骆驼夫逃回蒙古报告，铁木真愤怒至极，又派出了三名使者前去交涉，结果摩诃末杀掉了其中一人，将另外两个人剃须后驱逐出境。如此蛮横无礼的外交模式连一向粗放的蒙古人都被彻底激怒了。“汝要作，便作战。”700 多年后的一位笔名金庸的小说家替铁木真咆哮道。

事实上在西辽王国灭亡前后，蒙古帝国和花剌子模的边境之上已经是战火四起。西进的蒙古帝国术赤所部就曾经遭遇过花剌子模王子扎兰丁部队的攻击。此时蒙古帝国对幅员辽阔的花剌子模还心存敬畏，术赤的部下们纷纷以“众寡不敌”建议术赤撤军，不要轻易与邻国交锋。但是术赤却说：“遇敌而逃，何以归见吾父及诸弟。”在击溃了扎兰丁部队的左翼之后，才一路采取多设篝火的方式从容撤退。而在哲别从西辽王国回师的途中，花剌子模也不断派兵追击，并顺手夺取了原属于西辽的西境锡尔河上游沿岸诸城。

面对空前辽阔的战线和纵深数千公里的战场，为了筹措第一次西征，蒙古帝国动员了几乎所有可用的战力，铁木真已经成年的四个儿子悉数上阵。根据当时南宋使者的笔记，此次西征蒙古大军之中还抽调了大批的未成年人："亦多有十三四岁者，问之则云：此皆韃人调往征回回国，三年在道，今之年十三四岁者，到彼则十七八岁，皆已胜兵。"当时的蒙古草原之上，骑射本就是从小便需要熟悉的生存技能："孩时绳束以板，络之马上，随母出入；三岁索维之鞍，俾手有所执射，从众驰骋；四五岁挟小弓、短矢；及其长也……"因此十三四岁的少年，已经具备一定的战斗力了，被称为"渐丁军"。

大战在即，铁木真本人也是心中没底。此时的他虽然只有 56 岁，但按当时蒙古草原男子的平均寿命来看已经算是高寿了。为了以防不测，铁木真公开和自己的儿子们讨论自己的继承人问题。尽管讨论没有达成共识，但却不失为最好的动员。因为早在建立蒙古帝国之初，铁木真曾将所征服的疆域视作自己所谓"黄金家族"的共同财产，和自己的兄弟们商定："夺取天下，各分地土，共享富贵。"而在此后的分封过程中，铁木真也基本按照蒙古游牧贵族的古老传统——"忽必"（也就是汉语中所谓的"份子"、封地）将自己的领地和人口分给了自己的母亲、弟弟和儿子们。其中在公元 1214 年南征金帝国的过程中将蒙古高原以东的地区分给了自己的四个弟弟，形成了日后的所谓"东道诸王"。而在第一次西征之前，铁木真又把蒙古高原以西的疆土分封给自己的儿子。按照这样的分配模式，此次西征最大的受益者自然是铁木真嫡出的四个儿子。

公元 1219 年夏，铁木真亲自统领大军越过阿勒台山，在也儿的石河驻夏后，开始全面进攻花剌子模国境。当时花剌子模的兵力分布在锡尔河、费尔干纳要隘和河中各城这条防线，虽然总兵力占优，但是力分则弱。铁木真的先锋部队顺利地突破了花剌子模的边境防线。蒙古大军随即分头行动。

铁木真的次子察合台、三子窝阔台负责围攻曾经屠杀蒙古商队的边境重镇讹答剌。守将哈只儿只兰秃深知自己被蒙古大军所仇恨，因此顽强抵抗，甚至在外城被攻破后还在核心城堡里顽抗了一个月之久，弓箭射尽他就接过妇女们从墙头递来的砖头猛掷，可谓困兽犹斗。最终被俘之后，铁木真对他的处置也很有意思，考虑到他贪财好物，就命令将生银熔化从他的耳朵里灌入。

与此同时铁木真的长子术赤率部沿锡尔河左岸向下游进发。术赤采用的是蒙古大军惯常的战术，每到一城先派人劝降，如果当地守军拒绝投降便全力猛攻，破城之后展开屠杀，以警告其他城市。而对于接受劝降的城市，在蒙古大军抵达之后，也要求居民出城躲避七天，以便蒙古军队大肆劫掠，随后再派信任的土著前往出任地方官员。

在自己的三个儿子和部下将领们扫荡锡尔河一线的同时，铁木真带着四子拖雷和精锐的“怯薛”中军直扑花剌子模王国的纵深，很快便夺取了伊斯兰世界的最大的城市之一——不花剌。铁木真的大军在洗劫了不花剌之后，开始向花剌子模王国的新都撒麻耳干挺进。苏丹摩诃末落荒而逃，遁入宽田吉思海（里海）南岸附近一个岛上，最终于公元 1220 年底病死，传位给其子札兰丁。

在追击花剌子模新君扎兰丁的过程中，蒙古铁骑第一次抵达了印度河流域。此时的南亚次大陆正处于分裂和混战之中，即便是较为强大的德里苏丹国，其政治体制和国防力量也不足以抵挡蒙古大军的兵锋。但当地炎热的气候却令蒙古军队很不适应。印度河蒸气磅礴，虽然蒙古士兵口干舌燥，但是河水热度似沸，不能入口。这一点令整个西征军队怨声不断，恨不得立刻驰归。恰逢此时一头鹿身马尾的绿色独角怪兽现身，给了身为铁木真幕僚的契丹贵族耶律楚材借题发挥的空间。这头怪兽的叫声隐约有些像蒙古话，因此耶律楚材引用中国的神话称这就是神兽角端，是上天厌恶杀戮的体现，而它所发出的叫声就是“汝主早还”。不过从科学的角度上分析，蒙古远征军所遇到的应该是今天仍分布于尼泊尔和印度东北部的独角犀。

铁木真所统率的蒙古西征大军的主力于 1223 年前后开始踏上了归途。但蒙古第一次西征的脚步却并没有因此而止步。这一年的春天，由东斯拉夫人组成的罗斯联军出兵钦察草原向哲别和速不台所统率的蒙古军队发动进攻。公元 13 世纪的东斯拉夫正处于公国林立的分裂阶段，他们之所以挥师东进，主要是由于接受了邻近钦察部落的求援。公元 1222 年，哲别和速不台在扫荡了北高加索山区之后宣布：钦察地区是蒙古大汗长子术赤的封地，所有钦察人和该地区的其他民族都是蒙古的臣民，都要接受术赤的统治。钦察草原游牧民为此不得不大举西逃，蒙古大军随即跟踪追击，一直渡过顿河，追逐到亚速海北岸地区。

罗斯的王公们在是否出兵与蒙古军队作战的问题上一度争论不休，最终还是加里兹公国密赤思老大公一锤定音：“钦察人虽与我们是世敌，但是大敌当前，救钦察就是救我们自己。如果把钦察人推向蒙古人，壮大了他们的力量，早晚我们将在罗斯的土地上迎接蒙古大军。不如先发制人，主动进攻，将蒙古人挡在国门之外。”密赤思老大公之所以如此积极，很大程度上还是因为他本人是钦察部首领迦迪延的女婿。而事实上蒙古大军此时并无心与罗斯王国交战，哲别、速不台曾派出 10 名使者到基辅会见各位王公，表示蒙古没有进犯罗斯的意图，只是讨伐钦察人，不要听信钦察人的挑拨。况且钦察人常年侵扰罗斯境内，不如与蒙古和兵同伐钦察，共分果实。但是在密赤思老大公的坚持之下，罗斯各王公的联军还是杀死了蒙古使节，出兵第聂伯河下游。

罗斯各公国虽然各自的实力不强，但是联手出兵依旧集结了不下 10 万大军。而溃散各地的钦察人也纷纷赶来加入联军参战。在力量悬殊的情况下，仅仅有 2 万军队的哲别和速不台再度派使者，对罗斯诸王公表示：“你们听信钦察人的谗言，杀害我们的使臣，集结军队向我们宣战。我们对天发誓说不侵犯你们，你们为什么还要这样做？请你们不要进兵挑起战争。我们蒙古人是不怕打仗的，但是要把道理讲清楚。”罗斯诸王公觉得蒙古人不过如此，于是放回使者转告蒙古将领，坚持要与蒙古军约战。不过事实证明罗斯联军的战斗力远不如百战之余的哲别和速不台所部，在主动后撤并会合了术赤派来的援军之后，公元 1223 年 5 月 31 日，蒙古军队在迦勒迦河大败罗斯联军。罗斯联军损兵 7 万，有 6 位王公被处死，70 位贵族阵亡，密赤思老大公被俘之后屈膝求降。

蒙古军乘胜长驱直入，蹂躏了南罗斯的广大地区，进入克里米亚半岛，攻陷速达黑城。公元 1224 年，速不台奉成吉思汗之命率军东行，在蒙古西部地区与成吉思汗的大军会师，哲别则奉命留守钦察草原。不久哲别这位屡建战功的蒙古骁将便病逝于咸海西部的康里境内。在结束了西征返回蒙古草原之后，铁木真饶有兴致地在今天的塔什干以北举行围猎。由于西征的辉煌胜利，这次围猎更像一次家族休闲娱乐活动，铁木真留守和林的孙子们也纷纷前来参加。据说年幼的忽必烈和弟弟旭烈兀也分别取得了一只兔子和一只山羊的收获。按照蒙古民族的风俗，小孩子第一次狩猎要将猎物的血抹在家族长老的拇指之上。旭烈兀跑过去抓住铁木真的手用力猛按，搞得这位老人家很不舒服。铁木真随即说道：“你这么用力对我这位老人家，我替你感到羞耻。”相比之下忽必烈则要乖巧得多了，他捧着铁木真的手轻轻地抚摸，令铁木真很是受用。

而在这次围猎中除了旭烈兀之外，术赤以生病为由没有前来参加也令铁木真颇为不爽。客观地说即便术赤有自己身为长子却没有机会继承汗位的不满心理在，他的生病也很可能是真的。一年之后，铁木真听信了来自西方的蒙古官员关于术赤“见其出猎，未闻有疾也”的说法，正准备派察合台和窝阔台出兵讨伐自己的长子，术赤病故的消息便随即传来。

铁木真伤心之余，派自己的幼弟铁木格斡赤斤前往选定术赤的继承人。据说术赤子嗣众多，见诸史料的便有14人，而其中最为著名的拔都其实是术赤的次子。不过最有理由继承术赤遗产的长子鄂尔达自认才能不如自己的弟弟，于是在铁木格斡赤斤的主持之下，拔都随即成为术赤家族的领导人，但由于相隔的距离太过遥远，拔都返回蒙古草原参与黄金家族的政治活动，要等到公元1227年铁木真逝世之时。

十三、铁骑西进

蒙古西征与扑朔迷离的里格尼茨战役（中）

由于一生杀戮颇多，因此关于铁木真的死因也成了后世好事者对其发泄不满的渠道。有人说他不孝生母、不悌兄弟，因此是为天雷轰毙；有人说他好色成性，因此是在围攻中兴府时为西夏王妃咬断下体而死；也有人说他围猎无度，是在六盘山中意外坠马，为自己的坐骑践踏而死；如此种种，不一而足。但客观地说铁木真一生戎马，中年之后身体状况便始终不是很理想。早在西征途中，其健康状况便急转直下，不得不千里迢迢地召见中原道教全真派掌门人丘处机讨长生之药。

虽然铁木真在第一次西征中已经确立了三子窝阔台在军中高于诸兄弟的地位，但按照蒙古民族“幼子守产”的惯例，真正得以继承了铁木真所控制的蒙古本土的却是四子拖雷。在这样的情况之下，汗位的归属权似乎毋庸置疑，甚至连窝阔台之子阔出等人前来求赏，铁木真也表示：“我的产业已全部给了拖雷，他是一家之主，你们应该向拖雷去要。”可见在铁木真的心目中，俨然已将拖雷视为自己帝国的继承人。

但是当时的蒙古帝国依旧沿袭着过去部落联盟的政治形态，因此在铁木真死后，由谁来继承汗位并不以统治者的个人意愿为转移。而铁木真似乎也意识到了这一点，因此在自己遗嘱之中突然将深得人望的窝阔台推到了台前，很大程度上便是认识到了窝阔台在蒙古帝国内部拥有着比拖雷更深的根基。而即便是这样的安排，在铁木真逝世后的两年时间里，以监国身份管理蒙古帝国日常政务的拖雷始终态度暧昧，而他的部下更一而再再而三发出拥立拖雷的提议，令窝阔台不得不以退为进再三推让。但此时另一股力量的介入，动摇了拖雷继位的法理根基。

在蒙古族的风俗之中向来以东为尊，因此铁木真将自己的兄弟及其后裔分封在东部地区，而将自己的儿子分封在西，理论上说也合情合理。但是当时蒙古草原之东的大兴安岭及松花江流域依旧是未开发的不毛之地，因此在元帝国的历史上，“东道诸王”的政治影响力始终在盘踞在今天的甘肃、新疆乃至辽阔中亚地区的“西道诸王”之下。但在铁木真逝世之时，“东道诸王”中却有一位足以问鼎大宝的人物，他就是铁木真的幼弟——铁木格斡赤斤。

铁木真的母亲诃额伦一度对于铁木真给予自己和铁木格斡赤斤的封地颇有不满。但根据《史集》中的说法：铁木格斡赤斤分得五千户，而诃额伦分得三千户。依照蒙古“幼子守产”的惯例，诃额伦的领民最终也交由铁木格斡赤斤继承，其总和依旧远在其他蒙古权贵之上。而在公元1214年蒙古帝国政治中心的南迁之后，铁木格斡赤斤的封地更囊括了今大兴安岭以西，海拉尔河以南到哈拉哈河一带。这一地区除了地域广大，资源丰富之外，还扼守着蒙古高原进入东北地区的交通要道。

铁木格斡赤斤此后时常自诩为“皇太弟”，除了有强大的实力为后盾之外，当然还高举着“幼子守产”的习惯继承法。因此铁木真的直系子嗣要阻止其染指大宝，便必须摒弃这一传统。最终在蒙古东、西道诸王支持窝阔台的情况之下，拖雷不得不选择让步。在窝阔台的即位典礼上，蒙古帝国的内部形势显得格外明朗，东道诸王的领袖皇叔斡赤斤扶着窝阔台的左手，西道诸王的领袖察合台扶着窝阔台的右手，而拖雷则负责进上一杯装在金樽中的美酒，这杯酒的个中滋味或许拖雷和窝阔台都有着各自的理解。

经历了长达两年的政治博弈之后，窝阔台最终坐稳了蒙古帝国大汗的宝座，并要求参与自己登基大典的诸路王公立下“只要是从窝阔台子孙中出来的，哪怕是一块臭肉，我们仍要拥立他为汗”的誓言。但作为一名大国领袖，窝阔台自然深知誓约在个人野心面前都一文不值。而此时在他的治下，仍有两股强大的政治势力正在蠢蠢欲动。

作为铁木真的长子，术赤本人虽然已在公元 1225 年病逝，但其子拔都却已长大成人，且在蒙古帝国第三代政治人物中大有独占鳌头的架势。窝阔台对遥远的钦察草原毕竟鞭长莫及，只能以完成术赤未竟之志的名义派遣大将速不台辅佐拔都继续在伏尔加河流域开疆拓土。虽然窝阔台深知这种做法无异于饮鸩止渴，但在自己的子嗣能够独当一面之前，窝阔台并不急于与拔都这样的后生晚辈争锋。

如果说随着术赤的早逝，侄子拔都对于窝阔台而言还属于可暂时搁置的“肌肤之疾”的话，那么曾以“监国”之名掌握蒙古帝国达两年的弟弟拖雷却是窝阔台必须尽快解除的“心腹大患”。但拖雷一系兵强马壮，如果以武力对抗不仅胜负难料，内战一起更将令整个蒙古帝国伤筋动骨。在权衡利弊之后，窝阔台最终决定采用借刀杀人的方式，令拖雷负责南下攻略金帝国的相关军事行动。

公元 1231 年，在拖雷所部的浴血奋战之下，蒙古军队扫荡了金帝国的十数州。但归德、汴梁的久攻不下还是令同样承受巨大战争减员的蒙古帝国不得不于公元 1232 年农历四月选择回师，而就在蒙古大军北撤的途中，一出离奇而荒诞的政治闹剧悄然上演。

身为大汗的窝阔台突然病倒，随军的萨满巫医随即表示：“这是金帝国的山川之神认为蒙古大军杀戮过多所致，不用人命为供品是无法解除其诅咒的。而甘愿牺牲的还必须是蒙古大汗的兄弟或者子侄。”这个时候最令人觉得惊奇的事情出现了，拖雷竟然主动提出愿意为自己的哥哥献出生命。在喝下了窝阔台的洗澡水之后没几天，拖雷便死在了行军途中，而窝阔台则神奇地康复了。对于这一段关于兄弟情谊的神话，或许连习惯为胜利吹鼓的史官们都觉得难以自圆其说，于是留下了“窝阔台康复，而拖雷病死，虽然可能是巧合，但是弟弟这种至孝可以感动鬼神是没有问题的。怀疑它过于荒诞的人都是世俗浅薄之人……”之说。

在将拖雷的领地和部众收入囊中之后，公元 1235 年春，窝阔台在和林召开忽里台大会决定发起第二次西征。察合台提议派各宗室的长子、长孙率军出战，万户以下各级那颜也派长子从征，因此这次西征又被称为长子西征。察合台提出这一提议除了由于各宗室的长子、长孙手中均握有重兵之外，更主要的是希望自己的子侄辈们能通过这次西征积累战斗经验和政治资本。

基于这一考量，铁木真的四个嫡子的后裔——术赤的次子拔都，察合台的长子拜答儿、长孙不里，窝阔台汗的长子贵由，拖雷的长子蒙哥以及铁木真的庶弟阔列坚悉数与役。他们之中以年长的拔都为西征军总帅并统管诸王子弟，而熟悉西线情况的老将速不台则作为西征军副总帅主持军务。不过作为汗王窝阔台的儿子，贵由在西征大军中也具有非常的地位，负责统管其他将领的子弟。

蒙古大军展开第二次西征之前，他们的主要对手罗斯诸国虽然不断抵抗着蒙古的侵蚀，但是在迦勒迦河会战之后的十几年间，这些同样以东斯拉夫人为主体建立的国家之间却内战不断，始终无法形成合力。而在蒙古大军一路西进，开始扫荡其两翼的邻国——由保加利亚人建立的不里阿耳城和钦察部落之时，罗斯诸国也始终未能再组成联军展开支援。

长子西征的过程中，无论是拔都、贵由还是蒙哥，事实上都是在老将速不台的教导之下指挥作战的。拔都指挥大军攻略了以城防坚固和资源丰富而闻名于世的不里阿耳城之后，蒙古大军开始南下，征讨长子西征中的第一个强大对手——

蒙古大军围攻莫斯科

钦察部的酋长八赤蛮。窝阔台在西征之前曾经说过："闻八赤蛮有胆勇，速不台亦有胆勇，可以胜之。"果然在以速不台为先锋的蒙古骑兵猛攻之下，八赤蛮和钦察部的其他酋长或死或降。

扫除了南北两翼的威胁之后，蒙古大军在公元 1237 年的秋天开始向罗斯诸国的腹地进军，未来吞没了拿破仑和希特勒大军的"冬将军"此刻反倒是蒙古铁骑的盟友，罗斯境内地势低平，特别是冬季河川封冻后，骑兵可以自由驰骋，畅通无阻。而当时罗斯诸国的城堡、房屋也多用各种木材搭建，扛不住蒙古大军先进炮石和火药的轰击，到公元 1238 年的春天，拔都的大军已经占领了包括未来创造守城奇迹的莫斯科洼城在内的罗斯弗拉基米尔公国全境。据说当时的莫斯科"居民多如蚂蚁和蝗虫，而它的四周，树木和茂林密布，以致连一条蛇都不能穿过"。不过蒙古大军到达后，先从四面八方修筑了足够三四辆大车并排而行的道路，然后架起射石机，仅用 5 天时间就攻陷了莫斯科城。

在灭亡了弗拉基米尔公国之后，蒙古大军一度试图向北方的诺夫哥罗德公国进军。但是大军行至距诺夫哥罗德城不到 50 公里的地方却突然掉头南下，据说是担心春暖雪化，道路泥泞对作战不利。诺夫哥罗德公国不仅幸运地躲过了一劫，还得以保存了罗斯诸国的历史文化和民族传承，更使其有力量在五年之后击败条顿骑士团的东进，避免了整个东斯拉夫文明的衰亡。而未来俄罗斯的崛起很大程度上也得益于莫斯科公国的隐忍和诺夫哥罗德公国的积累。

蒙哥驻马于基辅城外的想象图

在占领了除诺夫哥罗德公国之外的整个北罗斯地区后，拔都的大军开始南下围攻罗斯诸国的政治中心基辅。据说未来的蒙古帝国统治者蒙哥曾站立在城外的崖岸上遥望这座东斯拉夫人的龙兴之地，见城内屋舍雪白，建筑壮丽，30 座教堂金塔摩空，从而一度不愿意毁坏这座美丽的城市，采取了长期围困和派使者入城谕降的手段，希望能够保全这座古城。

可惜的是东斯拉夫人此刻依旧内讧不断。基辅公国的贵族首先逃亡波兰，斯摩棱斯克大公罗斯迪斯拉夫入守基辅，又被来自波兰的“加利西亚大公”丹尼尔（Daniel of Galicia）赶跑。加利西亚公国位于今天的乌克兰西部、波兰南部，基辅城对他们来说不是政治中枢而是前沿要塞，因此他们毫无悬念地宣布将死守到底。而此时由于窝阔台的去世，主张和平解决基辅的蒙哥跟随贵由东归。拔都随即下令在公元 1240 年冬利用第聂伯河封冻之际全力猛攻。守城军民虽然前仆后继展开激烈的巷战，但最终的结果仍是全军覆没。有趣的是指挥抵抗的加利西亚公国将领狄米脱里却被拔都认为英勇而免于一死。

匈牙利国王贝拉四世

基辅失守之后，以邻为壑的加利西亚公国也随即被蒙古大军占领。丹尼尔大公继续西逃，寻求匈牙利国王贝拉四世（Bela IV of Hungary）的庇护。匈牙利国王长期以来一直在利用蒙古西征招降纳叛。大批流亡的钦察游牧民为了躲避蒙古大军的追击逃入了他的领地，贝拉四世随即接纳了他们，但是要求他们皈依基督教。这位匈牙利国王的如意算盘是自己一举令超过 20 万的“野蛮人”改信基督教，那么匈牙利在罗马教皇面前的地位将会大为提高，同时大批钦察人的加入也将令他的军队更为强大。

但是天下没有白吃的午餐，在抵达了匈牙利边境之后，拔都随即向贝拉四世送去了最后通牒——“你们收容了我们的叛徒钦察人，他们本是我们的奴仆。立刻停止收容他们，不然你们将成为我们的敌人。”贝拉四世显然还不知道蒙古骑兵的力量，他随即派遣专差拿着涂染鲜血的宝剑（匈牙利的传统，表示国难当前的信号）到全国各地号召所有诸侯贵族起兵勤王。

贝拉四世是否从钦察部落和流亡的加利西亚大公丹尼尔等人口中了解过他的对手我们不得而知，但是蒙古西征大军的统帅拔都和速不台显然对中欧地区的政治局势进行了一番精确的分析。蒙古方面认为当时匈牙利是中欧最强的国家，不击破匈牙利的现有力量，那么蒙古在罗斯地区的统治难以长久。而根据间谍和使团所带回的情报，他们也知道虽然欧洲各国统治者之间为了利益经常互相攻伐，可是上层贵族之间又因互相联姻而有血缘上的关系，如果遭遇到外来的攻击，他们还是会守望相助的。因此在与匈牙利正式交锋之前，拔都派遣察合台的长子拜答儿和速不台之子兀良合台统领右翼军先行北上进入了另一中欧大国波兰的境内，以牵制其对匈牙利的援助；而窝阔台的第六子合丹则率左翼军向匈牙利东南方推进，以监视拜占庭帝国的动静。

拔都和速不台显然太过于高看波兰和其他欧洲国家对匈牙利的援助热情了。在贝拉四世的动员令下，匈牙利国内的大小诸侯倒是纷纷响应国王的号召，甚至连邻国也有人领兵前来共同抵抗“东方野蛮民族”“异教徒”的入侵。不过他们之中有多少人是真心实意却不得而知。比如人送绰号“争执者”的奥地利大公腓特烈（Frederick the Quarrelsome）就显然另有企图。

奥地利大公腓特烈长期以来因和匈牙利国王争夺边界土地而心生不睦，因此在抵达匈牙利首都布达城之后，发现城里居民并不欢迎客居的钦察人，就趁机煽动匈牙利民众暴动。被匈牙利人驱逐的钦察人愤怒地离开了匈牙利，在逃往保加利亚的途中一路烧杀抢掠。而挑事的腓特烈大公此时却悄悄地溜回奥地利，袖手旁观蒙古人对匈牙利的入侵。

而就在拔都亲自统率的蒙古大军主力向着匈牙利境内挺进的同时，其右翼军已经在波兰境内展开了狼奔豕突般的劫掠。客观地说，13世纪的波兰正处于一个高速发展的扩张期，新型农具等生产力的发展，大大增加了波兰可用耕地的存量，为了充实税赋和兵源，波兰各地封建领主纷纷开出8—24年的免租期等优惠条件，大量吸收来自德意志等地的农户和手工业者。

携家带口进入西里西亚和大波兰地区的西欧移民不仅带来了更为先进的生

产方式，更将被波兰人称之为“德意志法”的社会组织机构也一并移植了过来，推动着波兰从昔日以部族为单位的原始状态朝着村社和城市化的方向迈进。在推行德意志法的地区，波兰的封建领主向世袭的村社首领让渡司法权和行政权，以换取村社首领在税赋征收和战时兵役方面的支持。与此同时，聚居着大量手工业者和商贾的新兴城市在波兰的土地上遍地开花。

移民的到来充实了波兰的国力，却也令羽翼丰满的各地领主日益显现出与中央政权离心背德的趋势。公元1194年，从小波兰入主克拉科夫的卡齐米日二世病逝，其年仅9岁的儿子“白袍”莱谢克（Leszek the White）在母亲“波希米亚公主”海伦娜和波兰大主教佩乌卡的扶植下，加冕为波兰大公。但他的权威很快便遭到了其伯父大波兰公爵梅什卡三世的挑战。

公元1195年，得到西里西亚公国和罗斯诸国支持的梅什卡三世率部逼近克拉科夫并与支持“白袍”莱谢克的小波兰贵族联军在延杰尤夫（Jedrzejow）附近展开激战。尽管最终梅什卡三世师老兵疲被迫撤军，但血腥的战事还是吓倒了海伦娜和莱谢克母子。公元1198年，经过一番艰苦的谈判之后，“白袍”莱谢克无奈地向梅什卡三世让出了首都克拉科夫和波兰大公的宝座。

公元1202年3月13日，76岁高龄的梅什卡三世因病去世，波兰全境再度

反映“白袍”莱谢克遇刺过程的油画

陷入了分裂和内战的旋涡。梅什卡三世之子“细腿”瓦迪斯瓦夫三世（Wladyslaw III Spindleshanks）占据着大波兰地区，与控制着小波兰的“白袍”莱谢克及其弟马佐夫舍公爵康拉德一世对峙。在各地诸侯首鼠两端的情况之下，这场皮雅斯特王朝的内战打打停停一直延续到了公元 1227 年。当年 11 月，“白袍”莱谢克在前往大波兰地区与堂兄“细腿”瓦迪斯瓦夫三世会盟之际，离奇地在沐浴时为来路不明的刺客所杀。

后世的波兰史学家就谁是谋刺“白袍”莱谢克的幕后黑手展开了旷日持久的研究和讨论，时至今日也仍未有一个统一的答案。但毋庸置疑的是，随着这位年轻波兰大公的离世，新一轮的权力争夺战再度打响。围绕着首都克拉科夫的控制权，“细腿”瓦迪斯瓦夫三世和马佐夫舍公爵康拉德一世展开了旷日持久的拉锯战。而就在这场兄弟阋墙的内耗之中西里西亚公爵——“大胡子”亨利（Henry the Bearded）乘虚而入，于公元 1232 年入主克拉科夫，并加冕为波兰大公。

之所以出现这样“鹬蚌相争，渔翁得利”的局面，除了代表大波兰地区的“细腿”瓦迪斯瓦夫三世很难得到以克拉科夫为中心的小波兰贵族的支持，而康拉德一世的核心领土又远在东北部的马佐夫舍之外，很大程度上还缘于“大胡子”亨利得到了神圣罗马帝国和波希米亚等地贵族的强烈支持，在渴望安定的小波兰贵族和市民阶层眼中他是终结乱世的不二人选。而“大胡子”亨利在就任波兰大公之后，也的确颇有作为。不仅多次击败了“细腿”瓦迪斯瓦夫三世麾下的大波兰军队，更与康拉德一世联手剿灭了多股割据一方的军阀势力。正是这些“绥靖四海”的赫赫武功以及推行进一步吸引德意志移民、限制贵族权力的对内政策，令公元 1238 年 3 月 19 日“大胡子”亨利逝世之后，克拉科夫城内的波兰贵族及当地教会第一时间将波兰大公的宝冠戴在了他的次子亨利二世（Henry II the Pious）的头上。

亨利二世很早便跟随父亲东征西讨，在此期间其所展现出来的军事和政治才干，得到了包括马佐夫舍公爵康拉德一世在内的诸多东欧权贵的认可。但是就其所面对的复杂政治局面而言，亨利二世仍显得太过年轻，一系列决策的失误最终令其陷入了万劫不复的深渊。

十四、上帝之鞭

蒙古西征与扑朔迷离的里格尼茨战役（下）

亨利二世继位之后，首先遭遇的便是对其政权合法性的质疑。尽管亨利二世及其父“大胡子”亨利也是皮雅斯特家族的子孙，但终究是支系旁出。因此以“细腿”瓦迪斯瓦夫三世为首的一干政敌，随即拥戴“白袍”莱谢克之子“腼腆者”鲍莱斯瓦夫为波兰大公的正统继承人，是为鲍莱斯瓦夫五世（Boleslaw V the Chaste）。

鲍莱斯瓦夫五世虽然此时年仅 12 岁，但终究根正苗红，更何况鲍莱斯瓦夫五世出任波兰大公之后，原本处于对立状态的“细腿”瓦迪斯瓦夫三世和马佐夫舍公爵康拉德一世可以同时以摄政之名分享权力。而其他波兰境内的贵族也对“大胡子”亨利推行中央集权的政治举措颇为不满，因此乐见鲍莱斯瓦夫五世这样一个傀儡的出现。

面对“细腿”瓦迪斯瓦夫三世和康拉德一世之间松散的政治同盟，年轻的亨利二世显然不具备其父的威望和政治智慧。眼见波兰贵族纷纷倒戈相向，公元 1239 年亨利二世愤然辞去了波兰大公的头衔，但仍控制着小波兰境内的卡利什（Kalisz）、维隆（Wielun）等城镇。

草率地丢弃了波兰大公的头衔之后，亨利二世又摒弃了其父长期以来与霍亨斯陶芬家族的良好关系，在腓特烈二世与教皇格里高利九世的纷争中选择了站在罗马教廷这一边。此举带来的直接后果便是亨利二世随即与效忠于神圣罗马帝国的勃兰登堡边区侯爵奥托三世（Otto III, Margrave of Brandenburg）因领土纠纷而爆发武装冲突。

就在亨利二世疲于应付勃兰登堡边区的进攻之际，公元 1241 年 1 月，蒙古西征大军的先头部队进入波兰东部地区，短短一个月之后蒙古大军迅速扫荡卢布林（Lublin）和扎维霍斯特（Zawichost）等地，并继续朝着小波兰的政治中枢克拉科夫进军。

此时控制着克拉科夫的是虚有波兰大公称号的鲍莱斯瓦夫五世。面对着来势汹汹的蒙古大军，小波兰当地的封建领主虽然组织了一支由骑士和村社民兵组成的 2000 人左右的军队，但公元 1241 年 2 月 13 日在克拉科夫近郊展开的遭遇战中，仍被不足千人的蒙古大军先锋迅速击溃。

在这场被波兰人称之为图斯克战役（Battle of Tursko）的军事行动中，蒙古骑兵表现出了卓越的战术素养。在遭遇了小波兰军队之后，蒙古军队随即主动后撤，甚至放弃在图斯克地区的一处营垒。而就在一路追击而来的波兰军队占据了蒙古大军的营垒之后，以逸待劳的蒙古骑兵才突然从侧翼展开进攻，迅速将人困马乏的对手击溃。图斯克战役的规模虽然不太，但却足以令小波兰境内的贵族们胆战心惊。接到败报之后的鲍莱斯瓦夫五世仓皇逃离克拉科夫。小波兰地区的其他封建领主虽然组织了一些抵抗，但很快便被蒙古军队所瓦解。

鲍莱斯瓦夫五世的出逃和蒙古大军在小波兰境内的肆虐，令年轻的亨利二世自认有了“收拾旧山河”的机会。3 月 24 日蒙古军队包围并开始火攻克拉科夫的消息传来，更令亨利二世坐立难安，急于杀回小波兰去扮演救世主的角色。

根据西方史学家的描述，亨利二世仅组织了一支 25000 人左右的军队便奔赴了战场。除了兵力有限之外，这支军队的组织和装备更是乏善可陈。除了效忠于亨利二世本人的西里西亚军队之外，仅有“奥波莱—拉齐布日”公爵“肥胖的梅什科二世”（Mieszko II the Fat）以及大波兰其他地区一些领主率部从征。

除了动员的时间相对仓促外，造成亨利二世麾下兵微将寡的另一个重要原因是，此前其追随教皇格里高利九世的指挥棒对腓特烈二世展开的批评和敌对，导致了邻近的神圣罗马帝国各路诸侯对出兵抗击蒙古一事均作壁上观。仅有少数听命于罗马教廷的圣战骑士和摩拉维亚等地的雇佣兵一道加入了亨利二世的军队，

由于缺乏攻城器械，蒙古大军在面对克拉科夫时选择了绕城而走

不仅数量非常有限且身份存疑。

亨利二世的军队迅速完成了集结并向克拉科夫的方向急进。亨利二世或许打着进入小波兰地区之后，可以会合各地诸侯的勤王之兵再与蒙古人展开决战的如意算盘。但出乎他意料的是，由于缺乏攻城器械，蒙古军队并未在克拉科夫地区长期逗留，而是迅速向西挺进。公元 1241 年 4 月 9 日，亨利二世所部于波兰西南部小镇里格尼茨（Legnickie Pole）与蒙古军队正面交锋。

里格尼茨战场之上究竟有多少蒙古骑兵，长期以来都是一个充满争议的话题。在中世纪许多有关这场战争的记述之中，总是强调蒙古大军兵多将广，其总兵力从 10 万到 25 万，不一而足。而近代的史学家从相对理性的角度出发，则认为蒙古军队在里格尼茨至多有 1 万到 2 万人，总兵力与亨利二世所部相当。

由于部队成分复杂，亨利二世将麾下的军队分成了 4 个梯队，担任首攻任务的是来自巴伐利亚等地区的德意志雇佣兵和摩拉维亚地区的民兵。此举常被后世理解为亨利二世有意保存麾下的精锐，派遣乌合之众充当炮灰。但从另一个角度来看，面对一个完全陌生的对手，任何一位统帅都不会贸然投入主力部队。紧随德意志雇佣兵和摩拉维亚地区的民兵之后的，则是来自大波兰地区的一干贵族武装和“奥波莱—拉齐布日”公爵“肥胖的梅什科二世”所部。亨利二世指挥着西里西亚兵团及数量不详的圣战骑士则位于战线最为靠后的位置。

两军布阵完毕之后，亨利二世一方首先发起了进攻。首先投入战场的究竟是哪一支部队后世有着不同的说法，常见的版本是亨利二世命令德意志雇佣兵和摩拉维亚地区的民兵率先展开冲锋，在用这些衣甲不整的步兵吸收了蒙古骑兵的一轮箭雨之后，来自大波兰地区的骑兵冲入战场。此时蒙古军队开始全线后撤。认为时机已然成熟的亨利二世随即命令麾下的西里西亚军团加入到追击的行列之中。

但也有一些史学家根据另一些当事人的记述，认为首先与蒙古军队交锋的是来自西里西亚的一支精锐骑士小队。但这支部队很快被蒙古人用娴熟的骑射所击溃。这两个版本的叙述虽然看似颇为矛盾，实则只是同一事件的不同描述而已。事实上东、西方战争在冷兵器时代都有以精英战士或战士小队进行小规模战斗的传统。亨利二世很可能在命令德意志雇佣兵和摩拉维亚地区的民兵展开进攻之前，派出了一队自己身边的精锐骑士进入战场，寻求与蒙古战士展开势均力敌的对抗以了解蒙古人的武器和战术，同时提振己方军队的士气。可惜这支精英小队还没来得及展示欧洲骑士所擅长的夹枪冲锋便倒在了蒙古人致命的弓矢之下。

序战的失利虽然令亨利二世颜面无存，但蒙古人这种以弓箭远程射杀对手的战术在欧洲人眼中同样并不光彩。因此在愤怒和恐惧的双重驱使下，亨利二世麾下的部队向对手展开了全面的进攻。在用弓箭射倒一批批冲锋在前的步兵之后，蒙古骑兵开始有序地后撤。此时一个被后世津津乐道的细节决定了亨利二世的命运。

在大波兰地区的贵族骑兵全力追逐对手之际，“奥波莱—拉齐布日”公爵“肥胖的梅什科二世”突然命令麾下的部队停止追击转向后撤。比较常见的一种解释是，“肥胖的梅什科二世”听到大波兰地区其他贵族骑兵冲锋时高呼的“跑啊、跑啊”的口号，误以为是要后撤。但这种说法显然无法自圆其说，因此“肥胖的梅什科二世”究竟是洞悉了蒙古人诱敌深入的诡计还是有意保存实力，或许只有他自己知道。

“肥胖的梅什科二世”所部退出战斗令亨利二世不得不将自己麾下的西里西亚军团投入战斗。而就在大批大波兰和西里西亚的骑士与己方的步兵阵形分离之际，蒙古骑兵突然转身杀回，并从两翼展开包抄之势。密如飞蝗的箭雨从两侧不断地射入对手的阵列之中，即便是连人带马都身披重甲的贵族骑士，在这样的打击之下，也往往会被迅速射成刺猬。亨利二世本人也可能便在这个时候中箭落马。

在用箭雨击溃了对手的骑兵之后，蒙古军队策马冲入亨利二世麾下的步兵方阵。由于正处于追击之中，这些步兵阵形松散，根本无力抗击对手的骑兵冲击，很快便溃不成军。在派遣精锐的游骑追击对手溃兵的同时，控制了战场的蒙古军队开始清理战场。由于是轻装远征，蒙古军队并没有收容贵族俘虏以换取酬金的打算，因此不仅所有伤员被屠戮殆尽，蒙古军队还把每个被杀的联军士兵的一只耳朵割下来，装满了九只大麻袋，以计算己方的战绩。

蒙古军队显然是里格尼茨之战（Battle of Legnica）无可争辩的胜利者。但

蒙古军队在里格尼茨之战后清理战场

是关于双方的伤亡情况却有着多个不同版本。一般认为由于包括“奥波莱—拉齐布日”公爵“肥胖的梅什科二世”等大波兰领主临阵脱逃，因此亨利二世并未全军覆没，最终的伤亡数字可能在 2 万人左右。而蒙古军队虽然利用灵活的骑射战术给予对手以重创，但自身在战斗中也可能承受了数千人损失。

但是相关数据均只是推测，在这场战役之中唯一精确的伤亡数字来自于圣殿骑士团写给法国国王路易九世的一份报告。在这份报告之中，圣殿骑士团提到其在里格尼茨之战中损失了 9 个兄弟，其中包括 3 名骑士和 2 名军士。此外在里格尼茨及其周边城镇的防御作战中，圣殿骑士团还损失了约 500 人。

尽管后世史学家关于圣殿骑士团报告中所提到的 500 人是归入其指挥序列之下的民兵、雇佣军以及其他非战斗人员还是手无寸铁的无辜民众仍存有争议，但圣殿骑士团曾派兵参与了里格尼茨之战却由此成为史学界共识。反倒是时常在一些通俗读物中出现的里格尼茨之战中出现条顿骑士团的重甲骑兵对抗蒙古骑射手的提法，并未找到确实的证据。

在一些条顿骑士团所控制的修道院之中，后世找到了关于条顿骑士团参与里格尼茨之战的相关记载，但并未留下任何相关参战人员的基本信息。考虑到蒙古大军攻入小波兰境内时正值条顿骑士团新任大团长“图林根的康拉德”病逝罗马，神圣罗马帝国皇帝腓特烈二世及教皇格里高利九世围绕着条顿骑士团下任大团长人选仍在博弈之际，条顿骑士团即便有成员加入了亨利二世的军队，也很可能仅仅是以个人的身份而并未有完备的组织和相应的计划。

与之相应的是，在医院骑士团的一些典籍之中也出现了其成员投身抗击蒙古的战争之中并在里格尼茨一线作战的记录。考虑到当时教皇格里高利九世正在竭力撮合医院骑士团与条顿骑士团的合并，或许里格尼茨之战中同时有少数的医院骑士团成员参与其中。因此所谓蒙古大军于波兰会战欧洲三大骑士团的提法，虽然勉强可以说得通，但无论是仅仅投入了为数不多兵力的圣殿骑士团还是仅以个人身份投身亨利二世帐下的医院骑士团和条顿骑士团成员，都并不是此战中的决定性力量。

里格尼茨之战被欧洲史学家粉饰为虽败犹荣的经典战役。认为亨利二世虽然战败，但是也给予西征的蒙古大军以巨大的杀伤，迟滞了蒙古人征伐的脚步，使欧洲各国能够免遭蒙古铁蹄的践踏，应该感谢那些在里格尼茨以东平原上“献身”的勇士们。但是从拜答儿和兀良合台随后继续长驱直入直达波希米亚和奥地利边境饱掠一番后进入匈牙利境内同拔都主力会师的情况来看，那些勇士的血估计是白流了。

公元1241年3月12日，拔都率领的西征军主力在喀尔巴阡山关卡攻破匈牙利军，长驱直入匈牙利境内，而在以每天40公里强行军抵达距离匈牙利王国首都佩斯特城半日路程的地方，拔都却突然停下了脚步。因为他得到了侦察部队的情报：匈牙利兵力两倍于蒙古军，兵甲强盛。而此时面对兵临城下的蒙古西征大军，匈牙利国王贝拉四世的既定战略是固守不出，但是佩斯特城内的军民踊跃要求出战。大主教乌古兰也不满意贝拉四世的谨慎。在来自人民和乌古兰的双重压力下，在里格尼茨战役爆发的同一天，贝拉四世率领7万大军主动出击。蒙古大军随即东撤，两军随后在赛约河（Sajo River，今称蒂萨河）对峙。

贝拉四世的匈牙利军在赛约河西岸筑营，匈牙利人将他们的辎重马车首尾相连，组成一道环形防线，仍然保持着匈奴王阿提拉时代遗留下来的传统。而蒙古大军则利用赛约河东岸的密林为掩护开始分兵迂回。赛约河之战可以说是拔都和速不台这两位蒙古新老名将战法的全面比较。

决战之前，拔都效仿自己的祖父铁木真登上高台，企求蒙古人信仰的“长生天”腾格里的保佑，祷告了一天一夜。随即从自己据守的赛约河上游的莫阿桥（Mohi）附近的浅滩处发起进攻。拔都的攻势起初进展顺利，成功地攻破了匈牙利军队在赛约河东岸的桥头堡。但是在强渡河流时却遭到了对手的顽强抵抗，拔都麾下的悍将八哈秃也在战斗中阵亡。

此时拔都及其他年轻的诸王都觉得应该停止攻击，但是速不台却表示：“要撤你们撤，我不杀到佩斯特城是不会收兵的！”而此时河对岸的匈牙利军队果然出现了混乱。拔都的大军乘势过河，一举击溃了贝拉四世的大车防线。而在随后的追击战中，7万匈牙利大军仅有1万人得以生还。事后拔都责备速不台在渡河的时候动作迟缓，直接导致了自己的爱将八哈秃战死。速不台这个时候才揭示了赛约河战役的真实情况：“诸王唯知上游水浅，且有桥，遂渡而与战，不知我于下流结筏未成，今但言我迟，当思其故。”正是速不台从下游迂回的一支骑兵打

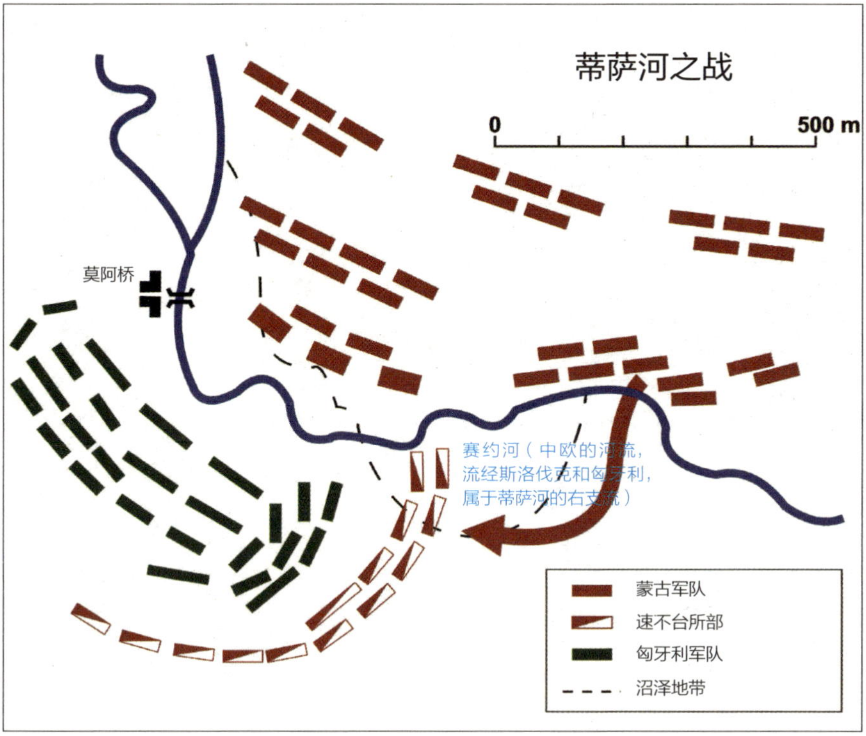

蒂萨河战役的简图

乱了匈牙利人的河防部署，才最终赢得了这一辉煌的胜利。

贝拉四世从赛约河畔的战场化装逃脱之后，一路弃甲曳兵向西逃，最后逃入奥地利，被他的世仇奥地利大公爵腓特烈囚禁起来，后来他答应割地赔款，腓特烈才没有把他绑送给蒙古人。赎得自由之身后，拔都还是不放过他，追到天涯海角也要将他逮住。最后贝拉四世逃到亚得里亚海的一个小岛上才得以安身。中欧各国在短短的两三天之内接连两次遭受如此惨痛的战败，波兰人因此认为蒙古人不是凡人，而是上天派遣下凡间惩戒人类的鬼神，称之为“黄祸”。

公元1241年夏秋，西征军各路兵马扎营于多瑙河畔，休整兵马，分兵四处劫掠。当年冬季，多瑙河冻冰后，拔都分军两部渡多瑙河向西扫荡。蒙古攻取克兰大城，四处纵掠，南路蒙古军队此时越过尤利安山脉进入意大利，前锋离当时意大利最强大的城市威尼斯城不到50公里，哨骑已经到达威尼斯城郊，而主力蒙古部队

反映部分俄罗斯贵族不愿接受蒙古文化的油画

也到达了离奥地利首都维也纳仅仅十几公里的地方，维也纳已经关闭城门准备守城战。但是随后窝阔台病逝的消息传到前线。蒙古军队于公元 1242 年全部撤离匈牙利。不过此时从亚得里亚海回到国内的贝拉四世已经无力追击，他首先要做的是设法恢复国家在战争中遭受重创的经济与军事实力。

铁木真的孙子一辈中，拔都虽然可以称得上是天才的军事家，但由于他父亲术赤的血统所累，他依旧没有一窥大宝的机会。因此在窝阔台逝世之后，他一度并不想参加推选蒙古大汗的忽里台大会。只是在速不台“大王于族属为兄，安得不往？”的要求之下，才被迫起程东归。但是在得到和自己不和的贵由继位为汗之后，他又以生病为由停下了脚步，让速不台独自返回。

公元 1243 年初拔都抵达伏尔加河下游东岸，在此修建了萨莱城，从此开始了建立蒙古钦察汗国的工作。尽管中外史书均称赞拔都执法严明，处事敏决，知人善任，蒙古人及征服地的臣民皆称其为“赛因汗”，但是在拔都之后蒙古帝国随即停下了向欧洲进攻的脚步却是不争的事实。

有趣的是蒙古大军的西征并没有令中欧各国更加团结。仅仅一年之后贝拉四世就为了争夺达尔马提亚的几座城市与威尼斯开战。其后又在 1253 年和 1260 年为争夺奥地利和施蒂里亚而与波希米亚国王普什米塞·奥托卡二世进行过两次战争。而一度以难民身份流亡匈牙利的加利西亚大公丹尼尔在回到被蒙古大军摧毁的家园之后首先要面对的也是准备趁火打劫的匈牙利人和波兰人组成的联军。公元 1246 年，这位被乌克兰视为一代中兴明君的王公被召到金帐汗国首都——伏尔加河岸的萨莱，被迫向蒙古称臣。根据乌克兰历史学家奥列斯特·苏布泰利尼的说法，拔都汗递给丹尼尔一杯发酵的马奶，告诉他要适应它的味道，因为“现在你是我们的人了”。

十五、血战冰湖

楚德湖之战和第七次十字军东征

事实上蒙古西征大军尚未撤走，欧洲诸国就宛如食腐动物一般急不可耐地扑向罗斯诸国的残骸。公元1240年7月，一支自称瑞典王国武装的军队，乘坐着上百艘战舰越过波罗的海的波涛直趋幸免于蒙古铁骑之下的罗斯共和国诺夫哥罗德。在后世俄罗斯的史料之中普遍认为这支军队囊括了来自瑞典、挪威和芬兰的精锐部队，兵力多达5000之众。但也有西方史学家提出，自公元1222年国王约翰一世（John I）死后，瑞典国内便呈现群雄并起的内战状态，瑞典对挪威、芬兰等地的征服此时也尚未完成，因此在诺夫哥罗德共和国沿海登陆的军队或许并非来自于瑞典，而是芬兰主教托马斯所领导的一支圣战军团。作为罗马教廷所委任的芬兰教区负责人，托马斯自公元1234年上任以来，便不断借助瑞典王国和邻近的利沃尼亚教区的力量扩张天主教在芬兰的影响。此时这位野心勃勃的主教很可能利用蒙古西征大军横扫罗斯之际，纠集了包括利沃尼亚境内已经并入条顿骑士团的宝剑骑士团余部，以及瑞典、挪威、芬兰等地民兵在内的联军，以支援东正教兄弟的名义扬帆东征。

当然即便芬兰主教托马斯高举圣战大旗，也不得不从现实出发，仔细权衡其军事行动的利弊得失。区区几千人当然不足以灭人族国，因此他将此次行动的目标定在夺取诺夫哥罗德共和国最主要的经济来源——涅瓦河入海口上，通过建立一个稳固的桥头堡向内陆扩张。

对于刚刚经历了蒙古铁骑无情践踏的罗斯人而言，无论来犯的敌人是瑞典国王还是芬兰主教，兵微将寡的诺夫哥罗德共和国内部一片慌乱，坚守不出的呼声一度甚嚣尘上。但来自弗拉基米尔公国（Vladimir）的执政者亚历山大·雅罗斯拉维奇（Alexander Yaroslavich）却深知，这一小股北欧联军背后是磨刀霍霍的天主教世界，自己一旦示弱，对手的援军必定源源不断地涌入自己的国土。

于是年轻的亲王（Knyaz）不待各地的勤王之师汇集便只带了自己的近卫军赶赴战场，在沿途吸收了一干民兵乡勇之后，7 月 15 日上午隐蔽接敌的罗斯军趁着大雾突袭对手的营地。猝不及防之下，来自瑞典、挪威、芬兰的民兵全线崩溃，纷纷跳上战船逃之夭夭。俄罗斯的史料中宣称敌军 5000 人马几乎全军覆没。但从诺夫哥罗德共和国部队仅有 20 人阵亡的数据来看，对手的伤亡可能也非常的有限。

消息传回国内，诺夫哥罗德举国欢腾，民众随即改称亚历山大·雅罗斯拉维奇为涅夫斯基（Nevsky），意为涅瓦河之王。不过涅夫斯基虽然战功赫赫，却难以摆脱自己家族得位不正的原罪。毕竟涅夫斯基是弗拉基米尔大公的后裔，其父雅罗斯拉夫·弗谢沃洛多维奇在位时更多次兴兵攻打诺夫哥罗德。迫于弗拉基米尔公国的强大军势，诺夫哥罗德人才最终接受了一个异国青年为自己的领袖。此时弗拉基米尔公国已经为蒙古西征大军所摧毁，诺夫哥罗德的贵族们自然想要夺回属于自己的权力。

公元 1240 年秋，亚历山大·雅罗斯拉维奇被赶出了诺夫哥罗德。消息一经传出，早已对波罗的海东岸虎视眈眈的天主教世界随即再度挥师东犯。这一次担任主导的是一手打下了利沃尼亚教区的里加主教阿尔伯特的兄长多帕特大主教赫尔曼。

赫尔曼此前曾多次派遣自己弟弟所创立的宝剑骑士团攻入芬兰和诺夫哥罗德境内，此时更利用宝剑骑士团和条顿骑士团合并的有利契机邀请大批条顿骑士团成员从西普鲁士乘船来到里加，抵达昔日宝剑骑士团位于里加一线的城堡，在会合了来自丹麦、爱沙尼亚等地招募的轻装步兵之后浩浩荡荡地开赴战场。兵力雄厚的条顿骑士团先下伊兹伯尔斯克，再陷普斯科夫城（Pskov）。公元 1241 年初，条顿骑士团事实上已经攻占了诺夫哥罗德首都外围，俨然形成了合围之势。

但此时蒙古大军大举深入波兰境内，令部分条顿骑士团不得不回防普鲁士。

走投无路的诺夫哥罗德贵族们不得不选择向此前被驱逐的亚历山大·雅罗斯拉维奇求援。而离开诺夫哥罗德后，亚历山大·雅罗斯拉维奇的处境倒并不窘迫，在莫斯科近郊的佩列斯拉夫尔地区（Pereslavl），亚历山大·雅罗斯拉维奇招揽了诸多昔日弗拉基米尔公国的旧部。因此在接到诺夫哥罗德的求援之时，其麾下已有数千精锐，足可一战。

亚历山大·雅罗斯拉维奇率部重返诺夫哥罗德后，利用条顿骑士团主力回防普鲁士，多帕特大主教赫尔曼麾下的利沃尼亚民兵立足未稳之际，迅速收复了重镇普斯科夫。但随着蒙古西征的大潮退去，条顿骑士团于公元1242年春季再度来袭，并首先于今天爱沙尼亚境内第二大城市塔尔图（Tartu）以南，击溃了一支诺夫哥罗德军队，随即在与驻留当地的利沃尼亚民兵会合之后向诺夫哥罗德的纵深挺进。

亚历山大·雅罗斯拉维奇深知罗斯诸国刚刚为蒙古所部战败，其兵甲无力正面与条顿骑士团相抗衡，于是熟悉地形的他精心挑选了一处对己方有利的战场——由其统率的诺夫哥罗德军队选择了于今天爱沙尼亚与俄罗斯交界的楚德

条顿骑士团成员策马冲上了结着厚厚冰层的湖面

湖（Lake Peipus）以东布阵。果然自以为可以一举打垮对手的条顿骑士团于公元 1242 年 4 月 5 日策马冲上了结着厚厚冰层的湖面。

按照俄罗斯史料的说法，条顿骑士团此时的兵力在 1 万人左右。除了条顿骑士团本部骑士及宝剑骑士团的残部之外，还有为数众多的利沃尼亚民兵和来自丹麦及西欧的雇佣军，可谓兵戎齐整。而根据西方史料的分析，此时的条顿骑士团总兵力可能在 2600 人左右，其中条顿骑士团核心成员仅 100 人，另有 800 名来自丹麦和德意志地区的骑士、300 名丹麦雇佣军、400 名德意志雇佣军以及 1000 人左右的利沃尼亚民兵。

俄罗斯史料和西方给出的数据看似相差很大，但仔细分析却不难看出，西方史学家所给出的数据不仅未包含为这支远征军服务的马夫、厨工、铁匠等非战斗人员，且 100 名条顿骑士团核心成员及来自丹麦和德意志地区的骑士身边的军士、扈从等辅助兵种也并未计算在内。因此如果西方史料中的数据是真实的，那么这支在楚德湖西岸列阵的条顿骑士团大军总兵力可能接近万人。

亚历山大·雅罗斯拉维奇所部的总兵力同样在西方和俄罗斯的史料中存在着两个版本。西方史料认为亚历山大·雅罗斯拉维奇此时麾下约有 5000 人，其中约五分之一为亚历山大·雅罗斯拉维奇在佩列斯拉夫尔地区招揽的弗拉基米尔公国旧部，由其弟弟安德烈·雅罗斯拉维奇（Andrey II Yaroslavich）指挥。此外还有 2000 名诺夫哥罗德步兵以及从附近部族招募的同等数量的游牧骑兵。而俄罗斯方面则宣称此时罗斯联军总兵力在 15000 人以上。

无论采信哪一个版本，亚历山大·雅罗斯拉维奇在兵力方面都占据着一定的优势。但这些仓促上阵的民兵无力与经过长期训练、披坚执锐的欧洲骑士相抗衡。兵员素质上的劣势令亚历山大·雅罗斯拉维奇不得不在战前精心地完成了战术上的设计。亚历山大·雅罗斯拉维奇将自己军队的核心——弗拉基米尔公国旧部部署在抗击条顿骑士团的最前沿。

向来轻视诺夫哥罗德军队的条顿骑士团，对以亚历山大·雅罗斯拉维奇以步兵为主的防御阵列嗤之以鼻，随即展开以上千重装骑士为矛头，丹麦雇佣兵和爱沙尼亚轻步兵紧随其后的突击阵形大举进攻。迎着弗拉基米尔公国步兵射出的阵阵箭雨和投枪，连人带马都包裹在重甲之下的条顿骑士团成员及来自丹麦、德意志的骑士毫无畏惧地冲入了敌军阵中。但令条顿骑士团感到意外的是，面对宛如山崩地裂一般的铁骑冲锋，挡在其进攻轴线上的诺夫哥罗德军队并未望风而逃，而是顽强地以大盾长矛和血肉之躯阻挡着他们的脚步。虽然对这种顽强的战斗意志表示敬佩，但条顿骑士团的重装骑士还是以长矛和剑刃抽丝剥茧般瓦解着对手的阵线，尽管弗拉基米尔公国的士兵们奋勇拼杀，但装备上的劣势还是令战线被迫步步后撤。

战斗进行了近两个小时之后，条顿骑士团终于击溃了对手的前卫，开始对诺夫哥罗德军队的指挥中枢——中军展开突击。亚历山大·雅罗斯拉维奇的弟弟安德烈·雅罗斯拉维奇也被迫指挥自己的亲兵投入战斗。此时在条顿骑士团看来胜利就在手边了。

就在条顿骑士团的重甲骑兵与弗拉基米尔公国军队展开血腥厮杀之际，始终在等待时机的亚历山大·雅罗斯拉维奇从两翼投入了他的预备队。埋伏于两翼的诺夫哥罗德步兵和游牧骑兵突然从侧后杀出，攻入紧随着条顿骑士团前进的利沃尼亚民兵以及丹麦、德意志雇佣兵的阵列。这些隶属于条顿骑士团的步兵面对亚历山大·雅罗斯拉维奇亲自指挥的生力军陷入了苦战。眼见后方有失，条顿骑士团的前锋被迫掉转马头展开回援。但此时这些身披重甲的骑士早已人困马乏，面对亚历山大·雅罗斯拉维奇麾下手持长枪大斧，上钩骑士、下砍马腿的重甲步兵，

条顿骑士团攻入诺夫哥罗德军队的指挥中枢——中军

完全讨不到便宜。而就在条顿骑士团组织了多次进攻仍无法突破对手的包围，大批重装骑兵在光滑的湖面上试图重整队形之际，亚历山大·雅罗斯拉维奇投入了其最后，也是最为精锐的战略预备队——近卫骑兵。

条顿骑士团的步兵被击溃

亚历山大·雅罗斯拉维奇所组建的近卫骑兵，一定程度上借鉴了蒙古军队中的“怯薛”（蒙古语“番直宿卫”之意，后世多指代“禁卫军”）制度，由弗拉基米尔公国、诺夫哥罗德共和国等罗斯诸国的贵族青年组成，他们装备着不弱于欧洲骑士的盔甲、战马和武器，此时以逸待劳地冲入战场，瞬间打破了战神天平之上最后的平衡。更为可怕的是，由于大量人马被压缩在楚德湖中心的狭小区域之内，条顿骑士团脚下的冰层开始出现了龟裂和坍塌。

眼见已无力挽回颓势的条顿骑士团被迫西向突围。但面对亚历山大·雅罗斯拉维奇铁桶一般的包围，最终仅有为数不多的精锐骑士得以逃出生天，大多数利沃尼亚民兵和来自丹麦、德意志地区的雇佣兵惨遭屠戮。根据利沃尼亚编年史记载，此战之中约有 20 名条顿骑士团成员战死，6 名成员被俘。而俄罗斯方面则宣称此战歼灭了超过 500 名来自德意志的骑士，另有 50 名骑士成为亚历山大·雅罗斯拉维奇的阶下囚。当然在这些史料之中，参战的步兵和雇佣军都是可以忽略不计的存在。

在许多讲述楚德湖之战的现代史书中，往往都会提到在条顿骑士团溃败时，由于湖面冰层瓦解而导致了众多重装骑士和步兵被冰湖吞没。但这一说法在相对原始的记录中却并未被提及。可以想见，在同样的战场环境之下，如果出现湖冰崩塌的局面，应该不会独独只有条顿骑士团一方坠入其中。而之所以这一说法日后大行其道，可能是失败一方为了掩饰己方的惨重伤亡，或胜利者树立自身天佑神助形象而有意为之的。

楚德湖之战可以说是中世纪步兵利用地形和战术大胜重装骑兵的一个经典战例。一年之后，条顿骑士团被迫求和。在释放大批战俘的同时，还被迫吐出了原属于诺夫哥罗德的大片土地。至此天主教世界利用蒙古西征之际一举吞并罗斯诸国的计划彻底流产。恼羞成怒的罗马教廷随即派出使者劝说亚历山大·雅罗斯拉维奇应尽快领导东正教世界与来自东方的异教徒决战到底。

这种等同于自杀的要求，亚历山大·雅罗斯拉维奇自然不会听从。公元1246年，包括被乌克兰视为一代中兴名君的加利西亚丹尼尔在内的罗斯诸国贵族齐聚伏尔加河岸的萨莱，向拔都宣誓效忠。此时已经自立为金帐汗国大汗的拔都对亚历山大·雅罗斯拉维奇青睐有加，册封其为基辅大公，六年之后又将

渲染亚历山大·雅罗斯拉维奇在楚德湖之战中天佑神助形象的油画

弗拉基米尔大公的宝座也一并授予。头戴基辅、弗拉基米尔和诺夫哥罗德三顶王冠的亚历山大·雅罗斯拉维奇至此成了无可争议的罗斯之王。尽管出于维护自身统治的目的，亚历山大·雅罗斯拉维奇曾协助蒙古人强迫罗斯诸国接受人口普查，并向蒙古人缴纳赋税，但却也为未来莫斯科公国的崛起打下了坚实的基础。

罗马教廷特使劝说亚历山大·雅罗斯拉维奇与蒙古开战

公元1252年，亚历山大·雅罗斯拉维奇在觐见拔都可汗的归途中病逝。他的形象在日后历届俄罗斯统治者的推崇之下日益神化，甚至最终成为俄罗斯大地的守护神和战神。特别是在第二次世界大战全面爆发前期的1938年，苏联政府投资拍摄了名为《亚历山大·涅夫斯基》的电影，以楚德湖之战隐喻了即将爆发的苏德战争和苏联最终将战而胜之的决心。而兵败楚德湖对条顿骑士团而言固然是一次伤筋动骨的重创，但正所谓“失之东隅，收之桑榆”，在暂时无力东进的情况下，条顿骑士团将更多的精力投入到了对普鲁士的经营以及蚕食波兰和立陶宛的军事行动中去了。

公元1241年，在罗马教廷和腓特烈二世的宫廷之间反复的政治博弈之下。来自德意志西部阿尔特纳尔（Altenahr）地区的小贵族格哈德·冯·马勒堡（Gerhard von Malberg）当选为条顿骑士团第六任大团长。格哈德虽然为家中幼子，但仍比较幸运地从自己母亲的家族那边继承到马勒堡地区的城堡和封地。格哈德有过一段美满的婚姻并有两个儿子。在妻子因病去世之后，格哈德最终选择远离尘世，加入了虔诚而清苦的条顿骑士团。格哈德早年在条顿骑士团的生活已无从考证，唯一可以确定的是，从公元1239年开始其已经跻身条顿骑士团上层，参与了讨论重大事项决议的圆桌会议。其与医院骑士团之间的良好关系更令一心想要促使条顿骑士团与医院骑士团合并的教皇格里高利九世对其青睐有加。而腓特烈二世似乎对于格哈德也颇有好感。公元 1241 年 8 月 22 日，教皇格里高利九世病逝于罗马。格哈德随即作为腓特烈二世的代表前往罗马并参与了新任教皇的选举。

在此后的两年时间里，格哈德始终在腓特烈二世与罗马教廷之间充当沟通的桥梁。直到公元 1243 年 6 月腓特烈二世正式与英诺森四世（Pope Innocent IV）达成和解。格哈德才带着罗马教皇所赠予的圣物“使徒之环”重返普鲁士，重新投身到领导条顿骑士团对外扩张的本职工作中去。但事实证明，格哈德或许是一个优秀的外交官，但并不擅长率军作战。在其领导之下，条顿骑士团介入到了大波兰地区的诸侯内战之中。在劳而无功的情况之下，公元 1244 年 7 月 7 日，格哈德被迫辞去了条顿骑士团大团长的职务，虽然罗马教廷一度试图帮助其谋取圣殿骑士团高层的职务，但格哈德最终选择了彻底退休，并在公元 1245 年病逝。

格哈德・冯・马勒堡离任之后，条顿骑士团公推来自符腾堡（Wurttemberg）的海因里希・冯・霍恩洛厄（Heinrich von Hohenlohe）为大团长，由于这已经是第三位名为海因里希的大团长了，因此后世一般称之为“海因里希三世”。海因里希三世在条顿骑士团中工作多年，早在公元 1225 年便接受时任大团长的赫尔曼・冯・萨尔察的指令，担负护送耶路撒冷女王伊莎贝拉二世前往意大利与腓特烈二世完婚的任务。或许也正是有过这样一段经历，海因里希三世接掌条顿骑士团后便表现出强烈拥护腓特烈二世的政治立场，此举随即引发了条顿骑士团内部的争吵和分裂。

公元 1246 年，海因里希三世再度率军介入大波兰地区的诸侯内战。但依旧没有打开局面。公元 1249 年 6 月 15 日，海因里希三世在从大波兰地区回师西普鲁士的途中病逝。此后条顿骑士团一度选举了身在阿卡的冈瑟・冯・施瓦曾伯格（Gunther von Wullersleben）为第七任大团长。但直到公元 1252 年 5 月 4 日冈瑟・冯・施瓦曾伯格病逝，这位大团长始终没有离开过阿卡。

冈瑟・冯・施瓦曾伯格死后，波普・冯・奥斯特纳（Poppo von Osterna）成为条顿骑士团的第八任掌门人。公元 1227 年加入条顿骑士团的波普・冯・奥斯特纳据说曾参加过抵抗蒙古西征的里格尼茨之战。但在成为条顿骑士团新任大团长之时，波普・冯・奥斯特纳早已离开欧洲大陆，直到公元 1257 年 6 月 9 日才重返德意志，不久便病逝于西里西亚。

条顿骑士团之所以在其政治重心已经转往普鲁士地区的情况下连续两次选举身处阿卡的成员为大团长，很大程度上缘于当时第二耶路撒冷王国所面临的巨大危机。自公元 1228 年腓特烈二世通过签署停战协议的方式从萨拉丁所创立的阿尤布王朝手中收回耶路撒冷以来，这座孤悬于穆斯林控制区内的圣城始终风雨飘摇。与此同时，随着蒙古铁骑的西征，大批来自花剌子模等国的中亚难民涌入近东地区，加剧了当地社会的动荡。

公元 1244 年，阿尤布王朝的苏丹萨利赫・纳吉姆丁为了安置数量庞大的花剌子模难民，更为了加强自己并不稳固的统治，授意其围攻耶路撒冷。6 月 15 日，本就没有多少防御力量的耶路撒冷为花剌子模人所攻占，并在随后的劫掠和屠戮中几乎被夷为平地。10 月 17 日，第二耶路撒冷王国集结了包括三大骑士团在内的数千精兵，试图收复圣城，却在加沙附近的拉佛比地区遭到了比哈丁之战更加惨烈的败仗。值得一提的是，条顿骑士团虽然损兵折将，但由于其主力已不在阿卡，因此损失远少于圣殿骑士团和医院骑士团。

消息传到欧洲，天主教世界再度陷入了一片如丧考妣的悲恸之中。不过此时神圣罗马帝国的皇帝腓特烈二世年事已高，且不得不面对国内此起彼伏的贵族叛乱，因此虽然其子康拉德四世名义上是第二耶路撒冷王国的国王，但对于发动新的十字军东征却是有心无力，而“失地王”约翰死后的英格兰王国同样处于多事之秋，因此有愿望也有能力领导十字军东征的，唯有法兰西的国王路易九世（Louis IX）。

在后世的描述之中，路易九世是一个虔诚的天主教信徒，不仅日夜祈祷、乐善好施，甚至效法耶稣为门徒洗脚的典故，屈尊纡贵亲自给济贫院的盲人洗脚。后世大多认为，路易九世对天主教的热忱缘起其父路易八世的早亡，导致自幼而孤的路易九世不得不从宗教中寻求庇护和指引。但从另一个角度来看，此时的法兰西王国依旧诸侯林立，12 岁便加冕为王的路易九世要维护其统治，唯有通过这种方式来树立“圣路易”的形象。

路易九世从公元 1245 年开始便高举十字架，宣布将为收复耶路撒冷发动新的圣战。但为了筹集军费和动员各方的力量，直到公元1248年路易九世才统率着一支15000人的十字军从法国南部的港口出发。当年冬天，路易九世的十字军在塞浦路斯过冬，并与来自圣殿骑士团、安条克公国的援军会合。各方势力都希望路易九世直接在第二耶路撒冷王国登陆，但路易九世仍决定效仿第五次十字军

路易九世被俘

东征走固有路线，直接在埃及北方沿海登陆，夺取重要港口达米埃塔后再向开罗进军。

对于路易九世所领导的第七次十字军东征，条顿骑士团虽然没有第一时间参与其间，但也始终保持着关注。如果路易九世直捣开罗，条顿骑士团将可能从阿卡一线出兵重夺耶路撒冷，但出乎所有人意料的是，公元 1250 年 3 月，十字军兵败尼罗河流域，路易九世也沦为了阶下囚。

公元 1250 年 5 月 12 日，在支付了巨额赎金之后，获释的路易九世率领着残兵败将逃往阿卡，并逐渐接管了已经许久没有合法统治者的第二耶路撒冷王国。直到公元 1252 年担任法兰西摄政的他的母亲“卡斯蒂利亚的布兰卡”（Blanche of Castile）去世，路易九世才恋恋不舍地离开阿卡。在此期间路易九世不仅广泛地插手第二耶路撒冷王国的内部事务，甚至还与蒙古帝国建立了外交联系。为防止自己的利益受损，条顿骑士团的大团长自然要常居阿卡。而直到第七次十字军东征退潮时，条顿骑士团才最终于公元 1257 年选举了来自图林根的汉农·冯·桑格豪森（Anno von Sangerhausen）为新任大团长。

第四卷

Ⅳ 波罗的海

- 乘虚而入
- 圣战落幕
- 四海为家
- 新的纪元
- 但泽血案

条顿骑士团
全史

十六、乘虚而入

明道加斯时代立陶宛的内战及与条顿骑士团的对抗

汉农·冯·桑格豪森的出身和早年经历在后世的记载中几乎已经无从考证了，世人仅能从其姓氏推断他可能来自于图林根地区一个显赫的贵族世家。公元1254年，汉农被任命为条顿骑士团利沃尼亚地区的负责人。此时楚德湖之战的阴霾已然散去，在利沃尼亚地区逐渐恢复了元气的条顿骑士团所部，虽然不敢贸然去招惹得到金帐汗国支持的诺夫哥罗德，却注意到了其西部的近邻立陶宛境内的纷争不断。

公元1236年，立陶宛于苏勒战役中重创宝剑骑士团，暂时解除了来自外部的威胁，掌管全国的五位上等公爵之间随即爆发了一系列的争权夺利斗争。后世对这一时期所爆发的各种阴谋和动荡知之甚少。唯一可以肯定的是，在一系列的明争暗斗之后，年轻的上等公爵明道加斯（Mindaugas）脱颖而出，自封为全立陶宛的统治者。

为了强化自身在立陶宛国内的领导地位，明道加斯一度试图利用宝剑骑士团元气未复之际，侵占利沃尼亚与立陶宛接壤的库尔兰（Courland）地区。但事实证明缺乏重型武器的立陶宛军队对于代表着天主教信仰的坚固堡垒和修道院往往无可奈何。而就在立陶宛军队在库尔兰地区举步维艰之时，西征的蒙古大军横扫了东欧平原。审时度势的明道加斯随即选择与条顿骑士团媾和，将自己扩张的方向转向东南，利用蒙古军队撤回伏尔加河流域、罗斯诸国七零八落的有利时机，明道加斯兵不血刃地夺取了今天白俄罗斯西北部的新格鲁多克（Navahrudak）、格罗德诺（Grodno）、瓦乌卡维斯克（Vawkavysk）等城堡，并迫使当地的罗斯政权——波洛茨克公国（Duchy of Polotsk）沦为立陶宛的政治附庸。

虽然仅用了短短几年的时间，明道加斯便将相当于今天整个白俄罗斯面积的国土收入囊中，但要想迅速完成对被立陶宛人称之为黑鲁塞尼亚（Black Ruthenia）的新占领土的消化却并非易事。一方面立陶宛人在当地的统治不断受到来自外界的挑战，曾被蒙古大军追赶得犹如丧家之犬的加利西亚大公丹尼尔，此时也重回了自己的领地，逐步夷平了加利西亚公国境内的反对势力，他在恢复生产的同时也盯上了白俄罗斯这块“无主之地”。另一方面，长期以来贵族共治的传统也令诸多立陶宛公爵对明道加斯将新近征服的白俄罗斯地区交给自己的长子瓦伊什维尔卡斯（Vaisvilkas）统治颇有微词，而其中闹得最凶的无疑是曾在苏勒战役中大败宝剑骑士团的萨莫吉希亚公爵维金塔斯。

维金塔斯对明道加斯的反感最初缘于这位兵强马壮的公爵不愿受制于人。而明道加斯为了尽快与条顿骑士团媾和，不惜将萨莫吉希亚地区的领地拱手送人，更加深了两者之间的矛盾。不知道是出于安抚维金塔斯还是有意借刀杀人的目的，公元1248年，明道加斯命维金塔斯与自己的两个侄子——陶特维拉斯、埃迪维达斯出兵攻打斯摩棱斯克地区。

斯摩棱斯克位于今天的白俄罗斯与俄罗斯的交界地带，沃野千里，交通便利，因此维金塔斯等人领受了命令之后欣然大举东进。不料对于这座莫斯科的门户，罗斯诸国也不愿轻易放弃。立陶宛军队先胜后败，最终只能撤回白俄罗斯境内。而明道加斯对于这些败军之将也毫无宽慰，直接宣布将剥夺其领地以问责。被逼入绝境的维金塔斯等人随即公开挑起了反旗，并向条顿骑士团和加利西亚大公丹尼尔求援。加利西亚大公丹尼尔迎娶了陶特维拉斯的妹妹，自然乐于助拳，但条顿骑士团却有意作壁上观。无奈之下，陶特维拉斯不得不于公元1250年前往里加接受洗礼，并承诺自己成为立陶宛统治者后，将勒令全国皈依天主教。

明道加斯深知加利西亚公国此时尚未从蒙古大军的攻伐中恢复过来，大公丹尼尔本人在罗马教廷和金帐汗国之间更是首鼠两端、抽身乏术，其对陶特维拉斯等人的支持非常有限。但条顿骑士团却通过其所控制的利沃尼亚和普鲁士对立陶宛形成了夹击之势，罗马教廷如若出面，更有可能发动一场针对立陶宛的北方十字军征伐。因此在权衡再三之后，明道加斯最终决定主动皈依天主教以换取罗马教廷对自己的支持。公元 1251 年 7 月 17 日，经过一番讨价还价之后，罗马教廷英诺森四世宣布正式设立立陶宛主教区，并同意明道加斯可以稍晚些时候接受洗礼。但令罗马教廷没有想到的是，明道加斯这一拖便长达两年之久。

明道加斯之所以迟迟不愿意加冕完全是在观望局势的发展。在主动投效罗马教廷的同时，明道加斯不惜投入重金贿赂条顿骑士团在利沃尼亚地区的头面人物，最终令条顿骑士团放弃了对自己侄子陶特维拉斯的支持转而派出弩兵等部队协助明道加斯作战。在条顿骑士团的支援之下，明道加斯于公元 1251 年春夏之间赢得了战场的主动权。公元 1252 年前后，维金塔斯病逝。孤掌难鸣的陶特维拉斯更不得不逃往加利西亚公国依附于丹尼尔大公。在明道加斯看来大局已定，因此并不急于接受洗礼。

17 世纪有关明道加斯接受洗礼的宗教画

明道加斯拒不合作的态度令罗马教廷颇为不满。条顿骑士团更要求明道加斯割让立陶宛西部疆域作为此前出兵助战的酬劳。鉴于立陶宛仍未从内战的旋涡中抽身，明道加斯最终于公元 1253 年夏季接受洗礼，并由立陶宛大主教为其完成加冕典礼。而在加冕典礼前后，明道加斯更将包括位于涅曼河口的天然良港克莱佩达（Klaipeda，德国称“梅梅尔”）等立陶宛西部的大片土地交付给了条顿骑士团。

明道加斯的这些看似恭顺的举动最终被证明不过是权宜之计。随着公元1254年明道加斯与加利西亚大公丹尼尔通过分割白俄罗斯土地和结为子女姻亲实现了和解，陶特维拉斯随后也向自己的叔叔投降，明道加斯转而以条顿骑士团需索无度为由，于公元1257年对条顿骑士团在克莱佩达地区所营造的城堡发起了进攻。

刚刚接任大团长的汉农·冯·桑格豪森在仓促之间仅调集了40名骑士和500多名利沃尼亚民兵前往迎战。但这千余人马很快便被立陶宛军队所击溃，12名条顿骑士团成员战死。不过此时主持金帐汗国的拔都病逝，其弟别儿哥继承汗位之后，随即出兵征讨长期摇摆不定的加利西亚大公丹尼尔。担心蒙古铁骑会趁势冲入立陶宛境内，明道加斯被迫中止了对克莱佩达的围攻。直到公元1259年蒙古军队撤回了伏尔加河流域后，明道加斯才再度对利沃尼亚发起了进攻。

由于此时克莱佩达地区的德意志商贾已经与立陶宛建立了广泛的贸易往来，因此明道加斯并没有拿他们开刀，而是直趋利沃尼亚与立陶宛接壤的库尔兰地区。但就在立陶宛军队饱掠一番踏上归途之际，一队条顿骑士团人马试图于拉脱维亚北部城市斯库奥达斯（Skuodas）附近对其展开拦截。

避其锋芒，击其惰归，本是兵家的常态，可惜条顿骑士团兵力有限。在于斯库奥达斯西南展开的一场混战中，33名条顿骑士团成员战死，余者一哄而散。面对士气高昂的部下，明道加斯随即许诺明年春天将再度在库尔兰地区展开新的一番劫掠。

面对明道加斯频繁的袭扰，身为大团长的汉农·冯·桑格豪森恼羞成怒，决定调集条顿骑士团主力与立陶宛人展开殊死一战。经过一个冬天的筹备之后，公元1260年初，条顿骑士团调集了190名骑士和8000人的大军，准备与明道加斯一决雌雄。

仅从兵力而言，条顿骑士团此番集中的兵力可能已然超过了楚德湖之战。如果采取从普鲁士和利沃尼亚两线进军的模式，足以令立陶宛人顾此失彼。但偏偏汉农·冯·桑格豪森出于对利沃尼亚强烈的乡土感情，不仅要求从普鲁士出发的条顿骑士团主力冒着东欧初春的严寒从陆路穿越立陶宛的国土赶到克莱佩达与利沃尼亚方面的部队会合，更在得知立陶宛军队已然出发进入库尔兰地区时，白白放弃了直捣其巢穴或者围魏救赵的良机，要求条顿骑士团全军转向库尔兰。

经过一番疲于奔命的追击，公元1260年7月13日，条顿骑士团于库尔兰西部的杜尔贝湖南岸终于撵上了立陶宛人的主力。但此时遍布沼泽的战场环境对惯于重骑突击的条顿骑士团极为不利。更为致命的是，经历了长达半年远征之后，条顿骑士团士气低落，内部矛盾重重，来自普鲁士和来自利沃尼亚的条顿骑士团成员之间，条顿骑士团与其他欧洲骑士、佣兵之间，条顿骑士团与利沃尼亚民兵之间，在长期的相互指责之中早已失去了信任，因此战斗尚未正式打响，已然注定了条顿骑士团的失败。

面对仅有4000人的立陶宛军队，条顿骑士团还是决定用一场铁骑突击来粉碎对手。但背湖列阵的立陶宛人却爆发出了高昂的战斗意志，顽强地顶住了欧洲重甲骑兵的冲击。而就在战场陷入胶着，条顿骑士团要求利沃尼亚民兵投入作战之际，出乎意料的事情发生了。长期以来任由条顿骑士团驱使的利沃尼亚人竟然倒戈相向，从背后向条顿骑士团成员和来自欧洲的雇佣兵发起了进攻。

条顿骑士团在杜尔贝湖南岸的惨败

腹背受敌的条顿骑士团瞬间陷入了极为不利的境地。面对着立陶宛的战斧和从后方刺来的长矛，战马陷入泥沼之中无法脱身的条顿骑士团成员被逐一杀死。根据战后统计，此战中条顿骑士团有超过 150 名成员战死，杜尔贝战役（Battle of Durbe）也成为自条顿骑士团成立以来最为惨重的战败。

战场上的损兵折将令条顿骑士团在利沃尼亚和普鲁士各地威信扫地，长期被条顿骑士团所压制的土著民族纷纷揭竿而起，如果此时立陶宛趁势发动进攻，那么条顿骑士团多年的经营随时有毁于一旦之虞。惊慌失措之下，大团长汉农·冯·桑格豪森甚至不得不多次以“求援”为名逃离总部。但也恰恰是在杜尔贝战役的辉煌大胜之中，志得意满的明道加斯迎来了自己的索命人。

可能是出于健康的原因，已经 60 岁高龄的明道加斯并未亲临杜尔贝湖南岸的战场。对于日益力不从心的军事征讨，明道加斯委任自己的外甥为前敌统帅。在收获了杜尔贝战役所带来的殊荣之后，其外甥特莱尼奥塔本有意一举荡平条顿骑士团在利沃尼亚地区的所有据点，却不料接到了明道加斯要求其尽快回师的命令。

明道加斯之所以选择见好就收，是因为其曾起兵谋反的侄子陶特维拉斯此时正在白俄罗斯地区秣马厉兵，并与头戴基辅、弗拉基米尔和诺夫哥罗德三顶王冠的亚历山大·雅罗斯拉维奇相接触。眼见苗头不对的明道加斯决心先发制人，因此命特莱尼奥塔率部尽速前往征讨。特莱尼奥塔与陶特维拉斯是表亲关系，同室操戈的罪孽感加上兔死狐悲的不安，令特莱尼奥塔对明道加斯逐渐产生了强烈的恨意。

由于明道加斯错误的决定而对其心怀不满的近亲显然不止特莱尼奥塔一个。公元 1263 年明道加斯的妻子莫尔塔去世，不甘寂寞的明道加斯随即考虑为自己续弦。身为君王，在择偶方面本有不少便利，但偏偏明道加斯看中的是立陶宛北部纳尔希亚公爵道曼塔斯的妻子。

明道加斯之所以甘冒天下之大不韪，做出这番淫人妻女的决定，很大程度是因为道曼塔斯的妻子是亡故的王后莫尔塔的妹妹。但明道加斯这种安置自己对亡妻之爱的方式却严重伤害了道曼塔斯（Daumantas）的感情和颜面。因此在特莱尼奥塔击败并处决了陶特维拉斯之后，道曼塔斯随即与之合谋。两人在刺杀了明道加斯及其两个幼子之后，特莱尼奥塔自立为立陶宛国王，并宣布在立陶宛恢复多神教的信仰。但特莱尼奥塔的统治并不得人心，一年之后他便同样死于暗杀。

道曼塔斯则逃往诺夫哥罗德，被亚历山大·雅罗斯拉维奇的继承人——次子德米特里·雅罗斯拉维奇（Dmitry Yaroslavich）安置在普斯科夫地区。德米特里此举看似过于大方，实则却是有着复杂的政治算计。公元1263年亚历山大·雅罗斯拉维奇死后，家族内部便陷入了其两个弟弟雅罗斯拉夫、瓦西里及其子德米特里争夺继承权的局面。由于得到了金帐汗国的支持，雅罗斯拉夫一度胜出。为了从叔叔手中夺回权力，德米特里迫切需要政治盟友，而普斯科夫本身就是诺夫哥罗德的城市——以慷他人之慨的方式，招揽道曼塔斯及其麾下一干立陶宛人，这笔买卖可谓只赚不赔。

事实证明，走投无路的道曼塔斯在普斯科夫站稳了脚跟之后，也的确成了德米特里的重要政治助力。在皈依了东正教之后，道曼塔斯首先向立陶宛所控制的白俄罗斯地区用兵，并利用其政治影响力和麾下的百战之余夺取了道加瓦河以西的大片土地。随后道曼塔斯又协助德米特里击退了雅罗斯拉夫收回普斯科夫控制权的企图。

亚历山大·雅罗斯拉维奇死后其家族的内部纷争也引起了条顿骑士团的注意。尽管利沃尼亚和普鲁士地区的土著民族起义尚未被完全扑灭，但条顿骑士团仍以诺夫哥罗德内战有蔓延至己方境内为由，于公元1268年春季在丹麦和多帕特主教区的支援之下派出了一支规模颇为可观的远征军，攻入诺夫哥罗德与利沃尼亚交界的爱沙尼亚北部，并在韦森贝格（Wesenberg）附近与诺夫哥罗德军队展开了一场大战。

拉克韦雷战役的结果，条顿骑士团和俄罗斯史料之中出现了两种截然不同的说法。条顿骑士团方面宣称此战之中己方虽然损失了34名成员，但击溃了对手一支5000人的大军，可谓辉煌的“大胜”。而俄罗斯方面则认为，在公元1268年2月18日的交战中，条顿骑士团在正面交锋中并未讨到便宜，但一支游骑却成功地迂回到了诺夫哥罗德军队的侧后。两军在不分胜负的情况下各自收兵，次日天亮之前条顿骑士团主动撤离了战场，才避免了如楚德湖战役那般的全军覆没。

无论真相如何，翌年条顿骑士团方面还是卷土重来，大举围攻了道曼塔斯所控制的普斯科夫。不过此战同样在含糊不明的情况下落下了帷幕，俄罗斯史料宣称道曼塔斯在战斗中俘虏了条顿骑士团在利沃尼亚的负责人奥托·冯·卢特贝里（Otto von Lutterberg），令条顿骑士团方面被迫屈膝求和。但结合当时利沃尼亚地区的局势，条顿骑士团之所以草草收兵，很可能与同一时期立陶宛对利沃尼亚的进攻有关。

在刺杀了特莱尼奥塔、赶走了道曼塔斯之后，立陶宛贵族一度拥立明道加斯的长子瓦伊什维尔卡斯（Vaisvilkas）为王。但瓦伊什维尔卡斯在立陶宛国内缺乏政治根基，不久之后便不得不将政权让渡给了自己的妹夫加利西亚大公丹尼尔之子斯瓦尔恩（Shvarn），而他自己则躲入修道院中。即便如此，瓦伊什维尔卡斯最终仍为斯瓦尔恩派出的刺客所杀。毕竟作为一个外来者，斯瓦尔恩畏惧活着的瓦伊什维尔卡斯会为立陶宛国内的野心家所利用，成为反对自己的旗帜。

斯瓦尔恩显然错误地估计了局势，明道加斯子嗣的悉数亡故反而令立陶宛的贵族们放开了手脚。公元1269年，一个名为特莱德尼斯（Traidenis）的立陶宛贵族自立为王，并于同年秋季对利沃尼亚展开了大规模的征讨。此时的立陶宛虽然不复明道加斯时代的强盛，但条顿骑士团也同样深陷于席卷普鲁士和利沃尼亚两地的土著部落大起义之中，加之条顿骑士团在利沃尼亚地区的主力正在奥托·冯·卢特贝里的率领下远征普斯科夫，因此留守后方的条顿骑士团成员无力抵挡立陶宛人的进攻，只能被迫固守里加，任由特莱德尼斯在利沃尼亚四处劫掠。

不知道是有意引诱条顿骑士团出击还是觊觎当地相对完好的城镇，公元1269年冬季，特莱德尼斯竟然率部越过了冰封的波罗的海，攻入里加湾以北的萨雷马岛等岛屿并在萨雷马岛以东的穆胡岛（Muhu）越冬。此时奥托·冯·卢特贝里率领远征军回援。仔细分析了局势之后，奥托·冯·卢特贝里认为立陶宛人远离本土且兵进绝地，正是一举围歼的好机会，因此统率条顿骑士团及丹麦王国、多帕特主教区联军，大举进逼立陶宛人的冬营。

公元1270年2月16日，条顿骑士团逼近立陶宛人的营地，奥托·冯·卢特贝里自认胜券在握，命令丹麦军队据守左翼、多帕特主教区人马组成右翼，条顿骑士团居中突击。面对奥托·冯·卢特贝里的攻势，立陶宛人以雪橇组成防线，不断用长矛将条顿骑士团成员挑于马下。眼看正面无力形成突破，奥托·冯·卢特贝里随即命令两翼的部队投入战斗，不料此时特莱德尼斯早已将立陶宛人的主力部署在后方的森林之中，条顿骑士团的部队从两翼投入战场之后，立陶宛人突然从侧后杀出，瞬间便吞没了条顿骑士团的指挥中枢。奥托・冯・卢特贝里当场战死，多帕特大主教赫尔曼（与阿尔伯特的兄长同名，但并非同一人）重伤而逃。

在这场被称为卡鲁塞战役（Battle of Karuse）的惨败之中，条顿骑士团损失了 52 名成员和超过 600 名步兵，但按照利沃尼亚编年史的说法，立陶宛人也损失了超过 1600 人。尽管后世普遍认为条顿骑士团夸大了给对方造成的损失，但此战之后，立陶宛和条顿骑士团之间的确出现了一段时间的攻防易手。公元 1272 年，条顿骑士团攻入萨莫吉希亚地区，并于次年在拉脱维亚东南部建立起了名为迪纳堡（Dinaburga）的前方基地。

此后以迪纳堡为基地，条顿骑士团利用特莱德尼斯与斯瓦尔恩等人争夺立陶宛的纷争，不断深入立陶宛的腹地展开劫掠，并试图进一步垄断道加瓦河流域的贸易网络。直到公元 1276 年特莱德尼斯与斯瓦尔恩握手言和之后，才腾出手来对抗骑士团。公元 1279 年 3 月 5 日，特莱德尼斯亲率立陶宛军队主力在拉脱维亚南部的艾兹克劳克莱突袭刚刚从立陶宛回师，正在分发战利品的条顿骑士团营地，猝不及防的条顿骑士团一败涂地，包括条顿骑士团利沃尼亚地区负责人厄恩斯特・冯・拉斯伯格（Ernst von Ratzeburg）在内的 71 名成员被杀。

艾兹克劳克莱战役（Battle of Aizkraukle）之后，立陶宛与条顿骑士团之间重新达成了攻防的均势，公元 1281 年，特莱德尼斯攻占了里加东南的耶尔西卡（Jersika）地区，并试图以之交换条顿骑士团重兵据守，自己久攻不下的迪纳堡。可惜特莱德尼斯此时已然身患重病，时日无多。公元 1282 年左右，特莱德尼斯病逝，立陶宛随即再度陷入了群雄割据的混战之中。而此时的条顿骑士团同样为第二耶路撒冷王国的局势所牵制，双方的战事也因此进入了偃旗息鼓的阶段。

十七、圣战落幕

圣巴萨战争和十字军东征时代的终结

公元1283年8月19日，条顿骑士团第十一任大团长哈特曼·冯·赫勒堡根（Hartmann von Heldrungen）病逝于阿卡。尽管哈特曼的出生年代不详，但由于其在公元1238年前后便已出现在了条顿骑士团的相关记录之中，因此后世普遍认为其病逝之时年事已高，甚至有些史学家认为其寿近百岁。

哈特曼在加入条顿骑士团之前是直接效忠于神圣罗马帝国皇帝的小领主，这些人在德意志地区被称为自由骑士。在中世纪前期，自由骑士曾是神圣罗马帝国王权的象征，但在进入13世纪之后，随着德意志地区庄园经济的衰落，自由骑士的生活日益破落。长期挣扎在温饱线上的困境令大批自由骑士被迫出卖土地，将土地转让给大领主的自由骑士从此沦为政治附庸，而将庄园交给教会的则成为修士或圣战骑士。哈特曼·冯·赫勒堡根及其兄弟赫尔曼·冯·赫勒堡根便可能是后者。

自由骑士的破产，一定程度上加剧了腓特烈二世死后霍亨斯陶芬家族的衰弱。借助于腓特烈二世长子康拉德四世及其弟曼弗雷德之间的内讧以及效忠教廷的法兰西王室的支持，罗马教廷将霍亨斯陶芬家族的势力全面赶出了意大利。随着公元1268年10月29日康拉德四世的私生子康拉丁（Conradin）在意大利兵败被杀，显赫一时的霍亨斯陶芬家族就此分崩离析。

自由骑士的普遍破产、霍亨斯陶芬家族的衰亡及公元1254年康拉德四世病

康拉丁于意大利兵败被杀，预示着霍亨斯陶芬家族的消亡

逝之后长达近 20 年的大空位时代，却也在一定程度上推动了条顿骑士团的发展。正是大量自由骑士的加入，令条顿骑士团拥有了取之不尽、用之不竭的后备兵员，足以支撑其从利沃尼亚地区一次次惨重的失败中迅速恢复元气，在保持对立陶宛压制的同时，全力扑灭普鲁士和利沃尼亚等地土著民族一次次的揭竿而起。而哈特曼·冯·赫勒堡根早年的主要工作就是在萨克森等地不断吸纳和自己同样破产的自由骑士加入条顿骑士团的大军，他以之为政治资本，跻身骑士团二号人物。而由于时任大团长汉农·冯·桑格豪森长期忙于外交事务，因此坐镇利沃尼亚的哈特曼·冯·赫勒堡根事实上主持了条顿骑士团的日常事务。汉农·冯·桑格豪森之所以迟迟没有返回利沃尼亚，一方面固然是因为自己主政时期连败于立陶宛，留下了一个无法收拾的烂摊子。另一方面则是因为此时，法兰西国王路易九世为报第七次十字军东征在埃及被阿尤布王朝被俘之仇，正在法国籍教皇克雷芒四世（Pope Clement Ⅳ）的支持下竭力推动第八次十字军东征。借助罗马教廷与神圣罗马帝国霍亨斯陶芬家族的对立，公元 1266 年 2 月 26 日，路易九世的

弟弟“安茹的查理”（Charles of Anjou）于意大利南部城市贝内文托（Benevento）击败并阵斩了领有西西里王国的腓特烈二世的儿子曼弗雷德（Manfred），将其封地揽入怀中。路易九世认为自己有望成功地收复圣城耶路撒冷。尽管西西里王国曾在历次十字军东征中都扮演着绝佳跳板的角色，但路易九世所处的时代，整个意大利、地中海乃至近东的局势已与腓特烈二世当年有着天壤之别。

公元1256年，威尼斯和热那亚为争夺阿卡附近一处供奉圣巴萨的东正教修道院（Holy Lavra of Saint Sabbas the Sanctified，今天称之为玛尔巴萨，Mar Saba）而爆发冲突，随即引发了一场有第二耶路撒冷王国内部各派势力加入并逐渐扩大的圣巴萨战争（War of Saint Sabas）。表面上看起来，圣巴萨修道院地处军事要冲，且具有完整的防御工事，的确具有一定的战略和经济价值。但威尼斯和热那亚之所以会围绕其鏖战十余年，背后却有着更为复杂的地缘政治和商业纷争。

威尼斯和热那亚都可谓十字军运动的忠实参与者，自第一次十字军东征以来，以之为首的意大利贸易城邦或承担着源源不断运送后方补给的重任，或直接以舰队受雇于十字军统帅，为其劈波斩浪、负弩前驱。而这一切的背后，与其说是感应于天主的召唤，不如说是受到经济利益的驱使。而经过上百年的积聚，威尼斯和热那亚也在近东地区创立了一个庞大的贸易网络，并从中获得了丰厚的回报。

但这些我们称之为“十字军红利”的经济收益却随着时间的推移而逐渐呈现出衰竭的趋势。一方面，连续多次十字军东征的劳而无功令欧洲贵族对十字军运动的兴趣日益消退，那些不惜倾尽家产也要前往耶路撒冷的虔诚圣战士和朝圣者在威尼斯和热那亚的码头逐渐失去了踪影。

当然区区几个船钱本就不是贸易城邦巨额利润的主要来源，借助着历次十字军东征在东地中海沿岸打下的商业据点和殖民地，威尼斯和热那亚从欧亚大陆之间繁忙的转口贸易中赚得盆满钵满。可惜这一局面也并未维持太久。随着蒙古铁骑的到来，欧亚大陆原有的贸易体系被彻底打乱，如花剌子模的纺织品等亚洲商品变得一货难求，而从欧洲运抵近东各港口的货物则无人问津。

面对日益恶劣的生存环境，威尼斯和热那亚一方面不断派出精干的商团前往黑海沿岸，甚至沿着丝绸之路东进，寻求与蒙古帝国建立长期贸易往来的可能——他们之中虽然也涌现出了如马可·波罗这样的成功者，但大多埋骨于荒沙大漠之间。另一方面为了彻底垄断东地中海的贸易网络以便榨取日渐枯萎的最后一点利润源泉，威尼斯和热那亚也在全力备战，秘密招揽同盟，时刻准备给对手以致命一击。第二耶路撒冷王国内部的政治格局，也为圣巴萨战争的全面爆发提供了合适的土壤。公元 1254 年 5 月 21 日，法理上拥有第二耶路撒冷王国王冠的德意志国王康拉德四世死于热病，各派势力随即以这顶空悬的王冠为目标展开了明争暗斗。从血统上来说，兼具安条克和塞浦路斯两地血脉的塞浦路斯国王休三世（Hugh III of Cyprus）自然最有资格继承第二耶路撒冷王国，但自腓特烈二世迎娶耶路撒冷女王伊莎贝拉二世开始，阿卡当地贵族便已习惯了这种无主之地的状态。因此康拉德四世一死，各派势力便都渴望借助威尼斯或热那亚的势力击溃对手，自立为王。

三任耶路撒冷摄政的阿苏夫领主“伊贝兰的约翰”（John of Ibelin）联络入主提尔的法国南部贵族“蒙特福特的菲利普”（Philip of Montfort）以及医院骑士团与热那亚结盟。而控制着雅法和阿斯卡隆的“雅法的约翰”（John of Jaffa）则带领着圣殿骑士图同威尼斯共进退。

公元 1257 年，威尼斯人首先发难，于阿卡的港口内摧毁了热那亚人的舰队，随即在各方盟友的支持下，对热那亚人控制的圣巴萨修道院展开围攻。但此时热那亚在圣巴萨修道院内已经集结了 800 名士兵和五六十门弩炮，因此威尼斯人虽然动员了其在阿卡城内的所有力量以及盟友比萨城邦的军队，甚至雇佣当地贵族的弩兵参战，但仍无力夺取热那亚人坚守之下的堡垒。而由于可以从提尔等第二耶路撒冷王国内的盟友城市获得补给，热那亚人也无惧对手的围困，坚守了圣巴萨修道院近两年之久。

公元 1258 年 6 月，就在威尼斯的围攻后继乏力之际，一支由 48 艘平底大船和 4 艘武装帆船组成的热那亚舰队抵达阿卡。“蒙特福特的菲利普”也随即撕下了中立的伪装，率部从封地出发与热那亚人会合。进退两难的威尼斯人不得不撤出阿卡。

就在热那亚及其盟友为独占阿卡而弹冠相庆之际，于公元 1252 年取代阿尤布王朝而主导埃及、巴勒斯坦、叙利亚等地的马穆鲁克王朝（Mamluk Sultanate）趁势对第二耶路撒冷王国发动了攻势。马穆鲁克本是法蒂玛王朝和阿尤布王朝时期由奴隶组成的近卫军之名。在阿尤布王朝统治末期，由于连番的内讧和对外征战，马穆鲁克强势崛起，最终取代了昔日的主君成为庞大帝国的主人。

马穆鲁克王朝早已有心对第二耶路撒冷王国展开攻势，只是受制于旭烈兀所展开的第三次蒙古西征的牵制才迟迟没有发难。公元1259年，蒙哥在征伐南宋途中死于四川钓鱼城下，旭烈兀东返试图争夺汗位。马穆鲁克王朝才于公元1260年9月3日击败了旭烈兀留在叙利亚地区的怯的不花所部偏师。

解除了蒙古西征军的威胁之后，公元1263年初夺取马穆鲁克王朝主导权的拜巴尔一世（Baybars）统率大军攻向阿卡。此时第二耶路撒冷王国刚刚在圣巴萨战争中严重失血，内部更是一盘散沙。尽管在阿卡城下拜巴尔一世仰攻不利，迅速撤围而去，但其随后很快便攻克阿苏夫、阿特利特、海法和采法特等重镇，据守当地的医院骑士团和圣殿骑士团成员不是投降后被变卖为奴，便是拼死抵抗惨遭屠戮。

最终拜巴尔一世没有再度兵临阿卡城下，但第二耶路撒冷王国经此一役之后也是元气大伤。更为致命的是，马穆鲁克王朝的大军刚刚撤走，公元1264年威尼斯人便气势汹汹地将舰队驶入了提尔港内，并以之为据点向盘踞在阿卡的热那亚人发起了进攻。在第二耶路撒冷王国内的各派势力均忙于舔舐马穆鲁克王朝所造成的伤口，无力介入的情况下，威尼斯和热那亚各自雇佣大批穆斯林相互攻伐。公元1266年，被赶出阿卡的热那亚人甚至不惜主动与拜巴尔一世结盟，宣称愿意用战舰运送一支马穆鲁克王朝军队从埃及直趋阿卡城下。尽管这一提议最终未能变成现实，但毫无疑问，对于拜巴尔一世而言，他乐见第二耶路撒冷王国境内的这场混战无休止地进行下去。

公元1267年，热那亚人在攻占了阿卡港外重要的堡垒门帘塔（Tower of Flies）并封锁港区12天之后，威尼斯舰队终于被迫撤离。热那亚人似乎终于笑到了最后。但是胜利的代价却是将近2万人死于这场圣巴萨战争。一年之后，在第二耶路撒冷王国无力救援的情况，拜巴尔一世逼降安条克，入城之后更大肆屠戮劫掠，将这座代表着十字军东征历史的名城夷为平地。

从圣巴萨战争的爆发到安条克公国的陨落，令急于通过再次领导十字军东征来树立自身欧洲霸主形象的法兰西国王路易九世于公元 1267 年连续两次接受高举代表圣战的十字架。但欧洲诸国对此并无太大的兴趣，仅有西班牙北部阿拉贡王国的詹姆斯一世（James I of Aragon）于公元 1269 年 9 月率领着一支十字军从巴塞罗那出发，但不久之后也因遭遇风暴而不得不折返。

尽管应者寥寥，但路易九世还是一意孤行。公元 1270 年 7 月 1 日，一支庞大的法兰西舰队从南部港口艾格莫尔特（Aigues-Mortes）起航。但直到出发前不久，有关此次军事行动的目的地仍在争论之中。路易九世的本意是沿着自己祖父腓力二世的路线经西西里、塞浦路斯直趋阿卡。但其弟“安茹的查理”却力主向南进攻突尼斯。对此后世大多认定“安茹的查理”因为刚刚由罗马教廷加冕为西西里国王，因此不希望自己的哥哥过多染指自己的领地。同时西西里王国境内诸多心怀霍亨斯陶芬家族的旧臣也以突尼斯为基地，威胁着“安茹的查理”的统治。

撇开这些政治上的算计，“安茹的查理”的建议从军事上来看倒并非全无可取之处。此时的第二耶路撒冷王国风雨飘摇，难以支撑一支庞大十字军的补给需求。法兰西军队劳师远征也难免人困马乏，最终等待路易九世的可能又是一次惨痛的失败。而在马穆鲁克王朝新近征服的突尼斯登陆，不仅将极大地缩短兵力投送的距离，更能对拜巴尔一世形成极大的牵制。因此路易九世最终被自己的弟弟

路易九世病逝突尼斯

说服了。

7月18日，路易九世亲率的十字军主力在突尼斯登陆，并在著名的迦太基城的废墟之上安营扎寨，等待“安茹的查理”率领西西里王国的军队前来会合。但盛夏的北非酷热难当，水土不服的法兰西军队抵达后不久便大批地病倒，路易九世本人也未能幸免。在挣扎了一个多月后，8月25日路易九世病逝军中，而直到其离世，“安茹的查理”及他的军队才刚刚抵达突尼斯。

接掌了十字军指挥权的“安茹的查理”无心在突尼斯继续与马穆鲁克王朝缠斗，公元1270年10月30日，经过一番讨价还价之后，马穆鲁克王朝以保障法兰西商贾在突尼斯的经济利益并不再庇护从西西里出逃的霍亨斯陶芬家族旧臣为条件，换取了“安茹的查理”从突尼斯的全面撤军。

“安茹的查理”以自己兄长及数以千计士兵的性命为自己打压政敌的举措引发了十字军内部的强烈不满，以个人身份参与第八次十字军东征的英格兰王太子“长腿爱德华”（Edward Longshanks）在大军撤回西西里后趁势公然鼓噪，成功地赢得了大多数十字军的追随。身为英格兰国王亨利三世的长子，“长腿爱德华”在英格兰的史书之中可谓文武全才：他身材匀称，比常人高出一头，气宇轩昂，五官端正，美中不足的只是像他父亲那样左眼睑下垂；尽管口吃却长于雄辩，因为他的手势潜藏着丰富的言辞，他有着武士的强健双臂，两条长腿能紧夹马鞍，江湖人送“长腿”的美名。爱德华一生钟情于战争和比武，尤其酷爱打猎，甚至追逐牡鹿

后世美化之下的“长腿爱德华”

时不用猎狗，也不投枪，而是纵马疾驰，直到亲手砍死那不幸的动物为止。尽管这些溢美之词包含了多少水分世人不得而知，但仅从“长腿爱德华”的一系列政治作为来看，便可知此人的政治智慧之高远非昔日同样好勇斗狠的“狮心王”理查一世可比。

“长腿爱德华”之所以仅以个人身份加入第八次十字军东征，是因为其在此前席卷英格兰的第二次伯爵战争中手刃了反对派贵族领袖西蒙·德孟福尔，虽然一举镇压了敌对势力，但“长腿爱德华”仍不免为国内大小贵族势力所忌恨，如果继续留在国内，未必不会为暗箭所伤。因此爱德华离开英格兰加入十字军，表面上看是与其祖辈的“狮心王”理查一样为了追逐荣誉而置王国于不顾的莽夫行径，实则却是“重耳在外而安”的避祸之举。何况按照罗马教廷最近的解释，参与十字军者无论是否到达耶路撒冷，其所犯下的罪行都将得到上帝的宽恕。因此“长腿爱德华”同时也借机暗示自己对杀死西蒙·德孟福尔表示悔过，以达到收买人心的目的。

在“长腿爱德华”宣布自己将直趋阿卡，为拯救第二耶路撒冷王国而战时，路易九世所纠集的十字军中当即有 225 名骑士积极响应。眼见自己兄弟两人一手组建的十字军有可能落入这个巧舌如簧的英格兰人手中，“安茹的查理”也只能从善如流，表示愿意与“长腿爱德华”一同奔赴阿卡。尽管此时路易九世所组织的十字军主体并没有太大的改变，但由于统帅和作战目标的改易，后世仍将其单列为第九次十字军东征。

公元 1271 年 3 月，“长腿爱德华”统率着一支千余人的前锋部队，经过塞浦路斯抵达阿卡。此时马穆鲁克王朝的军队正以安条克公国的废墟为基地对的黎波里伯国展开围攻。“长腿爱德华”随即率部北上，抵达条顿骑士团位于阿卡以北的总部蒙特福特堡。“长腿爱德华”之所以选择蒙特福特堡，除了其地理位置恰好位于阿卡和的黎波里伯国之间外，很大程度上还缘于条顿骑士团并未卷入此前的圣巴萨战争，相较于跟随威尼斯和热那亚相互对立，随后又惨遭马穆鲁克王朝重创的圣殿骑士团和医院骑士团而言，还保持着相对强大的战斗力，公元 1266 年，条顿骑士团驻守蒙特福特堡的部队曾一度击退了拜巴尔一世麾下不断摧城拔寨的大军。因此“长腿爱德华”自信可以依托蒙特福特堡，不断从外线给予围攻的黎波里伯国的对手以打击。

“长腿爱德华”猜中了故事的开头，却没料想到自己的行动所引发的一系列连锁反应。围困的黎波里伯国的部队不断遭到“长腿爱德华”的袭扰，拜巴尔一世决定不惜代价拔除蒙特福特堡。面对兵强马壮且携带了大量攻城机械的对手，条顿骑士团在蒙特福特堡坚守了15天之后不得不选择开城投降。幸运的是，这一次拜巴尔一世没有违背自己的承诺，撤出蒙特福特堡的条顿骑士团成员得以携带着城内的财物和大量典籍顺利进入阿卡避难。

蒙特福特堡失守之后，“长腿爱德华”不得不以阿卡为基地，一边继续以攻击马穆鲁克王朝控制之下的拿撒勒等城市牵制拜巴尔一世，一边不断派出外交使者，除了寻求塞浦路斯、热那亚等利益相关方的支持之外，“长腿”爱德华还向旭烈兀东返之后于中东地区建立的伊尔汗国及位于高加索南麓的亚美尼亚王国求援。其中前往亚美尼亚的正是条顿骑士团的大团长汉农·冯·桑格豪森。

此时旭烈兀已于公元1265年去世，伊尔汗国由其长子阿八哈执掌。阿八哈继承了旭烈兀的勃勃野心以及对天主教世界的好感，但伊尔汗国自建立以来，便因地缘政治以及拖雷系与成吉思汗其他后裔的矛盾而先后与金帐汗国、察合台汗国敌对，因此阿八哈虽然在信件往来中与“长腿爱德华”达成了东、西夹击马穆鲁克王朝的约定，但伊尔汗国于公元1271年10月派往叙利亚参战的仅有不足1万骑兵。

利用拜巴尔一世的注意力为伊尔汗国所牵制的有利时机，“长腿爱德华”在阿卡纠集了一支由塞浦路斯王国军队、圣殿骑士团、医院骑士团、条顿骑士团以及由其弟兰开斯特伯爵埃德蒙·克罗奇贝克（Edmund Crouchback）带来的英格兰援军组成的庞大联军，围攻阿卡以北的马穆鲁克王朝据点夸昆。由于拜巴尔一世所部主力正在幼发拉底河流域对抗伊尔汗国，因此夸昆地区仅有为数不多的花刺子模骑兵驻守。面对“长腿爱德华”麾下的大军，夸昆守军最终不得不开城投降。但长期为马穆鲁克王朝所压制的恐惧和愤怒，令十字军方面毫无怜悯之心，据说在进入夸昆之后，十字军屠戮了超过1500名俘虏，并带走超过5000头的牲畜作为战利品。

夸昆战役之后，击退伊尔汗国的拜巴尔一世放弃了对的黎波里伯国的围攻，

“长腿爱德华”在阿卡城内遇刺

全力猛扑驻守阿卡的“长腿爱德华”所部十字军主力。在一系列小规模的拉锯战没有占到上风之后，马穆鲁克王朝纠集了一支庞大的舰队试图直扑塞浦路斯，切断“长腿爱德华”的后路。但海战并非马穆鲁克王朝所长，随着拜巴尔一世的舰队覆灭于塞浦路斯近海，一度雄心勃勃、试图倾覆第二耶路撒冷王国的拜巴尔一世被迫向“长腿爱德华”求和。

公元 1272 年 5 月，十字军与马穆鲁克王朝签署了一份有效期为 10 年 10 个月又 10 天的停战协议。“长腿爱德华”之所以选择在形势对己方颇为有利的情况下接受与拜巴尔一世和谈，很大程度上缘于此时第二耶路撒冷王国波诡云谲的内部环境。

在阿卡陷于困境，朝不保夕的情况下，除了“长腿爱德华”之外，各方势力都不愿来蹚浑水。但随着马穆鲁克王朝的攻势后继乏力，为了争夺第二耶路撒冷王国的主导权，西西里国王“安茹的查理”、塞浦路斯国王休米三世纷纷主动跑来“主持大局”，劳苦功高的“长腿爱德华”反而成了各方势力皆欲除之而后快的角色。

公元 1272 年 6 月，“长腿爱德华”在阿卡城内遇刺。尽管“长腿爱德华”勇武过人，最终手刃了刺客，但被有毒的匕首刺中不得不前往西西里治疗。随后英格兰国王亨利三世去世，“长腿爱德华”不得不取道意大利和巴黎返回故土，并于公元 1274 年 8 月 19 日继任为英格兰之王。而关于在阿卡刺杀他的杀手究竟来自何方，各方众口一词说是受拜巴尔一世所指派。但如果拜巴尔一世是为了剪除“长腿爱德华”以便撕毁协议、重启战端的话，那么缘何在“长腿爱德华”归国之后，拜巴尔一世仍执意将停战协议维系下去呢？

“长腿爱德华”离去之后，第九次十字军东征事实上已然结束，但“安茹的查理”身为十字军名义上的统帅却并没有在停战协议签署后离开阿卡，相反还以拯救第二耶路撒冷王国的英雄自居，并通过拥有耶路撒冷王室血统的安条克公主玛丽亚（Maria of Antioch）与塞浦路斯国王休米三世分庭抗礼，公开争夺第二耶路撒冷王国的统治权。

就在各方势力剑拔弩张之际，汉农·冯·桑格豪森病逝于阿卡城内。同样年迈的哈特曼·冯·赫勒堡根继任为条顿骑士团大团长。面对圣殿骑士团和医院骑

第九次十字军东征的终结，预示着十字军运动的没落

士团相继卷入“安茹的查理”与休米三世的内战，哈特曼·冯·赫勒堡根领导的条顿骑士团始终保持着中立。其中原因除了霍亨斯陶芬家族衰亡之后来自德意志的条顿骑士团在第二耶路撒冷王国内依旧没有自己的政治领袖之外，更为重要的是条顿骑士团此时在普鲁士和利沃尼亚的领地运转良好，无须像圣殿骑士团和医院骑士团那般为争夺阿卡的一隅之地而沦为各方势力的佣兵。

十八、四海为家

阿卡的陷落和条顿骑士团的威尼斯时代

公元 1277 年，得到“安茹的查理”委任的第二耶路撒冷王国代政官“圣塞韦里诺的罗杰”（Roger of San Severino）在医院骑士团和威尼斯商团的支持之下击败了塞浦路斯国王休米三世在当地的代理人阿苏夫领主“伊贝兰的约翰”，“安茹的查理”由此公然将耶路撒冷王国的徽章烙上了自己的盾牌。但这位雄心勃勃的王侯有太多的敌人需要打倒，有太多的领地需要征服，其对阿卡的兴趣也就仅限于这样一个虚妄的徽章而已。

“安茹的查理”在意大利与热那亚人对立，在巴尔干半岛为了巩固其所抢占的阿尔巴尼亚地区而与公元 1261 年夺回君士但丁堡，重建拜占庭帝国的米海尔八世（Michael VIII）结盟。在夺取了第二耶路撒冷王国的统治权之后，“安茹的查理”曾有意联合威尼斯人发动一场针对拜占庭帝国的十字军东征，重建拉丁帝国。尽管这一疯狂的念头最终因得不到罗马教皇的支持而作罢，但“安茹的查理”的勃勃野心还是引起了各方势力的警惕和敌视。就在“安茹的查理”试图以其控制的西西里王国为中心打造一个地中海帝国之际，公元 1282 年 3 月 30 日，西西里岛北部港区城市巴勒莫的一所教堂门外发生了针对法国驻军的袭击事件，随后骚乱的火种伴随着各地教堂的钟声点燃了整个西西里岛，短短的六个星期之后，“安茹的查理”在岛上的数千驻军、官吏及其家属被屠戮殆尽。此次事件史称“西西里的晚钟”。根据后世一些历史学家的还原，事情的缘起可能是因为当天时值

19 世纪意大利画家笔下的“西西里的晚钟”事件

复活节，无所事事的法兰西驻军借着酒兴混入拥挤的人群，对当地的妇女上下其手，引来了西西里男人们的拔剑相向。但这一起偶然事件之所以会演变成席卷全岛的大骚乱，却是因为西西里人对“安茹的查理”积怨已深。

西西里人对于“安茹的查理”取代霍亨斯陶芬家族执掌王国本没有什么恶感，但霍亨斯陶芬家族的政治重心长期都在德意志地区和意大利北部，对西西里王国的统治更多采取的是放任自流的政策。而“安茹的查理”却在当地到处安插了来自法兰西的官员，几乎堵塞了所有西西里贵族的仕途。而为了豢养自己日益膨胀的武装力量和支付东征西讨的巨额军费，“安茹的查理”更对西西里人展开了竭泽而渔般的压榨，最终令诸多西西里贵族只能以霍亨斯陶芬家族旧臣的身份逃往突尼斯，寻求马穆鲁克王朝的庇护。但就是这条出路最终竟也在第八次十字军东征之后被“安茹的查理”给堵死了。西西里人对“安茹的查理”的痛恨自然也引起了其敌人的注意。拜占庭帝国的米海尔八世联络此前被“安茹的查理”击败的西西里国王曼弗雷德的女婿阿拉贡的彼得三世（Peter III of Aragon）共同向西西里岛内的反法势力提供资金和武器方面的支持。而在“西西里的晚钟”事件发生之后，早有准备的彼得三世更接受西西里人的邀请，亲率大军迅速入主了这座岛屿。

“西西里的晚钟”不仅令“安茹的查理”损失了岛上的驻军和一干核心官僚，更令其遍布地中海的领地失去了轴心和支撑。虽然其第一时间控制了与西西里岛隔海相望，同属于西西里王国的那不勒斯地区，但是收复西西里岛的军事行动却一波三折始终无法打开局面。为了集中兵力，“安茹的查理”被迫于当年从阿卡召回了自己的“圣塞韦里诺的罗杰”和大部分驻军，在阿卡城内仅留下了“圣塞韦里诺的罗杰”的副官奥多·波瑞纳金（Odo Poilechien）及寥寥无几的法兰西士兵，而此时距离昔日“长腿爱德华”和拜巴尔一世所签署的10年又10个月又10天的停战协议终结，已经没有剩下多少时间了。

彼得三世在西西里岛登陆

“圣塞韦里诺的罗杰”主政阿卡时期，秉承着“安茹的查理”的旨意始终保持对马穆鲁克王朝敬而远之的态度。而正是利用第二耶路撒冷王国的孱弱，马穆鲁克王朝顺利地度过了公元1277年拜巴尔一世死后的政治动荡期，并于公元1281年10月29日，在决定性的第二次霍姆斯之战（Second Battle of Homs）击溃了大举来犯的伊尔汗国军队。讽刺的是，曾经接受“长腿爱德华”求援，有力地牵制了马穆鲁克王朝的伊尔汗国君主阿八哈，在第二次霍姆斯之战前曾多次写信向第二耶路撒冷王国寻求帮助，但“圣塞韦里诺的罗杰”都置之不理，仅有医院骑士团派遣了一支规模不大的远征军前往助战。而随着阿八哈于公元 1282 年 4 月 1 日的去世，伊尔汗国也陷入了王弟帖古迭儿与王子阿鲁浑的纷争之中，无力继续对马穆鲁克王朝展开牵制。

尽管已经对第二耶路撒冷王国形成了泰山压顶之势，但公元 1279 年上台的马穆鲁克王朝的嘉拉温却并不急于给予对手致命一击。利用“安茹的查理”疲于征讨西西里岛的有利时机，他与第二耶路撒冷王国签署了一系列不平等的停战协议：要求“安茹的查理”承认第二耶路撒冷王国内各城市的自治权，每座城市必须向马穆鲁克王朝缴纳一半的赋税。此举显然是在肢解和蚕食第二耶路撒冷王国的主权，但“安茹的查理”迫于形势只能照单全收。

公元 1285 年 4 月 17 日，在对第二耶路撒冷王国各城展开一系列的政治攻势之后，嘉拉温以医院骑士团在第二次霍姆斯之战中曾出兵支援伊尔汗国为由率部围攻其位于叙利亚境内的总部迈尔盖卜（Margat）。面对建筑于山峦之上，医院骑士团苦心经营多年的坚固城堡，嘉拉温派出工兵和矿工挖掘了多条隧道，出其不意地从地下摧毁了迈尔盖卜南侧的部分城墙。眼见大势已去，医院骑士团被迫开城投降。嘉拉温则故作慷慨地允许其带着财物退往阿卡。

尽管迈尔盖卜从被围到失守仅仅 38 天，由于战场距离等因素，包括医院骑士团自身在内的第二耶路撒冷王国各派武装力量均无力在第一时间展开救援。但事后，主政的奥多・波瑞纳金继续装聋作哑，甚至连指责嘉拉温违反停战协议的勇气都没有，令阿卡城内的人民对法兰西国王彻底失去了信心。恰在此时，意大利方面传来了“安茹的查理”已然病逝的消息。

公元 1285 年 1 月 7 日，始终无法战胜阿拉贡和拜占庭联盟重夺西西里岛的“安茹的查理”，带着无限的悔恨和懊恼病逝于意大利南部城市布林迪西（Brindisi）。由于“安茹的查理”寄予厚望的长子“瘸子查理”（Charles the Lame）在一年前的海战中为西西里人所俘获，因此“安茹的查理”在临终之前只能将自己的领地交由侄子阿图瓦伯爵罗伯特二世（Robert II, Count of Artois）代为掌管。

尽管长期以来对“安茹的查理”颇为偏袒的罗马教皇马丁四世（Pope Martin IV）一度仍执意宣布“瘸子查理”为第二耶路撒冷王国的合法统治者，但随着这位教皇于公元 1285 年 3 月 28 日去世，阿卡城内的各派势力随即拒绝承认一个阶下囚为自己的国王。

公元 1286 年 6 月 4 日，经圣殿骑士团和条顿骑士团的联名邀请和医院骑士团的倡导，长期以来自称耶路撒冷王国合法统治者的塞浦路斯国王亨利二世（Henry II）带领着一支庞大的舰队抵达阿卡。奥多・波瑞纳金及其麾下为数不多的法兰西驻军虽然一度试图顽抗，但很快便认清了形势并从阿卡的核心城区撤离。8 月 15 日，亨利二世在提尔正式加冕为耶路撒冷国王。在一系列的庆典、演出和骑士比武的狂欢之中，没有人会想到这竟是最后的盛宴。

年仅 16 岁的亨利二世虽然在阿卡城内受到了贵族和平民阶层的拥戴，但这位年轻的国王却无意在此久居，在任命常年与塞浦路斯王国保持着战略同盟关系的阿苏夫领主"伊贝兰的菲利普"为自己的代政官后，亨利二世带着他的王冠和舰队踏上了归途，留给阿卡的只有喧嚣过后的寂寥。

在第二耶路撒冷王国上演着"城头变幻大王旗"的大剧之时，在地中海的波涛之上，另一场霸权兴衰的大戏则正悄然落幕。公元 1284 年 8 月 5 日到 6 日，拥有 88 艘战舰的热那亚海军在意大利北部沿海的梅洛里亚岛附近击败了拥有 72 艘战舰的比萨共和国海军。通过这场梅洛里亚海战（Battle of Meloria），热那亚人不仅重创了与自己比邻而居的比萨共和国，更在一定程度上孤立了与比萨建立有同盟关系的威尼斯人。

挟梅洛里亚海战辉煌大胜的余威，热那亚人在东地中海四处扫荡比萨的贸易据点，公元 1287 年更包围阿卡，试图将城内威尼斯人的势力连根拔起。尽管这场波及第二耶路撒冷王国的商业城邦武装冲突最终在圣殿骑士团和医院骑士团的调解下以热那亚人退回提尔而宣告结束，但有识之士却注意到此时的热那亚已经与马穆鲁克王朝建立了稳定的贸易关系，其商船不仅可以自由地出入埃及的亚历山大港，阿卡作为近东地区商业中心的历史显然也面临着终结。

似乎是受到了与热那亚人展开海上贸易所产生的巨额利润的鼓励，公元 1287 年 4 月 20 日，嘉拉温率部攻占了叙利亚境内十字军重要的贸易海港拉塔基亚（Latakia），随后则进一步开始围攻正陷入王位继承人纷争的的黎波里伯国。

公元 1289 年 4 月 27 日，的黎波里伯国这个十字军政权的历史被彻底地终结了。在其灭亡的最后几年里，圣殿骑士团、医院骑士团、热那亚和威尼斯都不断

的黎波里伯国最终崩溃时的闹剧

派出所谓的援军前往这个摇摇欲坠的城邦，但他们带来的更多的是有关的黎波里伯国政权的归属以及究竟应与威尼斯还是热那亚保持贸易往来的争吵。而当马穆鲁克王朝的军队在的黎波里城外竖起巨大的投石机之时，这个已经从内部枯萎的城市自然无力抵抗，只能由塞浦路斯、热那亚和威尼斯派来的战舰在第一时间接走城内的贵族、主教、骑士和佣兵，而将无辜的百姓弃于刀斧之下。

的黎波里伯国的崩溃无疑预示着马穆鲁克王朝的兵锋下一步便将指向阿卡。身为第二耶路撒冷王国的统治者，年轻的亨利二世没有与嘉拉温决一死战的勇气，只能效法“安茹的查理”，派遣特使前往大马士革请求与马穆鲁克王朝再签订一份为期 10 年的停战协议。志得意满的嘉拉温虽然没有拒绝，但却同时与控制着西西里岛的西班牙阿拉贡王国签署了另一份和平协定，言明如果是第二耶路撒冷王国主动挑衅，那么阿拉贡王国必须在马穆鲁克王朝进攻阿卡时保持中立，其用意显然是在进一步打压第二耶路撒冷王国的外交生存空间。

眼见马穆鲁克王朝没有丝毫罢兵息战的诚意，亨利二世只能遣使向罗马教廷求援。此时主政天主教会的是公元 1288 年刚刚上台的尼古拉四世（Pope Nicholas Ⅳ），作为一位来自意大利本土的教皇，尼古拉四世更关心法兰西与阿拉贡—拜占庭联盟之间争夺西西里的战事，对于第二耶路撒冷王国所面对的困境也没有更好的办法。这时候，反倒是已经加冕为英格兰国王的“长腿爱德华”对阿卡还有几分香火之情，除了承诺将派兵驰援之外，更建议罗马教廷与伊尔汗国进行接触，再度形成对马穆鲁克王朝的东、西夹击之势。但英格兰距离阿卡终究山高水远，英格兰与苏格兰及法兰西之间的战事更牵制了“长腿爱德华”绝大部分精力，最终只有一支小规模的英格兰十字军抵达了阿卡。而罗马教廷与伊尔汗国之间的外交互动也更多被用于尼古拉四世向东方输出天主教的“政绩工程”。

公元 1290 年初夏，阿卡城内爆发了严重的种族冲突，大批来自马穆鲁克王朝的商贾倒在了天主教徒的刀下。尽管骚乱的起因至今仍众说纷纭，但随着幸存者逃往开罗，在嘉拉温的宫廷之中展示血衣，马穆鲁克王朝上下群情激愤，嘉拉温趁势宣布第二耶路撒冷王国破坏停战协议，向马穆鲁克王朝全境下达了整军备战的命令。

面对不断袭扰边境的马穆鲁克游骑和大马士革等地日夜打造的攻城器械，整个阿卡陷入了末日降临般的绝望之中，而就在天主教徒日夜祈祷寻求天助神佑之际，奇迹似乎真的发生了。公元 1290 年 10 月 10 日，嘉拉温突然病逝于前往阿卡的行军途中。消息传来，第二耶路撒冷王国上下一片欢腾，在阿卡城内的有识之士看来，军阀林立的马穆鲁克王朝或许需要几年的血腥厮杀，才能真正形成新的领导核心，就如公元 1277 年拜巴尔一世被一杯毒马奶酒鸩毙时一般。可惜这一虚幻的希望很快便被无情的现实所击碎。凭借着嘉拉温长期的培养和扶植以及集结于帐下的 6000 精兵，嘉拉温的次子阿什拉夫·哈利勒（Al-Ashraf Khalil）很快便剪除了异己，稳定了大局，并满怀着攻占阿卡、建立个人权威的勃勃野心，加速推进着对第二耶路撒冷王国的总攻。

公元 1291 年 4 月 5 日，带领着号称 20 万人的庞大军队和近百台重型攻城器械的阿什拉夫·哈利勒兵临阿卡城下。而此时阿卡城内除了来自塞浦路斯王国、威尼斯、比萨、热那亚、英格兰等地良莠不齐的援军之外，其核心战斗力仅有三大骑士团所属的总计千余名圣战骑士。

从后世西方的史料来看，圣殿骑士团和医院骑士团始终是这场轰轰烈烈的阿卡保卫战的主角。而条顿骑士团为了保卫其在阿卡的总部，虽然也从欧洲调集了诸多成员前来驰援，但由于其第十二任大团长伯克哈德·冯·施瓦登（Burchard von Schwanden）在战斗打响前期，突然宣布辞职，而令整个骑士团蒙受了来自各方的非议和指责。但是仔细分析伯克哈德的出身及其执掌条顿骑士团期间的作为，我们似乎不能将其挂冠而去的行为简单归咎为怯懦。伯克哈德·冯·施瓦登出生于今天瑞士伯尔尼（Bern）地区的一个贵族家庭，根据条顿骑士团方面的相关记录，伯克哈德是在瑞士北部的希茨基希（Hitzkirch）地区成为修士之后，于公元 1277 年左右正式加入条顿骑士团，并很快成了条顿骑士团在图林根和萨克森地区的负责人。

此时的条顿骑士团正凭借着大肆招揽图林根和萨克森等地破产的自由骑士以及德意志当地不断向东发展的移民潮，成功压制了西普鲁士和利沃尼亚地区的原住民起义并逐渐向中普鲁士和东普鲁士发展。就在伯克哈德正式加入条顿骑士团的公元 1277 年，一座简陋的城堡于兰河东南岸拔地而起，并被条顿骑士团冠以其守护神圣玛利亚之名，当然后世更多时候则将这座玛利亚之城堡

（Marienburg）简称为马尔堡（Malbork）。

尽管马尔堡还需要漫长岁月的不断改扩建，才能最终成为令条顿骑士团上下都为之骄傲的总部，但它的破土动工却预示着条顿骑士团在普鲁士中部地区站稳了脚跟。此后在第十一任大团长哈特曼·冯·赫勒堡根的领导之下，条顿骑士团攻入东普鲁士。无力与之正面抗衡的当地土著部族被迫退守山林和沼泽之中，以游击战的形式不断袭扰条顿骑士团以及新近抵达的德意志移民。

公元1283年，伯克哈德·冯·施瓦登于阿卡接替病故的哈特曼·冯·赫勒堡根之后，很快便重返普鲁士，并于当年夏天部署了一场旨在彻底解决整个东普鲁士土著民族的大扫荡。值得一提的是，伯克哈德并非一味地采取高压措施，面对那些俯首投降的东普鲁士当地部族，伯克哈德除了要求其让出土地和接受天主教的洗礼之外，还将其安置于东普鲁士与立陶宛之间的无主之地。而此举的目的除了给予这些原住民以土地和出路之外，更重要的是条顿骑士团可利用其为前锋加紧向立陶宛的渗透。

由于公元1282年立陶宛大公特莱德尼斯病逝之后，整个立陶宛本部及其控制之下的白俄罗斯地区陷入群雄逐鹿的纷争之中，因此伯克哈德这一步“以夷制夷”的战略一度取得了巨大的成功。为了争夺有限的生存空间，东普鲁士的原住民和立陶宛人殊死血战，而条顿骑士团则坐收渔翁之利。

但事情的发展不可能永远这么顺利。承受着东普鲁士方向巨大压力的立陶宛人开始转向条顿骑士团防守空虚的利沃尼亚地区进军。公元1287年3月，1400名来自萨莫吉希亚地区的立陶宛骑兵冲入利沃尼亚腹地，一路烧杀劫掠，直至里加附近。条顿骑士团利沃尼亚地区负责人维伦·冯·盈德尔特（Willekin von Endorp）随即带领40多名条顿骑士团成员、50多名骑士以及里加当地的民兵前往拦截。但来去如风的立陶宛骑兵很快掉头南下，维伦·冯·盈德尔特只能带领着他的部队在沼泽和密林之中苦苦追击。3月26日，就在人困马乏的条顿骑士团于加洛扎河附近宿营之际，立陶宛人却悄然折返，并于次日凌晨对毫无防备的条顿骑士团展开突袭。猝不及防的条顿骑士团一败涂地，包括指挥官维伦·冯·盈德尔特在内的33名骑士被杀，6名条顿骑士团的成员被俘。

在这场被后世称为加洛扎河战役（Battle of Garoza）的惨败之中，条顿骑士团利沃尼亚分部再遭重创，但这对于大团长伯克哈德而言却未必是坏事。公元 1289 年，伯克哈德抵达罗马，向尼古拉四世建议重新调整利沃尼亚与普鲁士的教区分部，从而将原本由里加主教区控制的利沃尼亚主权也收入条顿骑士团的囊中。当年条顿骑士团利用立陶宛内部混战中自封大公的军阀布蒂盖迪斯（Butigeidis）统率 8000 大军攻入萨莫吉希亚地区之际，于东普鲁士与立陶宛边境修筑了名为蒂尔西特（Tilsit，今俄罗斯加里宁格勒所属的苏维埃茨克市）的前进基地，从而构成了对立陶宛心腹地带的直接威胁。就在伯克哈德踌躇满志地准备展开对立陶宛向心一击之际，第二耶路撒冷王国危急的消息传来，令其不得不率部驰援阿卡，其个人的不甘和愤懑自然可想而知。而抵达阿卡之后，条顿骑士团在防区分配、兵力部署等问题上还要处处受制于圣殿骑士团和医院骑士团更令其难以接受，以致其最终拂袖而去。

伯克哈德·冯·施瓦登愤然辞职之后，条顿骑士团于阿卡城内临时推举了康拉德·冯·福伊西特万格（Konrad von Feuchtwangen）为第十三任大团长，由于这是条顿骑士团第二位名为康拉德的大团长，因此也被后世称为“康拉德二世”。尽管从简历上来看，康拉德二世有着丰富的实战经验，但面对夜以继日以重型投石机轰击阿卡城墙，并不断通过坑道和彻夜的鼓声展开心理攻势的阿什拉夫·哈利勒，这位临时就任的大团长也回天乏术，只能在 5 月 18 日马穆鲁克王朝的军队攻破城垣之后，紧随医院骑士团的脚步向阿什拉夫·哈利勒交出条顿骑士团在阿卡城内的总部城堡，带领残部搭乘威尼斯人的船只离开这座已经没有希望的城市。

随着阿卡的陷落，昔日云集于当地的各大圣战骑士团也不得不各奔东西。圣殿骑士团和医院骑士团将总部迁往塞浦路斯，而条顿骑士团则选择将总部迁往威尼斯。时任条顿骑士团大团长的康拉德二世之所以做出这样的决定，一定程度上是为了迎合罗马教廷以及三大圣战骑士团内部打回圣地去的踊跃呼声。毕竟 200 多年无数十字军先烈前赴后继打下的基业，任谁都不能轻言放弃。圣殿骑士团和医院骑士团虽然退守塞浦路斯，但仍以叙利亚近海的艾尔瓦德岛（Arwad）和希腊沿岸的罗德岛（Rhodes）为基地频繁袭扰马穆鲁克王朝，摆出一副时刻准备反攻大陆重建耶路撒冷王国的架势。在这样的情况之下，背负巨大政治包袱的条顿骑士团自然不能直接退回德意志地区。而在交通便利、商业资本发达的威尼斯重建总部，也为条顿骑士团厉兵秣马，特别是招募佣兵提供了便利。根据当时的历史记录，条顿骑士团每年春季会在威尼斯招募一大批来自意大利和德意志的雇佣兵，于盛夏到来之前翻越阿尔卑斯山脉或经多瑙河等东欧水系北上至普鲁士并于秋季攻入立陶宛境内，在隆冬降临之前以劫掠的战利品充当军资将雇佣兵遣散。

在保卫阿卡的过程中，三大骑士团最后一次联手作战

如此周而往复的军事行动逐渐也吸引了一些来自英、法等西欧国家的骑士阶层参与，他们视条顿骑士团对立陶宛地区的远征为积累军事技能、财富以及荣誉的捷径。但条顿骑士团在立陶宛地区展开的军事行动也并非总是能取得胜利的，不时会有人倒在长途跋涉的行军途中，公元1296年7月4日，大团长康拉德二世便病逝于波希米亚的布拉格地区。次年，条顿骑士团在威尼斯选举来自乌芬海姆（Uffenheim）的戈特弗里德·冯·霍恩洛厄（Gottfried von Hohenlohe）为第十四任大团长。

十九、新的纪元

13 世纪末 14 世纪初的东欧政治格局

条顿骑士团第十四任大团长戈特弗里德可谓系出豪门。在公元 1806 年向巴伐利亚公国交出世袭领地之时，霍恩洛厄家族控制着德意志地区 1760 平方公里的土地和超过 10 万户的人口。不过在戈特弗里德的时代，他所身处的这个未来在德意志历史上名人辈出的家族还只是一个占据乌芬海姆地区的小领主。

戈特弗里德加入条顿骑士团的时间不早于公元 1279 年，11 年之后才被提升为弗兰肯地区的负责人。位于法兰克福南部的弗兰肯不仅以盛产葡萄酒而闻名，更是连接德意志与意大利地区的交通要道，尽管起步较晚，在条顿骑士团将总部设立于威尼斯的情况下，弗兰肯地区仍然成为每年条顿骑士团招募的佣兵和西欧骑士北上普鲁士的必经之路。正是由于其出色的日常工作能力，公元 1294 年，戈特弗里德升任仅次于大团长的条顿骑士团德意志地区负责人（Deutschmeister）并在康拉德二世死后顺利于公元 1297 年在威尼斯继任大团长。

据称在康拉德二世生前，戈特弗里德对其的执政方略颇为拥护，但是在自己接任大团长之后，戈特弗里德却对条顿骑士团每年从威尼斯出发对立陶宛发动征讨颇不以为然。毕竟在戈特弗里德看来，普鲁士当地的原住民大多已然归化。公元 1290 年，条顿骑士团基本肃清了立陶宛人从萨莫吉希亚地区对利沃尼亚发动进攻的前进基地，继续无休止地打压立陶宛不仅从经济角度来看得不偿失，更与条顿骑士团建立之时保卫圣地的初衷有悖。

但戈特弗里德显然高估了自己在条顿骑士团中的影响力，长期在弗兰肯等地工作的他，无法理解条顿骑士团在普鲁士和利沃尼亚等前线地区成员的真实想法。定期对立陶宛发动的进攻不仅仅是条顿骑士团彰显自身存在扩大政治影响力的必需行动，同时也是各级成员可以打着讨伐异端之名大肆劫掠的武装保护色。当时跟随条顿骑士团进入立陶宛境内的传教士便曾留下了大量有关条顿骑士团劫掠立陶宛人为奴隶，满载战利品返回位于普鲁士和利沃尼亚境内城堡的记录。此刻戈特弗里德突然试图叫停，自然引发了整个骑士团的强烈反弹。

条顿骑士团第十四任大团长戈特弗里德

公元1303年秋，条顿骑士团主要负责人在立陶宛人割让的涅曼河口良港克莱佩达召开会议，一致要求戈特弗里德辞职。这位大团长虽然竭力为自己辩护，但最终仍不得不于10月18日在普鲁士境内的埃尔宾（Elbing）正式签署了自己的辞职公告。尽管心有不甘的戈特弗里德在回到自己出生地乌芬海姆之后仍一度想要恢复自己大团长的地位，但却始终无法得到条顿骑士团主要成员的认可。直到公元1309年病逝之后，其遗体才被以大团长的身份归葬于扩建之后的条顿骑士团新总部马尔堡。

戈特弗里德无奈地宣布辞职之后，条顿骑士团大团长的职务由德意志地区负责人希格弗里德·冯·福伊西特万格（Siegfried von Feuchtwangen）接任。有趣的是希格弗里德正是来自于戈特弗里德昔日管理的弗兰肯地区，并在公元1298年接替戈特弗里德成为条顿骑士团在德意志地区的负责人。不过从其施政方略来看，希格弗里德显然要比自己的前任高明和圆滑得多。

希格弗里德同样对条顿骑士团从威尼斯出发对立陶宛展开的远征并不看好，但他的做法不是全线叫停，而是逐步淡化威尼斯总部的日常职能并最终于公元1307年将已经沦为一个外事机构和大团长私人办公室的条顿骑士团总部从威尼斯迁往普鲁士的马尔堡。而对于与立陶宛人之间漫长而血腥的战争，希格弗里德也并不支持，但他采取的策略却是改变扩张的方向，在波兰地区寻找新的发展机遇。

自遭遇第二次蒙古西征的重创之后，原本便一盘散沙的波兰更呈现分崩离析的趋势。公元 1241 年，在领有西里西亚和小波兰地区的波兰大公亨利二世战死于里格尼茨之后，马佐夫舍公爵康拉德一世曾利用蒙古大军东返之际入主波兰首都克拉科夫。但康拉德一世在小波兰地区的统治得不到拥护，短短两年之后便被其侄子鲍莱斯瓦夫五世拥护的小波兰—匈牙利联军击败，被迫退回马佐夫舍地区寻求立陶宛人的帮助。

此后这场皮雅斯特王朝的叔侄内战又持续了四年，直到康拉德一世于公元 1247 年去世后方告一段落。但赢得胜利的鲍莱斯瓦夫五世自幼丧父，在其母的宠溺之下全无主见，加冕为波兰大公之后很快便成为小波兰各派贵族势力手中的傀儡。

讽刺的是，就是这样一个据说智商不高且因生理或心理问题拒绝与妻子同床而被称为“腼腆者”的鲍莱斯瓦夫五世，却在波兰大公的宝座上整整坐了 36 年。其间打着他旗号的小波兰军队还先后介入了匈牙利的王位争夺战争，与加利西亚公国联手抵挡了蒙古和立陶宛人的入侵，甚至还在公元 1264 年春天组织了一次针对东普鲁士的小规模十字军并受到了罗马教廷的表彰。如果单纯从这些成绩来看，鲍莱斯瓦夫五世几乎可以算是 13 世纪中叶波兰的一位有为明君了。

波兰画作中的鲍莱斯瓦夫五世，躺在其母怀中目光呆滞，犹如白痴

但在小波兰贵族眼中，鲍莱斯瓦夫五世虽然是一个好用的橡皮图章，但其“腼腆者”的绰号已经注定了其不可能有合法的继承人。因此从皮雅斯特王朝的血脉中尽快寻觅一个孩子过继到鲍莱斯瓦夫五世膝下便早早地成为克拉科夫宫闱之内的共识。经过一番比较和筛选之后，公元1265年鲍莱斯瓦夫五世宣布钦点自己的侄子莱谢克为自己的继承人。由于与鲍莱斯瓦夫五世生父同名，后世大多称之为“黑袍”莱谢克（Leszek II the Black）。

之所以在皮雅斯特王朝的诸多分支中独独选中了“黑袍”莱谢克，很大程度上除了此公是马佐夫舍公爵康拉德一世的长孙，其母康斯坦斯是前任波兰大公亨利二世之女之外，还因为“黑袍”莱谢克的继母对其没有好感，甚至有传闻称其继母曾多次试图将其毒杀。而“黑袍”莱谢克曾于公元1261年发动了一场反对自己父亲的政变，并在小波兰地区的帮助下，迫使自己的父亲卡齐米日将波兰中部的谢拉兹地区作为“黑袍”莱谢克自己的封地。

显然拥立“黑袍”莱谢克为下一任波兰大公不仅将实现皮雅斯特王朝血统上的整合，更可以将谢拉兹地区顺势收入囊中。正是打着这样的如意算盘，小波兰的贵族们才早早地将“黑袍”莱谢克立为储君。而不等鲍莱斯瓦夫五世去世，“黑袍”莱谢克的生父卡齐米日先一步于公元1267年去世，克拉科夫方面随即打着“黑袍”莱谢克身为长子理应继承家业的旗号，全面介入了马佐夫舍公国的遗产争夺战之中。虽然一番厮杀之后，“黑袍”莱谢克仅在谢拉兹的基础上又拿下了文奇察地区，但在小波兰的贵族眼中也算是开疆拓土，乐见其成了。

尽管在公元1279年鲍莱斯瓦夫五世去世之前，“黑袍”莱谢克的继承权不断遭到来自各方面的挑战，但凭借小波兰贵族势力的保驾护航，“黑袍”莱谢克还是顺利地完成了加冕典礼。但小波兰的贵族们显然忽略了，“黑袍”莱谢克并不是鲍莱斯瓦夫五世那样的“腼腆者”，他不仅有一个颇为强势的妻子——匈牙利国王贝拉四世的侄女格里菲娜公主，更有着强烈的秉政欲望。在“黑袍”莱谢克统治时期，昔日支持他的小波兰贵族势力几乎无一例外地变成了遭到打压的“反对派”，甚至连克拉科夫大主教也一度因忤逆上意而被“黑袍”莱谢克所囚禁。正是这些在小波兰贵族眼中恩将仇报、阴险狠辣的手段才使莱谢克的“黑袍”之名在后世广为流传。

波兰画家笔下的“黑袍”莱谢克及其妻格里菲娜

如果不是“黑袍”莱谢克的统治时期小波兰与蒙古、匈牙利、波希米亚等诸多近邻几乎无岁不战，或许“黑袍”莱谢克早已在公元 1282 年由克拉科夫大主教所发动的叛乱中就被推翻了。但时势造英雄，“黑袍”莱谢克最终在没有合法子嗣的情况下，于公元 1288 年 9 月 30 日突然病逝，才结束了他的统治。

空悬的波兰大公之位随即引发了新一轮的争夺，公元 1289 年 8 月亨利二世的孙子亨利四世在德意志、波希米亚、西里西亚三地诸侯的支持下，攻占克拉科夫，并自行加冕为波兰大公。但这位据说颇爱参加骑士比武的少年王侯很快便离奇去世。小波兰贵族随即将波兰大公的王冠献于执掌波美拉尼亚和大波兰地区的普热梅斯乌二世（Przemysl II）。

从血统上来说，普热梅斯乌二世的母亲也是亨利二世的女儿，与亨利四世是表亲关系，由他来继承波兰大公之位更有利于大、小波兰的统一。但问题是自古王位的传承从来不以血统的远近亲疏为唯一标准。不等普热梅斯乌二世动身前往克拉科夫，兵强马壮的波希米亚国王瓦兹拉夫二世（Wenceslaus II of Bohemia）便攻占小波兰，自封波兰大公。不甘到手的宝座被人窃取的普热梅斯乌二世随即于公元 1295 年向罗马教廷申请波兰国王的头衔。可惜这位有名无实的国王，登基不到一年便不幸遇刺身亡。

与“白袍”莱谢克一样，有关谁才是谋刺普热梅斯乌二世的幕后黑手的争论同样是波兰史学界一个经久不衰的话题。尽管关于普热梅斯乌二世遇刺的诸多细节至今仍没有一个统一的说法，由于普热梅斯乌二世是在巡视大波兰与德意志勃兰登堡边境地区时被杀的，因此波兰史学界普遍认为当时统治勃兰登堡的德意志阿斯卡尼亚家族（House of Ascania）的嫌疑最大。

阿斯卡尼亚家族的历史最早可以追溯到公元 11 世纪，其早期的家族成员大多为萨克森公爵韦尔夫家族的封臣。随着公元 1139 年萨克森公爵“骄傲的亨利”在与霍亨斯陶芬家族的康拉德三世争夺神圣罗马帝国君位中落败，韦尔夫家族在萨克森和巴伐利亚的领地惨遭剥夺并交由阿斯卡尼亚家族掌门人阿尔布雷希特一世掌管。但被后世称为“熊公爵”的阿尔布雷希特一世并未趁势吞并昔日领主的家产，而是辅佐“骄傲的亨利”之子“狮子亨利”长大成人，并在公元 1147 年与“狮子亨利”联手发动了文德十字军，为自己打下了一片名为勃兰登堡的新领地。

尽管阿尔布雷希特一世晚年与“狮子亨利”交恶并一度加入了腓特烈二世组织的对“狮子亨利”的政治围攻，但其却似乎从未被归入萨克森公爵的计划中。公元 1170 年 11 月这位昔日的“熊公爵”病逝之后，其领地被分给了六个儿子。其中长子奥托一世继承并巩固了阿斯卡尼亚家族在勃兰登堡地区的统治。

徽章之上的奥托二世

奥托一世有过两段婚姻，并与第一任妻子波兰公主茱蒂丝（Judith of Poland）育有两子。在自己的发妻不幸离世之后，奥托一世又迎娶了荷兰伯爵的长女艾达（Ada of Holland）。公元 1177 年，年轻的艾达为已过不惑之年的奥托一世又诞下了第三个儿子阿尔布雷希特二世。

应该说偏宠幼子是人之常情，但奥托一世已将勃兰登堡地区交给了自己的长子奥托二世掌管。年幼的阿尔布雷希特二世只能与同父异母的二哥亨利一起以封臣的身份分别获得了阿尔特马克（Altmark）和加尔德莱根（Gardelegen）地区的城堡和封地。

尽管在未来的德意志历史上，阿尔特马克地区名人辈出，被誉为普鲁士的摇篮，但此时却仍是一片荒芜的不毛之地。坐守着名为阿尔内堡（Arneburg）的采邑，年轻的阿尔布雷希特二世自然不甘忍受这样的蹉跎岁月。公元 1189 年，他响应神圣罗马帝国皇帝腓特烈一世的号召，毅然投身于第三次十字军东征的洪流之中，但就在他带着一身的尘土返乡之际，却被自己大哥奥托二世投入了监狱。

奥托二世之所以做出这样的决定，究竟是缘于愤慨自己的幼弟不务正业，缺席了勃兰登堡与丹麦之间的连场恶斗，还是忌惮参与十字军东征的阿尔布雷希特二世收获了太多的人望回归，历史并未给出答案。但可以肯定的是，面对阿尔布雷希特二世这样的圣战英雄，奥托二世最终也只能是小惩大诫，很快便将其释放了。而阿尔布雷希特二世在此后也多次前往近东，甚至有记载称其在公元 1198 年列席了条顿骑士团的成立大典。当然此时的阿尔布雷希特二世可能不会想到，未来自己的家族也将会亲手促成条顿骑士团的落幕。

公元 1205 年，在长兄奥托二世病逝且没有合法子嗣的情况之下，阿尔布雷希特二世继承了整个勃兰登堡地区的统治权，并于同年迎娶了来自波兰的皮雅斯特王朝公主玛蒂尔达。尽管两人很快便拥有了一个可爱的女儿，但阿尔布雷希特二世所盼望的男性继承人却直到公元 1213 年和 1215 年才降生。因此在公元 1220 年阿尔布雷希特二世病逝之时，他的两个儿子约翰和奥托三世均未成年。怀着惴惴不安的心情，阿尔布雷希特二世在遗嘱中宣布自己的两个儿子将共同继承勃兰登堡。

在许多相对稳定的欧洲公国王室之中，如阿尔布雷希特二世这样安排，往往会导致一系列的家族内斗和手足相残。但此时的勃兰登堡外部强敌林立，各方势力虎视眈眈，境内被称为文德人的斯拉夫部族虽屡遭重创但依旧有死灰复燃的可能，因此一干封臣唯有团结在年幼的约翰和奥托三世身边，竭力支撑着勃兰登堡继续前行。而此时主政神圣罗马帝国的腓特烈二世对约翰和奥托三世二人也颇为照顾，帮助其度过了最初执政时的艰难岁月。也正是因为早年那些困苦的经历，约翰和奥托三世二人在成年之后，仍能保持着兄友弟恭、相互扶持的初心。在领导勃兰登堡的40余年里，这个本不为德意志诸侯所重视的小公国，通过开发和建设邻近的科隆—柏林地区，逐渐成为神圣罗马帝国政治版图上不容小觑的一股政治势力。

但随着两兄弟的逐渐衰老以及各自子嗣的成长，“分家”仍是无法回避的话题。公元1266年和1267年，在约翰和奥托三世先后离世之前，经过相对友好的协商，两兄弟共同对勃兰登堡地区的遗产做了划分：约翰的子嗣获得了阿尔特马克、斯滕加尔（Stendal）、哈弗兰（Havelland）和乌克马克（Uckermark）等地区，而奥托三世的后代则将统治斯潘道（Spandau）、萨尔兹韦德尔（Salzwedel）、柏林、卢布斯卡（Lubusz）及其周边区域。此后勃兰登堡地区尽管名义上仍处于约翰和奥托三世子嗣的联合摄政之下，但约翰和奥托三世的诸多子嗣却没有自己父辈那般的和谐，在一统勃兰登堡的野心驱使之下，一时间各种征战杀伐此起彼伏。经过长达近半个世纪的混战，约翰的次子奥托四世（Otto IV）最终脱颖而出。当然在击败一干来自家族内、外部竞争者的过程之中，奥托四世也付出了巨大的代价，据说在公元1280年的一场战斗中，一支箭射中了他的头部，受制于当时的医疗条件，奥托四世被迫带着突出头皮的箭头生活了相当长的一段时间，他也因此得到了“箭头”的诨号。

中世纪画作之上的奥托四世，一个高明的棋手

尽管头上冒出一个箭头的样子颇为滑稽，但在同时代的东欧贵族眼中，奥

托四世却绝对是一个可怕的对手。除了麾下经历多年内战洗礼的勃兰登堡军队之外，奥托四世翻手为云、覆手为雨的外交手腕也常常令人防不胜防，公元 1278 年奥托四世以支持波希米亚国王奥托二世问鼎匈牙利的名义率军南下，但在奥托二世兵败身死之后，奥托四世随即便将其继承人扣为人质，直到波希米亚王国满足了奥托四世提出的有关领土和赎金的要求，勃兰登堡方面才最终放人。而这位被奥托四世绑为“肉票”的，正是日后鲸吞小波兰，并大举入侵大波兰的瓦兹拉夫二世。

战死沙场的波希米亚国王奥托二世，一旁在马上握手的是其主要对手——匈牙利和奥地利的王侯

正是因为有着瓦兹拉夫二世的前车之鉴，后世的波兰学者普遍认为，身为大波兰的统治者，普热梅斯乌二世之所以会在公元 1296 年的春天轻车简从前往并不安全的勃兰登堡边境地区，是受了奥托四世承诺将在大波兰与波希米亚的战争中施以援手的蛊惑。或许奥托四世的本意是将普热梅斯乌二世绑架至勃兰登堡，逼迫大波兰方面割让勃兰登堡始终孜孜以求的东波美拉尼亚，但最终因为种种原因，普热梅斯乌二世不幸命丧当场。

普热梅斯乌二世死后，整个大波兰地区虽然随即陷入了群龙无首的混乱之中，但奥托四世趁势夺取东波美拉尼亚地区的努力，却被来自波兰中部的库雅维公爵“矮子”瓦迪斯瓦夫（Wladyslaw the Short）所击败。“矮子”瓦迪斯瓦夫是马佐夫舍公爵卡齐米日的幼子，因此从血统上来说，不仅是皮雅斯特王朝的嫡传后裔，更是前任波兰大公“黑袍”莱谢克同父异母的兄弟。因此在诸多觊觎王位的波兰贵族之中堪称正统。

凭借着在波美拉尼亚地区击退勃兰登堡公国的功勋，“矮子”瓦迪斯瓦夫自认可以为自己赢得一顶王冠。殊不知此时的波兰早已礼崩乐坏，在打着各自小算盘的大、小波兰封建领主看，与其让瓦迪斯瓦夫这样一个其貌不扬的矮子坐上王位，不如投靠实力雄厚的波希米亚国王瓦兹拉夫二世来得更为稳妥。

在波兰贵族纷纷倒戈来投的情况下，瓦兹拉夫二世的军队迅速北上。“矮子”瓦迪斯瓦夫不仅接连失利，很快连自己原有的封地库雅维也落入敌手，被迫逃往匈牙利避难。但此时匈牙利的政治局面并不比波兰好到哪去。公元1270年3月，曾在蒙古西征后执意重建一个强盛匈牙利的贝拉四世病逝后，其子斯蒂芬五世虽然击败了以贝拉四世女婿的名义想要分上一杯羹的波希米亚国王奥托二世，但不久之后自己也离开了人世。

借助着德意志国王鲁道夫一世和奥地利哈布斯堡家族的帮助，斯蒂芬五世与钦察公主伊丽莎白的长子拉斯洛四世虽然击败了始终觊觎匈牙利王位的奥托二世，但体内流淌的钦察血液却成为其一生无法摆脱的原罪。罗马教廷视拉斯洛四世为天主教世界的异类，一再要求其讨伐居住于匈牙利境内，却依旧保持着原始信仰的钦察人，以证明其忠诚，甚至扬言要组织十字军对匈牙利进行讨伐。而拉斯洛身边的钦察贵族则希望通过这位国王将匈牙利变为被蒙古大军赶出中亚的钦察人的第二故乡。

在这两股势力的拉扯之下，左右为难、进退失据的拉斯洛四世最终被匈牙利的天主教势力赶出了首都，公元1290年7月10日，流离失所的拉斯洛四世被发现死在了自己营帐之中。后世大多认为是其身边的钦察侍卫刺杀了这位可怜的国王。但也有一些证据表明，曾有人在威尼斯以拉斯洛四世为目标雇佣了一批专业杀手。

尽管拉斯洛四世的政治生命早已在其被匈牙利教会驱逐出首都布达时便已然终结，但满足于割据自治的匈牙利贵族们仍坚持直到其死后才选举贝拉四世的侄子安德鲁三世为新任国君。讽刺的是，自称“斯拉沃尼亚、达尔马提亚和克罗地亚公爵”的安德鲁三世此时不仅身无寸土，甚至连人身自由都没有——当时的他正被囚禁于奥地利公爵的监狱之中。匈牙利教会甚至不得不派出两名受过特殊训练的牧师，才最终帮助安德鲁三世成功越狱，来到首都布达加冕。

从囚犯一夜之间变成国王的故事虽然浪漫，但没有强大封地和军队为后盾，安德鲁三世统治的合法性自然免不了遭到来自四面八方的质疑。而除了习惯性来匈牙利搅局的德意志、奥地利、波希米亚等邻国之外，这一次还多出一个意大利城邦——那不勒斯。遥远的那不勒斯之所以有权力对匈牙利的内政指手画脚，是因为时任那不勒斯国王的“瘸子查理”此前刚刚迎娶了拉斯洛四世的姐姐玛丽。而公元 1288 年 10 月刚刚从阿拉贡的监狱中重获自由的“瘸子查理”，此时面对着自己父亲“安茹的查理”身后残破的家族领地也急于重建自己的威信，因此急不可耐地主张与玛丽公主的儿子对匈牙利王位享有优先继承权。而为了获得罗马教廷的主持，“瘸子查理”甚至不惜表示，如果其长子查理・罗伯特（Charles Robert）能够成为匈牙利国王，那么他会将整个王国作为教会的直属领地献给教皇。

“瘸子查理”的主张或许荒唐，但其麾下久经战阵的法兰西军队和强大的经济实力却令其很快在纷乱的匈牙利境内占据一席之地，甚至连从波兰南逃的“矮子”瓦迪斯瓦夫也选择托庇于其帐下。而为了追击“矮子”瓦迪斯瓦夫，更为了尽快进入匈牙利去夺取本应属于自己父亲的王国，头戴波希米亚和波兰两顶王冠的瓦兹拉夫二世尚未完成对大波兰以及波美拉尼亚地区的征服，便掉转马头匆匆南下，而此举恰好给了渴求在普鲁士和利沃尼亚之外能有更大作为的条顿骑士团以可乘之机。

二十、但泽血案

条顿骑士团侵占波美拉尼亚及德意志王权的纠葛

在后世波兰史料之中，大多都言之凿凿地宣称来自波希米亚的瓦兹拉夫二世为了巩固自己窃取的波兰王冠，又贪得无厌地想要谋取匈牙利国王的头衔，因此不顾波兰人民的感情将波兰自古以来神圣不可分割的东波美拉尼亚地区出卖给了勃兰登堡的奥托四世。但在讲述同一段历史的德国学者笔下则往往会先勾勒出古代日耳曼部族在东波美拉尼亚的河流和森林间渔猎的场景，然后强调尽管长期以来考古发掘和当地最早的文字历史都只找到了西斯拉夫人留下的历史印记，但在漫长的历史发展中，推动东波美拉尼亚地区发展的始终是来自德意志地区的商贾和传教士，最后水到渠成地得出这样的结论：东波美拉尼亚之所以在 14 世纪初接受勃兰登堡公国和条顿骑士团的统治，完全是当地民众自发的选择，并非是某一小撮王侯贵族私相授受的结果。

客观地说，上述两种说法均不无道理。在整个波兰都只是一个地理概念的中世纪，无论是统治大波兰的普热梅斯乌二世还是来自波希米亚的瓦兹拉夫二世，在他们眼中波美拉尼亚都不过是一片位于自身统治边缘的无主之地。一旦基于国家战略的需要，随时可以进行割让或收回。尽管瓦兹拉夫二世和奥托四世之间有关东波美拉尼亚的交易并未留下可靠的文字记录，但在波希米亚军队大举南下匈牙利的大背景之下，瓦兹拉夫二世事实上对东波美拉尼亚已然采取了放任不管的态度。而事实上在 14 世纪之前的漫长岁月里，波美拉尼亚地区曾无数次地斡旋于德意志和波兰之间。根据考古发掘，西斯拉夫人在公元 650 年到 850 年之间逐渐移居波美拉尼亚地区并代替西迁的日耳曼人成为当地的主体民族。而在这些被统称为波美拉尼亚人的诸多部族之中，居住于西北部沿海地区的吕根人（Rani）一度利用其得天独厚的地理位置垄断了波罗的海西部的贸易网络，使今天德国北部的吕根岛（Rugen）成为整个波美拉尼亚地区经济最为发达的地区。

可惜的是，在 10 世纪中叶神圣罗马帝国的势力逐渐扩张到波美拉尼亚西部的过程中，小富即安的吕根人既没有趁势统一波美拉尼亚的勃勃野心，也没有唇亡齿寒的危机意识。在公元 955 年的拉克萨河之战（Battle on the Raxa river）中，吕根人甚至加入了德意志国王奥托一世的军队，将手中的武器对准了同为波美拉尼亚人的西斯拉夫同胞。

尽管遭到了吕根人的背叛，但波美拉尼亚西部地区的西斯拉夫部族联盟还是展开了长达一个多世纪的武装斗争。直到公元 1069 年，德意志王国才最终控制了西波美拉尼亚地区。而为虎作伥的吕根人随即遭到了来自东波美拉尼亚同胞的讨伐，并在公元 1168 年为乘虚而入的丹麦王国所征服。

在德意志和丹麦加紧对西波美拉尼亚地区蚕食的同时，东波美拉尼亚地区也形成了以狮鹫为徽章的格里芬家族（House of Griffins），并于 11 世纪末摆脱了波兰的控制。来自汉堡等德意志北部沿海的商贾和移民迎着波罗的海的波涛东进，源源不断地为东波美拉尼亚地区带来了来自德意志的文化和经济滋养，于沿途催生了一系列繁荣的贸易据点，其中对后世影响最为深远的自然便是位于东波美拉尼亚的格但斯克（Gdansk）。在后世的考古发掘之中，人们发现了这座城市的历史可以追溯到公元 980 年前后，而迄今为止所发现的早期建筑物之中，除了历史最为久远的教堂之外，便是来自德意志的商栈和码头。

统治东波美拉尼亚地区的格里芬家族，以狮鹫为徽章

起初统治东波美拉尼亚的波兰领主对于来自德意志的商贾和移民颇为欢迎，

甚至还以城镇为单位给予其各种政治优待。但随着时间的推移，这些移民城市日益成熟，逐渐成为由德意志商贾和波兰骑士共同执政的独立自治城邦。在波兰相对强盛的时代，格但斯克等城邦拥戴格里芬家族名义上的统治，对抗勃兰登堡等德意志公国的入侵。但随着普热梅斯乌二世遇刺，包括东波美拉尼亚在内的大波兰全境陷入动荡和混战之中，格但斯克等由德意志商贾和波兰骑士阶层主导的自治城市不得不寻找新的出路，而来自波希米亚的瓦兹拉夫二世在投身争夺匈牙利王位的混战之际也急需寻找盟友以对抗勃兰登堡对东波美拉尼亚的蚕食。正是在这样的背景之下，条顿骑士团开始卷入波美拉尼亚地区的政治纷争。公元 1301 年，条顿骑士团接受格但斯克当地居民的邀请协助这座自治城市对抗丹麦贵族吕根岛亲王维特斯拉夫二世（Vitslav II, Prince of Rugen）。在击退了丹麦军队之后，条顿骑士团并未在格但斯克长期逗留，而是于次年悄然撤离了这座城市。

条顿骑士团此刻秋毫无犯的举动与其日后的虎踞鲸吞形成了鲜明的对比。一些历史学家认为，之所以出现这样的局面缘于当时瓦兹拉夫二世虽然醉心于争夺匈牙利，但其统治之下的波兰仍颇为强盛，条顿骑士团不敢贸然与之为敌。也有史学家认为当时的条顿骑士团大团长戈特弗里德较后任希格弗里德要相对仁慈一些，才导致了条顿骑士团没有趁势将格但斯克收入囊中。

但东欧政治局势的发展很快便改变了东波美拉尼亚地区的政治力量对比，公元 1301 年 8 月 27 日，控制布达的瓦兹拉夫二世册封其长子瓦兹拉夫三世（Wenceslaus III）为匈牙利国王。但这种“先入关中者为王”的行径不仅得不到觊觎匈牙利王位的其他政治势力的认同，连匈牙利的本土贵族也并不支持这位年轻的国王。面对效忠于法兰西王室成员“瘸子查理”并拥戴其长子查理·罗伯特的人马以及其他匈牙利贵族对布达的围攻，瓦兹拉夫二世被迫于公元 1304 年 5 月重返匈牙利，将自己的儿子连同匈牙利王冠一同接回了波希米亚。

瓦兹拉夫二世的本意可能是想要等匈牙利国内的政治局势趋于缓和之后再从头收拾旧山河，但令所有人没有想到的是，公元 1305 年 6 月 21 日，瓦兹拉夫二世病逝于波希米亚。一般认为这位享年 33 岁的国王死于肺结核，留下一个囊括了波希米亚，大、小波兰和匈牙利部分地区的庞大帝国交由其长子瓦兹拉夫三世接掌。

年轻的瓦兹拉夫三世没有其父那般的雄心壮志，他继位之后随即便将匈牙利王位让与巴伐利亚公爵奥托三世（Otto III，Duke of Bavaria）。带着对一顶王冠的渴望，奥托三世伪装成商人前往布达，但很快便被群起而攻之的匈牙利贵族赶回了巴伐利亚，奥托三世被迫于公元 1308 年宣布退位。一年之后来自法兰西王室的查理·罗伯特终于如愿以偿地在布达加冕，并由此开创了安茹王朝。尽管此时匈牙利境内仍有诸多大贵族雄踞一方，查理·罗伯特仍需要漫长的时间才能终结内战，实现自己治下王国的统一，但比起公元 1306 年 8 月 4 日遇刺的瓦兹拉夫三世来无疑还是幸运的。

一代雄主瓦兹拉夫二世

究竟谁是行刺瓦兹拉夫三世的主使，至今仍没有一个准确的说法。但毫无疑问的是，年轻的瓦兹拉夫三世在波希米亚和大、小波兰地区毫无威信，在其统治时期，各地贵族纷纷趁势扩张自己的利益。瓦兹拉夫三世死后，王位被其姐夫克恩滕公爵亨利所继承，传承 39 代、统治波希米亚长达 443 年的普舍美斯王朝（Premyslid dynasty）至此终结。

相较于暗潮汹涌的波希米亚本土，大、小波兰地区早在瓦兹拉夫二世统治时期便已表现出强烈的离心趋势。公元 1304 年，得到了坐镇那不勒斯的法兰西王室成员“瘸子查理”的支持，流亡匈牙利的“矮子”瓦迪斯瓦夫率部重返波兰。尽管在瓦兹拉夫二世父子统治时期，大、小波兰贵族也并未从波希米亚人手中得到什么实惠，但对于“矮子”瓦迪斯瓦夫依旧没有好感。无奈之下，“矮子”瓦迪斯瓦夫只能以授予克拉科夫等城市更为广泛的自治权来获取小波兰贵族的支持。即便如此，与波希米亚关系密切的克拉科夫大主教依旧拒绝为瓦迪斯瓦夫加冕。

瓦迪斯瓦夫一边忙于与克拉科夫大主教对抗，一边则加紧在包括东波美拉尼亚地区在内的大波兰地区扩张其影响力。而此时在勃兰登堡境内，绰号“箭头”

的奥托四世已然病入膏肓，阿斯卡尼亚家族由其侄子沃尔德（Waldemar）执掌。

沃尔德的父亲康拉德与奥托四世同为约翰之子，领有诺伊马尔德地区（Neumark）。他之所以能在惨烈的家族争斗中幸存下来，除了康拉德、沃尔德父子始终与奥托四世保持政治同盟关系之外，很大程度上还缘于康拉德早年迎娶了一位名叫康丝坦斯（Constance of Greater Poland）的大波兰公主，为勃兰登堡在大波兰的领土扩张提供了法理上的支持。而沃尔德在接替了自己的伯父奥托四世之后，也加紧了对东波美拉尼亚地区的扩张。

公元1308年，在勃兰登堡的兵锋逼近格但斯克之际，正在小波兰处理与当地教皇纠纷的瓦迪斯瓦夫分身乏术，只能循当地抵抗丹麦入侵的先例，向条顿骑士团求援。此时主政条顿骑士团的希格弗里德刚刚将骑士团的总部由威尼斯迁往马尔堡。在得到邀请之后随即委派海因里希·冯·普罗兹克（Heinrich von Plotzke）带领一支由100名骑士团成员组成的部队赶赴格但斯克城。

海因里希·冯·普罗兹克来自于萨克森地区一个古老的贵族世家。其先祖早年便移居马佐夫舍，因此其对波兰政治局势颇为了解。带领兵强马壮的条顿骑士团进入格但斯克之后，这位昔日马佐夫舍公爵的封臣很快便产生了将这座繁荣的商业都市据为己有的念头。

公元1308年11月，条顿骑士团突然对格但斯克城内的波兰守军发动了进攻。猝不及防之下，大批波兰骑士在混战中被杀，随后波兰史学家宣称条顿骑士团在格但斯克城内展开了类似近代种族清洗般的大屠杀，上万无辜平民遇难。而德意志史料则认为当时在格但斯克及其周边地区仅有2000到3000居民。条顿骑士团抵达后一度将主力放置于城南，11月12日，海因里希·冯·普罗兹克仅带着为数不多的骑士入城，试图与波兰军队商谈协防事宜，但波兰方面出于种种目的，拒绝条顿骑士团接管城防并试图袭击海因里希·冯·普罗兹克等人。城外的条顿骑士团被迫强行攻入城内。巷战失利的波兰军队随即逃离格但斯克，其中一部分人选择向城外的勃兰登堡军队投降，主力则撤回大波兰。混战之中，沦为战场的格但斯克城内有大批平民死于兵燹。而为了免除后患，条顿骑士团又在城内屠戮了一些对自己的进驻怀有抵触情绪的民兵，并拆除了城内诸多的路障和防御工事。

无论格但斯克大屠杀的真相究竟如何，条顿骑士团以武力迅速控制了这座城市却是不争的事实。事后勃兰登堡和波兰方面均对条顿骑士团的这一举动发出了抗议，并向罗马教廷做出了控诉。据称在公元1310年6月19日，罗马教皇克雷芒五世（Pope Clement V）曾亲自发表训令申斥条顿骑士团屠戮无辜民众的举动，但在后续罗马教廷组织的调查之中却听取了条顿骑士团方面的证词，认为仅杀戮了十五六名波兰骑士和数十位平民。

与罗马教廷的问责和调查几乎同步进行的是波兰、勃兰登堡和条顿骑士团三方之间有关格但斯克归属问题的外交扯皮。在勃兰登堡方面，本已是自己囊中之物的格但斯克却意外地被条顿骑士团捷足先登，内心的不爽自然可想而知。但无奈此时的条顿骑士团兵强马壮，又有罗马教廷撑腰，因此权衡利弊之后，勃兰登堡公国方面最终决定化干戈为玉帛。公元1309年9月13日，勃兰登堡与条顿骑士团方面签署《佐尔丁条约》（*Treaty of Soldin*）。条顿骑士团以1万银马克的价格从勃兰登堡手中“收购”了格但斯克以及东波美拉尼亚的特切夫（Tczew）、希维切（Swiecie）地区。尽管钱不算太多，但对于勃兰登堡而言上述地区本就不在自己的管辖之下，自然乐得做成这样的无本生意。而站在条顿骑士团的角度来看，可以花这点钱就换来合法领有东波美拉尼亚的一纸协定，也不能算是亏本。

波兰油画中怒斥条顿骑士团代表的“矮子”瓦迪斯瓦夫

面对勃拉登堡方面与条顿骑士团之间的私相授受，人地两失、一无所获的波兰方面自然极度不满。但面对着国内繁复的政治局面，尚未真正掌控大、小波兰的“矮子”瓦迪斯瓦夫无力与条顿骑士团正面抗衡，只能选择在国家层面拒不承认《佐尔丁条约》，继续坚持波兰对格但斯克的主权诉求。

条顿骑士团入主以格但斯克为中心的东波美拉尼亚地区，对其自身发展而言，不仅趁势打通了长期以来德意志本土与东普鲁士地区隔绝的陆路联系，更将整个波罗的海南岸的贸易据点悉数纳入自身的掌握之中。可以说正是从这一时期开始，条顿骑士团正式踏上了以政权形式崛起于东欧的公国之路。而大批德意志移民的到来也彻底改变了波罗的海地区的民族构成。格但斯克之名在其后的两个多世纪里销声匿迹，人们更多的记住了其德语的名义——但泽。而对于德意志地区等地的诸侯来说，条顿骑士团以独立圣战武装的身份，领有普鲁士、东波美拉尼亚和利沃尼亚地区，既可以充当抵挡波兰、立陶宛等所谓野蛮国家的防火墙，更是一把可以为自己所用的利刃。因此在《佐尔丁条约》签署之后，条顿骑士团频频接到来自德意志各大家族的橄榄枝，其中最先找上门来的，是新任德意志国王亨利七世（Henry VII）。

阿尔伯特一世遇刺

亨利七世来自于地处德法边境的卢森堡伯国（County of Luxemburg），由于其家族曾长期是法兰西王室的附庸，因此亨利七世本人也几乎是在法兰西宫廷中长大的。但就是这样一个来自法语区的小领主，却在机缘巧合之下于公元1309年1月6日在亚琛被加冕为德意志国王。之所以出现这样的局面，主要还是缘于霍亨斯陶芬家族崩溃之后德意志无休止的诸侯纷乱。公元1308年5月1日，一度主导德意志地区的哈布斯堡家族内部爆发轰动性的丑闻，被剥夺了领地继承权的施瓦本公爵约翰在一场家宴散场之时突然发难，砍死了自己的叔叔德意志国王阿尔伯特一世（Albert I of Habsburg）。

事情发生之后，哈布斯堡家族本就不算稳固的统治再度遭到了德意志地区诸侯的普遍质疑，法兰西国王菲利普四世更趁势推动自己的弟弟瓦卢瓦伯爵查理

（Charles of Valois）参选神圣罗马帝国皇帝。应该说无论是罗马教廷还是德意志地区的各方诸侯都无法接受这样一位法兰西王室成员的登堂入室。但此时的菲利普四世兵强马壮，执政以来不仅先后击败了英格兰国王“长腿爱德华”，扫荡了佛兰德斯地区，更多次击败德意志诸侯联军，将本属于神圣罗马帝国的洛林主教区、里昂等地并入法兰西王室治下。公元 1307 年 10 月 13 日更公然以异端之名逮捕了法兰西境内的 138 名圣殿骑士团成员并胁迫罗马教廷将这个战功赫赫的圣战组织连根拔起。

面对这样一个强横的存在，罗马教廷和德意志诸侯自然不敢与菲利普四世公然对抗，但却无法接受瓦卢瓦伯爵查理的所作所为。在一番政治博弈之后，双方最终决定各退一步，卢森堡伯爵亨利七世作为菲利普四世的代理人，拿着法兰西王室的资助堂而皇之地贿赂德意志诸侯，为自己买下了一顶王冠。

成为德意志国王之后，亨利七世很快便被罗马教皇克雷芒五世和哈布斯堡家族所收买，前者同意尽快为其完成神圣罗马帝国皇帝的加冕仪式，后者则许诺将为亨利七世之子约翰谋取波希米亚的王位。面对如此丰厚的政治回报，亨利七世随即抛弃了其对法兰西王室脆弱的忠诚。但无论是去罗马加冕还是帮自己的儿子拿下波希米亚的王冠，亨利七世都需要一支强大的武装力量。这位在德意志地区缺乏根基的卢森堡伯爵，第一时间想到的自然是超然于各方势力之外的条顿骑士团。

对于亨利七世的招揽，条顿骑士团大团长希格弗里德・冯・福伊西特万格欣然同意。在此后的几年里，条顿骑士团广泛地参与了卢森堡家族在意大利北部和波希米亚地区的军事行动。甚至有一些记载称，大团长希格弗里德亲自护送亨利七世前往罗马，并参与了加冕典礼。但事实上亨利七世最终于公元 1312 年 6 月正式成为继腓特烈二世之后第二十五任神圣罗马帝国皇帝时，希格弗里德已经于一年之前病逝，因此希格弗里德参与的可能是公元 1310 年亨利七世在米兰举行的成为意大利国王的加冕典礼。

希格弗里德死后，曾长期在威尼斯总部担任其代理的卡尔・贝斯特・冯・特里尔（Karl Bessart von Trier）当选为条顿骑士团第十六任大团长。公元 1311 年 6 月中旬，这位新任团长在马尔堡宣誓就职，条顿骑士团随即正式步入了马尔堡时代。

卡尔来自于德意志西南部的一个豪门世家，公元1288年带着自己的两个弟弟加入条顿骑士团之后，其很快便升任条顿骑士团在香槟、洛林、勃艮第地区的负责人。而从公元1304年开始，卡尔更代表大团长希格弗里德长期坐镇威尼斯总部。而或许正是缘于这段在威尼斯的经历，令其在继任大团长后不久便试图效仿威尼斯在条顿骑士团治下的普鲁士、东波美拉尼亚和利沃尼亚引入特许经营的商业模式。

护送亨利七世抵达意大利的条顿骑士团大团长希格弗里德

卡尔显然是高估了自己的政治威望，他的改革设想虽然有利于条顿骑士团加快对各地财权的集中，但却触及了将各教区、各贸易城邦视为私产的一干主教和骑士团上层的利益底线，因此一经提出便遭到以里加大主教为首的既得利益集团的反对。幸好此时条顿骑士团主力仍在为卢森堡家族征战，外部还有波兰和立陶宛的虎视眈眈，因此尽管双方互不相让、形同分裂，但最终依旧保持了克制，没有闹到兵戎相见的地步。

公元 1313 年，正在与那不勒斯王国交战的亨利七世因疟疾病逝于意大利南部地区。德意志诸侯随即为争夺空悬的神圣罗马帝国君位形成了分别以哈布斯堡家族的腓特烈三世和巴伐利亚公爵路易四世为首的敌对阵营，条顿骑士团无心参与这场混战，其成员陆续回到了马尔堡。但就在卡尔满心欢喜地准备借助这些主力军团压制反对派之际，一场空前的大饥荒于公元 1315 年席卷整个东欧地区。

条顿骑士团第十六任大团长——卡尔·贝斯特·冯·特里尔

面对着恶劣的生存环境，越来越多的条顿骑士团成员对大团长卡尔的领导表现出不满的情绪。反对派趁势于公元 1317 年举行全员大会对大团长展开了弹劾，逼迫其主动辞职。尽管此后不久，罗马教廷便出面干预帮助卡尔于公元 1318 年 3 月 12 日复职，但这位大团长却已然心灰意冷，此后的几年里他始终生活在自己故乡，公元 1324 年去世之后，遗体也并未重回马尔堡。

第五卷

V 辉煌末路

- 战争与和平
- 西海霸主
- 兄弟阋墙
- 诸子混战
- 夫妻同心

条顿骑士团
全史

二十一、战争与和平

条顿骑士团与立陶宛、波兰之间的战略拉锯

卡尔·贝斯特·冯·特里尔在生命的最后几年里与条顿骑士团始终保持着若即若离的关系，在临终之际，这位大团长指定曾因支持自己而惨遭流放的心腹沃纳·冯·奥瑟伦为自己的继承人。

作为条顿骑士团第十七任大团长，沃纳·冯·奥瑟伦来自于法兰克福附近的上乌瑟尔地区。一些史料宣称其来自于德意志历史上赫赫有名的法尔肯斯坦家族（Falkenstein），但也有人认为其不过是来自于法尔肯斯坦家族治下的一个“村社管理者”[1]家庭。由于其早年的经历已经无从考证，似乎后者的说法更为可信。

沃纳·冯·奥瑟伦第一次出现在条顿骑士团的官方记录中是在公元 1312 年。当时的沃纳·冯·奥瑟伦受命驻守位于东普鲁士边境涅曼地区（Neman）的一处军事要塞，抵挡着野心勃勃的立陶宛大公维特尼斯（Vytenis）对条顿骑士团领土的袭扰。

自公元 1282 年立陶宛大公特莱德尼斯病逝之后，立陶宛境内再度陷入了群龙无首的割据时代。公元 1285 年一位名叫布蒂盖迪斯（Butigeidis）的立陶宛封建领主自封大公并于公元 1289 年率领 8000 大军攻入东普鲁士境内的桑比亚半岛（Sambia）。此时正忙于包围第二耶路撒冷王国的条顿骑士团无心与之正面对抗，

[1]“村社管理者”：德语称为“Vogt”，相当于中国古代的里正和日本的“地头”（じとう）。

只能在东普鲁士与立陶宛交界的涅曼河西岸修筑堡垒。在随后的交锋之中，立陶宛人虽然多次尝试，但始终未能攻克条顿骑士团的前沿要塞，布蒂盖迪斯随即决定在涅曼河东岸建立前哨。条顿骑士团与立陶宛人隔河对峙的局面一直延续到了公元 1291 年布蒂盖迪斯去世，其弟布特维达斯（Butvydas）继位。布特维达斯执政时期正值条顿骑士团于威尼斯设立总部，不断从西欧组织雇佣军袭击立陶宛的高峰时期。面对装备精良的意大利佣兵和西欧骑士，立陶宛人讨不到什么便宜，布特维达斯随即抱着失之东隅，收之桑榆的态度转而攻击邻近的波兰马佐夫舍公国。而正是在公元 1292 年对马佐夫舍展开的军事行动中，其子维特尼斯开始崭露头角，统率着一支 800 人的小部队，一路打到了波兰中部的文奇察地区。

波兰战场上的赫赫战功最终保证了维特尼斯在公元 1295 年其父死后顺利继承了立陶宛大公之位，并将与条顿骑士团领地接壤的萨莫吉希亚地区交给一位名叫格迪米纳斯（Gediminas）的立陶宛贵族执掌。关于格迪米纳斯的身世，坊间一直有诸多传说，比较常见的说法是格迪米纳斯是布特维达斯之子，但其与维特尼斯是一母同胞还是同父异母却始终没有找到合理而可信的证据。而在一些其他史料中格迪米纳斯的身世则有维特尼斯之子、维特尼斯的堂兄弟，甚至维特尼斯的马夫等多个版本。

格迪米纳斯来到萨莫吉希亚之际，条顿骑士团正全力试图在这一地区打破格局，以连通东普鲁士和利沃尼亚之间的陆路联系。根据史料记载，在格迪米纳斯执政时期，条顿骑士团先后对萨莫吉希亚发动了 20 次以上的进攻。连年的战事令当地的立陶宛百姓流离失所，而贵族阶层人心浮动，与条顿骑士团暗通款曲者有之，直接率领部族投效者有之，更多人则持观望态度。对此格迪米纳斯采取的对策是直接对当地的贵族阶层展开整肃，将心怀异志者赶尽杀绝。在大批贵族和难民逃离萨莫吉希亚的同时，不仅立陶宛在当地的统治日渐牢固，更直接冲击了条顿骑士团在利沃尼亚地区的社会秩序。

公元 1297 年，利用利沃尼亚地区社会动荡，里加的市民阶层与条顿骑士团之间的矛盾日益激化，流血冲突时有爆发的契机，维特尼斯以声援里加市民的名义，挥师杀入利沃尼亚，于当年 6 月 1 日攻陷里加东北的图雷达城堡（Turaida），并随即击败了条顿骑士团的增援部队。

在图雷达之战中条顿骑士团损失了包括利沃尼亚地区负责人布鲁诺在内的20余名骑士，但随着来自普鲁士的增援部队的不断抵达，6月28日条顿骑士团最终在里加以东的阿达兹（Adazi）地区击败了维特尼斯，根据条顿骑士团方面的记录，有超过4000立陶宛人和里加市民倒在其剑下。但这场胜利似乎并未改变条顿骑士团在利沃尼亚地区的颓势，自称改信天主教的维特尼斯以利沃尼亚保护者的身份继续盘踞在里加，并在城外修筑了多座防御工事。有趣的是，由于维特尼斯将此前涌入里加的立陶宛难民安置在城外的堡垒之内并建立了里加与立陶宛之间的陆路商业网络，里加市民对其颇为拥戴。同一时间，条顿骑士团忙于在东波美拉尼亚地区的扩张，立陶宛对利沃尼亚西部的统治一直延续到公元1313年。

在最终被条顿骑士团赶出利沃尼亚地区之后，维特尼斯再度将注意力转向了普鲁士方向。公元1315年秋，维特尼斯对条顿骑士团于两年前在涅曼河东岸修筑的克里斯蒂安堡展开围攻。尽管此时立陶宛军队中集结了大量精锐的弓箭手并携带了两台重型投石机，但面对条顿骑士团不断从涅曼河西岸派出的增援部队以及城上训练有素的弩兵，维特尼斯最终还是败下阵来。此后不久，维特尼斯便在立陶宛的史料中消失了，尽管有一些传说认为他是被一道闪电击毙的，但更多的人认为其死于封臣格迪米纳斯的篡权。

或许正是因为得位不正的缘故，格迪米纳斯格外注意外交。在公元1319年与金帐汗国结盟之后，公元1322年格迪米纳斯又给罗马教皇约翰二十二世（Pope John XXII）写去了一封长信，信中格迪米纳斯言辞恳切地请求教皇保护自己的王国免遭条顿骑士团的蹂躏。同时邀请罗马教廷派遣传教士来到立陶宛，向自己的子民传播福音。这一番恭顺的表现不仅使罗马教廷颇为欣喜，甚至连长期与条顿骑士团共进退的里加大主教也击节叫好。

面对格迪米纳斯一边与罗马教廷之间展开亲密互动，一边则在立陶宛与普鲁士边境地带集结兵力，不断袭扰但泽等地的举动，条顿骑士团只能发动宣传机器，通过普鲁士各教区主教向罗马教廷进言，揭露格迪米纳斯口蜜腹剑的真面目。而此时格迪米纳斯也开始感受到来自国内原有的多神教信仰的压力，被迫于公元1323年9月宣布放弃皈依天主教，并驱逐罗马教廷的传教士。

尽管格迪米纳斯与罗马教廷之间的蜜月期非常短暂，但这种毫无底线的外交策略还是很快引起了急于寻找盟友的波兰国王“矮子”瓦迪斯瓦夫的注意。公元1325年，经过一番磋商，格迪米纳斯将自己的女儿阿尔多娜（Aldona）许配给了“矮子”瓦迪斯瓦夫之子卡齐米日（即日后的卡齐米日三世，Casimir III）。公元1324年7月6日，继任条顿骑士团大团长的沃纳·冯·奥瑟伦试图从波兰方面打开突破口。但其与“矮子”瓦迪斯瓦夫之间的会晤并未取得任何实质性的成果。条顿骑士团随即转而与波兰北部地区的诸侯结盟。公元1326年1月2日，条顿骑士团与马佐夫舍地区的三位领主拉瓦公爵谢莫维特二世（Siemowit II of Rawa）、切尔斯克公爵瑞宾一世（Trojden I）和普沃兹克公爵文西斯劳斯（Wenceslaus of Plock）会盟于波兰中部城市布罗德尼察（Brodnica）。同时与会的还有西里西亚地区和波希米亚国王约翰的代表。一个反制波兰—立陶宛联盟的外交网络由此形成。

就在条顿骑士团和波兰—立陶宛联盟都在紧锣密鼓地进行战争准备之际，

“矮子”瓦迪斯瓦夫与沃纳·冯·奥瑟伦之间的会晤

勃兰登堡公国爆发的继承权之争却打乱了各方的既定部署：自公元 1319 年主持阿斯卡尼亚家族的沃尔德去世之后，勃兰登堡地区便陷入复杂的家族斗争之中。由于沃尔德没有合法的子嗣，勃兰登堡边区伯爵之位一度由其表弟——年仅 11 岁的亨利二世继承。但体弱多病的亨利二世还没来得及坐稳宝座便一命呜呼。邻近的巴伐利亚和萨克森两大公国随即各自拿出家谱，宣布其对勃兰登堡的继承权。

巴伐利亚公国方面的法律依据是亨利二世的母亲阿格尼丝与公爵路易四世为一母同胞，舅舅继承外甥的家业合情合理。但萨克森公爵鲁道夫一世却以自己的第一任妻子犹塔来自勃兰登堡的阿斯卡尼亚家族且勃兰登堡边区伯爵历史上曾为萨克森公爵的封臣为依据，提出自己才是勃兰登堡的合法所有者。现实利益的纠葛加上此前路易四世与鲁道夫一世之间争夺神圣罗马帝国君位时的宿怨令双方剑拔弩张，大战一触即发。

公元 1324 年，路易四世派兵强行护送自己尚未成年的长子路易五世进入勃兰登堡地区，并镇压了当地支持鲁道夫一世的贵族势力。由于此时巴伐利亚刚刚击败了与鲁道夫一世共进退的奥地利哈布斯堡家族，无力争斗的萨克森人也只能被迫承认了巴伐利亚鲸吞勃兰登堡的现实。但勃兰登堡当地的民众却并不买账，此后的几年里各类起义此起彼伏。波兰国王“矮子”瓦迪斯瓦夫趁势于公元 1326 年挥师西进加入了战团。

按照波兰史料的说法，水深火热之中的德意志民众视波兰军队为解放者，因此兵锋所向，无处不是一片箪食壶浆以迎王师的景象，波兰军队甚至一路进至法兰克福附近。但就在“矮子”瓦迪斯瓦夫志得意满之际，条顿骑士团突然从北线发动了进攻并迅速在马佐夫舍地区的波兰封建领主的帮助下攻占了库雅维等地，最终迫使波兰军队从德意志回撤。由此波兰—条顿骑士团战争（Polish - Teutonic War）全面爆发。

有趣的是，在德国方面的史料之中，这场战争完全是由波兰—立陶宛联盟所挑起的：公元 1326 年 2 月 7 日，罗马教廷出面调停，在波兰与条顿骑士团签署了一份有效期至公元 1326 年圣诞节的停战协定的情况下，2 月 10 日格罗德诺地区的立陶宛封建领主戴维（David of Hrodna）统率一支大约 1200 人的立陶宛军队攻入勃兰登堡地区，并从柏林一路烧杀劫掠至法兰克福附近。其间信奉多神教的立陶宛军队洗劫多所教堂，并掠走了超过6000名德意志居民。这一暴行震惊了包括神圣罗马帝国在内的整个天主教世界。在罗马教廷的盛怒之下，条顿骑士团才毅然出兵惩戒立陶宛的异教徒及其“邪恶”的盟友波兰。

显然波兰和德国史料都有意模糊了立陶宛封建领主戴维突袭勃兰登堡地区的政治意义。事实上在当时立陶宛地区的政治架构之内，戴维这样自行其是的封建领主常年都扮演着四处参战、打家劫舍的角色。公元1314年，戴维曾率部出现在遭遇条顿骑士团围攻的白俄罗斯城市新格鲁多克（Navahrudak），劫掠了条顿骑士团的后方辎重并迫使其撤军。公元1319年，戴维又带着800人袭扰了普鲁士境内的维纳河流域，但因遭到条顿骑士团的拦截，最终被迫在丢弃诸多战利品的情况下撤回了立陶宛。四年之后，戴维又参与了诺夫哥罗德共和国普斯科夫地区的立陶宛移民对抗丹麦和条顿骑士团的军事行动。尽管戴维在饱掠之后返回立陶宛的途中，为条顿骑士团于马祖里亚地区的驻军所截杀，但他的行为已经为条顿骑士团及其盟友提供了开战借口。

随着条顿骑士团成功夺取波兰中部地区，公元1328年，波希米亚国王约翰也在西线展开了对波兰—立陶宛联盟的进攻。面对着两线作战的不利局面，此时

攻入波兰境内的条顿骑士团

的波兰国王“矮子”瓦迪斯瓦夫凭借着盟友的支持，逐渐挽回了颓势。

除了立陶宛大公格迪米纳斯之外，“矮子”瓦迪斯瓦夫的另一个重要战略伙伴，是入主匈牙利的法兰西王室后裔查理·罗伯特。早在与各方势力角逐匈牙利王位之时，查理·罗伯特就曾收留和资助了当时走投无路的“矮子”瓦迪斯瓦夫。在加冕为波兰国王之后，“矮子”瓦迪斯瓦夫则于公元1320年将自己的女儿埃尔日别塔嫁往布达，从此之后查理·罗伯特便成为波兰国王的东床快婿。借助财大气粗的匈牙利王室的资助，“矮子”瓦迪斯瓦夫最终在公元1331年9月27日的普沃夫策战役（Battle of Plowce）中取得了决定性的胜利。

普沃夫策是一座位于波兰中部平原地带的小城，公元1331年秋季，占据库雅维地区的条顿骑士团出动7000人马对其展开围攻。就在守城的民兵逐渐支持不住之际，“矮子”瓦迪斯瓦夫及其长子卡齐米日率领5000援军抵达了战场。对波兰军队战斗力颇为轻视的条顿骑士团主帅迪特里希·冯·阿尔滕（Dietrich von Altenburg）随即带领约三分之一的围城部队转向外线与波兰军队正面交锋。

面对烈日之下布阵的条顿骑士团，“矮子”瓦迪斯瓦夫巧妙地将己方的部队隐藏于普沃夫策附近的森林之中，等待对方逐渐呈现疲态之后才下令以逸待劳的波兰骑士策马冲击。但即便如此，在战斗打响之时，“矮子”瓦迪斯瓦夫还是命令自己的儿子卡齐米日离开战场，以免这位未来的波兰王国继承人遭遇不测。

事实证明，经过多年内战的洗礼，精锐的波兰骑士已经拥有了不弱于条顿骑士团的战斗力。短短三个小时之内，迪特里希·冯·阿尔滕等56名条顿骑士团成员被俘，所部几乎全军覆没。此时条顿骑士团剩余的部队也从普沃夫策城下赶来，双方一直混战到夜幕降临方才各自收兵。

根据战后统计，条顿骑士团在普沃夫策地区损失了超过2600人，且最终不得不放弃对这座城市的围攻撤回托伦地区休整。伤亡1700人的波兰方面也无力展开追击，甚至不得不在战斗结束后不久便释放了迪特里希·冯·阿尔滕等人以便向条顿骑士团释放和解的信号。当然此时的“矮子”瓦迪斯瓦夫或许并不会想到，这位自己手下的败军之将，不久之后便将当选为条顿骑士团的新任大团长。

公元1332年，在罗马教廷的调停之下，波兰方面与条顿骑士团同意暂时休战。一年之后，带着无法收复库雅维等地的遗憾，“矮子”瓦迪斯瓦夫病逝于克拉科夫，享年73岁。从某种意义上来说，“矮子”瓦迪斯瓦夫重塑了一个全新的波兰。作为他的继承者，其子卡齐米日三世之所以能够在日后被冠以“伟大”之名，很大程度上缘于其父为其打下的良好基础。而在条顿骑士团方面，曾经与“矮子”瓦迪斯瓦夫当面争执的大团长沃纳·冯·奥瑟伦已于公元1330年11月18日在马尔堡总部遇刺身亡。尽管沃纳·冯·奥瑟伦执掌条顿骑士团的时间不长，但其影响同样深远。因为正是在他的倡导之下，条顿骑士团完成了其内部从一个松散的圣战武装向骑士团公国的转变。

波兰方面释放了迪特里希·冯·阿尔滕

在沃纳·冯·奥瑟伦时代，条顿骑士团逐渐形成由全体骑士大会、行政议事会和大团长组成的中央权力架构。明确了大团长为最高首领，也是神圣罗马帝国的诸侯的政治身份。在大团长之下，条顿骑士团由负责处理地方日常事务的大司令，统领军队的最高督军，掌管财务的财政官，全权处理宗教和法律事务的大法官，统筹粮草供给、武器锻造的军需官共同组成行政议事会，辅助执政。行政议事会每年只开一次例会，或者在特别情况下临时召集。在行政议事会之下，是由条顿骑士团核心成员组成的骑士兄弟会和教士兄弟会。骑士兄弟会的成员主要为自愿加入条顿骑士团的武装人员，他们加入骑士团之后便需要严格遵守三项誓言：安贫、守贞、服从，以帮助病弱及与异教徒作战为荣。为此这些身披黑十字白披风的圣战士，必须每天都进行严酷紧张的军事训练，维持简朴严格而又单调的生活方式。而在沃纳·冯·奥瑟伦时代，条顿骑士团更颁布了颇为严格的管理规定：

要求骑士团成员只能从团里领取一把宝剑和一件旧袍，每天以一块面包果腹。不能佩戴家族的纹章，不能与凡俗之人同住，不能常去奢华的城市，也不能单独骑马外出、读信或写信，每晚要被钟声叫醒四次去唱诗，白天去做四次祈祷，星期五要受到修道生活的训练，即使团长也没有权力让任何人休假，如果一个成员有任何不端行为，就要召开会议，经过公议后对其进行惩戒。沃纳·冯·奥瑟伦此举显然是试图通过维持条顿骑士团昔日圣战组织的禁欲作风以保证其核心成员的战斗力。但是条顿骑士团此时已然走出了第二耶路撒冷王国的蜗角之地，在普鲁士、东波美拉尼亚和利沃尼亚地区有着辽阔的世俗领地需要管理，同时与波兰—立陶宛联盟之间规模日益扩大的战事，也不可能单纯依靠兵力有限的骑士兄弟会去应付，因此沃纳·冯·奥瑟伦时代条顿骑士团又组建了教士兄弟会和军士兄弟会。

教士兄弟会和骑士兄弟会不同，他们不受三项誓言的约束，主要职责是通过带领条顿骑士团治下的民众进行祈祷并从事一些宗教事务来施加其影响力。平时他们以教堂和医院为中心处理领地的日常事务，战时则作为随军牧师，带领领地的民众跟随骑士们一起出征。

军士兄弟会以身披灰色的上面有三角十字架的较小斗篷为标志。他们在骑士团的地位类似西欧封建骑士的扈从。由于加入骑士团有非常严格的限制：必须是非常年轻（年满 14 岁），身体健康，没有身体缺陷，不能有债务或其他义务的拖累，而且必须是骑士的后代，因此军士兄弟会既是条顿骑士团主要的辅助兵种，同时也是条顿骑士团在无法大量扩大骑士兄弟会规模情况之下充实其军队力量的替代手段。

当然这些改革并非从沃纳·冯·奥瑟伦的任期内才开始，也并非在短时间

条顿骑士团中的骑士、教士和军士阶层

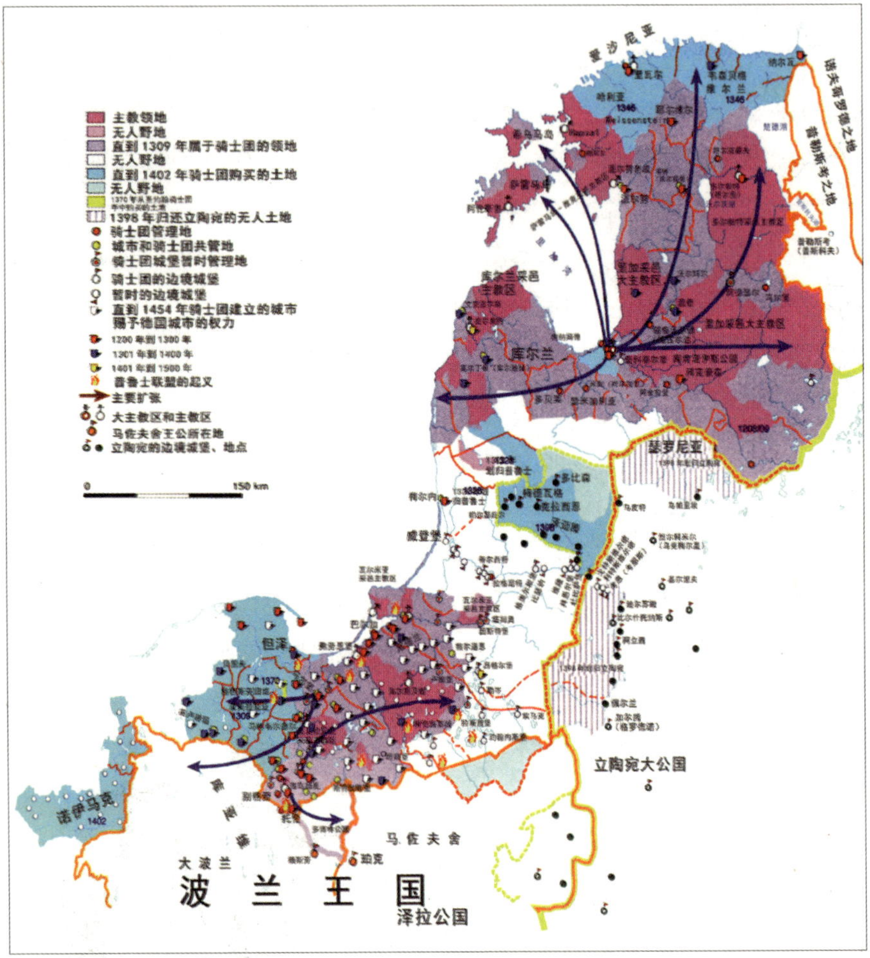

“北方十字军”对利沃尼亚和普鲁士的征服

内便一蹴而就。但不能否认的是，正是在沃纳·冯·奥瑟伦的领导之下，条顿骑士团的组织架构和等级制度最终成型，并几乎一直延续了其整个全盛期。但就如所有的改革家一样，沃纳·冯·奥瑟伦的做法不可避免地触及了一些既得利益集团，并最终导致其遇刺身亡。

二十二、西海霸主

条顿骑士团的波罗的海霸权

公元 1331 年 2 月 17 日，来自下萨克森地区的路德・冯・不伦瑞克当选为条顿骑士团第十八任大团长。尽管在条顿骑士团历史上也有过多位身世显赫的大团长，但如路德・冯・不伦瑞克这般来自曾经诞生过多位伯爵、公爵乃至神圣罗马帝国皇帝的韦尔夫家族的却尚属首次。这其中固然有老对手霍亨斯陶芬家族崩溃之后，韦尔夫家族也日渐势衰的背景因素，但也从一个侧面说明了条顿骑士团在德意志地区的政治版图之上正逐步走向其影响力的巅峰。

路德・冯・不伦瑞克加入条顿骑士团的时间不晚于公元 1295 年。大约从公元 1304 年开始，他的名字出现在了普鲁士边境地区的日常记录之中。公元 1308 年到公元 1312 年，路德・冯・不伦瑞克奉命镇守位于波兰中部的戈卢布（Golub）地区。

作为条顿骑士团最早在波兰境内建立的城堡之一，戈卢布地区经过多年经营，早已成为集军事、政治、经济功能于一体的复合型据点。因此路德・冯・不伦瑞克在当地驻守期间，尽管没有积累什么显赫的战功，却也被磨炼成了一位“上马领军，下马理民”的军政干才。此后又先后被调往条顿骑士团的总部马尔堡以及邻近的杰日贡地区。

正是在杰日贡驻守期间，路德・冯・不伦瑞克通过大量吸收德意志移民的方式，完成了对维斯图拉潟湖（Vistula Lagoon）沿岸的开发工作。面对着昔日的不毛之地之上崛起的一座座庄园，条顿骑士团上层决定将路德·冯·不伦瑞克调往更需要他的地方——奥斯特鲁达（Ostroda）。

奥斯特鲁达位于古普鲁士与波兰的交界地带，当地沼泽密布、民风剽悍。条顿骑士团名义上领有这一地区，但实则政令难出城堡。正所谓“金子到哪里都会发光”，即便是在自然环境极端恶劣的前哨地带，路德·冯·不伦瑞克仍干得有声有色。公元1326年，一座名为因格堡（Gilgenburg）的移民城镇逐渐成形。此外路德·冯·不伦瑞克还参与了条顿骑士团与多座自治城市之间的公约修订谈判。到公元1329年时，奥斯特鲁达已经成了条顿骑士团在波兰中东部最为稳固的前哨据点。

颇具文艺气息的条顿骑士团第十八任大团长路德·冯·不伦瑞克

正是凭借着这些治理地方的突出成绩，路德·冯·不伦瑞克最终于公元1331年当选为条顿骑士团大团长。尽管在其执政后不久条顿骑士团便兵败普沃夫策，但这并不影响路德·冯·不伦瑞克将其多年来主持地方工作的经验推广至整个条顿骑士团所控制的普鲁士、东波美拉尼亚和利沃尼亚地区。可以说正是在路德·冯·不伦瑞克的推动之下，条顿骑士团对其领地的治理才逐渐走上了正轨，即便其在位仅有短短的四年光景。

公元1335年4月18日，正在推进马尔堡扩建工作的路德·冯·不伦瑞克带着他对诗歌和艺术的无限热爱因病去世。接替他的是曾在普沃夫策战役中不幸被俘的迪特里希·冯·阿尔滕。迪特里希来自图林根阿尔滕堡地区的一个封臣家庭，据信其家族早年间长期效力于萨克森的韦廷家族（House of Wettin）。在德意志地区诸侯纷争不断的时代里，如迪特里希这样的封臣之子自幼便被培养成披坚执锐的职业战士。但由于家族封地有限，如果不是家中长子，那么在成年之后往往不得不离乡背井，寻找合适的雇主。当然比起沦为佣兵或盗匪，加入条顿骑士团似乎更能为迪特里希这样的人所接受。

迪特里希正式加入条顿骑士团的时间不晚于公元1307年，此后其先后驻守过位于抗击立陶宛第一线的涅曼堡和里加湾附近的伯格要塞。凭借着多年累积的军功，在波兰—条顿骑士团战争期间，迪特里希一度被选为大司令（Grand marshal），主持骑士团的日常军事，直至其在普沃夫策战役中被俘。

作为一军统帅在战场上沦为俘虏，固然是迪特里希·冯·阿尔滕一生最为屈辱的时刻。但也正是因为有了这样的一段经历，才令曾经好勇斗狠的迪特里希对条顿骑士团所面临的局面有了全新的思考。在迪特里希看来，条顿骑士团虽然一路走来逐渐摆脱了昔日贫弱的形象，但从一个政权的角度来看，条顿骑士团依旧不具备维持长期战争的能力，其中最为突出的短板是作为条顿骑士团军队核心的骑士兄弟会和军士兄弟会虽然精锐，但数量有限，一旦遭遇如普沃夫策战役那样的重创，在短时间之内将元气大伤且很难再度组织起有效的抵抗。因此迪特里希获释之后，便积极为条顿骑士团与波兰之间的媾和奔走。

尽管在罗马教廷的调停之下，条顿骑士团与波兰王国之间暂时达成罢兵息战的协议，但双方的领土纠纷依旧未能从根本上得到解决。为此迪特里希积极地与波兰国王卡齐米日三世展开了磋商。公元1341年，前往托伦与波兰方面进行会谈的途中迪特里希不幸因病去世，但正是缘于其不懈的努力，公元1343年，波兰最终与条顿骑士团签署了旨在“永久”解决双方领土争议的《卡利什条约》（*Treaty of Kalisz*）。依照《卡利什条约》

身材高大的卡齐米日三世

的相关规定，波兰方面放弃其对东波美拉尼亚所主张的一切权力，以换取条顿骑士团从库雅维地区的撤军。

从后世的角度来看，条顿骑士团以手中所控制的库雅维换取波兰法理上对其领有东波美拉尼亚的承认似乎得不偿失，但事实上对条顿骑士团而言，库雅维地区在双方战线上已经形成了一个三面受敌的突出部位，如不尽早放弃，很可能会引发更多如同普沃夫策战役那样的惨败。与此同时，《卡利什条约》的相关内容也是当时罗马教廷和东欧各主要政治体对波兰与条顿骑士团领土纠纷的一致意见。早在公元1335年，领有匈牙利的法兰西王室成员查理·罗伯特便与卢森堡家族的波希米亚国王约翰在维谢格拉德展开磋商，并做出了与《卡利什条约》相类似的仲裁。

对于波兰而言，《卡利什条约》的签署也被看成是一次丧权辱国的行为。尽管兵不血刃地收回了库雅维，但放弃东波美拉尼亚的主权意味着波兰“永久”地丧失了波罗的海沿岸包括但泽在内的诸多良港，彻底沦为一个内陆国家。面对国

在全国各地访贫问苦的卡齐米日三世

内巨大的政治压力，卡齐米日三世坚持在条约中写明：如果条顿骑士团单方面违反协议，波兰将有权收回其所主张的所有领土。

无论如何，《卡利什条约》结束了条顿骑士团与波兰之间持续的敌对状态。令卡齐米日三世和公元 1342 年 1 月当选为条顿骑士团第二十任大团长的鲁道夫·科恩·冯·瓦特扎（Ludolf Konig Von Wattzau）可以专注于国内事务以及在其他方向的扩张。

卡齐米日三世继位之初，其在波兰国内并没有得到太多的拥护。在长期割据一方的波兰贵族眼中，这位身材高大的国王不过是名义上的“天下共主”，是政令难出宫墙的“克拉科夫之王”。但很快卡齐米日三世便以他的一系列内政外交手段树立起了自己的政治威信。

在卡齐米日三世看来，波兰国内虽然诸侯林立，但支撑这个国家的仍是数量巨大的基层骑士和自耕农。因此卡齐米日三世首先便在国内通过在各地访贫问苦，树立起自身“农民之王”的亲民形象。甚至有传说称卡齐米日三世为了替一位贫苦农民出头，不惜开罪了一位自己深爱的贵妇情人。

除得到了农民阶层的广泛支持之外，卡齐米日三世还着重于维护境内犹太人的权益。长期以来，在欧洲天主教世界里，犹太人都被视为是出卖耶稣的犹大后裔。又因为其擅长商业和理财，多以金融借贷为生，更常因怀璧之罪而横遭迫害。但对于卡齐米日三世而言，丢失了东波美拉尼亚之后的波兰商贾不振，要避免积贫积弱唯有依仗于犹太商业集团的支持。为此卡齐米日三世颁布了一系列诸如严惩拐卖犹太儿童、禁止亵渎犹太人墓地的法令。在其统治时期，波兰境内的犹太移民大增。而后世则将卡齐米日三世对犹太人的同情和扶植归功于他的一位犹太裔的情妇埃斯特卡（Esterka）。

由于在卡齐米日三世的治下，波兰在犹太商贾集团的支持下积累了雄厚的财富，国民经济和文化事业都有了长足的发展，因此埃斯特卡在波兰民间传说之中也多以“女诸葛”的正面形象出现，卡齐米日三世取得的诸多成就也被归功于她的枕头风。但事实上波兰犹太商贾集团之所以可以取得如此巨大的成功，与卡齐米日三世的对外政策有着密不可分的关系。

在条顿骑士团控制东波美拉尼亚地区，截断波兰通向波罗的海商道的情况

波兰民间传说中的埃斯特卡

之下，卡齐米日三世被迫将目光转向东方。此时威尼斯、热那亚等意大利商业城邦的触角已经深入黑海沿岸，并通过臣服于金帐汗国的加利西亚公国收揽来自亚洲的丝绸、香料等产品。但随着黑海沿岸贸易网络的日益成熟，热那亚和威尼斯之间为控制商道而展开了激烈的海权争夺。面对黑海及地中海东部地区沦为战场的窘境，有识之士纷纷希望能够开辟从黑海沿岸经乌克兰延伸至西欧的陆路贸易网络。正是瞅准了这一有利时机，卡齐米日三世与匈牙利国王查理·罗伯特、立陶宛大公格迪米纳斯结为同盟，利用加利西亚公国陷入内部纷争之际，出兵完成了对加利西亚公国的瓜分，波兰最终于黑海沿岸获得了新的入海口。

与卡齐米日三世的高瞻远瞩相比，条顿骑士团第二十任大团长鲁道夫·科恩·冯·瓦特扎则显得视野狭隘得多。除了延续几位前任建立内部等级制度、加快条顿骑士团对治下各地区的开发之外，鲁道夫·科恩·冯·瓦特扎将自己的主要精力放在了对抗立陶宛大公国的军事行动上。

公元 1344 年，条顿骑士团加入了匈牙利、波希米亚、荷兰共同组成的征讨立陶宛的十字军。但在其余各方势力均未抵达战场之际，立陶宛军队集中兵力攻击条顿骑士团，导致鲁道夫·科恩·冯·瓦特扎兵败而回。此后这位大团长便似乎陷入严重的精神问题而无法正常工作，最终于公元 1348 年郁郁而终。

在鲁道夫·科恩·冯·瓦特扎因抑郁症而无法理事的情况下，条顿骑士团于公元 1345 年 12 月 13 日推举普鲁士地区负责人海因里希·达瑟默·冯·阿夫伯（Heinrich IV Dusener von Arfberg）为第二十一任大团长，由于这是第四位名为海因里希的条顿骑士团大团长，因此也被称为海因里希四世。

海因里希·达瑟默的出身和早年经历已无从考证，一般认为其出生于巴伐利亚的法兰克福地区。第一次出现在条顿骑士团的官方记载之中是在公元1311年的一场与立陶宛人的战斗之中。条顿骑士团方面宣称海因里希·达瑟默在战场上英勇地与立陶宛大公维特尼斯之子展开了正面对决，并成功将对方击杀。

尽管海因里希·达瑟默的这一战绩并未得到立陶宛方面史料的证实，但经此一役其在条顿骑士团中一战成名，此后历任东普鲁士境内多座堡垒的主帅，并先后参与条顿骑士团与立陶宛之间在桑比亚半岛和勃兰登堡地区的军事冲突。但多年与立陶宛人交锋的经验令海因里希·达瑟默深知条顿骑士团并没有足够的兵力彻底击败这个难缠的对手，因此他曾竭力反对大团长鲁道夫·科恩·冯·瓦特扎草率地深入立陶宛境内，并在条顿骑士团兵败之后主持了与立陶宛方面的媾和。

在与立陶宛方面草签了停战协议之后，海因里希·达瑟默将主要精力投注于改善条顿骑士团的外交状况和发展经济方面。长期以来条顿骑士团之所以能够以一个政教合一的军事组织迅速成为波罗的海东岸霸主，除了得益于当地原有势力罗斯诸国、立陶宛和波兰均在蒙古西征后一蹶不振外，很大程度上还仰仗于其背后汉萨同盟的资本推手。

“汉萨”一词来自哥特语“连队”一词，后来逐渐在德语中用于指代“会馆”和“团体”。汉萨最初指的不过是旅居伦敦、布鲁日等地的德意志人商团，形成了诸如科隆汉萨、汉堡汉萨等组织。随着在海外的德意志商人集团出于共同利益的考量开始逐渐趋向于联合，形成了以城市为单位的横贯整个北海、波罗的海水域的超级商业集团——汉萨同盟（Hanseatic League）。

出于对自身单兵作战能力的自信和对所谓骑士精神的推崇，条顿骑士团在战斗中时常有叫阵单挑的举动

公元1210年，德意志城邦吕贝克和汉堡首先同意在商业事务中使用相同的民法和刑法，并彼此在本城中保护对方的商人。此举一般被视为”汉萨同盟”的肇端。公元1241年，这两座城市又为了保护其商人，抵御海盗的袭击而结成了正式的联盟。随后这一同盟又吸收了罗斯托克、维斯马。至此，德意志地区北部最主要的四座商业城市成了汉萨同盟的骨干。

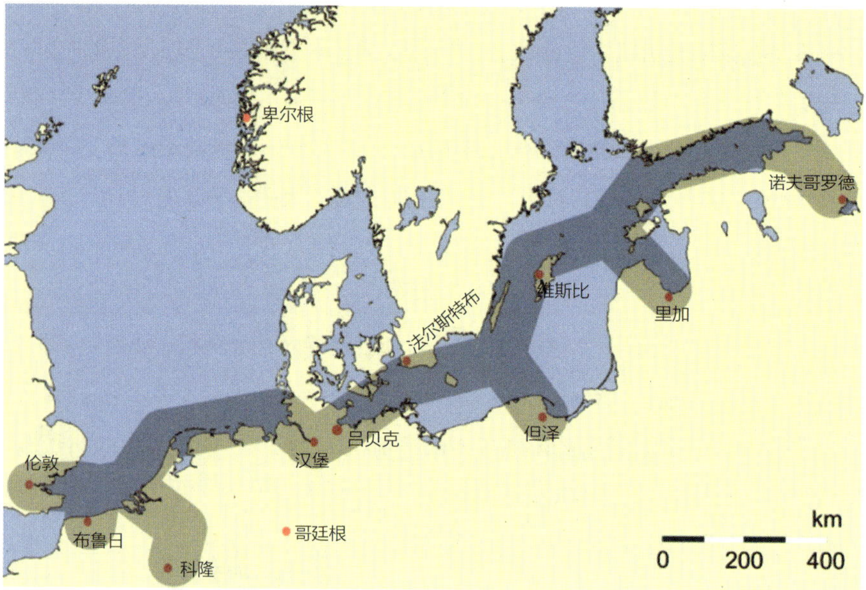

“汉萨同盟”的贸易网络

汉萨同盟成立之后，其宗旨很快便从抵御海盗和取消不合理的通行税等贸易保护行为转向在海外扩展商业势力，垄断商业利益，压制来自同盟外的德意志城市以及来自英国、俄罗斯和佛兰德本土的商业竞争。到公元1300年，从威悉河口的布莱梅到维斯杜拉河口的但泽，沿波罗的海的所有德意志港口城市都加入了汉萨同盟。条顿骑士团治下的普鲁士和波罗的海沿岸城镇自然也不例外。

加入汉萨同盟对条顿骑士团而言，经济上的好处自是不言而喻。条顿骑士团在波罗的海沿岸所征服的土地大多采取庄园制的管理模式，不仅产品单一，而且生产效率低下。加入汉萨同盟之后，其所出产的各种低端产品可以以更高的价格在国外市场上出售，同时可以获得质量更优良的国外进口。汉萨商人的进出口税更为骑士团提供了稳定而可靠的收入来源。但对条顿骑士团而言意义更为深远的是军事和政治上的便利。

汉萨同盟的鼎盛时期，虽然其商站只局限于波罗的海、北海和俄罗斯，但是其商船却远及法国、西班牙和葡萄牙。为了保护其贸易航线，汉萨同盟建立了一支颇为强大的海军。这一点对仅有陆军的条顿骑士团而言可谓极有助益。而汉萨商人通过向神圣罗马帝国的封建领主和其他国家的君主提供借款而获得了一项又一项的特许权。在其全盛时期，汉萨同盟左右着丹麦和瑞典的王位继承人人选，而英国国王甚至不止一次将王冠抵押给汉萨商人换取贷款，或向其央借舰队和海员。汉萨同盟积累了大量财富，并凭借商业和武力赢得了各国的尊敬。这些又恰恰是条顿骑士团在政治和外交上所欠缺的。

正是通过与汉萨同盟之间的紧密互动，在海因里希·达瑟默的任期之内，条顿骑士团领地的商业得到了高速的发展。伴随着商业的高速发展，席卷西欧的黑死病也接踵而至。公元 1343 年，今天被认为是“腺鼠疫”的黑死病（Black

黑死病在欧洲的蔓延和扩散

Death）由往来于克里米亚和西西里岛之间的商船带入西欧。由于时值蒙古军队正在围攻热那亚殖民据点卡法的时期，因此这场来势汹汹的传染病又被赋予了生化武器袭击的色彩。尽管意大利各城邦采取了一系列隔离措施，但是病毒还是于公元 1348 年传入了法国，随后又席卷了英伦诸岛并向东欧蔓延扩散。

壮志未酬的海因里希・达瑟默

公元 1350 年，黑死病的狂潮借助着汉萨同盟的商船开始波及波罗的海沿岸，席卷了条顿骑士团公国全境。面对迅速扩散的天灾，身为大团长的海因里希・达瑟默全身心地投入抗击疫病的工作中。但这位曾在战场上多次击败对手，于谈判桌上游刃有余的大团长，最终还是在来势汹汹的自然灾害面前败下阵来。公元 1351 年，在为疫病所感染，自知不免的情况下，海因里希・达瑟默宣布退位，并离开了马林堡，独自前往荒芜的内陆小镇布兰提恩（Bratian）养病。

海因里希・达瑟默最终病逝于公元 1353 年，他的遗体被运回马林堡，安葬于历代大团长的墓地之中。当然在此之前，条顿骑士团内部已经按照惯例，于公元 1351 年 9 月 14 日推举时年 41 岁的温里希・冯・奈普奥德（Winrich von Kniprode）为条顿骑士团第二十二任大团长。

二十三、兄弟阋墙

格迪米纳斯家族的分裂与波兰—立陶宛联邦的建立（上）

温里希·冯·奈普奥德出身于莱茵河畔的林茨蒙海姆（Monheim am Rhein），这座邻近科隆的小城在中世纪的德意志地区仅是一个拥有数千人口的渔民定居点，直到公元 1806 年拿破仑的大军横扫莱茵河流域才与周边城镇合并升级为自由市。因此从那里走出来的温里希·冯·奈普奥德自然也没有什么显赫的家族背景。加入条顿骑士团的初衷除了获得一份圣战骑士的身份认同之外，更重要的是渴望一刀一枪地“博取功名”。

条顿骑士团第二十二任大团长
——温里希·冯·奈普奥德

温里希·冯·奈普奥德加入条顿骑士团的具体时间今天已经无从考证了。但可以肯定的是，由于其在战时的英勇事迹及和平时治理地方的出色表现，很快便得到了条顿骑士团上层的青睐并不断被委以重任。公元 1334 年，温里希·冯·奈普奥德的名字第一次出现在荷兰镇[1]的守备人员名单之中。公元 1338 年开始，温里希调任但泽地区的驻军指

[1] 荷兰镇：今属波兰，称帕斯文克（Paslek），但在德语中仍保留着其条顿骑士团统治时期的风貌，称为“普鲁士的荷兰镇”（Preußisch Holland），一般认为这一名称来源于当地聚居的跟随汉萨同盟和条顿骑士团东进的荷兰商贾和移民。

挥官。

从条顿骑士团的版图来看，荷兰镇和但泽均属于重要的沿海据点，不仅是骑士团获取汉萨同盟方面物资和经济援助的重要进出口港，同时也是波兰当地贵族矢志夺回的膏腴之地。因此温里希在上述地区的任职可以说是始终将自己置身于战火硝烟之中。

这一地区的交战一直持续到公元1343年，条顿骑士团与波兰方面签署《卡利什条约》（*Treaty of Kalisz*），承认但泽法理上为波兰国王“赠予”条顿骑士团的领土，准许波兰商人通过维斯瓦河的贸易网络从但泽出口粮食（主要为小麦）、木材、焦油等产品。而值得玩味的是，就在《卡利什条约》正式签订的前一年，温里希离开自己守御了四年之久的但泽，调往条顿骑士团位于里加湾的伯格要塞（Kommende Balga）。

温里希被调离但泽的原因究竟是为条顿骑士团在当地不利的战事负责还是缘于其强硬地抵制条顿骑士团高层与波兰王国的媾和政策，条顿骑士团官方史料

条顿骑士团方面有关里加湾伯格要塞的铅笔画

并未给出解释。但无论如何，这一次调动显然并未影响其在条顿骑士团中的升迁。在伯格要塞短暂逗留之后，温里希很快便又被任命为条顿骑士团五大首脑之一的柯尼斯堡督军[1]。

温里希出任柯尼斯堡督军的背景，正是条顿骑士团在与波兰逐渐实现和平，同时全力向立陶宛大公国施压之际。从这个角度来看，彼时身为大团长的海因里希・达瑟默对温里希的军事才能颇为倚重，而温里希也不负众望，一心为条顿骑士团开疆拓土。公元 1346 年，条顿骑士团方面任命温里希为大司令。

此时利用蒙古西征退潮之机，将国土从波罗的海沿海拓展到黑海之滨的立陶宛一代雄主格迪米纳斯已于公元 1341 年殒命。尽管后世对格迪米纳斯的死因有着诸多猜测，有人认为其死于宫廷政变的说法，至今仍没有足够的证据，但由于格迪米纳斯生前并未有子嗣，立陶宛大公国随即在其死后陷入内讧和分裂之中却是不争的事实。

格迪米纳斯一生育有六子六女，但他究竟有几个皇后，史学界却颇多争论。在 16 世纪撰写的《立陶宛编年史》（*Bychowiec Chronicle*）中提到格迪米纳斯在起兵征伐的过程曾有过三位妻子，分别为从库尔兰公国来的维达、从斯摩棱斯克公国来的奥尔加以及从波洛茨克[2]公国来的琼，但由于这一记载未见于其他史料，属于“孤证不立”的范畴。

立陶宛史学家的主流观点认为，《立陶宛编年史》中所提到的三段婚姻不过是格迪米纳斯征服上述地区的一种艺术加工，格迪米纳斯一生只有一位名为杰娜的合法妻子。但是这种说法却很难解释格迪米纳斯死后缘何是其第四子贾纳蒂斯（Jaunutis）率先承袭其爵位这一事实。于是俄罗斯的学者给出了一种比较折中的说法，他们认为格迪米纳斯有过两段婚姻，其早年曾按照异端宗教礼仪迎娶过一位立陶宛本地贵族之女并与其生育了三个儿子——为便于行文以下合称其为

[1] 德语中称该职务为“最高督军”（Ordensmarschall 或 Oberste Marschall），地位与担负条顿骑士团军事职能的副团长相当。因为主要驻地为柯尼斯堡，因此本文中将其翻译为“柯尼斯堡督军”。

[2] 波洛茨克（Polotsk）：今天白俄罗斯东北部城市，在 13 世纪该地区曾为白俄罗斯的政治中心，基辅罗斯在蒙古西征中溃灭之后，波洛茨克曾一度坚持抵抗，并拒绝向金帐汗国纳贡，直至被立陶宛大公国所吞并。

“异教三子”[1]。但此后格迪米纳斯皈依东正教并迎娶了一位来自东正教世界的新妇，又生下了四个儿子——为便于行文以下合称其为“东正教四子”[2]。因此“异教三子”虽然年长，但由于宗教信仰的缘故被排除在了正统之外。最终格迪米纳斯选择了“东正教四子”中的长子贾纳蒂斯为自己的合法继承人。

立陶宛和俄罗斯之间这场看似颇为学术的历史争论，其真正的落脚点其实还是在于立陶宛的宗教信仰方面。立陶宛方面之所以强调格迪米纳斯只有一位皇后，无非是想说明这位君主从未皈依过俄罗斯的国教。而俄罗斯方面则是力图证明，立陶宛人在精神信仰上早已是泛斯拉夫世界的一分子。但实际上中世纪的统治者在男女关系和宗教信仰方面远没有后世宣扬的那般忠贞，后半生始终将罗斯诸国作为扩张方向的格迪米纳斯可能早已对金帐汗国的君主到处设立斡儿朵[3]的行径艳羡不已，故而主动搜罗其所征服的各地不同信仰的美女为妻妾，而其之所以传位于贾纳蒂斯或许也与其是否为信仰东正教的皇后所出没什么太大的关系，无非是贾纳蒂斯的封地正在立陶宛大公国的新都维尔纽斯，占据了“先入关中者为王”的地利而已。

可惜贾纳蒂斯并没有自己父亲那般的政治威望，其剩余的几个兄弟之中更不认可这位“关门”天子，于是，一场争夺父亲遗产的兄弟暗战由此展开。由于身为第四子，贾纳蒂斯对于自己的三位兄长自然颇为提防。因此在其登上权力巅峰之后，随即便对所谓的“异教三子”展开打压，逼迫其先后逃离立陶宛，托庇于金帐汗国的羽翼之下。但令贾纳蒂斯没有想到的是，就在他自以为已经稳坐江山之际，五弟阿尔吉达斯和六弟凯斯图蒂斯却联手发动政变，将其赶下王座。

公元1345年，阿尔吉达斯（Algirdas）正式加冕为立陶宛大公。尽管此时他的四个哥哥皆已失势，但对于与其联手发动政变的六弟凯斯图蒂斯，阿尔吉达斯仍不免心存芥蒂。更兼立陶宛西邻条顿骑士公国、北接诺夫哥罗德王国、东有莫斯科公国、南靠金帐汗国，可谓地处四战之地。一旦立陶宛内部的权力之争演

---

[1] 格迪米纳斯的“异教三子”：长子克尔纳韦（立陶宛大公国古都）公爵曼维代斯（Manvydas）、次子波洛茨克公爵纳曼特斯（Narimantas）、三子黑鲁塞尼亚公爵卡里乔塔斯（Karijotas）。

[2] 格迪米纳斯的“东正教四子”：四子维尔纽斯公爵贾纳蒂斯、五子维帖布斯克（白俄罗斯东北部城市）公爵阿尔吉达斯、六子特拉凯公爵凯斯图蒂斯、七子沃里尼亚公爵柳巴塔斯。

[3] 蒙古语：行帐、宫殿，引申为后宫。

化为战争，四邻的强敌势必群起而攻之。权衡再三之后，阿尔吉达斯最终想出了一个一石二鸟的良策——册封凯斯图蒂斯为立陶宛的“西境守护”。此举表面上看是分茅裂土，两兄弟平分天下，实质上却是将自己的弟弟推向条顿骑士团的枪口，让内外之敌自相消耗。

凯斯图蒂斯就任立陶宛大公国西境守护的同时，条顿骑士团方面任命了主战派的温里希·冯·奈普奥德为大司令。两国边境地区一时陷入了剑拔弩张的氛围之中。经过两年的秣马厉兵，公元1348年1月，温里希亲率一支小规模部队深入立陶宛西部国境，直抵条顿骑士团公国与立陶宛之间的传统国境涅曼河流域。守土有责的凯斯图蒂斯随即统率大军前来抵挡。

立陶宛大公爵阿尔吉达斯常见的艺术形象：身披甲胄，手握权杖

按照条顿骑士团方面的记载，立陶宛方面的兵力在2万人以上，而温里希麾下仅有不足3000人。在如此悬殊的兵力之下，两军在涅曼河右岸一条名为稻草河的支流形成对峙的局面。此时正值东欧平原春寒料峭的季节，双方均承受着巨大的后勤和补给压力，利在速战。但是以重甲骑兵为主的条顿骑士团要发起冲锋必须顶着对岸立陶宛军队的弓弩和投枪冲过为薄冰所封冻的稻草河，这一幕场景很容易让人联想起昔日楚德湖大败的惨剧。因此凯斯图蒂斯认定对手不会主动进攻。

双方对峙了数日之后，温里希似乎失去了耐心，而连人带马都身披着绣着黑色铁十字纹章白色战衣的圣战骑士和军士开始不断在稻草河左岸集结、列阵；以步兵为主的立陶宛军队也随即在寒冷潮湿的河岸边展开。身为大司令的温里希一声大喝率先策马跃入稻草河中，一阵令人胆寒的冰面破裂之声随即传来。

就在所有人都认为温里希势必连人带马为冰河吞没之际，神迹一般的场景出现了。温里希的战马踏着碎冰在河面上快速地奔跑着，意识到河水很浅，仅能淹没马蹄，原本心怀疑虑的条顿骑士团成员随即士气大振，纷纷策马挺枪追随着温里希冲向立陶宛人的军阵。

顶着箭雨踏着浅水前进的条顿骑士团

接下来的战斗按照条顿骑士团方面的记述显得格外顺利。条顿骑士团的重甲骑兵顺利突破冰河天堑令立陶宛军队乱作一团，根本无力抵抗披坚执锐的圣战骑士，慌乱之中更有大批军卒被挤入稻草河中冻亡。一场鏖战之后，立陶宛方面损失高达 18000 余人，而条顿骑士团方面仅有 8 名骑士、60 名步兵战死。

稻草河之战（Battle of Streva）中出现如此夸张的战场交换比，即便是长期鼓吹条顿骑士团精锐无双、一骑当千的德国历史学家都感到难以相信，只能对双方的参战兵力进行合理化的修正。按照德国历史学家的说法，由于稻草河之战发生之际正值英法百年休战时期，因此吸收了大量西欧雇佣兵的条顿骑士团，参战兵力在 4000 人以上，立陶宛方面则根据相关的动员能力推算，仅能出动约 9000 人。而两军的损失情况在维持条顿骑士团的相关记载正确的情况下，将立陶宛人的损失压缩到了6000人。

但是这一数据上的修正并不能真正解开围绕着稻草河之战的诸多未解之谜。身为沙场宿将的温里希·冯·奈普奥德缘何选择在不利于大兵团作战的春季出兵？在仅仅能够淹没马蹄的稻草河中，立陶宛人又怎么可能出现大量的非战斗减员？要合理地解释上述问题，我们或许要从几个阵亡者的身上寻找答案。在稻草河之战中，格迪米纳斯“异教三子”中的长子曼维代斯、次子纳曼特斯战死沙场。根据此前格迪米纳斯家族内斗及此后事态的发展来看，我们很难想象已经逃亡金帐汗国的“异教三子”会听从出任西境守护的六弟凯斯图蒂斯的调遣，带领自己的部下去抵挡条顿骑士团的兵锋。因此稻草河之战的真相很可能是在条顿骑士团与凯斯图蒂斯对峙于稻草河之际，“异教三子”率领混杂着金帐汗国骑兵的部队抄袭了立陶宛军的侧后。

腹背受敌的凯斯图蒂斯虽然击败了“异教三子”和金帐汗国的联军并阵斩了自己的两个哥哥，但在元气大伤的情况下也不得不撤离战场。在仅仅付出微不足道的伤亡之后，温里希·冯·奈普奥德控制了战场，并将立陶宛人内战的伤亡都记作了自己的功绩。

稻草河之战后，温里希·冯·奈普奥德趁势扫荡了立陶宛境内的希奥利艾地区（Siauliai）和韦柳奥纳（Veliuona）地区。身为西境守护的凯斯图蒂斯颜面扫地，被迫于公元1349年请求罗马教皇克雷芒六世（Pope Clement VI）出面调停。面对凯斯图蒂斯宣称将皈依天主教的承诺，依稀还保留着昔日被其父格迪米纳斯戏耍记忆的罗马教廷态度暧昧。而其兄阿尔吉达斯则忙于与金帐汗国争夺普斯科夫、诺夫哥罗德以及斯摩棱斯克等地，无心西顾。更令凯斯图蒂斯揪心的是波兰国王卡齐米日三世于公元1349年10月挥师杀入位于乌克兰境内的沃里尼亚（Volhynia）地区，俘虏了凯斯图蒂斯的幼弟沃里尼亚公爵柳巴塔斯。尽

年轻的匈牙利国王路易一世

管卡齐米日三世此举意在打通连接黑海沿岸的商道，并非是想要灭人族国，但其如此公然的趁火打劫还是令凯斯图蒂斯颇为不爽。

就在凯斯图蒂斯焦头烂额之际，黑死病席卷条顿骑士团公国全境，令温里希·冯·奈普奥德被迫放弃了攻取立陶宛的大好时机。解除了西部的危机之后，凯斯图蒂斯颇为圆满地将匈牙利拉入了其与波兰的外交纠纷之中。此时卡齐米日三世的姐夫——法兰西王室成员查理·罗伯特已于公元 1342 年 7 月 16 日去世，王位由其第三子路易继承，是为匈牙利国王路易一世（Louis I of Hungary）。

路易一世年纪虽小，却早已预定了三顶王冠，其父查理·罗伯特生前更利用其家族充沛的财力和法兰西王室的威名迫使波希米亚国王约翰和波兰国王卡齐米日三世承诺：在其没有合法子嗣的情况下，将王位交由路易一世继承。因此在路易一世看来，波希米亚国王约翰和波兰国王卡齐米日三世虽然名义上是自己的长辈，实则不过是其家族的封臣，因此对其颇为颐指气使。公元 1351 年 6 月，在得知卡齐米日三世卧病不起的情况下，路易一世率军直趋克拉科夫，并迅速接管了波兰军队的指挥权，摆出一副随时准备继位的架势。在这样的情况下，凯斯图蒂斯主动向路易一世输诚，此举得到了后者的厚待。

在凯斯图蒂斯表示将亲自前往布达接受天主教洗礼的情况之下，路易一世命令波兰军队撤出立陶宛境内，却不料中了凯斯图蒂斯的缓兵之计。在沃里尼亚地区集结了足够的兵力之后，凯斯图蒂斯拒绝履行自己的承诺。恼羞成怒的路易一世只能亲自率军攻入立陶宛境内，却最终因波兰和匈牙利军队之间缺乏协同大败而归。路易一世返回匈牙利后重整军马，于公元 1352 年重返战场。此时卡齐米日三世病体已复，舅舅和外甥两人随即率军包围了立陶宛控制之下的乌克兰城市贝尔茨（Belz）。

波兰和匈牙利联军虽然兵力雄厚，但此时立陶宛方面的阿尔吉达斯和凯斯图蒂斯两兄弟也各自解除了后顾之忧。在阿尔吉达斯雇佣的蒙古游骑不断袭扰波兰和匈牙利联军补给线的情况之下，攻城战中头部受伤的路易一世被迫撤军。尽管此后罗马教廷派出特使希望路易一世用四年的时间组织一支十字军扫荡立陶宛境内的异教徒，但这位年轻的国王已经将目光转向了别处。在此后的几年里，路易一世虽然也曾多次派兵支援自己的舅舅，但更多时间是活跃于巴尔干半岛以及威尼斯与热那亚的商业冲突之中。公元 1356 年夏天，路易一世为了支援热那亚人，甚至在没有宣战的情况下出兵包围了威尼斯，最终在教皇的调停之下才草草收兵。

路易一世的渐行渐远令波兰在与立陶宛的战争中呈现出孤掌难鸣的态势。尽管小规模的冲突不断，但双方基本维持着势均力敌的状态。急于寻找新的战略同盟的卡齐米日三世于公元 1366 年造访了位于马尔堡的条顿骑士团总部。但此时的大团长温里希·冯·奈普奥德却对波兰的求援有心无力。因为此时条顿骑士团正卷入汉萨同盟与丹麦之间的海上冲突之中。

汉萨同盟与丹麦王国之间的冲突始于公元1361年。当年7月22日，丹麦国王瓦尔德玛四世（Valdemar IV of Denmark）率领一支军队于波罗的海最大的岛屿哥德兰岛登陆并迅速合围了岛上最大的城市维斯比。维斯比城内的民兵虽然试图抵抗，但很快便遭到了丹麦军队毁灭性的打击。据传说占领维斯比之后，瓦尔德玛四世随即在市中心的广场上放置了三个空的啤酒桶，宣称如果维斯比的居民不能在三天之内用财物将空桶填满，他的人马便会将整座城市夷为平地。最终维斯比的居民满足了瓦尔德玛四世的贪婪，而他们中的大多数人也因此一

油画《瓦尔德玛四世洗劫维斯比》

贫如洗。

当时的维斯比是瑞典王国的领主和汉萨同盟的重要成员，因此瓦尔德玛四世的暴行很快便遭到了汉萨同盟的一致声讨。汉萨同盟随即与瑞典、荷尔斯泰因方面协商，决定对丹麦人控制的哥本哈根和赫尔辛堡展开报复。公元 1362 年春季，一支由 50 艘战船组成的联合舰队集结完毕。经过一番推选，吕贝克市长约翰·威腾伯格（Johann Wittenborg）出任这支联合舰队的统帅，由于考虑到战场水道狭窄，约翰·威腾伯格放弃了距离汉萨同盟较近的哥本哈根，选择将整个舰队驶向位于瑞典西南海岸的赫尔辛堡。但由于缺乏足够的地面部队，汉萨同盟与瑞典的联合舰队虽然对赫尔辛堡展开了为期数周的封锁，但始终未能攻占这座堡垒，

汉萨同盟舰队围攻赫尔辛堡

导致丹麦方面有充足的时间调集战舰和兵员。

公元 1362 年 7 月 8 日，一支搭载着 2500 名舰载步兵的丹麦舰队突然出现在早已师老兵疲的汉萨同盟联合舰队的侧后，在一场毫无悬念的单方面施暴之后，这场赫尔辛堡战役（Battle of Helsingborg）以汉萨同盟一败涂地而收场。尽管事后汉萨同盟方面以玩忽职守、丧师辱国等罪名，于公元 1363 年 9 月在吕贝克市处决了联合舰队司令约翰·威腾伯格，但此举显然无法挽回汉萨同盟在赫尔辛堡战役中的损失。在此后的两年时间里，丹麦人控制了波罗的海，并不断劫掠汉萨同盟的商船，威胁其成员所在都市的安全。

为了及时止损，公元 1365 年 11 月 22 日，在丹麦控制之下的沃尔丁堡（Vordingborg），汉萨同盟签署了一份屈辱的停战协议。根据协议的相关规定，汉萨同盟的商船虽然重获了在波罗的海通行的自由，但必须向丹麦方面每年缴纳额度惊人的“保护费”。第一次丹麦—汉萨战争由此终结。

在丹麦人弹冠相庆之际，汉萨同盟内部却悄然开启了一场卧薪尝胆式的秘密备战。公元 1367 年，汉萨同盟的主要成员及其盟友于科隆召开会议。在确认各方已经完成战争准备之后，随即组成科隆联军（Confederation of Cologne）向丹麦及其盟国挪威再度宣战，史称第二次丹麦—汉萨战争。

第二次丹麦—汉萨战争前后历时三年，自诩为维京海盗后裔的丹麦和挪威联军面对以汉萨同盟为首，财力雄厚的科隆联军，很快便表现出了后劲不足的趋势。在哥本哈根、赫尔辛堡等主要城市悉数失守的情况之下，公元 1370 年，丹麦国王瓦尔德玛四世及其女婿——挪威国王哈康六世被迫向汉萨同盟求和。而在当年 5 月 24 日签署的《斯特拉尔松条约》（*Treaty of Stralsund*）之中，汉萨同盟除了要求丹麦和挪威每年向汉萨同盟缴纳其赋税收入的 15%，交割多座沿海城市及近海渔业捕捞权之外，还明确要求获得对丹麦王位继承的决定权。可以说经过第二次丹麦—汉萨战争之后，丹麦几乎沦为汉萨同盟的政治附庸。

在前后长达十年的两次丹麦—汉萨战争之中，条顿骑士团均未有明确参战的举动。而在同一历史时期中，条顿骑士团也并未对立陶宛及波兰采取任何大规模的军事行动。在这样漫长的岁月之中，身为条顿骑士团大团长的温里希·冯·奈普奥德究竟是在默默地舔舐黑死病给条顿骑士团公国所造成的巨大伤口还是出

以汉萨同盟为主导的科隆联军

于经济、政治利益的共生关系，暗中资助着汉萨同盟对丹麦、挪威的复仇，或许永远也没有一个明确的答案。但可以肯定的是，随着汉萨同盟重新掌握并进一步巩固了其在波罗的海的霸权，条顿骑士团的战车再次轰然发动，并向其东部的近邻碾去。

二十四、诸子混战

——格迪米纳斯家族的分裂与波兰立陶宛联邦的建立（中）

在委任自己的弟弟凯斯图蒂斯镇守西境的同时，立陶宛大公阿尔吉达斯全力向东扩张。公元 1362 年，立陶宛军队于蓝水河之战（Battle of Blue Waters）中大败金帐汗国，并由其建立起了立陶宛在基辅地区的霸权。有趣的是，今天不仅关于蓝水河之战的时间有公元 1362 年及公元 1363 年两种说法，甚至所谓蓝水河的具体位置也有乌克兰东部的南布格河、黑海沿岸地区等多种说法。但整个事件脉络并未受此影响，反而异常的清晰。拔都所建立的金帐汗国从一开始便完全移植了蒙古帝国的分封机制。拔都的 13 个兄弟及其后裔各有世袭封地，其中以拔都的兄长，领有今西西伯利亚、哈萨克斯坦地区的斡儿答及其子嗣所建立的白帐汗国及拔都的五弟、盘踞南乌拉尔山脉地区的昔班所建立的蓝帐汗国实力最强。自拔都死后其弟别儿哥继承汗国以来，金帐汗国便陷入了中央集权和地方自治周而复始的长期拉锯。其间在拔都的曾孙、金帐汗国第九任大汗月即别（Mohammed Oz Beg-Khan）的手中，汗廷通过垄断与埃及的马穆鲁克王朝、拜占庭以及保加利亚的贸易网络，大量雇佣突厥人组成乌兹别克军而达到了中央集权的顶峰。

但随着公元 1341 年月即别的去世，中央集权的金帐汗国内部连番爆发手足相残、父子相争的人伦惨剧。公元 1359 年月即别之子扎尼别被自己的儿子别儿迪别毒杀之后，金帐汗国更在短短 24 年间更换了 20 个大汗。正是在蒙古贵族忙于内斗之际，立陶宛大公阿尔吉达斯挥师攻入了乌克兰境内。

羞辱罗斯贵族的月即别大汗

按照后世一些较为可信的记载，蓝水河之战中兵力在 20000—25000 人的立陶宛军队面对的是金帐汗国在乌克兰地区的三个地方领主所部大约 20000 人的联军。尽管兵力相差不大，但此时的金帐汗国军队早已不复蒙古大军西征时的精锐，面对呈现月牙形从两翼包抄而来的立陶宛骑兵，金帐汗国所擅长的骑射战术被大量装备硬弩的立陶宛步兵所克制，随后身披重甲的立陶宛骑兵冲破对手的阵形，最终锁定了胜局。

蓝水河之战虽然宣告了金帐汗国在乌克兰地区的退潮，但是金帐汗国依旧在克里米亚半岛建立了牢固的桥头堡，牵制着立陶宛人在黑海沿线的扩张。与此同时，逐渐摆脱金帐汗国控制的莫斯科大公国也并不欢迎立陶宛人在罗斯大地上的扩张。公元 1368 年 11 月 21 日，为了惩戒桀骜不驯的罗斯人，阿尔吉达斯亲率骑兵部队突袭莫斯科，在烧杀劫掠三天之后才满意而归。

但立陶宛人的暴虐并没有吓倒莫斯科人，在此后的两年时间里莫斯科大公国依旧拒绝臣服并不断攻击其周边倒向立陶宛的罗斯公国。阿尔吉达斯本欲在公元1369年再度出兵莫斯科，不料此时其弟西境守护凯斯图蒂斯却发来了条顿骑士团即将大举进攻的警报。

公元1369年8月，立陶宛军队袭扰了条顿骑士团在普鲁士边境的城镇，并烧死了当地109名德意志移民。这一事件在日常相互袭扰的立陶宛与条顿骑士团之间并非什么大事，但此时汉萨同盟与丹麦、挪威之间的战事已分出胜负，再无后顾之忧的条顿骑士团大团长温里希·冯·奈普奥德随即决定在柯尼斯堡一线集结兵力，准备发动一场针对立陶宛的全面进攻。

连续在乌克兰和莫斯科地区取得辉煌胜利并招募了大批鞑靼人的游牧雇佣军令阿尔吉达斯信心大增，他随即决定亲率大军西进与其弟凯斯图蒂斯会师之后直捣条顿骑士团公国的核心地带。公元1370年2月17日，立陶宛人突袭了位于柯尼斯堡以北的鲁道堡（Rudau Castle）。但就在立陶宛军队按照惯例展开一番烧杀劫掠之际，条顿骑士团的主力却于次日突然出现在了战场之上。来不及整顿队形的立陶宛军队在条顿骑士团的突袭之下陷入一片混乱之中。阿尔吉达斯和凯斯图蒂斯麾下的军队更缺乏协同，面对条顿骑士团的冲击而在溃退中迅速分散。凯斯图蒂斯仓皇地率部逃回立陶宛，而老于军旅的阿尔吉达斯却成功地将部队撤入附近的森林地带，修筑木垒，负隅顽抗，最终成功地击退了条顿骑士团的追击，缓步退入己方的控制区域。

条顿骑士团与立陶宛军队的混战

条顿骑士团在鲁道之战（Battle of Rudau）中的损

失相对清晰，26 名条顿骑士团成员和大约 300 名步兵战死沙场。而立陶宛方面的损失却众说纷纭，条顿骑士团方面给出的数据是阿尔吉达斯和凯斯图蒂斯两军共计损失了 5500 人。但由于此后不久，阿尔吉达斯便于公元 1370 年 11 月再度攻略莫斯科，因此后世普遍认为在鲁道之战中，立陶宛人并未遭到如条顿骑士团所宣称的重创。

值得注意的是，在公元 1370 年冬季攻略莫斯科公国的军事行动中，阿尔吉达斯破天荒地调动了其弟凯斯图蒂斯的人马以及斯摩棱斯克等地的罗斯附庸参战，且最终完成对莫斯科的占领。从这个角度上来看，昔日可以长期维持多线作战的立陶宛人在鲁道之战后似乎陷入了某种兵力不足的状态。但无论对于条顿骑士团还是立陶宛人而言，鲁道之战都只是一场短暂的遭遇战，这一年更大的变局来自波兰。

公元 1370 年 11 月 5 日，60 岁的波兰国王卡齐米日三世病逝于克拉科夫。作为一位国王，卡齐米日三世在开疆拓土方面可谓乏善可陈，其与条顿骑士团签署的《卡利什条约》虽然收回了库雅维地区，却也在法理上放弃了波兰对东波美拉尼亚的所有权。而其伙同匈牙利和立陶宛所发动的东进攻势，虽然成功肢解了加利西亚公国，打通了波兰本部直到黑海沿岸的商道，但此后波兰却在这个方向与立陶宛方面龃龉不断，征战连年，极大地损耗了国力，可谓得不偿失。

但在内政领域卡齐米日三世却堪称是一位有为之君。执政期间，卡齐米日三世成功统一了波兰的货币体系，杜绝了来自意大利、德意志地区乃至条顿骑士团所发行的货币在波兰境内大行其道的混乱状态。建立了“1 格日夫那等于 48 格罗什、1 个格罗什含纯银 2.6 克等于 12 第纳尔”的货币体系。而统一的货币除了进一步促进了波兰境内的物价稳定和商业发展之外，更成为统一国内赋税标准的基础。

卡齐米日三世规定贵族所拥有的每 1 畹（约等于 16.8 公顷）土地每年需缴纳 12 格罗什的货币税，而每 1 畹修道院的土地则需缴纳 24 格罗什。正是通过这种全国性的土地税收缴和每年的盐税、关税收入，波兰每年的财政收入高达 85000 格日夫那，有些年份甚至能够突破 11 万格日夫那。

财力的雄厚令卡齐米日三世可以放手在国内推进中央集权式的法律改革，并建立完备的兵役制度。根据卡齐米日三世所颁布的相关法典，所有获得土地的贵族都必须依照《骑士法》服兵役，但其参战的范围仅限于波兰本土，如果远征，则需征得骑士的同意并支付 5 格日夫那作为报酬。而如果逃避兵役则将被处以罚没土地和财产。如遇外敌入侵，则村社农民和市民阶层也需响应动员和号召。

尽管在卡齐米日三世的治下，波兰进入了一个国富民强的时代，但其所推行的中央集权制度却并不受到贵族阶层的欢迎。卡齐米日三世虽然先后有过四段婚姻和诸多露水情缘，但合法的后裔却仅有五位公主。虽然据称其与犹太裔情妇埃斯特卡生下了一个男孩，但这个不被法律所认可的私生子显然无法继承大宝。因此卡齐米日三世尚未离世，大、小波兰的贵族便纷纷向财大气粗、兵强马壮的匈牙利国王路易一世输诚。公元 1370 年 11 月 7 日，卡齐米日三世尸骨未寒，他的外甥路易一世便带着匈牙利的铁骑来到了克拉科夫，并在 10 天之后正式加冕为波兰国王，由此开创了安茹王朝对波兰的统治。

对于路易一世而言，匈牙利和波兰两顶王冠为他带来的是一个领土面积不小于神圣罗马帝国的中欧霸权。但领土的快速扩张却也带来了以几何级数增长的问题。一方面波兰贵族并不愿意接受匈牙利人的统治，他们拥护路易一世的真正目的不过是想回到卡齐米日三世统治之前各行其是的状态。另一方面，此时欧

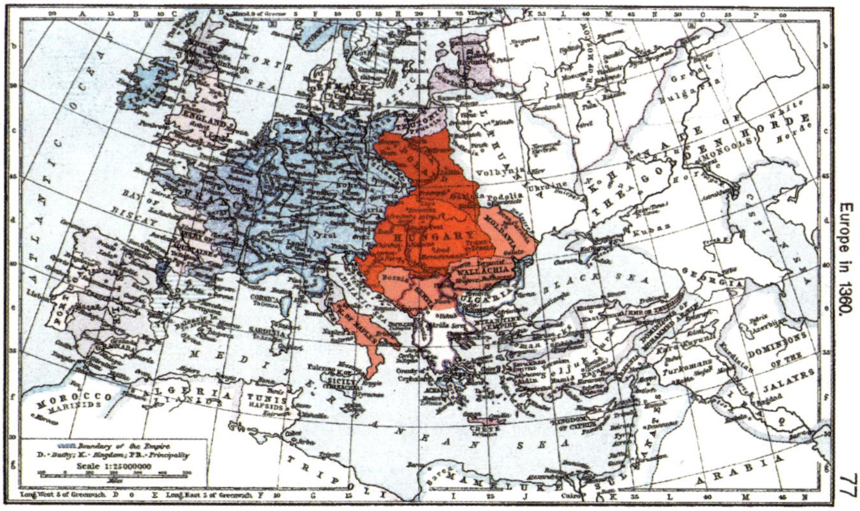

全盛时期安茹王朝的领土

洲大陆风云变幻，德意志大地上来自卢森堡家族的波希米亚国王约翰之子查理四世（Charles IV, Holy Roman Emperor）于公元1355年加冕之后，便不断遭到来自各方诸侯势力的挑战，公元1365年开始又与巴伐利亚公爵斯蒂芬二世（Duke Stephen II of Bavaria）恶斗连连。邻国的纷争令手握重兵的路易一世心痒难耐，急于加入战团去分一杯羹。与此同时来自中亚的突厥族后裔所建立的奥斯曼苏丹国已然大举侵入巴尔干地区，威胁着匈牙利的南方边境。基于上述两个方向的机遇和挑战，路易一世无心在波兰久驻。在完成加冕典礼后的一个月，他便离开了克拉科夫，将波兰交给自己的母亲埃尔日别塔管理，自己则转身介入了神圣罗马帝国的内战之中。

路易一世加冕为波兰国王

事实证明，路易一世并不是一个高明的投机者，他所支持的巴伐利亚公爵斯蒂芬二世在与查理四世的角逐中迅速落败，并且丢失了才入手不久的勃兰登堡地区。查理四世随即从奥地利等地调集重兵杀入波希米亚境内迎战匈牙利人。损兵折将的路易一世不久便被迫放弃了其长期保留的波希米亚王位继承权和波兰对西里西亚地区的领土主张。

就在路易一世在神圣罗马帝国境内偷鸡不成蚀把米的同时，奥斯曼帝国于公元1371年9月26日的马里查战役（Battle of Maritsa）中大败巴尔干传统强国塞尔维亚。消息传来整个欧洲为之震动。教皇格里高利十一世（Pope Gregory XI）随即要求路易一世在东欧诸国中组织十字军以抵挡异教徒。但路易一世此时却又卷入了一场与威尼斯之间的武装冲突，直至公元1373年才在大败亏输的情况下，草草与威尼斯签署停战协议，回到了匈牙利和波兰地区。

此时的波兰贵族阶层已经对连战连败的路易一世失去了信心，为了巩固自己摇摇欲坠的统治，经过一年多时间与波兰贵族的谈判，路易一世被迫于公元1374年颁发法令，宣布将土地税率从每1畹12格罗什降低为2格罗什，以换取波兰贵族对自己以及两个女儿王位继承权的支持。

好不容易通过减税 84% 收买了波兰地区的贵族阶层之后，公元 1375 年路易一世转身投入了巴尔干地区的争夺之中。但他的战略不是联合天主教世界对抗奥斯曼苏丹国，而是与奥斯曼苏丹国以及保加利亚联手瓜分了位于今天罗马尼亚南部的瓦拉吉亚公国（Wallachia）。这一基于贪婪和短视的决定最终令奥斯曼苏丹国的铁蹄深入了巴尔干半岛北部，更助长了其未来进一步袭扰欧洲本土的野心。

就在路易一世满足于眼前吞并瓦拉吉亚公国的蝇头小利却不得不面对当地民众此起彼伏甚至攻入匈牙利境内的反抗之际，公元 1376 年秋天，立陶宛人突然对波兰发动了一场规模空前的突袭，当年 11 月其兵锋甚至一度直逼克拉科夫。波兰贵族无心检讨自己在卡齐米日三世死后的争权夺利，纷纷将矛头指向了摄政太后埃尔日别塔及其身旁的匈牙利亲信。

在公元 1376 年 12 月 6 日于克拉科夫爆发的骚乱中，超过 160 名匈牙利宫廷侍从倒在波兰贵族和暴民的刀下，摄政太后埃尔日别塔仓皇逃往匈牙利。一时间克拉科夫城内甚至出现了拥立皮雅斯特王朝后裔为新君的复辟闹剧。大为震惊的路易一世随即调集所有兵力赶往波兰境内平叛。但出乎其意料的是，匈牙利的游骑兵刚刚抵达克拉科夫城外，波兰贵族便抛弃其所拥戴的新国王，纷纷表示始终拥戴路易一世。

与立陶宛之间仍未终结的战事令路易一世无心惩戒这些首鼠两端的波兰贵族。恰恰就在此时，一个更大的利好消息从天而降，公元 1377 年 5 月，立陶宛大公阿尔吉达斯病逝，立陶宛境内陷入群龙无首的窘境。抓住这一有利时机，公元 1377 年夏天，匈牙利—波兰联军大举攻入立陶宛境内并迅速攻占了海乌姆等重要城塞。

阿尔吉达斯生前有过两段婚姻，分别是于公元 1318 年迎娶的维捷布斯克公国公主玛丽亚（Maria of Vitebsk）和特维尔公国公主优丽亚娜·亚历山德罗（Uliana Alexandrovna of Tver）。

阿尔吉达斯与第一位妻子的子嗣情况相对清晰：共孕育有五子，分别为波洛兹克公爵安德烈、布良斯克公爵德米特里、乔尔托里西克公爵康斯坦丁、基辅公爵弗拉基米尔、雷利斯克公爵西奥多——以下为了行文方便，简称为“前妻五子”。“前妻五子”的成长基本与阿尔吉达斯在罗斯地区的扩张同步，他们中的大多数也参与了包括蓝水河之战、突袭莫斯科等诸多战役并在其中有着突出的表现，阿尔吉达斯也由此选择将其分封于今天的白俄罗斯、乌克兰境内。

阿尔吉达斯与第二位妻子的子嗣情况则相对复杂一点，波兰史学家认为特维尔公国公主优丽亚娜·亚历山德罗为阿尔吉达斯孕育了八个儿子和八个女儿，但后世见诸史料的主要是七个儿子：长子雅盖沃、次子斯克盖拉、三子卡利巴特、四子朗文斯、五子克瑞盖拉、六子维盖忒斯和七子什维特里盖拉——以下为了行文方便，简称为“后妻七子”。

与以波洛兹克公爵安德烈为首的“前妻五子”相比，以雅盖沃为首的“后妻七子”由于普遍年龄较小，因此基本未参与其父阿尔吉达斯在罗斯地区的征伐，军功和封地自然也无从谈起。但“后妻七子”却拥有着“前妻五子”所不具备的政治优势，那就是在其父阿尔吉达斯亡故之时，其母优丽亚娜·亚历山德罗依然在世，且已然在立陶宛宫廷之中享有了足够的政治声望。

立陶宛本土的贵族也并不希望“前妻五子”入主中枢，毕竟这些已然在罗斯地区拥有自身封地的王子同时也建立了完备的政治体系，一旦继承大宝便将意味着立陶宛宫廷的重新洗牌。因此在阿尔吉达斯尸骨未寒的情况之下，优丽亚娜·亚历山德罗便以摄政太后的名义在立陶宛本土贵族的拥戴之下为自己的长子雅盖沃举行了加冕典礼。

雅盖沃在首都维尔纽斯的加冕虽然占得了“先入关中者为王”的政治优势，但随着消息传到立陶宛东部国境，以波洛兹克公爵安德烈为首的“前妻五子”自然不会就此罢休。一场争夺立陶宛大公之位的内战随即由此拉开了序幕。表面上来看，“前妻五子”手握着立陶宛东部的辽阔疆域，更有大批早年跟随阿尔吉达斯征战沙场的老部下，似乎优势很大。但问题是阿尔吉达斯的去世，令此前四面出击的立陶宛遭遇了空前恶劣的战略环境。

一方面头戴匈牙利和波兰两顶王冠的路易一世正在进攻立陶宛所控制的乌克兰地区，“前妻五子”中乔尔托里西克公爵康斯坦丁、基辅公爵弗拉基米尔、雷利斯克公爵西奥多三人的领地首当其冲，在得不到立陶宛本部支援的情况下，三人只能先后向路易一世投诚，无力支援自己的长兄波洛兹克公爵安德烈；另一方面，自公元 1372 年夏天阿尔吉达斯第三次出兵莫斯科大公国铩羽而归之后，立陶宛在罗斯地区的攻势已呈现全面衰竭的态势。莫斯科大公国趁势重新树起了自身在罗斯中部地区的统治地位，诸多原本依附于立陶宛的罗斯城邦由此纷纷改换门庭，更进一步削弱了“前妻五子”的实力。

为了尽快西进夺位，波洛兹克公爵安德烈不得不与莫斯科大公国握手言和。但这一看似高明的外交举措很快便被雅盖沃以与金帐汗国的结盟而化解。虽然在经历了拔都系子孙的连番内斗之后金帐汗国一度濒临崩溃，但毕竟瘦死的骆驼比马大，随着来自蓝帐汗国、自称成吉思汗子孙的万夫长马麦（Mamai）于公元 1378 年以外戚权臣的身份执掌了金帐汗国之后，蒙古骑兵开始再度谋求在罗斯地区的霸权。雅盖沃看准时机与马麦结盟，很快便从西线构成了对波洛兹克公爵安德烈的极大牵制。

在东线通过与昔日的仇敌结盟以共同对抗自己家族内部竞争者的手段也同样被雅盖沃用于西线。公元 1379 年 9 月 29 日，雅盖沃通过自己的母亲与条顿骑士团大团长温里希・冯・奈普奥德正式签订了一份为期 10 年的停战协定。这一看似罢兵息战的举动背后，是雅盖沃暗中将矛头对准了其身为立陶宛西境守护的叔叔——凯斯图蒂斯的阴谋。

公元 1380 年 5 月，雅盖沃又刻意前往立陶宛西部边境地区，与温里希・冯・奈普奥德等条顿骑士团首脑展开了一场为期五天的漫长围猎。在一片平和的气氛之中，双方共同炮制了一份名为《多维迪须凯斯条约》（*Treaty of Dovydiskes*）的秘密协定。根据条约的相关规定，雅盖沃承诺在条顿骑士团对凯斯图蒂斯及其子嗣封地所展开的进攻中保持中立，条顿骑士团则保证雅盖沃所领有的立陶宛本土的安全。

公元 1381 年初，条顿骑士团对凯斯图蒂斯所领有的特拉凯公国（Duchy of Trakai）和萨莫吉希亚地区展开突袭。毫无防备的凯斯图蒂斯所部在野战中被条顿骑士团击溃，继而又被条顿骑士团首次引入东欧战场的火炮所震慑，被迫放弃了经营多年的特拉凯等核心城镇。数以千计的臣民沦为条顿骑士团的俘虏。

在大败宿敌之余，温里希・冯・奈普奥德还颇为不厚道地于公元 1381 年 8

月，通过立陶宛当地的天主教会向凯斯图蒂斯传达了条顿骑士团方面与雅盖沃之间秘密协定的相关内容。盛怒之下的凯斯图蒂斯全然不顾身边近臣及其儿子的规劝，决心趁阿尔吉达斯的长子波洛兹克公爵安德烈挥师西进，雅盖沃离开首都前往迎敌之际，给予其致命一击。

条顿骑士团的火炮和雇佣兵炮手

波洛兹克公爵安德烈之所以此刻大举西进，很大程度是缘于一年之前其与莫斯科大公国联手在顿河流域的库里科沃原野上大败雅盖沃在金帐汗国的主要盟友马麦所部这一战役。在早期俄罗斯方面的记载之中，库里科沃战役（Battle of Kulikovo）是一场 15 万东正教信徒对抗 30 万蒙古铁骑的辉煌胜利。但根据后世学者的研究，在战场上罗斯诸国和立陶宛联军的兵力在 6 万人左右，其中波洛兹克公爵安德烈所部约 7000 人；而金帐汗国的部队即便算上所裹挟的梁赞公国的罗斯仆从军以及从黑海沿岸雇佣的热那亚佣兵，也可能仅为 12000 人。

正是缘于兵力上的绝对优势，罗斯诸国和立陶宛联军在战前可以从容地将主力部署于两翼，并为了给予侧翼部队足够的机动时间而与金帐汗国方面展开了多场精锐骑士之间的单骑比武。在战斗全面打响之后，罗斯诸国和立陶宛联军更在三个小时的战斗中以几乎压倒性的优势摧毁了金帐汗国的战线。

库里科沃战役并不能算是真正打垮了金帐汗国的主力部队，但此战却打破了罗斯人心目中蒙古铁骑不可战胜的神话，指挥作战的莫斯科大公德米特里也因而被尊称为顿斯科伊（意为“顿河英雄”），罗斯诸国取得了暂时的独立，可以腾出手来帮助波洛兹克公爵安德烈去争夺属于自己的王冠了。

二十五、夫妻同心

格迪米纳斯家族的分裂与波兰——立陶宛联邦的建立（下）

在诸多记述这场雅盖沃最终取得胜利的立陶宛内战（Lithuanian Civil War）的史料中，公元 1381 年末到 1382 年初，围绕着立陶宛首都维尔纽斯所发生的一系列局势发展似乎永远得不到一个合理的解释。利用雅盖沃挥师东进、对抗其长兄安德烈之际，身为"王叔"的凯斯图蒂斯率部突袭首都维尔纽斯。尽管雅盖沃在离开首都之际曾留下自己颇为信任，长期担负与条顿骑士团秘密外交的妹夫维埃拉（Vaidila）镇守维尔纽斯，但据说只是普通农民出身的维埃拉显然不是凯斯图蒂斯的对手。几乎没费什么工夫，凯斯图蒂斯便入主宫闱，自封大公，随即更以勾结条顿骑士团、惑乱君王的名义判处维埃拉死刑。

首都丢失，亲信被杀，陷入叔叔凯斯图蒂斯和长兄安德烈夹击之下的雅盖沃可谓已经被逼入绝境。但是事情接下来的发展却令世人大跌眼镜——雅盖沃率部返回维尔纽斯向凯斯图蒂斯投降。而凯斯图蒂斯不仅大度地赦免了自己的侄子，还将阿尔吉达斯早年的封地克雷瓦（Kreva）、维捷布斯克（Vitebsk）交由雅盖沃统治。

大权在握的凯斯图蒂斯随即向条顿骑士团展开报复。公元 1382 年初，利用条顿骑士团大团长温里希・冯・奈普奥德病危的有利时机，由凯斯图蒂斯之子维陶塔斯（Vytautas）指挥的立陶宛军队不仅成功收复了特拉凯等地，更趁势攻入普鲁士境内，夺取了边境要塞乔根堡（Jurbarkas）等地。但就在凯斯图蒂斯自诩胜券在握之际，雅盖沃的弟弟、阿尔吉达斯“后妻七子”中的第三子卡利巴特却在乌克兰北部地区举起了反旗。

或是担心卡利巴特的举动会引发阿尔吉达斯诸子的群起响应或者是高估了自己的政治声望，凯斯图蒂斯草率地离开了首都，挥师南下平叛。而就在其离开后不久，公元1382年6月12日维尔纽斯市民阶层发起暴动，并向雌伏待机的雅盖沃打开了城门。

得知雅盖沃复辟的消息，指挥着凯斯图蒂斯麾下主力军团的维陶塔斯连忙从普鲁士回师，并准备以特拉凯为基地反攻维尔纽斯。但此时雅盖沃已抢先一步与条顿骑士团重建军事同盟，并对维陶塔斯所部展开前后夹击。在接战失利、进退失据的情况之下，维陶塔斯被迫于7月20日放弃特拉凯，退守于今天立陶宛与白俄罗斯交界的格罗德诺地区。

与条顿骑士团联手，迅速攻占特拉凯，可谓是雅盖沃在这场立陶宛内战之中最为关键的胜负手。与此同时，凯斯图蒂斯已然回到支持他的萨莫吉希亚地区招兵买马。如果特拉凯方面的战斗再延长一段时间的话，那么雅盖沃也很可能会陷

反映雅盖沃逮捕和审判凯斯图蒂斯父子的油画

入顾此失彼的窘境。

为了夺回自己经营多年的根据地，公元 1382 年 8 月，凯斯图蒂斯纠集了所有可用的兵力试图复夺特拉凯。此时他的军中除了其子维陶塔斯所部之外，还有其弟沃里尼亚公爵柳巴塔斯的人马。作为格迪米纳斯的幼子，柳巴塔斯早年的政治经历并不怎么出众，甚至一度沦为波兰国王卡齐米日三世的俘虏长达 15 年之久。但是在卡齐米日三世死后，柳巴塔斯却利用波兰内部的混乱和纷争收复了其在沃里尼亚地区的全部封地，此时恰好成了凯斯图蒂斯的强大后援。

8 月 3 日，凯斯图蒂斯与雅盖沃在特拉凯城下展开对峙。但就在决战一触即发之际，凯斯图蒂斯却意外收到了雅盖沃的邀请，在带着儿子维陶塔斯前往敌营“谈判”的途中被逮捕，随即双双被押解至克雷瓦关押。8 月 15 日，雅盖沃对外宣称自己的叔叔凯斯图蒂斯出于羞愧和懊恼上吊自杀。尽管雅盖沃此后以王侯之礼在首都维尔纽斯为自己的叔叔举行了盛大的葬礼，但大多数人仍坚持认为凯斯图蒂斯其实是被雅盖沃的手下勒毙的。

无论是自杀或是他杀，凯斯图蒂斯终究还是死了。纵观这位立陶宛西境守护的一生，他似乎并非是一个野心勃勃的枭雄，相反始终在家族政治角逐中扮演着受害者的角色。特别是在与雅盖沃的政治互动之中，凯斯图蒂斯更是先轻易地赦免了自己的侄子，放虎归山，随后又轻易地离开了首都，给了雅盖沃复辟的良机，最后更是草率地踏足险地，授人以柄，可谓是昏着迭出，步步走错。但凯斯图蒂斯的失败并非简单缘于其自身性格或道德品质上的缺陷，更是地缘政治和利益诉求的必然。

经过格迪米纳斯等历代君主孜孜不倦地开疆拓土，立陶宛虽然在领土面积上已然跃升为东欧数一数二的大国，但其本质上却更接近于一个由多个不同信仰、不同经济结构的公国组成的联邦。因此与其说是格迪米纳斯和阿尔吉达斯两代君王的家族矛盾导致了立陶宛的分裂，不如说是立陶宛自身的政治、经济环境推动了各地以王子为旗号割据一方。因此即便凯斯图蒂斯想要斩草除根，在没有能力完全占领克雷瓦和维捷布斯克等阿尔吉达斯家族核心封地的前提下，杀掉雅盖沃也无法阻止其子嗣割据自立，反而会引发更为残酷的内战。

不同地区之间不同的利益诉求，自然衍生出了迥异的内政、外交思路。以维尔纽斯为中心的立陶宛核心领土由于自身经济和文化的高速发展，已然与普鲁士和利沃尼亚等地建立起了日益紧密的贸易往来，因此维尔纽斯当地市民阶层眼中的条顿骑士团不仅谈不上面目可憎，甚至还有带着几分功利的亲切感。因此凯斯图蒂斯在成为立陶宛大公之后，随即向条顿骑士团宣战的做法触动了大多数维尔纽斯人的切身利益，最终才会在一位来自里加的德意志商人的带领之下，群起恭迎雅盖沃复辟。而从另一个角度来看，立陶宛治下的不同地区虽然有着信仰、文化乃至经济利益上的巨大差异，但仍大多认可其同属一个国家的政治前提，因此即便是在内战之中，也并未有太过惨烈的冲突和屠戮。正是在来自萨莫吉希亚等地的军队不愿意与同为立陶宛人的雅盖沃麾下人马厮杀，凯斯图蒂斯才最终选择了尝试用和平的手段解决问题。

在条顿骑士团的帮助之下成功击败了凯斯图蒂斯父子，雅盖沃随即成为立陶宛本土无可争议的最高统治者，而此时更大的利好消息从南方传来。公元 1382 年 9 月 10 日，兼任匈牙利和波兰国王的路易一世病逝。由于膝下无子且长女叶卡特琳娜早夭，因此路易一世在临终之前订立遗嘱：匈牙利和波兰的王位将由自

油画中路易一世死后匈牙利国内的纷乱，中间着黑袍的金发女子即为玛丽亚

己的次女玛丽亚（Mary, Queen of Hungary）继承。

路易一世为了给自己的千金铺就“女王之路”费尽了心力，早早将其许配给神圣罗马帝国皇帝查理四世之子——卢森堡家族的勃兰登堡侯爵西吉斯蒙德（Sigismund of Luxembourg），并安排自己的妻子伊丽莎白以太后身份摄政。但这些安排仍无法改变传统的匈牙利人对一个女性君主的反感。路易一世尸骨未寒，匈牙利国内便陷入了持久的政治动荡之中，直到公元 1385 年西吉斯蒙德率领勃兰登堡军队进入布达与玛丽亚完婚，局势才有所好转。

借助着丈夫西吉斯蒙德的帮助，玛丽亚于公元 1386 年成功地暗杀了觊觎匈牙利王位的堂兄那不勒斯国王查理三世（Charles III of Naples），从而巩固了自己的统治。但失去了共同的敌人之后，玛丽亚与西吉斯蒙德之间也为了争夺权力而日益貌合神离，公元 1395 年，身怀六甲的玛丽亚坠马身亡，西吉斯蒙德修改家谱，自称匈牙利国王贝拉四世的七世孙，从而独揽大权，安茹王朝在匈牙利的统治由此终结。

相较于乐于接受神圣罗马帝国统治的匈牙利人而言，大、小波兰的贵族从一开始便对玛丽亚及其来自德意志地区的未婚夫充满了抵触情绪。面对着群情激愤的波兰议会，摄政太后伊丽莎白不得不于公元1383年2月将路易一世的幼女雅德薇嘉（Jadwiga of Poland）送往波兰，事实上形成了匈牙利与波兰分而治之的局面。

波兰人对于年仅 10 岁的雅德薇嘉没有太大的恶意，但无法接受路易一世生前为其与哈布斯堡家族成员奥地利公爵之子威廉（William, Duke of Austria）订立的婚约。大波兰地区的贵族希望雅德薇嘉能够与波兰本地贵族马佐夫舍公爵齐莫维特四世（Siemowit IV）成婚。但小波兰方面却依旧对马佐夫舍公国抱有敌意。在西吉斯蒙德着急地率军进入波兰试图强行在克拉科夫加冕之际，小波兰贵族开始为自己未来的女王寻找一位更为强大的夫婿，最终立陶宛大公雅盖沃进入了他们的视野。

公元 1384 年 10 月 15 日，在雅德薇嘉于波兰正式加冕为女王的同时，小波兰的贵族阶层事实上已经与雅盖沃达成了协议。公元 1385 年 1 月，雅盖沃委派自己的弟弟斯克盖拉及维尔纽斯当地的里加商人领袖海诺为特使前往克拉科夫求婚。在雅德薇嘉女王表示“全凭我母亲做主”的情况之下，雅盖沃的特使不得不又转向匈牙利。而恰在此时奥地利公爵利奥波特三世也抵达了布达，要求雅德薇嘉尽快与自己的儿子威廉完婚。

相比于信仰多神教且仍处于文明世界边缘地带的立陶宛而言，身为摄政太后的伊丽莎白自然更愿意接受一位来自奥地利的女婿。公元1385年8月23日，威廉来到克拉科夫并与雅德薇嘉举行了婚礼。但就在两位新人步入洞房之际，克拉科夫当地掀起了一场针对奥地利人的暴动。面对着波兰人的刀斧，威廉被迫抛下

雅德薇嘉曾挥舞利斧，砸开紧锁的城堡大门，要追随自己的丈夫一起离开波兰

妻子狼狈逃命。而据说雅德薇嘉曾挥舞利斧砸开紧锁的城堡大门，要追随自己的丈夫一起离开波兰，但最终在当地贵族的规劝之下，女王还是冷静了下来。

关于雅德薇嘉和威廉之间是否有过夫妻之实，波兰史料中众说纷纭。保守派的意见认为女王当时尚未年满 12 周岁，不具备圆房的条件。而好事者则宣称威廉早在婚礼之前便已偷偷潜入女王的卧室，两人同床共枕长达两周之久。但无论如何，由于波兰贵族的阻挠，雅德薇嘉和威廉之间的婚姻只能如此草草地画上句号。

波兰贵族之所以如此急于将威廉赶走，是因为几乎就在克拉科夫方面操办女王婚礼的同时，立陶宛大公雅盖沃同意了波兰方面所提出的一系列条件，承诺在带领立陶宛人皈依天主教之余，还将在加冕之后接受波兰议会的制约。公元 1385 年 8 月 14 日，立陶宛与波兰方面的特使于今天白俄罗斯境内的克列瓦签署了一份共计 560 字的盟约。当时几乎没有人会想到，这份仅仅是为了尽快促成雅盖沃与雅德薇嘉婚事的条约中还写明了立陶宛大公雅盖沃需要向自己的前任奥地利公爵之子威廉赔偿 20000 格罗什的《克列瓦协议》（*Union of Krewo*），日后竟然会成为未来长达 4 个世纪的波兰—立陶宛联邦的起点。

消息传到克拉科夫，据说女王雅德薇嘉在瓦维尔大教堂的耶稣受难像前长时间地跪拜祷告后才最终同意了这门婚事。但波兰贵族们却早已急不可耐。他们向雅盖沃发出一份时间表，要求其必须在公元 1386 年 1 月 11 日之前赶到波兰境内完婚。对于一国之君而言，雅盖沃赶在这个时间节点之前前往波兰完婚本不是难事，但偏偏此时立陶宛与条顿骑士团之间龃龉不断，《克列瓦协议》墨迹未干，条顿骑士团便再度杀入了立陶宛境内。

后世常将条顿骑士团与雅盖沃的决裂归咎于公元 1382 年从立陶宛西逃至普鲁士的凯斯图蒂斯之子维陶塔斯。认为正是因为其从中挑唆，才最终导致了 14 世纪末期条顿骑士团与立陶宛之间的频繁的战事。但事实上维陶塔斯抵达普鲁士之初，条顿骑士团并未给予其特别的礼遇，相反公元 1382 年 10 月接替病故的温里希·冯·奈普奥德出任条顿骑士团第二十三任大团长的康拉德·佐林格·冯·罗斯坦（Konrad Zollner von Rothstein），此时正与雅盖沃就重新划定双方边界问题而打得火热。

公元1382年10月31日，经过为期六天的谈判，康拉德·佐林格与雅盖沃于涅曼河口的一个名为杜比萨的小岛之上正式签署了一份被后世称为《杜比萨条约》（*Treaty of Dubysa*）的协议。根据相关条款的约定，雅盖沃向条顿骑士团方面承诺将在四年之内完成立陶宛全境对天主教的皈依，同时割让萨莫吉希亚地区并继续维持与条顿骑士团的军事同盟关系。

《杜比萨条约》的签署在条顿骑士团方面看来是帮助雅盖沃最终战胜凯斯图蒂斯，坐稳立陶宛大公之位所应得的回报，但对于雅盖沃而言却不过是为赢得更多时间以整顿内政的权宜之计。正是这种认知上的差异，令条顿骑士团对于立陶宛方面迟迟没有履行协议而耿耿于怀，最终于公元1383年夏天起在边境地区集结重兵。

公元1383年7月19日，条顿骑士团大团长康拉德·佐林格与雅盖沃再度约定在《杜比萨条约》的签署地见面。但双方隔河相望，谁也不愿意先迈出第一步。这种颇为尴尬的局面最终导致了条顿骑士团方面于7月30日向立陶宛宣战，并于当年的10月21日为维陶塔斯举行了皈依天主教的洗礼，支持其以涅曼河西岸为基地，招揽其父的旧部向雅盖沃发起复仇之战。

在条顿骑士团的支持之下，维陶塔斯所部迅速收复了其家族的核心领土特拉凯。公元1384年1月30日，维陶塔斯在柯尼斯堡正式宣布特拉凯公国效忠于条顿骑士团，并割让萨莫吉希亚地区。眼见维陶塔斯将成为条顿骑士团在立陶宛的主要代理人，雅盖沃无奈之下于公元1384年的夏天再度与条顿骑士团和维陶塔斯媾和，并许诺在全面恢复维陶塔斯家族领地的基础上尽快落实《杜比萨条约》的相关协议。但事实证明，雅盖沃的承诺依旧不过是缓兵之计。他之所以愿意恢复维陶塔斯的领地，更多是出于离间其与条顿骑士团关系的目的。在雅盖沃的怂恿之下，维陶塔斯最终于公元1384年7月公然向条顿骑士团发起了进攻，并配合雅盖沃麾下的军队拔除了涅曼东岸条顿骑士团新建的一系列城堡。遭到背叛而损失惨重的条顿骑士团随即在涅曼河沿线不断对立陶宛人发动全面的进攻。疲于奔命之际，雅盖沃直到公元1386年2月15日才抵达克拉科夫。三天之后35岁的雅盖沃正式迎娶了年仅12岁的雅德薇嘉。

雅盖沃之所以冒险丢下整个公国前往波兰求亲，很大程度上缘于在条顿骑士

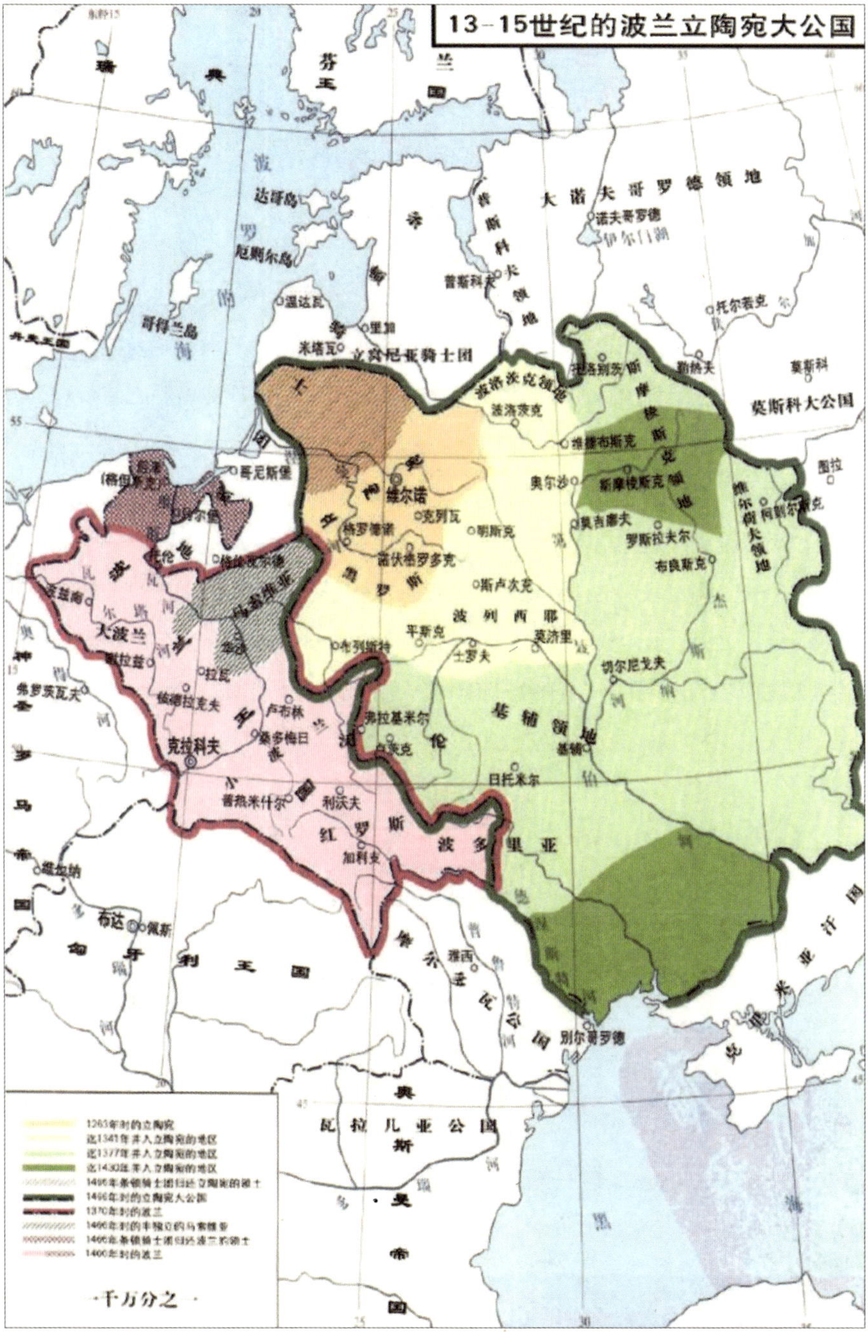
13–15世纪的波兰立陶宛大公国
瑞典
芬兰王国
大诺夫哥罗德领地
诺夫哥罗德
伊尔门湖
普斯科夫领地
普斯科夫
达哥岛
厄则尔岛
哥得兰岛
瑞达瓦
里加
米塔瓦
立窝尼亚骑士团
托尔若克
勒热夫
莫斯科
莫斯科大公国
图拉
波洛茨克领地
波洛茨克
维捷布斯克
斯摩棱斯克领地
新摩棱斯克
奥尔沙
莫吉廖夫
罗斯拉夫尔
布良斯克
维尔荷夫领地
哥尼斯堡
维尔诺
克列瓦
格罗德诺
明斯克
诺伏格罗多克
斯卢次克
大波兰
小波兰
波列西耶
平斯克
莫济里
土罗夫
布列斯特
切尔尼戈夫
卢布林
弗拉基米尔
基辅领地
基辅
日托米尔
克拉科夫
普热米什尔
利沃夫
红罗斯
加利支
波多里亚
布达
佩斯
匈牙利王国
雅西
摩尔达瓦公国
别尔哥罗德
瓦拉几亚公国
奥斯曼帝国
1263年时的立陶宛
迄1341年并入立陶宛的地区
迄1377年并入立陶宛的地区
迄1430年并入立陶宛的地区
1466年时的立陶宛大公国
1370年时的波兰
1466年时的波兰
一千万分之一

团日益强大的攻势之下，立陶宛必须抛弃多神教信仰，投入天主教阵营才能避免遭遇更大规模的十字军讨伐。而对于波兰而言，放眼整个东欧也唯有雅盖沃和立陶宛这样的盟友才能保证其独立性。因此尽管雅盖沃与雅德薇嘉之间年龄悬殊，甚至不会说一种可以沟通的语言，但却丝毫不影响他们很快便成为贵族和民众心目中的天作之合。

雅盖沃和雅德薇嘉的婚事给了条顿骑士团新的战争借口。以支持奥地利公爵威廉与雅德薇嘉婚姻的合法性为由，条顿骑士团向罗马教廷提出了宣布立陶宛与波兰联姻无效，并组织十字军予以讨伐的申述。但罗马教廷显然更为关心的是雅盖沃是否能真正带领立陶宛人皈依天主教，因此虽然装模作样地派出使者对雅盖沃和雅德薇嘉的婚姻情况进行调查，但在公元 1387 年初雅盖沃在立陶宛正式推广天主教并在维尔纽斯设立主教区之后，也就随即顺水推舟地于公元 1388 年宣布雅盖沃和雅德薇嘉完全合法。

波兰—立陶宛联邦的建立在一定程度上加强了两国的实力，更对条顿骑士团形成了合围之势。但对于雅盖沃和雅德薇嘉而言，要整合纷繁复杂的国内政治派系同时理顺杂乱无章的外部环境却还有极为漫长的路要走。

第六卷

VI 骑士陨落

- 剑断旗折
- 圣杯倒持
- 轰碎铁骑
- 最后的骑士
- 回到原点

条顿骑士团
全史

二十六、剑断旗折

格伦瓦德战役与条顿骑士团的没落

“……这时候日耳曼大军正在慢慢地从高地上赶下来。大军经过格伦瓦德、坦能堡，完全以战斗的队形停驻在田野中。驻扎在下面的波兰军队清清楚楚地看到这一大片密集的披着铁战衣的马匹和骑者。眼光比较锐敏的甚至还可以一直看到飘扬的旗帜上所绣的各种各样的标记，例如十字架、鹰、格列芬、剑、盔、羊、野牛头和熊头。”这段文字出自波兰文豪显克微支笔下的《十字军骑士》，描写的是公元 1410 年 7 月 15 日于波兰格伦瓦德境内条顿骑士团和波兰—立陶宛联军决战前的景象。

事实上格伦瓦德战役之前，条顿骑士团与波兰—立陶宛联邦已经展开了长达 10 年的拉锯了。战争的起因是公元 1389 年雅盖沃割让给条顿骑士团的萨莫吉西亚地区。作为立陶宛公国的膏腴之地，雅盖沃自然不甘拱手相送。因此公元 1404 年正式交割之后，波兰—立陶宛联邦便不断鼓动和支持当地居民揭竿而起。更有众多波兰骑士为了向条顿骑士团报私仇或追逐荣誉而以志愿者的身份前往萨莫吉西亚地区参战。小说《十字军骑士》的主角兹皮希科便是其中之一。

在“身披狼皮，心里也像狼似的渴欲饮血”的立陶宛原住民围攻之下，条顿骑士团在萨莫吉西亚地区的驻军不断遭受重创。为了平息叛乱，条顿骑士团正式向雅盖沃发出警告，要求其停止对萨莫吉西亚叛乱者的资助，并将卷入其中的波兰、立陶宛骑士绳之以法。不过早已决心收复失地的雅盖沃不仅不为所动，反而要求条顿骑士团撤出萨莫吉西亚。

出于战略上的考量，条顿骑士团最终选择了撤离萨莫吉西亚。但是拳头缩回来是为了更有力地挥出，公元1409年8月14日，条顿骑士团正式向波兰—立陶宛联邦宣战，在向欧洲各国骑士发出邀请试图将这场战争演化为新的十字军战争的同时，条顿骑士团大举攻入波兰北部地区，一度攻入波兰北部重镇比得哥什。

条顿骑士团在整个欧洲呼朋唤友的同时，雅盖沃也积极地展开外交攻势。神圣罗马帝国皇帝瓦茨拉夫四世二话不说便站在了波兰人这一边，因为此时他正与教廷交恶，乐见所谓异教徒重创名义上效忠于教皇的武装。而身为雅盖沃连襟的勃兰登堡选帝侯西吉斯蒙德出于地缘政治的考量，选择与条顿骑士团结为盟友。

条顿骑士团与波兰—立陶宛联军在比得哥什一线反复争夺，始终无法取得战略性的突破。眼见长期消耗对己方不利，条顿骑士团只能选择在公元1409年冬天到来前与雅盖沃签署有效期至次年6月24日的停战协议，以便收缩战线召集更多来自西欧的雇佣军。

不得不说条顿骑士团此番停战是战略上的一大败笔。作为一个中欧大国，波兰—立陶宛联邦的动员能力远远胜过仅仅占据波罗的海沿岸的条顿骑士团。公元1410年夏，波兰和立陶宛两国的各路诸侯会师于维斯瓦河畔，通过雅盖沃暗中下令修造的浮桥，由波兰骑士、步兵，立陶宛人，鞑靼骑兵及数万武装民兵组成的联军浩浩荡荡地开入条顿骑士团的领地，兵锋直指骑士团总部所在地——马尔堡。完全陷入战略被动的条顿骑士团只能纠集所有兵力投入防御之中。

应该说身为一名来自东欧的君主，此前与金帐汗国多次交手的雅盖沃早已学会了蒙古骑兵圆滑机动的战术。虽然深入敌境，但他并不急于和骑士团交手，而是不断地向东迂回，直到认定条顿骑士团人困马乏才挥师进入战场。可以说未曾正面交锋，条顿骑士团便已经在战略上完败于进退从容的雅盖沃这只老狐狸了。

7月14日，两军终于在卢本湖畔的平原上摆开阵势。波兰—立陶宛联军以立陶宛、罗斯、鞑靼骑兵为右翼，波兰骑兵、捷克雇佣兵为左翼。相比于按国籍、民族编组的对手，条顿骑士团以“旗”为单位组成战阵，在相对注重形象的条顿骑士团治下各自治市、主教区以及雇佣兵的参战单位均有自己的军旗，于是也就出现了文章开头那段彩旗缭乱的景象。一般认为条顿骑士团总兵力约为27000人，

波兰文豪显克微支笔下的条顿骑士团列阵以待的盛况

麾下编组为 51 个旗队（每个旗队的兵力不等，平均计算有 400 至 600 人），且装备有臼炮等火器。骑士团大团长荣金根将骑士团分为两线部署，一线分为左、右两翼，左翼由瓦伦罗德统率，右翼则由利希·施泰因统率；二线则以 16 个旗队作为预备队。骑士团还在一线部署了臼炮和弩兵，试图利用高地优势居高临下打击兵力占据优势的对手。波兰—立陶宛联军方面则可能拥有 39000 人的兵力，编组为 91 个旗队，右翼为 40 个立陶宛、罗斯旗队，还配置有部分鞑靼雇佣兵部队；左翼则由 42 个波兰旗队、7 个罗斯旗队和 2 个波希米亚的雇佣兵旗队组成。联军分为三线部署，联军阵地右翼与后方与马尔沙河相接，左翼以森林为掩护。

开战之前，条顿骑士团第二十六任大团长荣金根命人给波兰—立陶宛联邦国王雅盖沃送去两把剑，以示通过一场骑士之间的单独对决来结束冲突。但雅盖沃自认胜券在握，并未予以理睬，反而命令部队率先发动进攻。

面对波兰—立陶宛联军的攻势，条顿骑士团臼炮齐射，但无奈天降大雨，加上臼炮射速较慢，只进行了两轮齐射，并未发挥多大作用。很快波兰—立陶宛联军的骑兵便迅速地冲入条顿骑士团的炮兵和弩兵阵列，为了驱逐对手，全身甲胄身披白色黑十字披风的条顿骑士团高喊着“上帝的旨意”展开了进攻。

首先交锋的是立陶宛和骑士团左翼由普鲁士督军瓦伦罗德指挥的铁骑洪流。身披重甲的条顿骑士团的这次冲锋可谓是中世纪骑兵战术的巅峰之作，即便是波兰人也不得不为之感叹。“‘天主与我们同在！’瓦伦罗德喊道。十字军骑士们放低了矛，开始踏步前进了。但是正像一块岩石从山上滚下来，每时每刻都在集聚着力量，他们从慢步变为跑步，又变为奔驰，然后以可怕的速度向前挺进，像雪崩似的无法抑制，准会摧毁挡在路上的一切”。

装备和训练上的巨大落差使得立陶宛军团在与条顿骑士团的正面交锋中很快便落于下风。显克微支感叹说：“顽强的立陶宛人用尽了力气也伤不了日耳曼人的皮肤。矛、剑、枪和装着燧石或钉子的木棍用力敲击着那些铁甲，但都给弹了回来，好像打在岩石上或城墙上一样。”但在战场的另一侧却是另一番景象：波兰人的马匹和武器虽然逊色一些，但波兰人所受的骑士训练却同骑士团所受的训练一样。波兰骑兵用重型矛枪挡住了骑士团的冲锋，甚至逼得日耳曼人向后退。

经过一番鏖战，双方的战线形成了互相侵蚀的局面。两军交锋的轴线逐渐转移到位于战场中心的波兰—立陶宛联邦中军，条顿骑士团深信只要击溃了雅盖沃及其近卫军，对手必将陷于崩溃。围绕着那面绘有头戴王冠雄鹰的王旗，双方展开了殊死的搏杀。

但事实上决定战争胜负的最终还是谁手中握有更多的预备队。失去耐心的条

格伦瓦德战役中争夺王旗的死斗

顿骑士团大团长荣金根决定投入其手中最后 16 面战旗。但是他所要面对的却是数以万计如洪流般涌来的波兰武装农民，据说这支生力军出现在战场上时“整个田野上都闪烁着枪矛、连枷和大镰刀的光芒”。

庞大的战略预备队加上重整旗鼓的立陶宛骑兵，胜利女神的天平最后不可逆转地倒向条顿骑士团对手的方向。陷入对手优势兵力合围之下的条顿骑士团，被迫以圆阵自卫，但这种被动的战术只能换来波兰—立陶宛联军更为疯狂的围攻。不久愤怒的波兰人便把条顿骑士团的大圆阵击碎成十几个小圈。最后波兰人那种可怕而猛烈的攻击又把这些小圈圈打散的时候，战斗也便宣告结束了，剩下的便是一面倒的追剿和屠杀。

到日落时分，条顿骑士团方面几近全军覆没。上午还在其头顶飘扬着的 51 面旗子悉数落到了胜利者血迹斑斑的手中。但是作为胜利者的雅盖沃却并不感到轻松。毕竟条顿骑士团的武装力量已经覆灭，但其所盘踞的辽阔疆域却并不能一口鲸吞了事，特别是在波兰和立陶宛这对盟友失去了共同敌人后，随时可能分道扬镳。因此在战场上厚葬了老对手条顿骑士团团长荣金根之后，雅盖沃对进一步攻占条顿骑士团总部马尔堡并不热衷。

高举缴获的条顿骑士团军旗的波兰骑士

公元 1411 年，堪堪守住马尔堡的条顿骑士团被迫与雅盖沃议和，签署了《第一次托伦停战和约》。为了维持立陶宛和波兰权力的平衡，雅盖沃并没有在领土问题上狮子大开口，仅仅是收回了此前割让给骑士团的萨莫吉西亚等地区。但是在经济上条顿骑士团却不得不面临一场“大失血”，不仅被俘虏的将士需要用钱赎回，甚至连沦陷的村庄、城镇也需要用真金白银购回。为了筹措这笔巨款，条顿骑士团不得不向治下各贸易城镇和主教区开征重税。这种竭泽而渔的做法最终激起了普鲁士商贾和骑士阶层的反弹，其秘密组织蜥蜴同盟开始暗中与波兰人接洽，寻求摆脱条顿骑士团统治的机会。

公元1414年，波兰—立陶宛联军借口条顿骑士团未能完全履行《第一次托伦停战和约》的相关条款，因而大举入侵条顿骑士团治下的普鲁士，联军所到之处，劫掠村庄、烧毁农田。元气未复的条顿骑士团不敢与对手野战，只能集中军队在库尔兰一线组织防御，坚守城堡，同时在各地采取“焦土政策”，企图切断波兰—立陶宛联军的物资供应。但这种丧心病狂的政策最终伤害的还是条顿骑士团自己。在波兰—立陶宛联军的围困之下，饥荒和瘟疫很快在整个普鲁士蔓延开来。

这场所谓“饥饿战争”只不过是格伦瓦德战役之后波兰—立陶宛联邦对条顿骑士团领地连续数十年袭扰的序幕而已。不断遭遇劫掠和围困的普鲁士人，对无力保护自己生命和财产安全的条顿骑士团日益失望。早已暗中活动多年的蜥蜴同盟趁势而起，在不久的将来他们将联合雄心勃勃的波兰人，最终将条顿骑士团的铁十字战旗赶出波罗的海沿岸。

二十七、圣杯倒持

胡斯战争和骑士时代的终结（上）

条顿骑士团在普鲁士焦头烂额的同时，另一场针对天主教会势力的风潮正悄然在神圣罗马帝国的东部疆域孕育着。点燃这场长达 15 年宗教战火引线的人是一位名为扬·胡斯的波希米亚神学家。尽管胡斯本人并未见到自己的信徒高举他的理论向罗马教廷发出挑战，但世人还是将这场由宗教信仰所引发的血腥厮杀称之为胡斯战争。

扬·胡斯出生于波希米亚南部的一个农户家庭，在中世纪加入天主教会。成为所谓“神的仆人”无疑是农家子弟谋求上升空间的唯一捷径，因此年轻时代的胡斯穷尽自己的才智，最终考入了布拉格查理大学。布拉格查理大学以公元 1355 年加冕为神圣罗马帝国皇帝的波希米亚国王查理四世命名，这所大学日后可谓名家辈出，尤以物理学驰名世界，但在中世纪这所大学最主要的教学任务还是为罗马教廷培养神学方面的人才。

在强手如林的环境之下，胡斯不仅成功留校，还于公元 1401 年成为神学部的主任。但风光的背后却隐含着颇为现实的无奈，没有贵族身份和教廷高层支持的胡斯，尽管在神学领域颇有造诣，但却不能走入教会的政治体系成为执掌一方的红衣主教。“学而优则仕”梦想的破产令胡斯多少有些失落。好在八年之后他有幸荣升布拉格查理大学的校长，也算得到了小小的补偿。

虽然身为一校之长，但是胡斯对疯狂出售赎罪券敛财、在各教区抢男霸女的天主教上层人物依旧艳羡难平。在强烈政治野心的驱动下，胡斯于公元1413年发表其著作《论教会》，倡导进行“宗教改革”。但或许连胡斯本人都没有想到，这一时的冲动竟然会招来杀身之祸，并令自己的祖国波希米亚陷入兵连祸结之中。而这一切的根源不得不从罗马教廷当时教宗对立的分裂状态以及波希米亚国内的政治局势讲起。

公元1303年，一心想要夺取教廷神权和所积攒的巨额财富的法国菲利普四世率军攻入罗马，不仅将教皇博义八世殴打致死，更将教廷一干人等全部拘押到法国南部的亚维农。在此后漫长的69年里，罗马教廷几乎沦为法国国王的人质，西方史学家称之为“亚维农之囚”，教会则以犹太人昔日的苦难自诩，称这段岁月为“巴比伦被掳期”。虽然名字透着一股悲凉，但这并不影响罗马教廷谨遵法国国王的要求，连续七次选举法国人为教皇。毕竟腓力四世发动“黑色星期五”，将圣殿骑士团主要成员一举拿下，并由自己扶植的教皇克雷芒五世宣判为异端全部送上火刑架的殷鉴不远，对天主的虔诚抵挡不住世俗的刀剑。

面对法国人“挟教廷以令信众”的局面，英格兰首先打出了宗教改革的大旗与之抗衡。曾为英国王室侍从神父的约翰·威克里夫首先对教廷发难，他首先批判罗马教廷政教不分、生活腐化，继而引经据典地指出教廷有很多做法明显与《圣经》相违背。最后威克里夫主张各国教会应隶属于本国国王，教宗无权向国王征收赋税，并建议国王没收教会土地，建立摆脱教廷控制的民族教会。至于面向英国普通民众推广英文版《圣经》以及简化宗教仪式之类的“惠民措施”，则不过是威克里夫宗教改革理念的一些噱头而已。

欧洲宗教改革的创始人——约翰·威克里夫

出生法国的教皇格里高利十一世面对威克里夫的挑战可谓气急败坏。他一边连发13篇文章谴责对方的“异端”思想，一边授意主管英国教区的坎特伯雷大主教通缉这位“魔鬼的代言人”。可惜威克里夫身后站的不是虚无的撒旦而是英国国王，因此尽管教廷对其口诛笔伐，但威克里夫在有生之年，依旧活得潇洒滋润。

亚维农教廷之所以长期拿威克里夫没有办法，很大程度上缘于此时英法百年战争正如火如荼地展开着。面对整个欧洲对亚维农教廷越来越多的诟病，公元1377年，一个富有幻想症的修女凯瑟琳向教皇格里高利十一世建议将教廷迁回罗马，此时正自感如过街老鼠的教皇随即“就坡下驴”。不过这位法国教皇在罗马只待了一年便一命呜呼，他的死又引发了天主教世界的新一轮分裂。在英格兰和神圣罗马帝国的公推之下，出身意大利的乌尔班六世在罗马登上教皇的宝座。而法国则操控枢密主教团宣布选举无效，在亚维农另立教皇克雷芒七世。

罗马和亚维农之间相互指责对方为“另立中央”的口水战延续了近30年。面对这场天主教颜面扫地的争斗，公元1409年枢密主教团于意大利比萨召开会议试图进行调停。而正是在这次会议上，一个名为柯萨的枢密主教提议两地的教皇同时退位，然后遵循“天命有常，惟有德者居之”的原则另行选举。

应该说柯萨的建议是解决当时“教宗对立”局面的唯一办法，美中不足的是同样野心勃勃的他并没有得力的世俗盟友。公元1410年，在罗马和亚维农两大教廷都态度暧昧的情况下，柯萨自行加冕为第三位教皇——约翰二十三世，凭借法国安茹公爵路易的支持率军攻入罗马，俨然准备以武力统一教会。事实证明约翰二十三世实在太过天真，早已被百年战争拖得筋疲力尽的法国无力重演昔日腓力四世的壮举。在罗马教廷的支持者那不勒斯国王拉迪斯拉斯的反击之下，约翰二十三世一败涂地，只能逃往佛罗伦萨，寻求神圣罗马帝国权贵西吉斯蒙德的庇护。

西吉斯蒙德是布拉格大学创始人查理四世的次子，身兼神圣罗马帝国勃兰登堡选帝侯、匈牙利国王、克罗地亚国王三职，在中欧可算是一言九鼎的人物。在他的庇佑之下，约翰二十三世不仅保全了性命，更得以于公元1414年在德意志南部的康斯坦茨重新召集天主教世界的各路人马。此时在波希米亚南部布道的胡斯也在受邀之列。按理说此时的胡斯已经没有资格参与天主教高层的任何活动了，因为早在公元1412年6月，胡斯便因公然反对约翰二十三世在布拉格抛售赎罪券而遭遇“双开”（开除公职、开除教籍）处分。不过由于在波希米亚南部备受穷苦百姓的爱戴，胡斯自我感觉良好，虽然此前罗马教廷几度基于其出格的言行宣布要审判他，但是拿着西吉斯蒙德亲笔签署的安全通行证，胡斯还是毅然启程。在他看来此去康斯坦茨必然是名利双收，可惜的是自以为背靠大树的约翰二十三世和胡斯都没有想到，会议召开后不久他们便从“护教先锋”被打成了“乱臣贼子”。而这两位之所以倒此大霉，并非因为不得人望，而恰恰在于得到了太多人的拥护。英格兰、法兰西和神圣罗马帝国都不希望看到一个在意大利本土颇具权威的罗马教皇出现，因此强硬地要求约翰二十三世和另外两位教皇一起退位。深知政治斗争残酷性的约翰二十三世连夜化装潜逃，不过最终还是被俘获。可怜懵懂的胡斯则被打成“异端”，也同样开始了长达 8 个月的囹圄生活。

应该说教宗对立期间整个欧洲有出格言行的教会人士众多。主持康斯坦茨会议的西吉斯蒙德缘何单单找胡斯的晦气？这便不得不从波希米亚在神圣罗马帝国的尴尬地位说起。自外号“巴巴罗萨”的腓特烈一世死于十字军东征途中，神圣罗马帝国便陷入了群雄并起的纷争。出现这样的局面主要是由于帝国欠缺公认的王室继承法，因此一旦皇帝去世，往往由裂土封疆的选帝侯们共推新主。选帝侯意见不能取得一致时，内战也就无从避免。

被送上火刑架的胡斯

由于各选帝侯之间沾亲带故且又相互牵制，因此这种争夺帝位的内战往往规模不大，最终常以妥协和交易告终，而新科皇帝虽然成功登基，王室领地却未必能超越此前选帝侯国的范畴。由于缺乏强大的王室领地来作为税收来源和王权扩张的基础，因此历任皇帝的威权始终得不到增强，反倒由于与姻亲、教会等合伙人的决裂而逐渐衰弱。神圣罗马帝国也由一个强大的帝国演变成松散的邦联。

西吉斯蒙德所在的卢森堡家族之所以能够成为 14 世纪神圣罗马帝国内部当之无愧的霸者，很大程度缘于其通过政治联姻窃取了波希米亚的王位。而卢森堡家族也颇为重视波希米亚。在西吉斯蒙德之父查理四世在位期间，波希米亚成为神圣罗马帝国的政治中心，其首府布拉格更成为欧洲当时最美丽富庶的城市之一。但是查理四世早年师从教皇克雷芒六世，个性重权谋而轻武功。在其任内卢森堡家族虽然也获得了勃兰登堡等新领地，但更多依靠的是政治联姻和金钱赎买而并非靠军事征服，而其凭借着自己美好的愿望颁布的“金玺诏书”更在事实上承认了帝国的分裂。

所谓“金玺诏书”指的是中世纪欧洲君王附庸风雅参照拜占庭帝国系以金质装饰来代表印信的做法所颁发的诏书。而公元 1356 年，查理四世于纽伦堡所颁布的“金玺诏书”在欧洲可谓最为著名。因为这份文件确定了日后神圣罗马帝国的皇帝必须由美因兹、科隆、特里尔三大主教，波希米亚国王、莱茵普法尔茨伯爵、萨克森公爵、勃兰登堡藩侯等四位世俗选帝侯共同推举产生。查理四世颁布诏书之时自认为卢森堡家族与教会关系莫逆，四大世俗选帝侯中又握有波希米亚、勃兰登堡两票，自此便可王权永固。

殊不知在利益面前向来没有牢不可破的联盟。查理四世死后，他的儿子瓦茨拉夫四世虽然成功当选为皇帝，但却在整个帝国和波希米亚受到教会和贵族势力的抵制而始终无法加冕。特别是在查理四世治下羽翼逐渐丰满的波希米亚贵族和教会一心谋求割据自立，查理四世为自己打造的龙兴之地反倒成了叛贼的巢穴，令人始料未及。

在自己兄长和波希米亚贵族抗衡的过程中，一心想要问鼎大宝的西吉斯蒙德始终站在波希米亚贵族这一边。而瓦茨拉夫四世为了对抗布拉格大主教也暗中支持胡斯的宗教改革。出于借胡斯的人头压制天主教内改革呼声和压制波希米亚内部异己势力的双重考量，公元 1415 年 7 月 6 日胡斯被天主教宗教裁判所以火刑处决。与他一同被拘押的约翰二十三世日后反倒被无罪开释，还成了位高权重的枢密主教团团长。可谓“同人不同命”。

胡斯的死极大地刺激了波希米亚的民众，公元 1415 年 9 月，布拉格等地举行多次集会，抗议天主教上层和西吉斯蒙德背信弃义的行为。随后事态急剧发酵。

民众开始驱逐非波希米亚籍的教士并按照胡斯生前的主张在弥撒的宗教活动中向普通市民派发“圣杯”。而此前教会规定只有神父可以领圣杯，因为怕笨手笨脚的平民会使“基督的血”溢出。

如此离经叛道的行为自然引发了天主教上层的愤怒，但有鉴于康斯坦茨会议正在一片“团结祥和”的气氛中召开，在胡斯死后的近三年时间里，天主教会都对波希米亚的事态抱着听之任之的态度。直到公元1418年，康斯坦茨会议选出马丁五世为新任教皇，天主教世界正式结束教宗对立的分裂局面之后，西吉斯蒙德才着手在波希米亚清洗以胡斯为旗帜的宗教改革激进势力。

公元1419年，罗马教廷在布拉格各处的教堂逮捕异端人士，自称胡斯派的波希米亚本地教士随即以修行示威来还击。7月30日，愤怒的人群包围了布拉格市议会大厅，就在议员们站在窗口试图与游行群众对话时，突然有人宣称有议员从窗口向基督神像投掷石块，胡斯派信徒随即群情激愤地冲入议会大厅，将倒霉的议员们一一从窗口丢出，戳死在林立的长矛之上。这一事件被西方史学家称为“第一次布拉格窗口掷出事件”，之所以称其为“第一次”，因为两个世纪之后，类似场景将再次上演。

此时波希米亚名义上的国王是瓦茨拉夫四世，但这位早已被架空的君主根本无力应对布拉格城内混乱的局面，8月16日，年仅58岁的瓦茨拉夫四世在极度惊惧下中风离世。早已对波希米亚王位虎视眈眈的西吉斯蒙德随即以兄终弟及的名义接管波希米亚。尽管从处死胡斯开始，西吉斯蒙德或许已经预料到了波希米亚动荡的开始，但他绝对料想不到他的政治投机将会以何等惨烈的形式收场。

二十八、轰碎铁骑

胡斯战争和骑士时代的终结（下）

站在西吉斯蒙德的角度来看，波希米亚似乎早已是他的囊中之物。或许正是源于这种自负，公元1415年，他为了拉拢骁勇善战的纽伦堡伯爵腓特烈而将自己家族的世袭领地勃兰登堡赐予了对方。出于投桃报李的心理，升级为勃兰登堡藩侯的腓特烈第一时间率军加入了“整肃”波希米亚的阵列。一时间西吉斯蒙德的麾下云集了来自匈牙利、神圣罗马帝国以及西欧雇佣军、教会武装的各路人马，波希米亚的胡斯派“叛军”似乎指日可破。

西吉斯蒙德所纠集的强大干涉军尚未进入波希米亚境内，首都布拉格城内的胡斯派和保守派武装便已经打得不可开交。保守派武装未必支持西吉斯蒙德，但他们显然没有胡斯派那样的宗教热忱，更畏惧大批以协防首都之名进城的无产者会搅乱他们正常的生活。于是在查理桥等布拉格环城要冲上，胡斯派和布拉格市民招募的德意志雇佣兵展开了反复拉锯。

胡斯派久攻不下，随即陷入了内部分裂。以城市中产阶级和贵族组成的温和派试图与西吉斯蒙德和谈。显然这些人参与暴动的目的无非是不满德意志传教士和官吏在波希米亚独占好处。由于这部分人强调普通信徒在宗教仪式中使用圣杯的权力，因此被命名为“圣杯派”。与圣杯派相对立的是主张“革命到底”的“塔博尔派”。塔博尔派的名字来源于《圣经》中以色列人大败宿敌迦南人的战场——塔博尔山。

路线分歧的最终结果自然是分道扬镳。公元1419年11月，塔博尔派撤出布拉格城外的阵地。早已在一旁虎视眈眈的西吉斯蒙德自然不会错过这一有利战机。当年12月，就在塔博尔派围攻另一座拒绝向他们打开大门的城市内科梅尔之际，2000名全副武装的德意志骑士呼啸而出，准备一举将400名塔博尔派战士就地歼灭。但当这些习惯策马冲杀的职业军人抵达战场之时，一种全新的战术瞬间便将他们打得满地找牙，那就是由塔博尔派领袖扬·捷士卡发明的“胡斯车阵”。

扬·捷士卡出生于波希米亚南部小城百威（没错，就是某啤酒品牌的创始地）的一户破落骑士家庭，家道的中落加上自幼因病右眼失明令捷士卡不得不背井离乡，当起了“刀尖舔血”的雇佣兵。不过正所谓“行行出状元”，多年以来转战中东欧的生涯不仅令捷士卡声名鹊起，被瓦茨拉夫四世选为波希米亚王室卫队长，更令其在战争中成为兵法出众的一代名将。

胡斯车阵成功的真正秘诀是训练有素的步兵和完整的火力配备

中世纪的欧洲战场上，重装骑士可谓所向披靡、锐不可当的“进攻之矛”，有时甚至无需交锋，仅是骑兵密集冲锋的场面和声势就足以使缺乏经验的步兵不战自乱。曾加入波兰—立陶宛联军在格伦瓦德与条顿骑士团浴血搏杀的捷士卡深知自己麾下的塔博尔派武装多为穷苦农民和手工业者，既无钱购置马匹重铠，更缺乏实战临敌的经验，一旦与德意志骑士正面交锋无异于以卵击石。唯一的解决之道只能是以车阵为堡垒，将对自己不利的野战化为依托工事的防御战。

客观地说，“战车结阵”古已有之。游牧民族逐水草而居，往往将老弱妇孺安置在大车之上，一旦遇袭则以车辆首尾相连组成圆阵。这或许就是最为原始的车阵。而在与游牧民族的交锋中，车阵渐渐成为农耕文明以步兵对抗骑兵的一大利器。东亚历史上卫青、刘裕、岳飞等名将都曾以车阵出奇制胜。而欧洲战场上车阵同样并不新鲜，罗斯人曾以车阵击退了鞑靼人；立陶宛人使用这种战术来与条顿骑士团作战；英法百年战争中的英王爱德华三世在克勒西使用大车防守他的军营。但在欧洲真正对车阵进行规范，继而使之成为对付重装骑士有效武器的，捷士卡却无疑是第一人。

内科梅尔之战时，捷士卡的车阵战术尚未完全成型，但凭借大车为工事，塔博尔派武装远者箭射、近者枪挑，竟一时令兵力五倍于己的德意志骑士完全无法将其拿下。在轮番冲击未能突破对手大车防线，反倒损兵折将的情况下，德意志骑士们主动撤出了战场。而自知赢得侥幸的捷士卡也不敢继续围攻内科梅尔，而是继续向南向塔博尔派在波希米亚南部的主要据点拉迪斯特进发。塔博尔派在那里过上了“有衣同穿，有钱同花”的原始生活，多余财物放在街道上的大木桶中，任何人都可以随意取用。一时间大批穷苦农民和手工业者闻风而来。

塔博尔派的撤离令圣杯派在西吉斯蒙德的眼中不再存在谈判的价值，何况由其提出的所谓“布拉格四条意见”——除了每个人都可以用圣杯领取圣餐之外，其余如没收德意志传教士的财产、波希米亚宗教独立、禁止外国人担任官吏，每一条对西吉斯蒙德来说都是难以接受的。于是公元 1420 年 3 月，西吉斯蒙德操控新任教皇马丁五世宣布对波希米亚境内的异端发动十字军征讨。自封波希米亚国王的西吉斯蒙德随即统率号称 15 万的大军，浩浩荡荡地开赴布拉格。与此同时 2500 名德意志骑士再次试图歼灭捷士卡的部队。这一次骑士们显然学乖了，他们打着休战旗靠近捷士卡的车队，在偷袭失手后果断改为下马步战。但最终战果也仅仅摧毁了捷士卡麾下的三辆大车而已。捷士卡突出重围，成功抵达拉迪斯特，凭借着当地聚集的数万波希米亚贫苦百姓掀起了塔博尔派发展的高潮。

捷士卡在波希米亚招兵买马的同时西吉斯蒙德已经指挥麾下的大军将布拉格团团围住，此时走投无路的圣杯派和同样畏惧十字军杀入城中会摧毁自己生活的布拉格民众主动向塔博尔派伸出了橄榄枝。深知“团结就是力量”的捷士卡自然不会对布拉格的危局坐视不理。公元1420年7月14日，塔博尔派精锐尽出，在布拉格城郊将十字军打了个措手不及。

捷士卡的这次突袭仅从战果上来看或许并不辉煌，十字军仅损失约500人便撤退了，但是从战略上看，此战之后塔博尔派武装不仅控制了布拉格城东的制高点维特科夫山，与城内的圣杯派等武装形成了犄角之势，更瓦解了十字军对布拉格的围困。此战之后西吉斯蒙德被迫接受了波希米亚主教团的游说，暂缓攻城，试图用政治手段让布拉格为其打开城门。

盛夏的布拉格城外骄阳似火，十字军数万人马屯兵城下自然苦不堪言。瘟疫和火灾造成的非战斗减员配合着西吉斯蒙德已经与圣杯派达成秘密协议的谣言，最终令德意志诸侯心灰意冷，纷纷打道回府。无奈之下，西吉斯蒙德只能在布拉格城外自导自演一场加冕典礼。然后随着德意志诸侯退去折大潮将主力撤往布拉格以南约72公里的山城库特纳霍拉避暑，罗马教廷对波希米亚的第一次十字军征讨自此算是无疾而终。

布拉格虽然暂时转危为安，胡斯派内部的分歧却并未得到缓解。圣杯派到处刊印他们所制定的“布拉格四条意见”，为与西吉斯蒙德正式媾和造势。捷士卡则暗中遣使波兰希望自己雇佣兵时代的老雇主波兰—立陶宛联邦国王雅盖沃可以出面主持大局。站在个人立场考虑，雅盖沃当然不介意自己头上再多一顶波希米亚的王冠，但是波兰和立陶宛国内动荡不安的局势以及与条顿骑士团之间的冲突，注定了雅盖沃对胡斯派的支持只能是道义上的和口头上的。相反波希米亚向波兰靠拢的姿态引发了德意志诸侯对胡斯派的第二轮十字军讨伐。

公元1421年8月，一支号称拥有12万兵力的德意志联军从北部侵入波希米亚，兵锋直指布拉格。此时如果西吉斯蒙德能够从匈牙利出兵配合的话，一举扫荡胡斯派武装并非难事。但抱着坐收渔翁之利的心理，西吉斯蒙德选择了按兵不动。直到当年10月上旬，捷士卡于扎特克大败德意志联军主力，西吉斯蒙德才悠然自得地向捷士卡位于波希米亚南部的据点库特纳霍拉进军。

西吉斯蒙德之所以看重库特纳霍拉，不仅因为那里当时是波希米亚最主要的银矿所在地，更因为这座城市居住着大量德意志移民。捷士卡统率塔博尔派武装虽然抢先一步进入城内布防，但是在西吉斯蒙德大军的围攻之下，城内的德意志移民还是在半夜打开北门接应西吉斯蒙德进城。如果不是捷士卡集中大车和火器奋力突围的话，胡斯派的精锐可能就覆灭在库特纳霍拉了。

塔博尔派经此一败虽然伤筋动骨，但是凭借着波希米亚南部根据地源源不断的兵员和物资补给很快便东山再起。公元 1422 年 1 月 6 日，捷士卡利用封建骑士冬季不事战备的弱点，成功地杀了一个回马枪。西吉斯蒙德不仅被迫放弃库特纳霍拉，更在撤退途中损兵折将。仅在摩拉瓦河封冻的河面上，这位国王的溃军便因为自相践踏和冰层破裂损失了几千人和全部辎重。罗马教廷对胡斯派发动的第二次十字军征讨再度铩羽而归。

天主教高层自然无法忍受自己的权威一再遭遇质疑，公元 1422 年 9 月 4 日，教皇特使抵达纽伦堡，将一面据说带有神之祝福的战旗交给了西吉斯蒙德，但心惊胆战的西吉斯蒙德转手便将它交给了自己的心腹爱将勃兰登堡藩侯腓特烈。

腓特烈虽然深知捷士卡不好对付，却也只能接下这第三次十字军征伐总指挥的重担。但老于军旅的他也的确出手不凡。针对胡斯派内部各派势力貌合神离，富商和波希米亚教会将胡斯教派视若洪水猛兽的特点，腓特烈采取稳扎稳打的蚕食战略，不期望能一次“收复”布拉格或者打垮对手，而是谋求巩固波希米亚国内保王党的地盘。尽管到公元 1422 年年底，随着波兰—立陶宛联邦国王雅盖沃的介入，交战双方最终宣布停火，但是腓特烈的蚕食战略却成功令胡斯派的内部分歧转化为最终决裂。

公元 1423 年，不满大片国土沦为“敌占区”以及波兰粗暴干涉波希米亚内政的塔博尔派发生了有史以来最为严重的内讧，被打上波兰代理人标签的捷士卡负气率众出走，另立山头，在波希米亚东部城市奥雷庇特重新组建一支武装。在随后两年里，波希米亚陷入了占据首都布拉格的圣杯派与南部的塔博尔派、东部的奥雷庇特派的混战之中。而这一局面直到公元 1424 年 10 月 11 日捷士卡病逝于军营才有所缓解。同样名为普罗科普的两兄弟分别执掌了塔博尔派和改名为孤儿军的奥雷庇特派，而推动大、小普罗科普上台的除了罗马教廷准备趁捷士卡去世发动的第四次十字军征讨之外，还有这两兄弟积极进取的野心，他们一改捷士卡昔日只在波希米亚本土作战的习惯，鼓动数以万计的胡斯派信徒冲入邻近的德意志城邦。

公元1426年6月，由波兰贵族科瑞布特统一指挥的胡斯派联军攻入萨克森境内，合围了易北河畔的重镇乌斯提。德意志十字军随即大举来援，除了兵力上占据优势之外，常年与胡斯派交战还令德意志骑士学习和总结了一套对付其车阵的战术。首先十字军此战也首次投入了自己装载有火炮的战车，形成了以车阵对车阵的局面。其次会战开始十字军先投入装备巨大战斧的步兵砍断了车辆间的索链，强行突破了胡斯军的战线，随后大批重装骑兵策马冲锋。

就在骑士们自认胜利在望之际，胡斯军在车阵后方以大盾和拒马组成了第二道防线。与此同时轻装的波希米亚骑兵也从侧面的出口冲出车阵，攻击十字军的侧翼。此时冲入车阵的十字军骑士才意识到自己陷入了可怕的陷阱之中，火炮、强弩和火神枪射出的毁灭之雹令其损失惨重。从波兰赶回故乡参战的波希米亚雇佣兵更展示了他们在与条顿骑士团交锋时锤炼出的火器齐射战术。随着十字军的阵线崩溃，胡斯军步兵发动了反冲锋。连枷扫过，长戟刺出，骑士之花纷纷凋零。

大、小普罗科普的外线作战获得辉煌的胜利，公元1426年至1427年的冬季，胡斯派军队横扫了西里西亚和奥地利。公元1428年至1430年，匈牙利、西里西亚、梅森和萨克森都遭到了波希米亚胡斯派武装的入侵。不过胡斯派仅满足于向德意志城邦勒索巨额赎金，并没有将自己的强大的军力用于开疆辟壤。例如，公元1428年大、小普罗科普率军围困纽伦堡，当地贵族派出一队穿白衣的儿童运送赎金走进胡斯军的营地祈求和平。大、小普罗科普随即撤围而去，把这些孩子送回城市，还在他们的口袋里装满了熟透的樱桃，纽伦堡为了纪念这个事件至今每年都举办“樱桃节”。在胡斯派满足于这种流寇般胜利的同时，西吉斯蒙德却在一步步地强化自己的联盟，一场灭顶之灾即将降临在大、小普罗科普的头上。

二十九、最后的骑士

霍亨索伦家族与普鲁士公国的建立

公元 1427 年，为了对抗不断越境袭扰的胡斯派联军，德意志诸侯会聚于海德堡共商剿灭“异端”大计。在会议上唯一曾在胡斯战争中全身而退的勃兰登堡藩侯腓特烈对再度组建十字军的计划嗤之以鼻。他认为要想战胜波希米亚人，决不能再依靠那些不经训练的征募军和毫无纪律的封建骑士，而应该组建一支装备精良、富有战斗经验的常备军。可惜与会的贵族们对这位沙场宿将的提议大多置若罔闻，以至于公元 1427 年和公元 1431 年所组织的第四次和第五次对胡斯派的十字军征讨都以失败而告终。在公元 1431 年 8 月 14 日的塔霍夫会战中，表面上兵强马壮的十字军一看见胡斯派的军旗，便在一片“普罗科普来了！”的惊叫声中溃不成军。身为监军的红衣主教朱利亚诺虽然保住了性命，但是他随身携带的教皇训谕、法衣和佩戴的十字架均成了胡斯军的战利品。而身为十字军名义统帅的腓特烈也无心恋战，甚至连重整军容的努力都没做便草草撤走了。

塔霍夫会战可以说是胡斯联军发展的巅峰，但同时也打醒了天主教的高层。10 月 15 日逃回罗马的朱利亚诺以宗教会议的名义向胡斯派发出一封措辞友好的信函，希望双方能够平心静气地以坐而论道的形式解决争端。大普罗科普曾受过完整系统的神学教育，自然不怵公开辩论。公元 1432 年年底，由其亲自率领的胡斯派代表团抵达当时仍是神圣罗马帝国领土的瑞士名城巴塞尔。尽管在会场之上大普罗科普引经据典地在辩论中占尽上风，但这次会议却无疑是胡斯派政治的一大败笔。

西吉斯蒙德和罗马教廷本就无心与胡斯派讨论什么教义，其之所以如此大造和平烟雾，无非是寻求分化波希米亚人的突破口。果然本就首鼠两端的圣杯派第一时间接受了西吉斯蒙德递来的橄榄枝，单方面认可西吉斯蒙德为波希米亚国王。面对大摇大摆进入布拉格的宿敌，大普罗科普一筹莫展，因为他麾下的塔博尔派和孤儿军主力正在小普罗科普的指挥下远征波罗的海以协助波兰—立陶宛联邦打击条顿骑士团。

小普罗科普的远征颇为成功，后世的德国史学家不无感慨地写道："（小普罗科普）用豪迈的波希米亚歌曲《上帝的战士》来向大海致意，他们用瓶子灌满海水的同时感慨说波罗的海再一次屈服在斯拉夫的脚下了。"但是他恰恰错过了波希米亚国内天翻地覆的剧变。在罗马教廷和西吉斯蒙德认可圣杯派的"布拉格四条意见"的前提下，公元1434年，波希米亚民族大会投票通过巴塞尔宗教大会的提议，正式宣布与神圣罗马帝国和解。大普罗科普严词抨击这种投降政策之余，愤然率军离开布拉格。

摆在大普罗科普面前的选择很多，他进可围攻布拉格将圣杯派和西吉斯蒙德一网打尽，退可回师波希米亚南部的根据地以待东山再起。但多年来纵横中欧的

里旁会战——波希米亚人的自相残杀

过度自信令他走上了一条前途美好却坎坷难行的歧路，公元1434年初，大普罗科普率军西进攻击波希米亚第三大城市比尔森。大普罗科普的初衷可能是想夺取这座商业重镇壮大自己的军队。但比尔森城高池深，大普罗科普连续三度攻坚都铩羽而归，甚至他的弟弟率孤儿军赶来助战也以失败告终。

围攻比尔森的失利不仅令大、小普罗科普麾下军队的士气跌入谷底，还将他们从波希米亚的民族英雄推到了内战发动者的不利境地。5月，大、小普罗科普在走投无路的情况下回师布拉格，试图与对手拼个鱼死网破。但在布拉格近郊的里旁平原上，圣杯派和天主教联军早已严阵以待。面对强敌大普罗科普再度祭出了捷士卡所发明的胡斯车阵，但是其昔日战友圣杯派显然对这套战术的弱点早已洞若观火。

圣杯派和天主教联军的首轮进攻很快便被击退了。大普罗科普自以为胜券在握，随即所部骑兵出击，而此举恰恰中了对手的圈套。埋伏在附近的德意志封建骑士突然杀出切断了追击中的骑兵与车阵的联系，强行突入了车阵。进退失据的大、小普罗科普至此一败涂地，双双战死沙场。里旁会战彻底粉碎了胡斯派中最为激进的势力，自此波希米亚人放下了武器，而此战也恰好证实了西吉斯蒙德此前的一句戏言：“只有波希米亚人才能征服波希米亚人。”

胡斯战争虽然硝烟散尽，但是罗马教廷连续五次组织的十字军征讨都以失败告终，无形中却宣告贵族骑士骑兵那种故步自封、逐渐僵化死板的战术已经不符合时代发展的要求，取而代之的是火器的兴起。胡斯军队以弱胜强，以寡胜多，他们在战争中还大量使用了火绳枪、大炮等火器以及令十字军闻风丧胆的战车阵战术，可谓吹响了冷兵器时代白刃格斗战向热兵器进化发展的第一声号角。 从某些角度来说，反胡斯十字军及胡斯战争整个过程是欧洲民众对骑士制度和天主教会的一次有力的打击，它上承并延续世俗骑士及骑士团的衰落，下开宗教改革的先河。而这次战争更对德意志的版图产生了深刻的影响。

公元1437年12月9日，如愿以偿成为神圣罗马帝国皇帝的西吉斯蒙德在从波希米亚前往匈牙利的途中病逝。由于其没有男性子嗣，卢森堡王朝自此终结。他的女婿奥地利公爵阿尔布雷希特二世随即接受了其全盘政治遗产，从此开创了神圣罗马帝国统治时间最长、地域最为辽阔的哈布斯堡王朝。但事实上这个近代奥地利的始祖与今天意义上的德国关系并不大，真正代表德意志精神的是此时仍“蜗居”于勃兰登堡的霍亨索伦家族。

勃兰登堡本是神圣罗马帝国对抗斯拉夫人和波罗的海民族的前哨，但自条顿骑士团入主普鲁士以来，勃兰登堡便由原先的边防区蜕变成了如假包换的内陆。由于失去了开疆拓土的空间，勃兰登堡逐渐对德意志诸侯失去了吸引力，老谋深算的西吉斯蒙德以勃兰登堡换取纽伦堡伯爵腓特烈的效忠，很大程度上正是鉴于这一地区在当时德意志相当于鸡肋的地位。

公元 1440 年，首任霍亨索伦家族的勃兰登堡藩侯腓特烈因病去世，其长子腓特烈二世继承了勃兰登堡的领地和选帝侯的头衔。绰号“铁牙”的腓特烈二世深知勃兰登堡地狭民乏，虽然名义上有权参与神圣罗马帝国帝位的角逐，但实则尚无问鼎大宝的资本。因此在统治勃兰登堡的 31 年时间里，腓特烈二世奉行远离帝国的政策，在加强对勃兰登堡的建设与管理的同时，逐步向波兰靠拢。

腓特烈二世与波兰可谓渊源匪浅，他 8 岁便遵从家族的安排与雅盖沃之女波兰公主海德维希订婚，并在此后的 10 年里于波兰的宫廷长大。鉴于公元 1434 年雅盖沃去世之时两个儿子均未成年，因此波兰国内曾一度有推举腓特烈二世为王位继承人的呼声，但腓特烈二世深知波兰和立陶宛国内局势复杂，岳父一代雄主尚且走得磕磕绊绊，自己更不宜蹚这浑水。腓特烈二世的“高风亮节”，无形中促成了波兰历史最辉煌的一页。

公元 1439 年，为了切断欧洲与奄奄一息的拜占庭帝国之间的联系，由塞尔柱人所建立的奥斯曼帝国大举攻入匈牙利境内。身为神圣罗马帝国皇帝的阿尔布雷希特二世只能硬着头皮率领胡斯战争后的疲弱之旅迎战奥斯曼帝国的虎狼之师，最终战死沙场。由于阿尔布雷希特二世当时仅有一个遗腹子，空悬的匈牙利王位立刻引来了各方的争夺。以大将军匈雅提·亚诺什为首的匈牙利本土势力不甘心长期沦为德意志的附庸，因此力邀腓特烈二世的小舅子瓦迪斯瓦夫三世入主布达佩斯。身为波兰国王的瓦迪斯瓦夫三世之所以能够取代拥有合法继承权的孤儿寡母，很大程度上还是缘于奥斯曼帝国的威胁。

拥有强大武装力量的波兰加入战团一度令罗马教廷欢欣鼓舞。教皇尤里四世拿出教会年收入的四分之一充作军资，授意瓦迪斯瓦夫三世组建一支十字军以讨伐奥斯曼帝国以解君士坦丁堡之围。而面对来势汹汹的波兰骑兵和由波希米亚胡斯派老兵组成的战车部队，奥斯曼帝国也一度有些怯场。苏丹穆拉德二世主动求和，放弃在塞尔维亚、罗马尼亚的大片占领区。鉴于当时巴尔干山间的道路均被冰雪覆盖，食物与草料日益短缺，瓦迪斯瓦夫三世一度同意了穆拉德二世开出的条件。但是当时间进入到公元1444年8月份后，在“监军”红衣主教的鼓动下，年少气盛的瓦迪斯瓦夫三世最终决定撕毁墨迹未干的和约，率军强渡多瑙河。

一路之上瓦迪斯瓦夫三世招降纳叛好不得意，却根本不知道同属于基督教阵营的热那亚商人早已在金钱的驱使下，将一支三倍于十字军的穆斯林兵团运抵了战场。屯兵于奥斯曼要塞瓦尔纳城下的十字军突然发现敌军主力出现在自己的面前，慌乱的心情可想而知，更悲剧的是他们身后就是大海，不仅无法实施欧洲骑兵所擅长的侧翼机动，甚至连撤退都没有足够的空间。硬着头皮，瓦迪斯瓦夫三世和他的匈牙利盟友匈雅提决定孤注一掷，将波希米亚的战车部队部署在薄弱的右翼，而将全部精锐骑兵集中于左翼。

事实证明曾经无数次击退德意志重甲骑兵的胡斯车阵早已不复昔日之勇。波希米亚军队的指挥官在击退了对手的前锋后，便草率地命令部队转入进攻，最终导致了十字军右翼的彻底崩溃。好在匈雅提所指挥的匈牙利骑兵在左翼成功击溃了对手，胜负的关键转移到了战场中央，双方统帅谁手中拥有更多的预备队，谁便将成为胜利者。而恰恰在此时，瓦迪斯瓦夫三世失去了一个统帅应有的耐心，凭着一腔血勇亲率500名骑士冲向苏丹王旗所在的方向，此时的他并不知道在那里有上万名奥斯曼近卫军正严阵以待。

年轻的波兰国王骁勇善战，很快便冲入了奥斯曼近卫军的阵中。尽管身陷重重包围，他还是天真地以为马上就能看见苏丹本人，然后再像所有骑士小说里歌颂的那样，挥剑砍下异教徒的脑袋。此时一个奥斯曼近卫军的长枪刺倒了他的战马，倒地的国王随后被蜂拥而上的敌军砍下了首级。主帅战死的消息很快便瓦解了整个联军的斗志。匈雅提试图通过组织一次反击来稳定军心，可惜一切都已无可挽回了。

瓦尔纳战役为十字军征讨画上了一个失败的句号。撤回匈牙利之后，匈雅提拨乱反正地拥戴哈布斯堡王朝的遗腹子拉斯洛五世为王，自己则以抵抗奥斯曼帝国入侵为名独揽大权。凭借着出众的军事才能，匈雅提最终在公元1456年的贝尔格莱德战役中暂时遏制了奥斯曼帝国在巴尔干半岛的扩张，也凭借这一功勋为自己的儿子赢得了一顶王冠。

尽管失去了一位国王和对匈牙利的统治权，但波兰—立陶宛联邦在瓦尔纳战役中损失其实并不大。因为波兰并未作为一个国家参与此次十字军，瓦迪斯瓦夫三世仅以志愿者的身份率领几百名骑士加入远征。所以随着其弟卡齐米日四世继承王位，波兰随即开始了第二轮的扩张。向东，卡齐米日四世利用莫斯科公国对其他罗斯城邦的威胁大肆扩张其影响力。向西，卡齐米日四世再度盯上了内部纷争不断的条顿骑士团。

自公元1414年的饥饿战争以来，条顿骑士团的处境可谓每况愈下。普鲁士当地的世俗贵族和商贾也日益离心离德。公元1440年2月21日，长期以半地下组织身份活动的蜥蜴同盟正式以城镇为单位，组建了自治政体普鲁士联盟。条顿骑士团起初并未在意，大团长鲁斯道夫甚至还承认了这一联盟的合法性。但很快回过味儿来的骑士们便意识到普鲁士联盟并非汉萨同盟那样的商业组织，其存在的目的就是要与骑士团争权夺利。于是乎条顿骑士团开始公开抵制普鲁士联盟，双方的官司终于在公元1452年打到了神圣罗马帝国皇帝腓特烈三世的案头。身为哈布斯堡王朝的成员，腓特烈三世起初选择站在条顿骑士团这一边，公元1453年12月

条顿骑士团攻击蜥蜴同盟控制的城市

5 日，腓特烈三世大笔一挥，敕令普鲁士联盟必须服从条顿骑士团的领导。可惜普鲁士人的反抗热情并不是这样一纸判决就能压制的。在神圣罗马帝国无法给予支持的情况下，普鲁士联盟转向波兰求助，甚至主动要求并入波兰—立陶宛联邦。卡齐米日四世正一心想找条顿骑士团的晦气，岂有拒人于门外之理。于是他巧妙布局，一方面让普鲁士联盟提交一份正式的请愿书以为证据，另一方面则积极与哈布斯堡王朝联姻，切断条顿骑士团的外援。

公元 1454 年 2 月 4 日，普鲁士联盟秘密议会向条顿骑士团递交了一份宣告独立的正式文件。两天后普鲁士全境除了条顿骑士团总部所在地马林堡等少数地区外，悉数爆发反骑士团的起义。一时间普鲁士所有的城市都脱离了条顿骑士团的统治，起义者捣毁他们所占领的城堡。六天之后普鲁士联盟的正式代表团到波兰，希望卡齐米日四世接收普鲁士。

公元 1454 年 2 月 22 日，波兰—立陶宛联邦再度向条顿骑士团宣战。在波兰和普鲁士看来这场战争似乎尚未开打便胜负已分，毕竟条顿骑士团在开战之初便失去了大多数的军械库，封建骑士们已经失去了作战的能力。同时当时整个欧洲的政治局势对条顿骑士团空前不利，神圣罗马帝国一盘散沙，瑞典与丹麦正彼此对立，也只能严守中立。

骑士团最大的后台老板罗马教廷，此时也正在为君士坦丁堡沦陷后奥斯曼帝国可能的入侵担忧。条顿骑士团可谓孤立无援。但事实证明波兰人和普鲁士联盟的如意算盘未免打得太响了一些。条顿骑士团还有一个潜在的盟友，而正是借助他们的力量，普鲁士的独立之路足足走了 13 年。

条顿骑士团的崛起离不开汉萨同盟商业资本的支持，而在他们危如累卵之时，同样遭遇西欧强权压制的汉萨同盟也颇为仗义地“拉了兄弟一把”。当然条顿骑士团许诺一旦度过危机，将给予汉萨同盟更多的贸易特权也是这群商人急功近利的一大动力。有了汉萨同盟的助力，条顿骑士团可以凭借友军庞大的武装商船从波罗的海源源不断地获得物资和兵员补充。毕竟此时英法百年战争刚刚结束，整个欧洲到处都充斥着无所事事的退伍老兵，面对这样的“买方市场”，条顿骑士团凭借着早年的积蓄，不难迅速招揽一支大军。

在成功击退波兰、普鲁士军队对马林堡的围攻之后，条顿骑士团随即将战火引向了对手的家园。面对来势汹汹的反对派，波兰国王卡齐米日四世被迫绕过贵族议会就地征召民兵参战。而一些普鲁士联盟的城市开始重新倒向骑士团。但就在局面一片大好的情况下，条顿骑士团的资金链却突然断裂了。

公元 1454 年 10 月 9 日，大团长不得不向群情汹涌的雇佣兵保证最迟将于次年 2 月 19 日付清所有佣金，若未能按期支付，则雇佣军有权获得普鲁士境内的城市、城堡及与之相关的权利。凭借着这张空头支票，公元 1455 年上半年，条顿骑士团收复了整个东普鲁士。但是由于依旧没有足够的现金支付给雇佣兵，骑士团被迫将包括总部马林堡在内的三座城市进行了抵押。而雇佣兵们随即便将抵押物转手卖给了波兰人。

条顿骑士团的胜利刺激了首鼠两端的神圣罗马帝国、教廷以及昔日老伙伴丹麦，这些战前袖手旁观的势力不约而同地跳出来主持正义。腓特烈三世向普鲁士联盟颁发禁令，禁止其成员的一切对外贸易。教皇加里斯都三世发出警告，若普鲁士联盟及其盟友不与条顿骑士团和解，则将其开除教籍。丹麦国王克里斯蒂安一世则向波兰与普鲁士联盟宣战，正式成为条顿骑士团的同盟。不过丹麦王国此时正与瑞典处于战争状态，其加入战团自然也将瑞典拉入波兰和普鲁士一方。

条顿骑士团之所以能够在战场上以弱胜强，很大程度上与波兰的内部矛盾有关。波兰本土贵族对来自立陶宛的卡齐米日四世缺乏好感，更不爽国王从他们的口袋里掏钱用于战争。条顿骑士团以一隅而敌大邦，在战场不断攻城略地，占尽上风，不过随着瑞典国王查理八世兵败于丹麦逃入波兰国内避难，卡齐米日四世很快便找准了条顿骑士团的“七寸”，只要切断了汉萨同盟在波罗的海的贸易航线，条顿骑士团便将不战自溃。于是乎一支瑞典、波兰、普鲁士共同参股的私掠舰队在但泽正式开张，虽然这支舰队刚一参战便误伤了中立国尼德兰的船只，一度引发外交纠纷，但是最终这种海上交战被证明具有极大的战略价值。丹麦首先招架不住宣布退出战争。条顿骑士团的经济也濒临崩溃，其麾下的主要武装力量——雇佣军因为没获得足够报酬而拒绝参与军事行动。

公元 1466 年，在双方打打停停折腾了 13 年之后，走投无路的条顿骑士团请出教皇庇护二世进行调停，当年 10 月 10 日双方最终签署《第二次托伦和约》，最终停止了长时间的敌对。条顿骑士团昔日的领地之中，西普鲁士成为波兰王国的一个自治省。瓦尔米亚大主教区亦归属波兰王国管辖。东普鲁士虽然仍由条顿骑士团控制，但是必须成为波兰国王的臣属，骑士团的大团长要以波兰贵族议会议员的身份前往波兰“共商国是”。

仅有东普鲁士弹丸之地的条顿骑士团自知无力对抗强大的波兰，但不甘就此沉沦的心态却令其不断尝试寻求外力支持。《第二次托伦和约》墨迹未干，瓦尔米亚大主教区便借口卡齐米日四世干涉主教选举而于公元 1467 年再度与波兰兵戎相见。这场名为“教士战争”的地区冲突又足足打了 12 年，才以波兰接受瓦尔米亚自行推选主教并赋予大主教区若干特权而告结束。

波兰国王齐格蒙特一世将普鲁士公国授予阿尔布雷希特

“十三年战争”和“教士战争”的漫长和曲折，无疑向波兰王室证明了普鲁士地区的封建骑士和主教们早已深植于这片土地，要彻底根除并不容易。何况神圣罗马帝国、匈牙利、丹麦、瑞典乃至罗马教廷都在当地有切身利益。波兰名义上吞并了大半个普鲁士，实际上却更像是握着一个烫手的山芋。为了彻底改变这一局面，公元 1510 年，波兰王室策划并推动了一项空前复杂的计划，以期一劳永逸地解决普鲁士问题。但 15 年后当波兰国王齐格蒙特一世将普鲁士公国授予自己的外甥“最后的骑士”阿尔布雷希特之时，他或许永远不会想到未来的普鲁士将一次次地埋葬波兰，险些将其推入万劫不复的深渊。

三十、回到原点

普鲁士公国的崛起和条顿骑士团的世俗化改革

将条顿骑士团世俗化并取得世俗权力这件事情，实际上阿尔布雷希特的亲朋好友中已经有人向他提过类似的建议，但考虑到复杂的形势，他必须谨慎为之。于是阿尔布雷希特首先以放任马丁·路德的信徒在普鲁士传播新教教义试水。同时通过自己的哥哥、勃兰登堡藩侯格奥尔格把将普鲁士世俗化的计划知会了波兰国王齐格蒙特一世。

阿尔布雷希特挥别路德返回东普鲁士去推动条顿骑士团世俗化的同时，另一位德意志的枭雄也正在马丁·路德的指引之下走向自己的宏伟蓝图。他就是马丁·路德的学生托马斯·闵采尔。闵采尔和马丁·路德有着相似的人生轨迹，都是从神学院的学生一步步走到修道院长、神学教授的岗位。但与马丁·路德不同的是闵采尔鉴于自己的父亲早年惨死于贵族绞刑架下而对封建制度怀有刻骨的仇恨。他多年来为马丁·路德的宗教改革奔走呼号之余，也积累了自己的人脉和威望。但闵采尔的激进言辞逐渐令路德感到紧张。他随即撰写了《为反对叛逆的妖精致萨克森诸侯书》，宣称闵采尔为恶魔所蛊惑，已经成为“撒旦的工具”，算是正式与之进行了切割。而闵采尔则反唇相讥，称路德为“维滕贝格的行尸走肉”，随即投身于德意志西南部的城市士瓦本所爆发的农民起义的洪流中。

闵采尔所参与领导的德意志农民战争尽管最终在封建诸侯联军的镇压下归于沉寂，但其所高举的宗教改革大旗却也在无形中抬高了马丁·路德的政治地位。

虽然长期对其提供“无私”庇护的萨克森选帝侯弗里德里希三世还未来得及收取自己投资的回报便一命呜呼了，但其所在的韦廷家族却由此受益匪浅，最终甚至一度成功割据了大半个基督教世界。

自古以来神圣罗马帝国皇帝的合法性便来源于罗马教廷，而仅以财力相搏，弗里德里希三世自认无力打动趋炎附势、见钱眼开的天主教高层，那么推动一场宗教改革，将上帝意志的解释权牢牢地掌握在自己手中便成了韦廷家族寻求一步登天的捷径。闵采尔等人所鼓动的农民起义虽然一度打乱了弗里德里希三世的计划，却也令更多的德意志诸侯见识到了路德教义在民众中的威望，为了保住一方安定，他们纷纷向这位萨克森选帝侯输诚献媚，其中便包括新科普鲁士公爵阿尔布雷希特。

但随着德意志宗教战争正式打响，拥有勃兰登堡和普鲁士两大核心领地的霍亨索伦家族却选择了两面下注，普鲁士公爵阿尔布雷希特加入新教诸侯组成的施马卡尔登同盟但却始终出工不出力，而其身为勃兰登堡选帝侯的侄子格奥尔格则效忠皇帝。当胜利的天平倒向天主教之时，养精蓄锐的勃兰登堡和普鲁士联军又以迅雷不及掩耳之势扑向萨克森。而在德意志的宗教对立最终演变为诸多邻国参与的“十三年战争”后，霍亨索伦家族又选择与瑞典国王古斯塔夫·阿道夫暗通款曲。

古斯塔夫迎娶了勃兰登堡选帝侯之女玛利亚·伊丽欧诺拉为王后，从而与这个德意志东北部最大的新教诸侯结成了政治同盟。但区区一桩婚姻就想将此时坐拥勃兰登堡和普鲁士两大公国的选帝侯格奥尔格·威廉捆绑在自己的战车上，古斯塔夫未免还是太天真了一点。当他雄心勃勃地与丹麦订立盟约向自己的首相夸口一旦登陆德意志便能轻松募集 10 万大军横扫天主教势力之时，勃兰登堡和萨克森两大新教选帝侯却联名宣布拒绝瑞典军队过境。这一决定看似不合情理，背后却是精明的政治算计。刚刚击败丹麦的神圣罗马帝国军队主力此时仍驻守于北德意志，古斯塔夫能否打开局面尚在未知之数，与其引火烧身，不如坐壁观望。

但勃兰登堡选帝侯也并非不讲情面，在名义上拒绝瑞典军队过境的同时他也为古斯塔夫提供了一个理想的登陆场——波罗的海港口城市什切青。什切青位于普鲁士和勃兰登堡之间，扼守奥得河入海口的海滨要冲，自古便是兵家必争之地。勃兰登堡藩侯家族与波兰、丹麦反复争夺，最终也只能将其划为商业自治城市来平息兵戈。而这样的“三不管”地带恰好是初来乍到的古斯塔夫养精蓄锐的最佳落脚点。公元1630年7月6日，仅有4000人的瑞典军队抵达什切青。在此后的近一年时间里，古斯塔夫修筑城堡、招兵买马，很快便募集了一支26000人的大军。甚至在古斯塔夫战死疆场之后，勃兰登堡选帝侯依旧任由瑞典军队以普鲁士为基地不断侵入德意志的内陆。而在“十三年战争”结束之后，霍亨索伦家族仍继续保持与瑞典的隐性同盟关系，并怂恿其对自己名义上的宗主——波兰—立陶宛联盟用兵。

德国油画《古斯塔夫之死》

公元1655年9月8日，瑞典远征军轻松占领波兰首都华沙，波兰国王约翰·卡齐米日被迫逃亡神圣罗马帝国治下的西里西亚，至此哈布斯堡王朝被迫卷入了战争。之所以庇护约翰·卡齐米日这位几近亡国之君，一方面是此公早年曾长期盘桓于维也纳，更迎娶了一位奥地利公主，多少也算沾亲带故。而更为重要的是哈布斯堡王朝深知瑞典、俄罗斯乃至奥斯曼帝国一个个均如狼似虎，一旦波兰崩溃，那么神圣罗马帝国不仅西部屏障荡然无存，更有唇亡齿寒的危险。何况即便利奥波德一世想要袖手旁观，与瑞典结盟的罗马尼亚人也已经跑来和他争夺匈牙利的主导权了。

就在哈布斯堡王朝出于自身的利益支持波兰贵族为驱逐瑞典而战的同时，另一股代表德意志的力量也迈出了其成为未来欧洲强横的第一步。公元 1656 年 1 月 17 日，转战于波兰各地的瑞典国王卡尔十世百忙之中抽出时间前往东普鲁士的柯尼斯堡会见勃兰登堡选帝侯腓特烈·威廉，正式签署了同盟条约。自“十三年战争”以来，瑞典和勃兰登堡一直都是隐形同盟的关系，之所以此时非要将双方的关系以条约的形式固化下来，很大程度上缘于普鲁士公国的两属地位。

普鲁士自摆脱条顿骑士团独立以来，长期都是波兰的附庸。但公元 1618 年阿尔布雷希特一系绝嗣之后，普鲁士公爵的头衔便长期由勃兰登堡选帝侯兼任。这种局面看似尴尬，实际上也给了普鲁士公国外交上极大的灵活性。比如古斯塔夫登陆德意志之时，勃兰登堡选帝侯名义上拒绝他过境，事实上却放任对方在普鲁士招兵买马。此时同样身兼两职的腓特烈·威廉与卡尔十世订立盟约，不仅是谋求普鲁士公国摆脱波兰独立，更为未来普鲁士公国在欧洲事务中发挥更大的影响力奠定了基础。

瑞典攻占华沙，在整个波兰地区横行无忌的行径随即招来了俄罗斯和丹麦的联手遏制。腓特烈·威廉也随即审时度势地加入了反瑞典联盟。卡尔十世虽然利用波罗的海的冰冻期创造了人类历史上大兵团徒步横渡贝尔特海峡的军事奇迹，一举打垮了丹麦，但不久患上流感，最终演变成肺炎，于公元 1660 年 2 月 13 日凌晨死于哥德堡，终年 37 岁。卡尔十世的赫赫武功不在其舅舅古斯塔夫之下，但国狭民稀的瑞典实在承受不起两任穷兵黩武的国王，在波兰领土下留下无数老兵的尸体，被迫撤回北欧的蓝底金十字背后，留下的是昔日古斯塔夫雄霸德意志的宏图大志以及在战争中成为一座座军营和要塞的普鲁士城镇。

卡尔十世的离世虽然为被称为第二次北方战争的瑞典、波兰、俄罗斯及丹麦的大乱斗画上了句号，但是神圣罗马帝国却不得不面对罗马尼亚后台老板奥斯曼帝国的步步进逼。此时奥斯曼帝国已经扩张成了一个地跨欧、亚、非三大陆的超级帝国，3000 万人口的巨大压力使得帝国统治者们不得不挑起一场全面战争以获取生存空间。而其第一步就是鼓动罗马尼亚人夺取哈布斯堡王朝所控制的匈牙利地区。

利奥波德一世艰难地于公元1664年在拉包尔河畔阻挡住了奥斯曼帝国进攻的脚步，并逼迫对手签署了一份为期20年的停战协议。但是奥斯曼帝国此后却以煽动匈牙利人叛乱的方式继续着对抗，这些此起彼伏的暴动一直延续到公元1683年奥斯曼帝国大举入侵的前夜。不过好在奥斯曼帝国同时为争夺乌克兰的统治权正在与俄罗斯交火，并在公元1678年引发了第一次俄土战争，因此两大帝国可谓消长相抵，20年的冷战期并未改变力量对比。而这段相持期对于整个德意志而言却并非太平无事，因为几乎就在神圣罗马和奥斯曼对峙的同时，在莱茵河畔，德意志新教诸侯们正在为阻止路易十四的扩张而展开苦斗。正是在这些战火的历练之下，普鲁士公国逐渐以独立势力的身份走入欧洲的政治舞台，并一跃成为任何人不可小觑的力量。而离开了普鲁士的条顿骑士团一度继续在德意志地区继续依靠其所拥有的采邑和修道院维持着存在，但在旷日持久的宗教纷争中，其自身也不可避免地分裂为天主教派、新教派和改良派，并在各方势力之间充当雇佣军。其军事职能一直到公元1809年才最终随着拿破仑勒令其解散而最终化为乌有。

在拿破仑鞭长莫及的奥地利地区，条顿骑士团依旧维持着自身的存在。但其已然沦为依附于哈布斯堡王朝的宗教组织，历任大团长悉数由哈布斯堡王室成员出任。公元1929年，条顿骑士团更名为德意志骑士团，正式成为罗马教廷的分支机构。公元1938年，纳粹德国吞并奥地利之

今天作为慈善组织，依旧活跃着的德意志骑士团

后，德意志骑士团在当地也被作为非法组织取缔。其成员被迫转往梵蒂冈栖身，直到第二次世界大战结束后才于联邦德国和奥地利境内重建。今天作为条顿骑士团直系后裔的德意志骑士团依旧作为一个慈善机构的名义而存在，其名下拥有着诸多诊所和博物馆。历史在冥冥之中仿佛完成了一个循环，最终使条顿骑士团回到了其出发时的原点。

附录

· 格伦瓦德战役中的两军军旗

条顿骑士团
全史

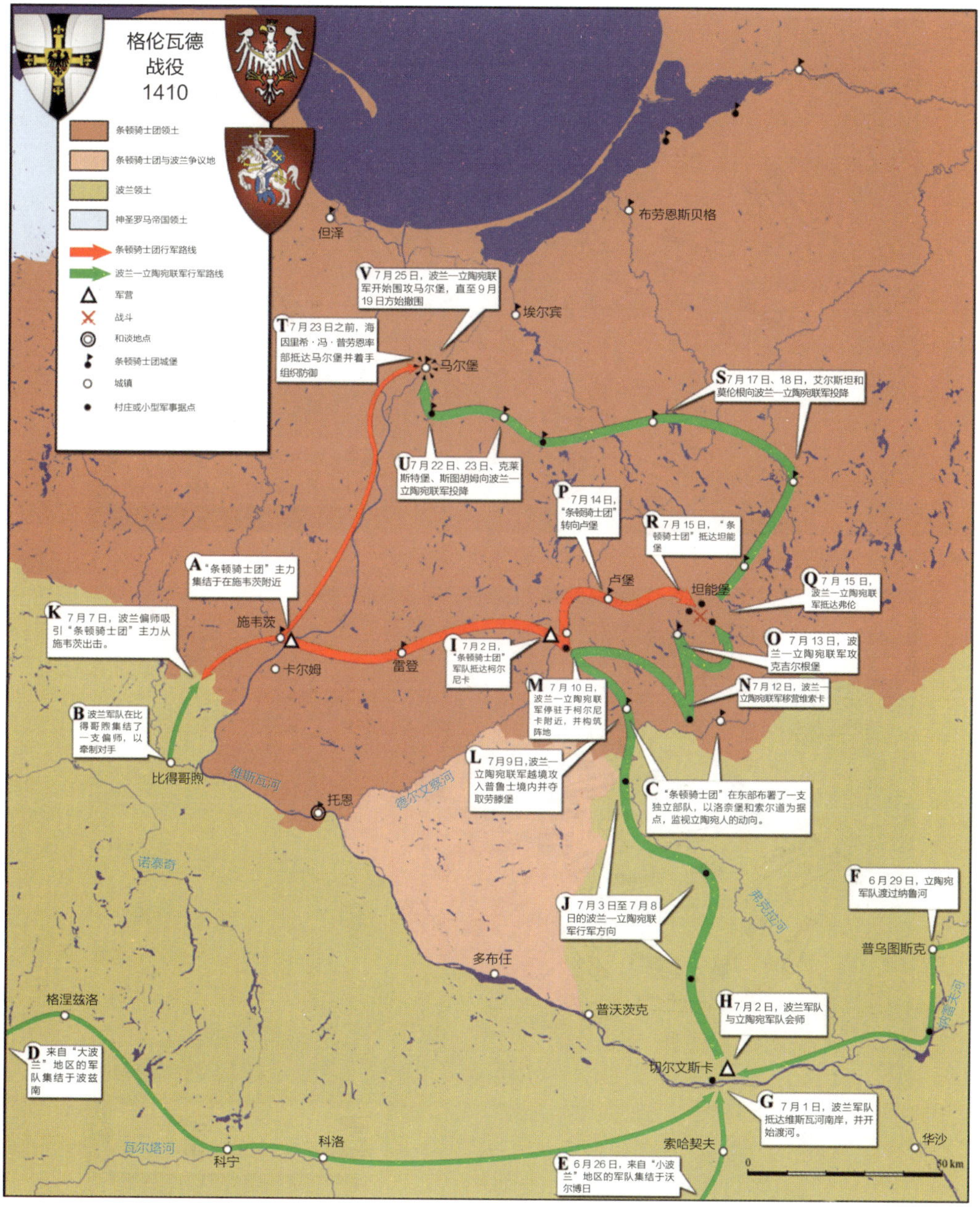

格伦瓦德战役前两军行军路线

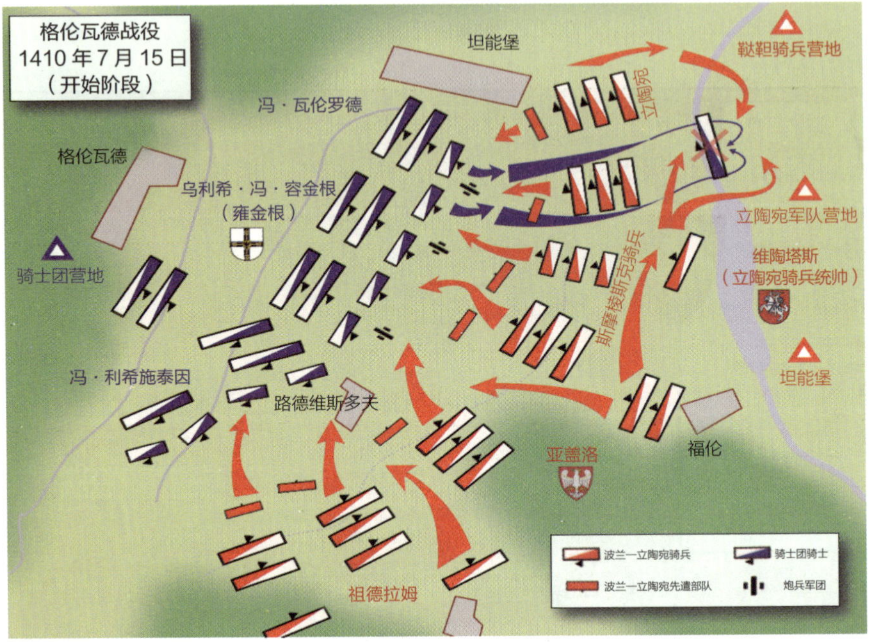

格伦瓦德战役开始阶段

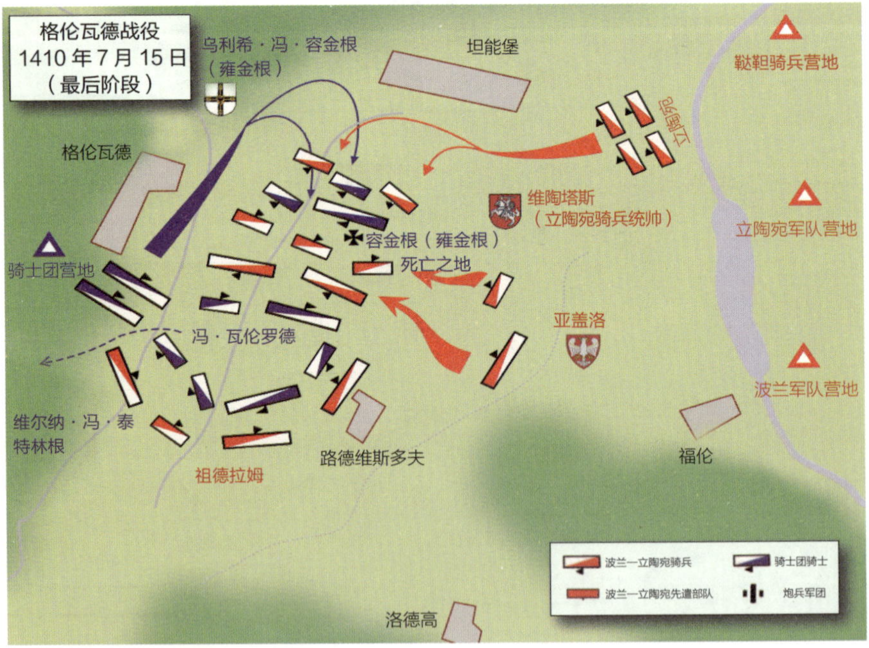

格伦瓦德战役战役最后阶段

条顿骑士团公国方面的军旗图片及相应部队概况

条顿骑士团由盛转衰的决定性事件——爆发于公元 1410 年 7 月 15 日的格伦瓦德战役（Battle of Grunwald），至今仍被视为是中世纪重骑兵对决的巅峰之作。本节以曾亲身参与过波兰—立陶宛联邦与条顿骑士团公国之间“十三年战争”的克拉科夫主教扬·德鲁哥兹（Jan Dlugosz）于公元 1448 年所著的《普鲁士的纹章》（Banderia Prutenorum）为基础，为读者介绍这一场战役中，条顿骑士团公国与波兰—立陶宛联邦各参战部队所高举的军旗及相应部队概况。

1. 条顿骑士团大团长旗

按照扬·德鲁哥兹的说法，条顿骑士团的大团长旗下集结着以条顿骑士团第二十六任大团长乌尔里克·冯·荣金根（Ulrich von Jungingen，1360—1410 年）以及最为杰出的廷臣和骑士。基本上条顿骑士团大团长旗所到之处，便是其指挥中枢的所在地。

2. 条顿骑士团大团长直属部队军旗

条顿骑士团大团长直属部队军旗在性质上与大团长旗相仿，其功能上也被视为是大团长旗的延伸。这面军旗之下集结的精锐部队时常担任全军前锋，在与敌军主力决战之前的前哨战和骑士对决中率先投入战斗。而在行军途中，条顿骑士团大团长直属部队军旗也将高举在全军最前列，以便后方部队从远处都可以看到，为条顿骑士团麾下各兵团指引前进的方向。

3. 条顿骑士团主军旗

条顿骑士团主军旗象征着整个骑士团的荣誉，其麾下的部队一般由柯尼斯堡督军麾下最为精锐的骑士组成，这些骑士身着全身板甲，外覆白色无袖罩袍和绣有黑十字的白斗篷。头部以一顶带可移动面甲的尖顶盔保护。这种头盔因为其面甲前部突出而被形象地称为“猎狗嘴”。除了旗手之外，这支军团的骑士一般左前臂上佩盾牌，右臂高举着长约 4 米的骑矛。是条顿骑士团展开骑兵冲击的核心力量。

4. 希维德莱尼察公国军旗

今天位于波兰西南部的希维德莱尼察公国（Swidnica）在格伦瓦德战役期间依旧是波希米亚王国的附庸。自诩为波兰皮雅斯特王朝后裔的康拉德七世（Konrad VII，1396—1452 年）指挥着这支由来自布雷斯劳和西里西亚地区骑士组成的军团。康拉德七世曾有过一段在条顿骑士团工作和学习的经历，因此后世普遍认为他违背家族意愿与条顿骑士团并肩作战是出于报恩的心态。但从现实利益的角度出发，康拉德七世在战场上或许也抱着复兴皮雅斯特王朝的渴望。其最终在战场被俘，并得到了波兰—立陶宛联邦主帅雅盖沃的宽恕和赦免。

5. 斯德丁公国军旗

德语中的“斯德丁”（Stettin）即为今天位于波兰西北部的历史名城什切青（Szczecin）。格伦瓦德战役期间，当地归属于同属皮雅斯特王朝后裔的波美拉尼亚公爵家族的卡西米尔五世（Casimir V of Pomerania）的统治之下，其麾下的军团以红色的“格里芬斯”（狮鹫）为军旗。由于波兰方面长期视波美拉尼亚为自身领土，因此在《普鲁士的纹章》一书中，扬·德鲁哥兹对卡西米尔五世展开了大篇幅的口诛笔伐，宣称“为了黄金，以及其内心燃烧着的、被诅咒的欲望，他（卡西米尔五世）将耻辱之名加于他的家族和后代。他同他的所有能携带武器的人一道举起武器，将自己的剑插进自己的内脏，插进供养他和他的祖先生存与生活的祖国波兰”。但在战败被俘之后，卡西米尔五世同样被雅盖沃赦免，并在此后成为波兰—立陶宛联邦对抗勃兰登堡等德意志诸侯国的马前卒。

6. 圣乔治兵团军旗

在这面红底白十字的军旗之下，云集着来自波希米亚和摩拉维亚地区的骑士。他们听命于当时统治匈牙利和波希米亚地区的西吉斯蒙德。据称这支部队在格伦瓦德战役中表现得极为英勇，“从战斗开始，他们全部人皆直面敌人，直至坠马或战死都不失他们的身份”。指挥官克里斯托弗 · 格斯多夫最终在战斗中被俘，但不久后获释。

7. 波玛萨尼亚主教区军旗

波玛萨尼亚主教区（Bishopric of Pomesania）成立于公元1243年，是天主教在普鲁士地区所建立的第四个主教区，13世纪80年代正式归入条顿骑士团的领导之下。其军旗带有明显的德意志地区的天主教风格：由布道者圣约翰的化身黄金老鹰和两杆黄色牧杖组成，一个光晕围绕在鹰的头部，鹰爪抓着一张题有“圣哉约翰内斯”字样的白色长卷。这面战旗之下不仅云集着波玛萨尼亚主教区的骑士团成员，还有大批当地的主教动用教产征募的雇佣兵。

8. 涅曼要塞区军旗

位于普鲁士与立陶宛交界的涅曼（Neman）被条顿骑士团称为拉格尼特（Ragnit）。可能由于守军不便参与远征的关系，这支部队的规模并不大，军旗上的图案也颇为低调：白底之上的三顶红帽子。

9. 桑比亚主教区军旗

桑比亚主教区（Bishopric of Samland）成立于公元1243年。但由于是条顿骑士团军事中心柯尼斯堡的所在地，当地长期以来都是条顿骑士团的统治核心。桑比亚主教区管辖下有7个主教辖区，大约920个教区，其中每一个教区由多达十几个定居点组成。因此这个主教区的“白底上由一把出鞘红剑与一杆红色的牧杖组成的十字”的军旗之下集中了大批效忠于条顿骑士团的世俗骑士和雇佣兵。

10. 瓦尔米亚主教区军旗

瓦尔米亚主教区（Bishopric of Warmia）成立于公元1260年。由于历史原因，该主教区在条顿骑士团统治之下始终保持着半独立的状态（条顿骑士团仅拥有其三分之二的统治权），因此在格伦瓦德战役之中，波兰方面认为该主教区的“圣羔羊”军旗之下仅有百余名枪骑兵参战。

11. 大司令军旗

由于格伦瓦德战役中条顿骑士团的大司令（Grand Komtur）康拉德·利希滕斯坦（Konrad Lichtenstein）来自奥地利，因此这面大司令军旗实际上与奥地利军旗非常类似，旗下也同样云集着康拉德·利希滕斯坦从奥地利招募来的子弟兵。

12. 库尔姆市军旗

被波兰方面称为海乌姆诺（Chelmno）的库尔姆（Culm），在当时是条顿骑士团治下的一个自治市，当地的民众对条顿骑士团缺乏好感。在格伦瓦德战役之后，这支军团的旗手甚至也因不忠而被问斩。其军旗之上的红色波浪和黑色十字架至今仍是这座城市的徽章。

13. 大司库军旗

作为条顿骑士团日常开支的主要负责人，大司库（Treasurer of the Order）在条顿骑士团中拥有极高的政治地位。在和平年代他主要负责条顿骑士团的主金库、大团长的私人账户和马尔堡的圣堂参事会的金库运转。但在格伦瓦德战役前夕，条顿骑士团的财政状况已然日益恶化。在康拉德·冯·荣金根和乌尔里克·冯·荣金根两兄弟统治期间，相当可观的款项专门用于昂贵的武器、服装、装饰上的用品。两任大团长都爱用壮丽和虚华来突出其政治地位，相当可观的款项花费在了陈列品或购买昂贵的礼物给来访马尔堡的宾客或供他送到王室和公爵的宫廷。账目中还能找到一些不显著的条目，例如，提到多次采购洋茴香甜点，这是乌尔里克·冯·荣金根的最爱。

14. 格鲁琼兹要塞区军旗

位于条顿骑士团与波兰交界地带的格鲁琼兹要塞区，自古便以黑色公牛头为象征。指挥这一要塞区军队的是曾任条顿骑士团大司令，一度代行大团长职责的威廉·冯·赫芬史坦（Wilhelm von Helfenstein），但此公在格伦瓦德战役时已垂垂老矣，除了用生命证明自己对条顿骑士团的忠诚外，并无优绩。

15. 伯格要塞区军旗

作为常年对抗波兰的前哨，伯格要塞区在格伦瓦德战役中出动大量的精锐部队。除了当地的条顿骑士团成员之外，众多教士兄弟会的僧侣、周边地区的封建骑士和雇佣兵也在其红色战狼的旗帜之下奋勇冲杀。可惜这样的部队在条顿骑士团地方部队中并不多见。

16. 库雅维要塞区军旗

由红色双鱼组成的库雅维要塞区军旗可能是格伦瓦德战役中条顿骑士团历史最短的一面军旗，这支公元 1409 年条顿骑士团攻占库雅维地区后组建的军队随着格伦瓦德战役的落败而解散。

17. 柯尼斯堡军旗

因为在征服柯尼斯堡的过程中，条顿骑士团得到了卢森堡家族的波希米亚国王约翰的帮助，因此在柯尼斯堡的军旗上绣上了头顶金色王冠的红底白狮向其致敬。当然纹章之上还有代表条顿骑士团的白底黑十字。

格伦瓦德战役中来自柯尼斯堡的旗队由条顿骑士团时任马厩长哈努斯 · 冯 · 海德克（Hanus von Heydeck）领导，堪称条顿骑士团地方部队中的翘楚。

18. 奥尔索斯子弟兵军旗

今称巴特梅尔根特海姆（Bad Mergentheim）的奥尔索斯（Althausen），地处德意志西南部地区。由于当地的主要领主于公元 1219 年开始先后加入条顿骑士团，当地也成为条顿骑士团在德意志本土最早的重要据点之一。而奥尔索斯一词在拉丁语中也是“老营房”之意。因此这面“两黑两白相格”的军旗之下，集结着一支来自德意志的部队。不过按照波兰方面的叙述，条顿骑士团在奥尔索斯地区已接近衰竭，因此“旗下有一些骑士兄弟和世俗骑士，但绝大多数是雇佣骑士”。

19. 图霍拉要塞区军旗

从军旗图案来看，图霍拉要塞区似乎更接近于波兰方面。事实上这一城市从属于条顿骑士团的时间也的确非常之短：公元 1330 年条顿骑士团接管了这座城市，公元 1346 年占据行为合法化。或许正是因为在条顿骑士团治下的时间太短，据说在格伦瓦德战役向雅盖沃送去两把宝剑，寻求一对一决斗的任务便由图霍拉要塞区的指挥官肩负。

20. 涅沙瓦要塞区军旗

位于今天波兰中北部的涅沙瓦（Nieszawa）在格伦瓦德战役之前同样隶属于条顿骑士团的治下。当地驻守的条顿骑士团部队在黑白相间的战旗下作战。

21. 威斯特伐利亚雇佣兵团军旗

威斯特伐利亚（Westphalia）又名西伐利亚，德意志西北部的历史地区，相当于现在的德意志联邦共和国北莱茵—威斯特伐利亚州全部及下萨克森与黑森两州部分地区（加上前利珀邦）。日后著名的鲁尔区便位于其境内。但 15 世纪初的威斯特伐利亚与德意志其他地区一样，诸侯林立，商旅不振，大量的青壮男子和封建骑士被迫组成雇佣兵团，以战争谋生。在格伦瓦德战役之中，来自威斯特伐利亚的雇佣兵团以两支交叉的红箭作为其军旗。但按照波兰方面的观点，这些雇佣兵并不富裕，甚至不得不从条顿骑士团处领取武器装备，因此很多人都披着条顿骑士团军士的战袍和盔甲作战。

22. 罗根豪森要塞区军旗

今天位于波兰北部的罗根豪森地区（Roggenhausen），历史上长期以在白底旗面上三朵玫瑰的红色斜带为军旗。波兰方面宣称当地参战的部队主要为波兰籍的骑士，因此对其在战场上的英勇给予了高度的评价。

23. 但泽自治市军旗

作为条顿骑士团在东波美拉尼亚地区的主要据点，但泽自治市在格伦瓦德战役中也派出了一支独立部队参战。但在波兰方面的记述中，条顿骑士团在当地显然无法招募到足够的骑士，集合在红底上两个白十字的军旗之下的主要为但泽的市民、水手以及被称为船童（德语为 Schiffskinder）的船上游侠。

24. 恩格尔斯堡要塞区军旗

德意志地区境内有多座名为恩格尔斯堡（Engelsberg）的城镇。但格伦瓦德战役之中，这个名字指的是位于今天波兰境内的科普瑞萨拉（Koprzywno）。因为在德语之中恩格尔斯堡意为“天使之城”，因此该要塞区的部队以红底上带双翼、手臂伸出的白衣天使画像为其军旗，同时在格伦瓦德战役中这支部队也由条顿骑士团主管宗教事务的“大法官”——前任大司库伯里查·魏博科（Burchard Wobek）指挥。但最终天使并未保佑条顿骑士团，伯里查·魏博科与大批恩格尔斯堡来的士兵一起战死疆场。

25. 斯特拉斯堡要塞区军旗

这里出现的斯特拉斯堡（Strasbourg）并非今天位于法国东北部的那座著名的城市，而是条顿骑士团对今天位于波兰中北部地区的布兰德尼察（Brodnica）地区的德语称谓。当地的部队以红色的长角雄鹿为军旗。其兵力极其有限，且按波兰方面的说法多数为被条顿骑士团所强征或雇佣的步兵。

26. 博瑞幸要塞区军旗

今天位于波兰境内的博瑞幸（Brathian），在条顿骑士团的行政序列中被称为“诺伊马克特”（Neumarkt），意为“新兴市场”。可能是缘于当地相对繁荣的经济，条顿骑士团在当地的驻军装备相对较为精良，并以衔接在一个圆周内的三只鹿角为军旗。

27. 本瑞斯特自治市军旗

本瑞斯特自治市（Braunsberg）是条顿骑士团对今天波兰城市布拉涅沃的德语称呼。当地的军旗为两个十字架，一个黑底白色，一个白底黑色。这面军旗之下的部队同样由条顿骑士团成员、城市平民和雇佣兵组成。

28. 德意志雇佣兵团军旗

德意志雇佣兵团的军旗与威斯特伐利亚雇佣兵团的大同小异，为一支带箭头的箭和一支木制无箭头的箭相互交叉组成。因此也有史学家认为德意志雇佣兵团和威斯特伐利亚雇佣兵团本质上是同一支部队。但波兰方面却认为德意志雇佣兵团相对威斯特伐利亚雇佣兵团更加精锐，且是“自费为骑士团战斗”。在当时的德意志地区，每一支佣兵部队以 3—8 人组成的“兰斯”战斗小组为单位。而在格伦瓦德战役之中，总计约有 1237 个“兰斯”战斗小组，而即便真如波兰方面所说德意志雇佣兵团是自费参战，那么也不过是说他们自备了武器、盔甲和马匹，而最终仍将战利品或封地作为其酬劳。

29. 瑞士雇佣兵团军旗

波兰方面所谓的瑞士雇佣兵团打着与伯格要塞区相似的军旗。因此有近代史学家认为这支部队可能只是伯格要塞区利用海路便利而组建的第二支作战部队。

30. 拉斯基要塞区军旗

拉斯基 (Leszken) 位于维斯图拉河入海口，当时是条顿骑士团重要的后勤补给生产和战马繁衍基地。除了宿舍和礼拜堂，条顿骑士团在当地的城堡还建有一家啤酒厂、一间粮仓、一个面包房、一家砖厂和澡堂以及一间在其中安置和修复马车和大车的建筑。在公元 1407 年的记录之中，当地的马厩内容纳有 180 匹战马。其战旗为黑、白、红三色。

31. 巴尔腾施泰因自治市军旗

巴尔腾施泰因（Bartenstein）即今天波兰境内的巴尔托希采（Bartoszyce）。这座城市最早由条顿骑士团建立于公元 1241 年，此后在普鲁士当地民众的起义中两度被毁，直到公元 1280 年条顿骑士团确立在当地的统治才最终得以稳固。由于在当地统治的时间较长，因此在其黑底白色钩斧的军旗之下云集着众多条顿骑士团的成员和周边地区的封建骑士，是条顿骑士团自治市军团之中较为强大的一支部队。

32. 奥斯特罗德要塞区军旗

奥斯特罗德（Osterode）即今天波兰境内的奥斯特鲁达（Ostroda）。条顿骑士团在当地建立定居点的时间不早于公元 1270 年，并以位于下萨克森地区的奥斯特罗德为其命名。公元 1349 年至公元 1370 年，条顿骑士团在当地修筑了高大的砖石城堡，并部署驻军。但由于位于与波兰对峙的前线，因此当地部队奉命固守城堡，事实上并未参与格伦瓦德战役。其白色和红色的棋盘花纹式样的军旗之下，实际上是一支规模不大的条顿骑士团的直属部队。

33. 库尔莫兰要塞区军旗

条顿骑士团对库尔莫兰地区（Chelmno land）的统治缘于 13 世纪中叶波兰马佐夫舍公爵康拉德一世的邀请。此后条顿骑士团长期在当地保有一块飞地。但在格伦瓦德战役时当地的部队主要归属于邻近的库尔姆自治市指挥，因此其也打着与库尔姆自治市类似的军旗。

34. 日耳曼尼亚雇佣兵团军旗

所谓日耳曼尼亚（Germania Inferior）也称德意志低地地区（Lower Germany），指的是德意志统治下的莱茵河西岸地区。格伦瓦德战役中大批来自当地的德意志雇佣兵通过汉萨同盟的商船来到但泽地区被编组为兵团后投入战场。因此在战场上，至少有多支高举着相同白底宽黑色对角线军旗的部队。波兰方面以其指挥官及部队组成进行了区别，但基本都归入但泽军团的序列之中。

35. 托伦要塞区军旗

作为条顿骑士团和波兰—立陶宛联邦展开外交谈判的主要舞台，托伦（Torun）要塞区的带有三个塔楼和带有两扇猩红色敞门和黑闸门红色城堡的军旗在战场上格外显眼。不过这支部队在战场上的规模显然被波兰人高估了。最新的研究表明，这支部队仅有 80 个“兰斯”战斗小组，而非波兰方面所估计的 214 个“兰斯”战斗小组。造成这一局面的主要原因可能还在于条顿骑士团需要在托伦地区留有相当数量的驻军以保护其后方的安全。

36. 缪自治市军旗

缪自治市(Mewe)即波兰方面所称的格涅夫市(Gniew)。由于当地的部队同样以红色旗面上有两支白箭，一支带有箭头，另一支不带箭头相互交叉的图案作为军旗，因此波兰方面认定在格伦瓦德战役中当地所派出的部队同样以来自德意志地区的雇佣兵为主力。

波兰—立陶宛联邦方面的军旗图片及相应部队概况

条顿骑士团的相关军旗最终悉数为波兰—立陶宛联邦所缴获

由于条顿骑士团的相关军旗最终悉数为波兰—立陶宛联邦所缴获，因此后世对其的研究相对较为深入，而对于波兰—立陶宛联邦在格伦瓦德战役中的军旗及各支部队却不甚了了。但随着西方相关研究的深入，仍有一些学者根据相关的记录整理出了波兰—立陶宛联邦在此战之中所使用的相关军旗及相应部队概况。

1. 大克拉科夫军旗

大克拉科夫军旗的图案为红底之上一只戴冠展翅的白鹰，在战场上其被作为波兰—立陶宛联邦的最高代表。部队被部署在全军的最右翼，旗下集结着全军最为精锐的骑士。

2. 王室矛旗

同样是红底白鹰图案的王室矛旗，在行军过程中被视为大克拉科夫军旗的延伸，用于督促部队行进速度和行进序列。但在战斗打响之后，却不得不被卷起，以免条顿骑士团方面发现雅盖沃及其本阵的所在位置。

3. 雅盖沃军旗

蓝底双黄十字是立陶宛王室的符号之一，带有浓郁的东正教意味。同时双十字也是匈牙利王室的象征。因此这个符号同样也出现在雅盖沃于公元 1404 年所铸造的货币上。

4. 宫廷卫队军旗

红色底纹之上，一名骑坐在白马上挥剑的披甲骑士是波兰—立陶宛联邦宫廷卫队的军旗。其成员主要从宫廷侍从中选拔。

5. 波希米亚雇佣军军旗

波兰—立陶宛联邦麾下的波希米亚雇佣军高举着红底白十字的圣乔治军旗。其指挥官便是日后赫赫有名的扬·杰士卡。

6. 波兹南兵团军旗

来自大波兰地区的波兹南（Poznan）兵团以红底无冠白鹰为军旗。在格伦瓦德战役中，这支部队被部署在波兰—立陶宛联邦最左翼的外围。

7. 桑多梅日兵团军旗

来自小波兰地区的桑多梅日（Sandomierz）兵团以一个颇为复杂的图案为军旗：三条黄色横纹位于一侧红色底纹上，而另一侧是天蓝底纹上的七颗星。这支部队在格伦瓦德战役中被部署在波兰—立陶宛联邦最右翼的尾端。

8. 卡利什兵团军旗

卡利什（Kalisz）兵团以棋盘格底上戴有王冠的黑色野牛头为军旗。这个纹章更被广泛地用于代表大波兰地区，但在中世纪后期被逐渐收缩到仅用于代表卡利什地区。这支部队在格伦瓦德战役中也被部署在波兰—立陶宛联邦的左翼。

9. 谢拉兹兵团军旗

谢拉兹（Sieradz）兵团以源自库雅维王朝的古老徽章为军旗：其图案一侧为半只红底白鹰，另一侧则为半头白底红色雄狮。

10. 卢布林兵团军旗

卢布林（Lublin）兵团以红底带八字鹿角的雄鹿为其军旗标志。有趣的是，在后世雄鹿在卢布林地区的代表形象被白色的山羊所代替。

11. 文奇察兵团军旗

文奇察（Leczyca）兵团的军旗一侧为半只黑鹰，另一侧为半只白狮，并共戴一顶金色的王冠。

12. 库雅维兵团军旗

库雅维（Kuyavia）兵团的军旗与文奇察相仿，只不过是图中黑鹰为黄底，白狮则为红底。

13. 利沃夫兵团军旗

位于今天乌克兰境内的利沃夫（Lviv）兵团以蓝底黄色狮子为标志。

14. 维隆兵团军旗

打着红白相间军旗的维隆（Wielun）兵团作为小波兰地区军队的一分子，与大克拉科夫、桑多梅日等兵团同属于波兰—立陶宛联军的右翼。

15. 普热梅希尔兵团军旗

地处波兰与匈牙利交界地带的普热梅希尔（Przemysl）地区采用东欧地区常见的双头鹰为军旗。

16. 多布任兵团军旗

多布任（Dobrzyn）兵团以头戴王冠的老人为其军旗，一般认为是代表了将其统一纳入波兰地区的卡齐米日三世的形象。但有趣的是，在军旗之上的卡齐米日三世还长有一对野牛般的黑色大角。

17. 海乌姆诺兵团军旗

作为条顿骑士团公国和波兰—立陶宛联邦双双宣布拥有主权的海乌姆诺（Chelmno）地区，以红色底纹上一只站在两棵树中间的白熊作为军旗。

18. 波多里亚兵团军旗

格伦瓦德战役中，波兰—立陶宛联邦有多支部队以红底太阳脸为军旗，这些人马来自于今天乌克兰西南部的波多里亚（Podolia），而至今相同的图案仍是当地的象征。

19. 哈里茨兵团军旗

作为小波兰地区的组成部分，以白底黑色头顶戴冠的寒鸦为军旗的哈里茨（Halicz）兵团同样部署在波兰—立陶宛联邦的右翼。

20. 马佐夫舍公国军旗

来自马佐夫舍（Mazovia）公国的部队，以红底无冕白鹰为军旗。

21. 切尔斯克兵团军旗

由于当时的切尔斯克（Czersk）隶属于马佐夫舍公国，因此其军旗由红底无冕白鹰和切尔斯克当地的传统象征红龙共同组成。

22. 格涅兹诺大主教军旗

格涅兹诺大主教米科拉赫·库罗夫斯基（Mikolaj Kurowski）此时不仅是雅盖沃的总理大臣，同时还是一个拥有庞大采邑的地主。因为其纹章为红底上带十字架的溪流，因此又被称为“溪流家族”。

23. 克拉科夫大主教军旗

克拉科夫大主教沃伊切赫·亚斯琴别（Wojciech Jastrzebiec）虽然没有亲自参战，但仍派出自己的代表高举其家族蓝底正中带十字架和马蹄铁的军旗投身战场。

24. 克拉科夫城主军旗

时任克拉科夫城主的奥斯特鲁夫的克里斯汀曾是女王雅德薇佳的管家，因此以红色底纹上背负戴花环少女的熊为军旗。

25. 勒立威家族军旗

勒立威家族（Leliwa）以蓝色底纹上六芒星和新月为军旗。其家族有多支部队在格伦瓦德的战场上作战。

26. 波兹南总督军旗

波兹南省长奥斯特罗罗格的舍徒昔沃吉，以红色底纹上末端散开绑成一个圈的卷曲头巾作为军旗。

27. 桑多梅日总督军旗

桑多梅日省长米恰罗维兹的尼古拉斯以红底白玫瑰作为其军旗。

28. 谢拉兹总督军旗

谢拉兹省长科涅茨波尔的雅各的军旗以红色底纹上方悬挂带有十字架标志的白色的马蹄铁作为其标志。

29. 希雷姆城主军旗

希雷姆城主伊沃以黄色底纹鼻子上穿金环的野牛头为军旗。

30. 文奇察总督军旗

文奇察总督伯布雷克的杨 · 列格萨以红底驴头作为其军旗。

31. 斯塔茨氏族军旗

斯塔茨氏族是小波兰最有权力的氏族，以红底的白斧子作为其军旗。

32. 萨多拉氏族军旗

萨多拉氏族以蓝底吐火焰狮子头为其军旗。其家族代表人物布热其的兹比格涅夫出任国王雅盖沃的首席军事官员。通常带着王室矛旗骑马行进于军队前方。